Christian Boeser, Thomas Schörner,
Dirk Wolters (Hrsg.)

Kinder des Wohlstand

Auf der Suche nach neuer Lebensqualität

mit einem Vorwort
von Hans-Peter Dürr

VAS

Die Deutsche Bibliothek – CIP-Einheitsaufnahme

Kinder des Wohlstands: Auf der Suche nach neuer Lebensqualität / Christian Boeser ... (Hrsg.). Mit einem Vorw. von Hans-Peter Dürr. – Frankfurt/Main: VAS, 2000

ISBN 3-88864-306-6

Herstellung und Vertrieb:
VAS, Kurfürstenstraße 18, 60486 Frankfurt

Printed in Germany • ISBN 3-88864-306-6

Inhalt

Vorwort

Explodierende Staatsverschuldung, unsichere Renten und überforderte soziale Sicherungssysteme – für die Generation der 30-Jährigen stehen die Zeichen nicht mehr auf Wachstum, Sicherheit und Wohlstand.

Ökologische Krise, weltweite Verteilungskämpfe, Wandel der Arbeitsgesellschaft – die jungen Erwachsenen stehen vor großen Herausforderungen.

Dieses Buch widmet sich zum einen der Frage, warum das in unserer Gesellschaft durchaus vorhandene Problembewusstsein bislang kaum zu veränderten Handlungsmustern geführt hat. Ursache hierfür sind nach unserer Meinung „Mythen der Moderne" – in der Gesellschaft verbreitete kollektive Lebenslügen, die ein Infragestellen althergebrachter Lösungsstrategien verhindern. Noch dominieren der Glaube an die „Aufstiegsautomatik" und die Vorstellung, auch zukünftig würde der materielle Wohlstand dauerhaft anwachsen können.

Zum anderen diskutieren in diesem Buch ein gutes Dutzend „Kinder des Wohlstands" mögliche sich aus der unumgänglichen „Wende zum Weniger" ergebende Konsequenzen und entwickeln in Ansätzen neue Bilder des „Guten Lebens". Auch wenn es sich hierbei nur um erste Entwürfe handelt: Diese neuen Bilder machen deutlich, dass die Wende zum Weniger nicht zwangsläufig mit einer Einbuße an Lebensqualität verbunden sein muss.

Dieses Buch stellt insbesondere im zweiten Teil den Beginn einer Suche dar, einer Suche nach neuer Lebensqualität. Den Koautoren, die sich auf diese nicht immer einfache Suche eingelassen haben, möchten wir an dieser Stelle noch einmal ausdrücklich für ihr Engagement danken. Dank gebührt auch den vielen hier Ungenannten, die uns in vielfältiger Weise bei unserem Buchprojekt unterstützt haben.

Nürnberg, München, Wuppertal im Juli 2000

Christian Boeser, Thomas Schörner, Dirk Wolters

Vorwort von Hans-Peter Dürr

Die industrielle Revolution der westlichen Zivilisation war nicht nur ein Kind der Aufklärung, welche die Macht des Denkens, des Erkennens und Wissens, wie schon von Francis Bacon beschrieben, praktisch erprobte. Sie wurde in diesem Umfange eigentlich erst möglich durch die Entdeckung und extensive Nutzung der in der Erdkruste über Millionen von Jahrhunderten angesammelten und in Form von Kohle, Erdöl und Erdgas gespeicherten Sonnenenergie. Diese fossilen Brennstoffe verschafften dem Menschen die energetischen Voraussetzungen, um ihre materiellen Wertschöpfungsprozesse zu realisieren und sie fast ungehemmt zu intensivieren und zu beschleunigen.

Menschliche Wertschöpfungsprozesse sind jedoch fast nie Prozesse eigentlicher Wertsteigerung, wie sie etwa einer Pflanze durch Photosynthese gelingen, nämlich – entgegen dem normalen wertmindernden Trend der Natur in Richtung statistisch wahrscheinlicherer oder weniger geordneter Konfigurationen – mit Hilfe der gratis verfügbaren, hochgeordneten Sonneneinstrahlung, differenziertere und damit unwahrscheinlichere Strukturen aufzubauen. Echte Wertschöpfung gelingt dem Menschen bestenfalls in Teilbereichen von Kreisprozessen mit „normaler“, insgesamt negativer Wertbilanz, bei denen die Wertsteigerung im Teilbereich durch eine entsprechend größere Wertminderung des Umfeldes (Abwärme und Materialzerstreuung) überkompensiert wird.

Solange menschliche Wertschöpfungsprozesse nur einen winzigen Bruchteil der irdischen Naturprozesse ausmacht, war die Näherung zulässig, die große Natur als ein unendlich ergiebiges und geduldiges Medium anzusehen, aus dem beliebig Ressourcen entnommen und in dem Abfälle problemlos abgeladen werden konnten. Die Negativbelastung der Umwelt blieb ohne ernste Folgen, weil die findige und über dreieinhalb Milliarden Jahre erprobte Natur über einen Reichtum an Mechanismen verfügt, mit Hilfe der Sonnensyntropie letztlich wieder die alte Qualität herzustellen. Diese auf Lebendigkeit beruhende Robustheit der Natur, ähnlich wie das Immunsystem unseres Körpers auf äußere Veränderungen und Störungen elastisch und konstruktiv reagieren zu können, erreicht selbstverständlich irgendwo ihre Belastungsgrenzen in Abhängigkeit von der Art der Eingriffe und insbesondere deren Intensität und Einwirkungsgeschwindigkeit.

Der gegenwärtige, durchschnittlich hohe materielle Wohlstand der Menschen in den Industrieländern beruht wesentlich auf einer eskalierenden Ausbeute nicht-erneuerbarer, natürlicher Ressourcen, verbunden mit einer relativen Sorglosigkeit gegenüber den belastenden Folgenwirkungen der dadurch aufgebrochenen Material- und Energie-Zyklen, wie sie in mannigfacher Weise, etwa als dramatischer Artenschwund, in Erscheinung treten und für uns wohl am auffälligsten in der vieldiskutierten Endlagerproblematik der Endprodukte von „Brennstoffen“ (etwa Klimaänderungen durch Kohlendioxid) ihren Ausdruck finden. Da die Menschheit mit ihren Aktivitäten in der Vergangenheit das irdische Ökosystem nur marginal belastete, konnte sie die Sicherung ihrer natürlichen Lebensgrundlagen getrost dem Regelwerk der Natur überlassen. Mit der ständig steigenden und immer weiter beschleunigten materiellen Nutzung natürlicher Produktionsmechanismen wird jedoch das Ökosystem letztlich überfordert und verlangt deshalb, für seine dynamische Stabilisierung, vom Menschen Rücksichtnahme, Kooperation und sogar aktive Unterstützung.

Auf diese notwendig gewordene vorsorgliche Hilfestellung sind wir jedoch persönlich als Individuen und institutionell als Gesellschaft nicht ausreichend vorbereitet und dies auch, weil wir die Notwendigkeit dieser Forderung als Naturschutz oder Umweltschutz missverstehen. Denn es ist nicht die Natur, die durch menschliches Handlungsweisen letztlich in Schwierigkeiten kommt, da ja alles menschliches Handeln, das gute wie das schlechte, auf natürlichen Prozessen beruht. Die Unvernunft des Menschen rächt sich zunächst und vor allem an ihm selbst und gefährdet seine Fortexistenz, denn die Natur kann ohne den Menschen leben, aber er nicht ohne die Natur und ihre ganz speziell ausgeprägte Form auf der Erdoberfläche, in die er im Laufe der Evolution des Lebendigen hineingewachsen und eingebettet ist.

Der fundamentale Widerspruch zwischen dem heute dominierenden Wirtschaftsparadigma und dem Paradigma des Lebendigen verlangt prinzipiell andere Weichenstellungen bei der Organisation der menschlichen Gesellschaft, um die Zukunftsfähigkeit des homo sapiens zu gewährleisten. Wir weigern uns heute mehrheitlich, diese Herausforderung konstruktiv aufzugreifen, da unsere heutigen Vorstellungen sich vornehmlich immer noch am mechanistischen Denken des 19. Jahrhunderts orientieren. Viele vertrauen darauf, dass wir mit der Macht der Erkenntnis und unserem ständig expandierenden wissenschaftlich-technischen Wissen die äußeren Bedingungen zu unseren Gunsten ändern, also letztlich die uns umgebende Natur auf den von uns eingeschlagenen Pfad, wenn nötig mit Gewalt, zwingen können.

Dass der Mensch zur Durchsetzung seiner Interessen der ihn einbettenden Natur den Krieg erklärt, zeugt von naiver Arroganz oder von Hoffnungslosigkeit, dass eine „friedliche“ Änderung überhaupt möglich sei. In der Tat betrachten viele die offensichtliche Unverträglichkeit menschlichen Tuns mit der Natur gleichsam wie ein unabänderliches Naturgesetz und nicht, was es im Grunde ist, als ein vom Menschen inszeniertes Zusammenspiel, dessen Rahmenbedingungen und Spielregeln von einer kleinen Minderheit zu ihrem eigenen Vorteil vorgegeben und entsprechend choreographiert werden und jetzt weitgehend einer daraus resultierenden Eigendynamik folgen. Es ist der so entstandene Teufelskreis, der dazu führt, dass alle Aufforderungen zu Änderungen wie ein „Schwarzer Peter“ im Kreise der formal oder faktisch Verantwortlichen – der Regierung, Wirtschaft, Wissenschaft, den Medien, der sensibilisierten und stummen Öffentlichkeit – ohne sichtbare Konsequenzen weitergereicht wird. Teufelskreise aufzubrechen, ist zweifellos schwierig, doch nicht unmöglich. Es bedarf profunder Einsicht, globaler Weitsicht, systemischer Kompetenz und eines Generationen übergreifenden Verantwortungsbewusstseins.

Der Ruf: „Wer kümmert sich um unsere Zukunft?" wird immer lauter und fordernder. Keiner fühlt sich wirklich angesprochen. Niemand meldet sich, außer vielleicht einige Politiker auf Stimmenfang vor wichtigen Wahlen und dies, weil auch gar nicht wirklich beabsichtigt, ohne wesentliche Folgen. Und wenn einige mutige Politiker es dann trotzdem einmal wagen, langfristige Zukunftsfragen ernsthaft ins Visier zu nehmen und sogar Lösungsvorschläge zu machen, werden sie sofort abfällig als „Idealisten" im Sinne von Schwärmern und Realitätsblinden von den Medien diffamiert und von einer desorientierten Öffentlichkeit bei den nächsten Wahlen abgestraft. Da eine Verträglichkeitsprüfung unseres Handeln bezüglich Nachhaltigkeit doch nur unser augenblickliches eigennütziges Fortkommen hemmen würde, möchten wir die wichtige Entscheidung über die Zukunftsfähigkeit des Menschen am liebsten und bequemsten, wie gewohnt, der bedrängten Natur überlassen. Obgleich viele sich sehr wohl der Gefahr bewusst sind, durch diese Unvernunft der Menschheit letztlich ihren Verbleib in der Evolution zu verscherzen, so vertrauen sie als „Gläubige" doch insgeheim darauf, wie sie demütig gestehen, dass der „liebe Gott" im Ernstfall, unter Würdigung seiner „sapiens"-Qualität, dem Menschen in höchster Not als Retter beispringen würde.

Die Geschichte zeigt, dass schwierige Lernprozesse durch Leid und Schmerz in Gang gesetzt und durch Katastrophen gefördert werden können. Wer sind die Hauptbetroffenen der jetzigen Fehlentwicklung? Es sind die Armen überall und insbesondere in den Entwicklungsländern, die zu spät kamen, um am großen Raubzug noch teilzunehmen. Aber es sind, zeitlich betrachtet, vor allem die künftigen Generationen. Auch in einem demokratischen Staatswesen haben die Zukünftigen kein Stimmrecht, bis auf die wenigen, jetzt schon lebenden stimmberechtigten Jugendlichen. Es ist organisatorisch schwierig, der Stimme der Zukunft besseres Gehör zu verschaffen. Wohl gibt es dafür bedenkenswerte Vorschläge, wie z.B. schon Neugeborenen Stimmrecht zuzubilligen und dessen Ausübung zunächst dem Erziehungsberechtigten anzuvertrauen. Aber im Ansatz grundsätzlicher und erfolgsversprechender scheint zu sein, menschliches Handeln in einer geeigneten Weise gesetzlich so einzuschränken, dass die natürlichen Lebensgrundlagen und die Gestaltungsmöglichkeiten zukünftiger Generationen nicht irreversibel vermindert oder zerstört werden.

Das sollte nicht auf eine Ökodiktatur zielen, denn eine Diktatur läuft dem Paradigma des Lebendigen zuwider. Man sollte vielmehr zunächst großzügig mit den für alle offensichtlichen, großen Verletzungen der Nachhaltigkeit beginnen, um die Hauptdeformationen und die daraus resultierenden Spannungen im Zusammenleben der Menschen zu kurieren.

Solche Korrekturen würden unvermeidlich viele der heute Mächtigen treffen, da außergewöhnlicher Machtzuwachs meist auf Nichtnachhaltigkeit („Lawinen-Syndrom“) beruht. Doch auch die Mehrzahl der Bürgerinnen und Bürger in den reicheren Ländern, deren steigender materieller Wohlstand aus der nicht-nachhaltigen Fehlentwicklung resultiert, werden sich neu orientieren müssen, was vielleicht schmerzliche Änderungen in ihrer Lebensweise erfordern wird. Beides macht eine Durchsetzung solcher Korrekturen schwierig. Es geht hierbei jedoch nicht um eine „Kultur des Verzichts“ oder gar einen Verzicht auf echte Lebensqualität, sondern um eine Verlagerung der Bedeutung von Wohlstand in Richtung auf eine „Kultur der Flexibilität und der Offenheit“ und, weg von übertriebenen materiellen Konsum, zur Förderung der geistigen Dimensionen, die für den Homo sapiens sapiens wichtig sind, da er ja nicht allein vom Brote lebt.

Das vorliegende Buch „Kinder des Wohlstandes“ versucht mutig und konstruktiv, die hier erörterte Problematik aus unterschiedlicher fachlicher Perspektive anzugehen. Hier macht sich eine im materiellen Wohlstand aufgewachsene, junge Generation weltoffen und optimistisch motiviert auf den Weg, neue Lebensqualitäten und verträglichere Gesellschaftsformen zu suchen. Als Generation der Um-die-Dreißigjährigen, am Ende einer langen Ausbildung und am Anfang ihrer beruflichen Laufbahn stehend, können sie, mit mehr als einem halben Jahrhundert Lebenserwartung noch vor sich, überzeugend den Standpunkt vertreten, dass ihnen die Zukunft nicht gleichgültig ist und als potenzielle Leidtragende auch nicht sein kann. Sie verstehen sich mit Recht als Vorhut künftiger Generationen, für deren Gestaltungsmöglichkeiten sie sich verantwortlich fühlen und einsetzen wollen.

Ihr Einstieg ist eine kritische Betrachtung der „Mythen der Moderne“, der heute allgemein als „realistisch“ propagierten Vorstellungen und Einstellungen. Realistisch geltende Einschätzungen zukünftiger Entwicklung dürfen sich nicht einfach in der Extrapolation vergangener Beobachtungen und Erfahrung erschöpfen – dies hieße die Zukunft ausschließlich durch den Rückspiegel zu betrachten – sondern müssen die wichtige Erfahrung einschließen (die auch das Erfolgsrezept allen kreativen Denkens und Handelns ist), dass die Zukunft ganz anders als die Vergangenheit sein kann. So wie die Realitäten von heute die Utopien von gestern sind, so müssen Utopien heute den Realitäten von morgen vorangehen. Dies wird sich selbstverständlich nicht im angestrebten Umfange und in der gewünschten Qualität verwirklichen lassen, aber wir sollten dieser optimistischen Sichtweise in unseren Vorstellungen mehr Raum geben, das Notwendige und Erwünschte wirklich wollen und aktiv anstreben, um der „self-fulfilling prophecy“ des konservativen Realismus zu entgehen.

Ich würde mir wünschen, dass dieses Buch eine ganze Reihe von gesellschaftlichen Diskussionen auslöst, in denen die heute schon lebende junge Generation Zukunftsvisionen, die für sie selbst als in hohem Maße lebenswert gelten, in breiter Vielfalt entwickelt. Es könnte auf diese Weise, wenn geeignet umgesetzt, eine Fülle von wirklich guten Lebensstilen entstehen, die in ihrer differenzierten Vielfalt, im empathischen Respekt vor dem Andersartigen und der Bereitschaft zu einem sich wechselseitig bereichernden Zusammenwirken dieser unterschiedlichen Lebensformen, eine weltweit neue, spannende und lebendige Menschlichkeit erblühen lässt, bei der das „Ganze mehr wird als die Summe seiner Teile".

München, im Juni 2000 Hans-Peter Dürr

Einleitung

In seinem 1997 erschienenen Buch „Kinder der Freiheit“ beleuchtet der Soziologe Ulrich Beck kritisch die zukünftige Entwicklung unserer Demokratie: Die Freiheiten, die die Demokratie immer versprochen habe, würden nun mehr und mehr von den jungen Generationen ausgelebt. Junge Menschen propagierten zunehmend Selbstbestimmung, Individualisierung, postmodernes „Anything goes“. Ein Nachlassen des ordnungsstiftenden Einflusses von Traditionen, überkommenen Autoritäten, von herkömmlichen Wertvorstellungen ist zu beobachten.

Diese Entwicklung aber würde zu einer Herausforderung unserer demokratischen Ordnung, da erst noch herausgefunden werden müsse, wie „die Sehnsucht nach Selbstbestimmung mit der ebenso wichtigen Sehnsucht nach Gemeinsamkeit“ und mit der demokratischen Notwendigkeit der Ausbildung von Gruppeninteressen in Einklang zu bringen sei. Die Demokratie könne dem ihr Neuen und Fremden gegenüber entweder in starrer Verteidigungshaltung verharren und somit ihre Legitimation verlieren, die sie nur aus der Bereitschaft der Menschen ziehen kann, Teil dieser Demokratie zu sein. Oder aber sie kann neue Wege des Zusammenlebens zulassen und auf ihre Praktikabilität und ihre Verträglichkeit mit Vorstellungen von Rechtsstaatlichkeit, Demokratie und Nachhaltigkeit untersuchen. So könnte sie die Chancen nutzen, die die Aufbruchstimmung junger Menschen bietet, und deren Ideen und Einsatzbereitschaft für das Gemeinwohl nutzen.

Parallel zu der von Beck geschilderten Freiheitsentwicklung erfolgte auch eine Entwicklung des Wohlstands in der westlichen, hochindustrialisierten Welt. Dieser Wohlstand ist den heute jungen Menschen genauso in den Schoß gefallen wie den „Kindern der Freiheit“ die demokratische Grundordnung, die ihre Elterngeneration aufgebaut hat – daher werden sie im folgenden „Kinder des Wohlstands“ genannt. Der von ihnen genossene Wohlstand, so wird in diesem Buch gezeigt, gefährdet sich durch seine Ausprägung aber gerade selber, wie auch die Freiheit der Beck'schen „Kinder der Freiheit“ gerade diese Freiheit unter den Zwang der Neudefinition setzt. Es müssen also neue Konzepte und Lösungen für das Problem eines sich selbst gefährdenden Wohlstands gefunden werden.

Leben in der Wohlstandsspirale

Nach dem Ende des Zweiten Weltkrieges waren große Teile Deutschlands zerstört, die Versorgung der Bevölkerung war weithin zusammengebrochen, ebenso die gesamte

Wirtschaft. Der Kampf um das Überleben und um die Befriedigung elementarer Lebensbedürfnisse beherrschte den Alltag und war das dominierende Thema im privaten wie im öffentlichen Leben; Wiederaufbau und wirtschaftliche Entwicklung wurden von der Bevölkerung als wichtigste Anliegen verfolgt. Und tatsächlich konnte sich das wirtschaftliche Leben, unterstützt von der Aufbauhilfe der ehemaligen Kriegsgegner und von günstigen weltwirtschaftlichen Rahmenbedingungen, in der trügerischen Ruhe des Kalten Krieges entfalten – und zwar in einem solchen Tempo, das bald vom „Wirtschaftswunder" geredet wurde. Das Ergebnis war ein stetiger Anstieg des durchschnittlichen Wohlstands, der Deutschland schließlich zu einem der reichsten Länder der Erde machte.

Dieser Anstieg des Wohlstands ging in Phasen oder Wellen vor sich: Spielte direkt nach dem Krieg die Befriedigung elementarer Lebensbedürfnisse die Hauptrolle, also die Suche nach Nahrung und einem Dach über dem Kopf, so erweiterten sich in den 50er Jahren die Spielräume – die Bedeutung von Kleidung nahm zu, von Mode und Wohnungseinrichtung. Später entstanden weitere Bedürfnisse: In den 60er Jahren wurde die jährliche Urlaubsreise üblich, die Bedeutung persönlicher Mobilität stieg an. Noch später wurde z. B. Unterhaltungselektronik wichtig. Mit Erreichen jeder neuen Welle wurden Luxusgüter, die bis dahin nur einer kleinen Minderheit zugänglich waren, zu Gebrauchsgütern für alle. Der Journalist Bernd Ulrich spricht in diesem Zusammenhang von einer „Aufstiegsautomatik", da ein Ende dieser Entwicklung nicht absehbar war, die auch regelmäßige Verkürzungen der Arbeitszeit, eine immer bessere Gesundheitsversorgung, einen stetigen Anstieg der Lebenserwartung und generell immer größere Verteilungsspielräume mit sich brachte.

Parallel zu diesem Anstieg des Lebensstandards erfolgte auch ein Wertewandel (siehe auch Kasten „Jugend 2000: Inflation am Wertehimmel"). Die Bedeutung von Sparsamkeit, von Pflichterfüllung, also von Eigenschaften, die in der Aufbauphase von großer Bedeutung waren, trat in den Hintergrund und machte mehr und mehr einer Lebenseinstellung Platz, die den erworbenen Wohlstand genießen möchte. Ebenso breiteten sich postmaterielle Werte wie der Wunsch nach Entfaltung der eigenen Persönlichkeit oder erweiterter Mitbestimmung aus.

Die Generation der heute um die 30-Jährigen ist in diese Wohlstandsgesellschaft hineingewachsen, die ihre Eltern und Großeltern aufgebaut haben. Von frühester Kindheit an hat sie stetig steigende Konsummöglichkeiten erfahren, ihr Lebensstandard ist von Jahr zu Jahr gestiegen; materielle Not ist ihr größtenteils fremd. Und bei allem Wertewandel: Das Selbstwertgefühl auch dieser jungen Generation, der Postmaterialisten, der „Kinder des Wohlstands", blieb – wie schon das ihrer Eltern und Großeltern – an die Teilhabe an wirtschaftlichen Erfolg, an berufliches Fortkommen und an die Chance zu immer mehr materiellem Konsum gekoppelt: Der gewohnte Wohlstand und das andauernde Wachstum der Verteilungsspielräume bilden eine Grundlage für alle weiteren Werte und Einstellungen und ermöglichen sie in gewisser Hinsicht erst. Diese Werte sind nach einer Untersuchung des Publizisten Warnfried Dettling teilweise deckungsgleich mit denen der Elterngeneration, beispielsweise Leistung oder Erfolg. Daneben träten aber zunehmend sozialkommunikative und idealistische Werte wie der „Wunsch, in der Entwicklung der eigenen Persönlichkeit den Sinn des Lebens zu finden". Unabhängigkeit, Freiheit von Angst und Überheblichkeit und der Widerstand gegen ungeprüfte Normen sind weitere bedeutende Teilstücke dieser „postmodernen" Wertewelt, in der junge Menschen leben: „Die Person steht auf gegen das, was sie begrenzt und zu deformieren versucht".

„Jugend 2000: Inflation am Wertehimmel"

Die 13. Shell Jugendstudie „Jugend 2000" untersuchte an insgesamt 4546 Jugendliche zwischen 15 und 24 Jahren deren „Zukunftsaussichten, Lebenskonzepte und biografische Perspektiven". Als eines der zentralen Resultate konstatiert die Studie eine „Inflation am Wertehimmel" und eine „neue Unübersichtlichkeit" der Werte der Jugendlichen: Aufgrund des Aufbrechens „von industriegesellschaftlichen Lebensformen, tradierten sozialökonomischen Milieus und Solidarstrukturen" würden die Jugendlichen heute zu flexiblen Konstrukteuren ihrer eigenen Biografie und eines individuellen Wertekosmos'. Trotz aller Unterschiede zwischen verschiedenen „Wertetypen" im Detail – eines ist den Jugendlichen durch alle Milieus und unabhängig von ihrem Geschlecht gemeinsam, nämlich dass die „Zustimmung zu einem bestimmten Lebenskonzept […] nicht notwendig mit der Ablehnung anderer […] Konzepte einhergeht". Statt diametraler Gegensätze in den Werthaltungen könne man ein „Sowohl-als-Auch" beobachten: Werte sind nichts endgültiges mehr, sondern einem steten Veränderungsprozess unterworfen, der eine natürliche Folge der Verunsicherungen am Arbeitsmarkt und der Sorge um die eigene Zukunft ist: Die Jugendlichen „können sich Starrheit nicht leisten".

Konkret sichtbar wird dieses „Sowohl-als-Auch" in der weit verbreiteten Überzeugung der Jugendlichen, Familie und Beruf unter einen Hut zu bekommen. Beruf wird nicht mehr bedingungslos als zentrales Lebensmotiv akzeptiert, sondern abgewogen gegen die Chancen eines reicheren Familienlebens. Diese Orientierung ins Private bedeutet aber keinen Rückzug: Die „Teilhabe an Politik" ist vielen Jugendlichen sehr wichtig. Dieses Interesse wird jedoch begleitet von einer tiefgreifenden Enttäuschung gegenüber Politik, also dem Gemenge aus Parteien, Gremien, Verbänden und administrativen Apparaten.

Ist „die Welt also komplizierter geworden"? Deutlich ist zumindest, dass junge Menschen sich immer weniger an den Strukturen und Werthaltungen vergangener Generationen orientieren. In einer Zeit, die ihnen häufige Veränderungen abverlangt, neh-

men sie sich das Recht, selber Maßstäbe zu setzen, Lebensstile auszuprobieren und bei Misserfolg oder Nichtgefallen das Wertekostüm anzupassen, ohne aber in fundamentale Opposition zu ihrer bisherigen Haltung zu treten – diese war eben eine Station, eine in der Zukunft vielleicht noch nützliche Erfahrung. Einengen in starre Werthaltungen lassen sich die Jugendlichen kaum noch.

Die Bedeutung von Wohlstand, Konsum und Erwerbsarbeit

Der wirtschaftliche Aufschwung Deutschlands war – mit Ausnahme der Unruhen der Jahre um 1968 – begleitet von weitgehender innenpolitischer Ruhe, von genereller Zustimmung zum politischen System der BRD und von der Möglichkeit für die meisten Menschen, ihre individuelle Lebensplanung zu verwirklichen. Diese Parallele zwischen der Wohlstandsentwicklung und der gesellschaftlichen Situation legt die These nahe, dass erst eine gesunde wirtschaftliche Entwicklung, erfolgreiche Erwerbsarbeit, Wohlstand und die Teilhabe am Konsum die innenpolitische Ruhe und Zufriedenheit ermöglichten. (Natürlich muss man hier generell von einer wechselseitigen Befruchtung ausgehen, doch ist an dieser Stelle der Diskussion der Wohlstand die entscheidende Komponente, da er variabel, ja gefährdet erscheint, wie im folgenden ausgeführt wird.) Mehrere Indizien stützen diese These:

- *Wohlstand begründet gesundes Selbstwertgefühl:* Menschen – Männer immer noch mehr als Frauen – definieren sich zu großen Teilen über ihre Teilhabe an Wohlstand, über ihre Konsummöglichkeiten und ihren materiellen Lebensstandard. Und sie werden von anderen aufgrund ihres vorhandenen oder fehlenden beruflichen und wirtschaftlichen Erfolges geschätzt und angesehen oder abgelehnt und ausgegrenzt. Wohlstand hat also wesentliche Auswirkungen auf das Wohlbefinden der Bürger und auf das Verhältnis der Bürger untereinander.
- *Erwerbsarbeit bringt auch andere als finanzielle Vorteile:* Eine als sinnvoll empfundene Arbeit stellt für die meisten Menschen einen wesentlichen Baustein ihrer persönlichen Lebenszufriedenheit dar. Wer keine Arbeit hat, entwickelt leicht das Gefühl, unnötig, unnütz, unbrauchbar zu sein; dieses Gefühl kann sich bis zur Krankheit verdichten: Arbeitslosigkeit macht krank. Gleichzeitig stellt für viele Menschen ihr Arbeitsplatz einen wesentlichen Baustein ihres sozialen Lebens dar. Die Teilnahme am Erwerbsleben schützt also den einzelnen Bürger vor persönlichen Nachteilen, vor Krankheit, Unzufriedenheit und Einsamkeit.
- *Wohlstand stabilisiert das politische System:* Wer über finanzielle Möglichkeiten verfügt, oder wer sich zumindest Hoffnung machen kann, Zugang zur Teilhabe am materiellen Konsum zu haben, wird eher dazu tendieren, das System und die Institutionen gutzuheißen, die diesen Wohlstand ermöglichen und schützen. Wohlstand hat also eine Bindewirkung für das politische System, in diesem der Fall der Bundesrepublik und der sozialen Marktwirtschaft.

Diese Vorteile von Erwerbsarbeit und Wohlstand verleihen der geschilderten „Aufstiegsautomatik“ der letzten 50 Jahre ein besonderes Gewicht: Weite Teile der Gesellschaft konnten die Annehmlichkeiten von Wohlstand und Erwerbsarbeit genießen und waren zufrieden mit der persönlichen wie auch der gesamtgesellschaftlichen Situation. Allerdings zog dieser Aufstieg die Menschen auch in eine Abhängigkeit: Manifeste Vorteile, die wesentlich für den Einzelnen wie für die Gesellschaft sind, sind auf die „Aufstiegsautomatik“ angewiesen.

Bedrohter Wohlstand?

In letzter Zeit mehren sich die Anzeichen dafür, dass die Aufstiegsautomatik nicht mehr funktioniert, häufen sich die Indizien dafür, dass die „Kinder des Wohlstands“ ihr bisheriges Wohlstandsniveau wahrscheinlich nicht halten und sicher nicht mehr werden steigern können.

1. Erstens weist die in vielen westlichen Staaten immense Staatsverschuldung darauf hin, dass der Aufstieg der letzten 50 Jahre „Wohlstand auf Pump“ war und damit in einer Weise finanziert, die sich nicht dauerhaft fortsetzen lässt. Zu dieser Situation haben verschiedene Faktoren beigetragen: Kreditfinanzierte Konjunkturprogramme, die hohe Staatsquote, überbordende Kosten des Sozialstaates, um nur einige zu nennen – Faktoren, die sich positiv auf den Wohlstand des Landes ausgewirkt haben. Allerdings schränkt diese massive Verschuldung die Spielräume eines Landes ein und nimmt ihm die Möglichkeit, flexibel und angemessen auf neue Probleme zu reagieren; sie ist in dem Sinne nicht zukunftsfähig, dass ein „Weiter so“ die Gestaltungsmöglichkeiten zukünftiger Generationen alleine durch deren Verpflichtung, die Schulden doch irgendwann zu tilgen, drastisch einschränken würde. Dieses Wirtschaften auf Pump hat also keine Zukunft, und damit auch nicht der auf dieses Wirtschaften gegründete Wohlstand.
2. Ein weiteres Indiz ist die begrenzte Fähigkeit der natürlichen Umwelt, Rohstoffe zu liefern oder Abfälle und Emissionen aufzunehmen. Diese Begrenzung, die erstmals bereits Anfang der 60er Jahre beobachtet wurde, hat allerdings bis heute nicht zu einem sparsameren Umgang mit Ressourcen oder zu einer deutlich geringeren Verschmutzung der Umwelt geführt. Zwar sterben weniger Bäume und hat sich die Qualität mancher Gewässer weiter verbessert, doch vor allem die weniger offensichtliche Umweltzerstörung geht weiter: Artensterben, Klimakatastrophe, Ozonloch und die Begrenztheit von Rohstoffen sind reale Probleme, deren Auswirkungen heute teilweise schon zu spüren sind und die Kosten verursachen, die sich nicht in den Preisen der Produkte und Dienstleistungen widerspiegeln. Ein weiteres ungezügeltes Wachstum würde längerfristig von immer höheren Umweltschäden aufgefressen.

3. Aber nicht nur die Kosten des Umweltverbrauchs begrenzen Wachstum und Wohlstand. Von Bedeutung sind auch die Folgen des wirtschaftlichen Gefälles zwischen nördlicher und südlicher Hemisphäre, zwischen armen und reichen Ländern, auf deren Ausnutzung unser Konsumverhalten zum Teil beruht. Dieses Verhalten und die praktizierte Art der Wirtschaft zwischen entwickelten und weniger entwickelten Ländern hat zu einer immer weiter aufklaffenden sozialen Schere zwischen diesen Ländern geführt. Von den direkten Folgen sozialer (und auch ökologischer) Probleme in der Dritten Welt sind die reichen Länder bis jetzt noch nicht betroffen, doch die indirekten Folgen sind nicht weniger problematisch und an vielen Orten schon offenkundig, seien es nun sogenannte Wirtschaftsflüchtlinge, Konflikte um Rohstoffquellen und Wasser oder gar Massenvernichtungswaffen in den Händen rivalisierender Völker oder terroristischer Gruppierungen. Eine unveränderte Wirtschaftsweise, ein Wachstum auf Kosten der Dritten Welt könnte so zu Effekten führen, die ihre Ziele – mehr Wohlstand – zunichte machen, sei es durch „Export" der Probleme oder durch die immensen Kosten einer Abschottung der westlichen Wohlstandsinseln mit nötigenfalls auch militärischen Mitteln.
4. Viertens ist seit Beginn des „Wirtschaftswunders" in den 50er Jahren der Anteil der Arbeitslosen an der Bevölkerung stetig gestiegen, ohne realistische Hoffnung auf Wiederherstellung von Vollbeschäftigung. Mittlerweile ist dieser Anteil, der zu Beginn des Jahres 2000 bei ca. 10% lag, in mehrfacher Hinsicht zur Gefahr geworden: Erstens gibt es immer mehr Menschen, denen die Chance verwehrt wird, sich durch „ihrer Hände Arbeit" Teilhabe, Selbstbewusstsein und gesellschaftliche Anerkennung zu erwerben. Der steigende Anteil der Langzeitarbeitslosen trägt weiter dazu bei, die Hoffnungen vieler auf zukünftige Teilhabe zu dämpfen oder zu vernichten. Diese Effekte können auf Dauer die Zustimmung der Menschen zu ihrem Land, ihrem politischen System verringern. Darüber hinaus ist die Gesellschaft nicht mehr mühelos in der Lage, diejenigen, denen das Versprechen auf selbst erwirtschafteten Wohlstand nicht erfüllt wird, in ausreichender Weise zu unterstützen – der „Bodensatz" an Armen in der Gesellschaft wächst, und mit ihm die Gefahr für jeden, selber in diesen Bodensatz abzusinken. Die sozialen Sicherungssysteme sind überfordert und werden zu einer Gefahr für den ohnehin defizitären Haushalt. Dadurch werden die Handlungsspielräume des Staates stark eingeschränkt. Die Bedeutung, die Sprengkraft dieser Arbeitslosigkeit ist bis jetzt nicht genügend berücksichtigt worden – ein weiteres Wirtschaften auf dem Rücken der Arbeitslosen, Wachstum auf ihre Kosten, hätte möglicherweise zur Folge, dass die Grundlagen eben dieses Wirtschaftens und Wachstums aufgefressen und ihre Ziele vereitelt werden.

Die vorhergehenden Punkte machen deutlich, dass die „Aufstiegsautomatik", der gewohnte Wohlstand und sein andauerndes Wachstum Grenzen haben.

Die Grenzen des Wachstums

Im Jahr 1972 veröffentlichte der „Club of Rome“, ein weltweiter Zusammenschluss von angesehenen Wissenschaftlern und Industriellen mit dem Ziel der Untersuchung der „Lage der Menschheit“ und der Friedenssicherung, den Bericht „Die Grenzen des Wachstums“. Die düstere Prognose: Die Fortsetzung von Bevölkerungswachstum, Wirtschaftswachstum und Umweltverschmutzung würde die Erde in die Katastrophe führen. Ressourcenknappheit, Armut, Hunger und Umweltschäden würden das Zusammenleben der Menschheit extrem belasten und zu massiven Auseinandersetzungen, zu Konflikten, zu großem menschlichen Leid führen. Diese Effekte würden ca. ab dem Jahr 2020 auftreten – während im Jahre 2000 aus Sicht der Industriestaaten die Situation noch beherrschbar wirken würde.

Ein Vierteljahrhundert nach Veröffentlichung des Berichts wurde der Autor, der Chemiker und Managementprofessor Dennis L. Meadows, in einem Interview mit der Zeitung „Die Zeit“ nach seiner Einschätzung des Berichtes gefragt. Seine Antwort: „[Ich] kann […] nicht erkennen, wie der globale Kollaps vermieden werden sollte.“ Er erkenne bereits viele Krisensymptome – „… die wachsende Kluft zwischen Arm und Reich […] die Überlastung der Umwelt […]“ oder die Kapitalintensität von Rohstoffen. Meadows sei „nicht optimistisch. Aber glauben Sie nicht, dass ich an den Weltuntergang glaube. Nach dem großen Rückschlag wird es vielleicht so aussehen wie in den fünfziger Jahren. Und damals war die Erde schließlich auch schon ein interessanter Ort.“

Und nach dem materiellen Wohlstand?

Doch welche Bedeutung hätte es für unsere Gesellschaft, wenn der Wohlstand stagnierte, wenn das Wachstum dahinschmelzen und die Verteilungsspielräume enger würden, so eng, dass materieller Wohlstand und Erwerbsarbeit nicht mehr die oben skizzierten Funktionen wahrnehmen könnten, wenn sie nicht mehr als Bindeglied, als verbindende Gemeinsamkeit und einigendes Ziel dienen können? Was bedeutet eine Einbuße an materiellem Wohlstand und Erwerbsarbeit in einer Gesellschaft, für deren Befinden diese Dinge wesentlich sind? Was heißt es, wenn einer Gesellschaft, die weitgehend vom Versprechen der Teilhabe an Wohlstand zusammengehalten wird, nun gerade dieses Versprechen als Täuschung deutlich wird? Was bedeutet das unerwartete, plötzliche Ende der angeführten „Aufstiegsautomatik“?

Es bedeutet – für den Einzelnen – zunächst Verunsicherung, vielleicht sogar Gefahr. Wenn der materielle Lebensstandard nicht mehr automatisch steigt, wenn gleichzeitig die Chance auf eine normale Erwerbstätigkeit sinkt und die Sozialsysteme überfordert sind, dann besteht für jeden Menschen die Gefahr von Einbußen: Einbußen an Sicherheit am Arbeitsplatz, an erworbenem Lebensstandard, an Absicherung gegen Verarmung, an sozialer Akzeptanz und so weiter. Gleichzeitig mit dieser möglichen Entwicklung der Verunsicherung der Menschen verliert das politische System immer mehr Zustimmung seitens der Bevölkerung. Die Gefahr der Abkehr vom politischen System, von Polarisierung und Radikalisierung, steigt, mit allen damit verbundenen Risiken für den sozialen Frieden.

Doch scheinen all diese bedrohlichen Perspektiven nicht zwingend zu sein. Sie würden nur dann Realität werden können, wenn sich der Glaube an die „Aufstiegsautomatik" weiter halten kann und wenn die Hoffnung auf ungebremstes Wachstum weiterhin das Denken bestimmt. Dann käme jede Veränderung, jede Stagnation überraschend und würde leicht die im vorigen Absatz skizzierten Effekte auslösen können. Statt dessen besteht aber die Möglichkeit, diese Entwicklung zu verhindern oder ihr zumindest vorbereitet zu begegnen, indem man sich rechtzeitig mit den folgenden Fragen auseinandersetzt.

- Was sind die hinter unserem Denken und Handeln, hinter der Angst vor Wohlstandseinbußen stehenden Definitionen von Wohlstand, von Lebensqualität, vom „Guten Leben"?
- Wie hängen diese Definitionen mit den skizzierten Problembereichen, also mit der Bedrohung der natürlichen Umwelt, dem Wohlstandgefälle zwischen reichen und armen Weltteilen und der Auszehrung unserer Sozialsysteme, zusammen? Sind sie unabhängig von ihnen? Oder verursachen unsere Vorstellungen von Wohlstand und Lebensqualität gerade erst die Probleme, die beschrieben wurden und die diesen Wohlstand wiederum bedrohen? Und: Wie gravierend sind diese Probleme? Besteht die Gefahr, dass sie unser Leben insgesamt beeinträchtigen?
- Müssen wir folglich unsere Definition von Lebensqualität und Wohlstand gegebenenfalls revidieren, um zu einer Lösung der Probleme zu gelangen?

Kurz: Folgende Frage harrt der Beantwortung:

Was sind Lebensqualität und Wohlstand ?

Offensichtlich besteht die Notwendigkeit einer Debatte über die Definitionen dieser beiden Begriffe. Bislang wurde eine solche Debatte kaum geführt, wenn man von wenigen einzelnen Ansätzen und bestimmten, eng umrissenen gesellschaftlichen Gruppen absieht (siehe Kapitel „Wohlstand und Lebensqualität in der Diskussion"). Das hat im wesentlichen drei Gründe. Zum einen waren die Diskussionsansätze, die Thesen und Forderungen oft unrealistisch und zu weit von der Lebenswirklichkeit der Menschen, ihren Vorstellungen und Wünschen, entfernt. So fanden die ökologischen Forderungen grün-alternativer Milieus oft nur wenig Gehör, weil sie bei der Mehrheit der Menschen den Eindruck erweckten, jeder müsse in Zukunft mit Birkenstock-Schuhen und selbstgestrickten Schafswollpullovern herumlaufen. Zweitens wurde oft moralisch argumentiert: So wurden bestimmte Arten des Wirtschaftens abgelehnt, weil sie unmoralisch, ungerecht gegenüber z.B. den Menschen der Dritten Welt seien; oder man versuchte, Umweltschutz mit der These zu begründen, dass auch Tiere und Pflanzen ein Lebensrecht aus sich selbst heraus hätten, dass durch unsere Lebensweise eingeschränkt oder insgesamt bedroht sei. Eine solche Argumentation hat sich in der Vergangenheit oftmals als unwirksam und wenig zwingend erwiesen. Daher soll im folgenden explizit anders, nämlich pragmatisch, argumentiert werden: Unabhängig davon, ob eine Handlung oder Entwicklung moralisch gut oder verwerflich ist, sollte sie vermieden werden, wenn sie denn eine Einschränkung unserer eigenen Lebenswirklichkeit und –möglichkeiten, eine deutliche Beeinträchtigung unseres Wohlstands oder Gefahren für zukünftige Generationen mit sich bringt.

Der wesentliche Grund aber, warum bisher keine weitreichende Diskussion über unsere Definitionen von Lebensqualität und Wohlstand geführt wurde, ist ein dritter: Die Gesellschaft hat sich in der Vergangenheit eine Reihe von Überzeugungen, von Glaubenssätzen zugelegt, die teilweise naive Umdeutungen des bereits erwähnten Aufstiegs- und Wohlstandsversprechens („Weil es immer aufwärts ging, wird es auch in Zukunft immer weiter aufwärts gehen – warum also Gedanken auf Änderungen verschwenden?“) oder auch einfach Verdrängungsreaktionen auf bestimmte (Verlust-)Ängste sind („Es kann nicht sein, dass sich etwas tiefgreifendes ändert, weil mir das Angst macht und unbequem ist.“). Diese Glaubenssätze, diese Lebenslügen oder „Mythen“, wie sie im folgenden genannt werden, sind Zeichen einer tief verwurzelten Unsicherheit gegenüber einschneidenden Veränderungen und Ausdruck der Angst, im eigenen Leben Einbußen an Wohlstand und Lebensqualität hinnehmen zu müssen. Diese Unsicherheit und Angst führt dazu, dass es einfacher erscheint, ein Problem zu leugnen als es konstruktiv anzugehen.

Diese Mythen und die in ihnen angelegte Verleugnung der Realität stehen einer konstruktiven Auseinandersetzung mit der sich ändernden Realität und dem eventuell mit der Veränderung einhergehenden Verlust an materiellem Wohlstand im Wege. Daher, um konstruktive Bilder entwerfen zu können, um auf die Anforderungen einer sich verändernden Welt adäquat reagieren zu können, müssen die Mythen entlarvt werden und müssen ihnen positive Antithesen gegenübergestellt werden, die Handlungsoptionen aufzeigen.

Lebensqualität und Wohlstand

Der Sozialwissenschaftler Ronald Inglehart stellte die These auf, dass der Wert eines Gutes sinkt, sobald es im Überfluss vorhanden ist. Diese These gelte nicht nur für einzelne Güter, sondern auch für ganze Einstellungen, wie zum Beispiel die materielle Orientierung der Generationen nach dem Zweiten Weltkrieg. Daher erfolgt, sobald ein bestimmtes Maß an materiellem Wohlstand – gemessen am Bruttoinlandsprodukt (BIP) – erreicht ist, mit einem weiteren Anwachsen dieser Kenngröße kein weiterer Anstieg des subjektiven Wohlbefindens der befragten Menschen. Mit dieser Theorie konnte er erklären, warum, gemessen an einem Index für subjektives Wohlbefinden, die Menschen in Polen oder Chile nicht deutlich weniger zufrieden mit ihrer Lebenssituation waren als Vergleichsgruppen in Deutschland oder Norwegen, also in deutlich reicheren Ländern.

Eine mögliche Erklärung für dieses Phänomen liefert das Zunehmen postmaterialistischer Einstellungen in hochindustrialisierten Wohlstandsgesellschaften und die Tatsache, dass Werte wie wirtschaftliche Sicherheit oder Wirtschaftswachstum in den Hintergrund treten und von anderen Bedürfnissen wie zum Beispiel erweiterter politischer Teilhabe, Selbstverwirklichung oder allgemein einem anderem Bild von „Lebensqualität", vom „Guten Leben" abgelöst werden.

Daraus wird deutlich, dass die einfache Gleichsetzung von (wirtschaftlichem) Wohlstand und Lebenszufriedenheit oder Lebensqualität nicht stimmt. Vielmehr spielen deutlich mehr Faktoren eine Rolle bei der persönlichen Definition des Begriffes „Lebensqualität" als die wirtschaftliche Situation – wenn auch letztere sicher die Rolle eines Fundaments spielen wird.

Doch was geschieht in einer Gesellschaft von Postmaterialisten wie ansatzweise der deutschen, wenn dieses Fundament bröckelt? Werden die alten Werte der Generation der Eltern und Großeltern wieder aktiv oder können die postmaterialistischen Einstellungen sich durchsetzen und bestimmend werden für die Organisation einer Gesellschaft, die nicht mehr mit einen dauerhaften Anstieg des Wohlstands rechnen kann? Darüber macht Inglehart – vorsichtshalber – keine Aussage.

Mythen der Moderne

Ein Mythos ist eine „erdichtete Erzählung von Göttern, Helden und Dämonen", eine Geschichte, deren Ausgang wesentlich auf die übernatürlichen Kräfte dieser Akteure angewiesen ist und die dazu dient, den Menschen „ein zusammenhängendes Bild von der Welt, ihrer Entstehung und ihren geheimnisvollen Kräften" zu liefern.

Auch heute bestehen noch zahlreiche Mythen. Allerdings sind hier nicht mehr Götter, Helden und Dämonen die Hauptdarsteller, sondern Forscher, Techniker und Ökonomen, die von den modernen Hohepriestern – den Politikern – wortreich beschworen und zitiert werden als Garanten der Zukunft und der Lösbarkeit aller Probleme. Einen Unterschied gibt es aber: Die heutigen Götter und teilweise auch die modernen Hohepriester haben die Grenzen ihrer Macht bereits kennengelernt – auch wenn sie in vielen Fällen versuchen, dieses Einsicht von den Gläubigen, dem Wahlvolk, fernzuhalten.

Deutlich wird das bei der genaueren Betrachtung einiger Probleme, die als die heute wesentlichen erscheinen. Diese Analyse wird zeigen, dass zumindest in den untersuchten Fällen (und wohl auch sonst oft) den möglichen oder teilweise schon wirklichen negativen Auswirkungen von Krisen entweder mit Leugnung des Problems oder tatsächlich mit einem Mythos begegnet wird. Der Grundmythos lautet schlicht: *Unsere Hohepriester und Helden werden das Problem schon mit den ihnen zur Verfügung stehenden Mitteln, Zaubersprüchen lösen, nämlich mit Forschung, mit Wirtschaftsgesetzen, mit Technik!*

Probleme werden generell als durch Mittel der Technik, der Politik oder der Wirtschaft beherrschbar angesehen – eine Haltung, die man als „technokratischen Optimismus“ bezeichnen kann und die sich nicht allzu viel von der ersten, dem Leugnen, unterscheidet, denn nach gängiger Vorstellung sind beherrschbare Probleme eigentlich kaum noch Probleme.

Technokratischer Optimismus – unangebracht !

Weder Leugnen noch technokratischer Optimismus sind angebrachte Handlungsweisen, wenn tatsächlich ein Problem vorliegt. Für diesen Fall wären beide „Methoden“ nur Lebenslügen, Mythen, die willentlich (im Fall der Leugnung) oder fahrlässig (im Falle des technokratischen Optimismus’) den Blick auf die Realität verschleiern und die davor bewahren, der Realität ins Gesicht sehen zu müssen – und somit einen konstruktiven Umgang mit dem Problem verhindern und unmöglich machen. Der Preis dafür kann angesichts z.B. von Umweltkrisen oder sich verschärfender gesellschaftlicher Spannungen sehr hoch, der Schaden irreparabel sein.

Um solche Schäden zu vermeiden, um drastische Einschränkungen des Lebens in Deutschland nicht aufkommen zu lassen, um ein Scheitern des technokratischen Optimismus’ nicht zu riskieren, muss untersucht und diskutiert werden, welchen Beitrag zu den Problemen das menschliche Verhalten selber geleistet hat und leistet und welche entlastenden Auswirkungen eine Verhaltensänderung des Menschen daher auf die Krise haben könnte, statt wegzuschauen oder aber einseitig auf Lösungen mittels Technik, Verordnungen und Forschung zu hoffen. Kurz: Um größeren Schaden von der Gesellschaft abzuwenden, muss eine Diskussion über Lebensstile und über das geführt werden, was die Lebensstile in Deutschland wesentlich bestimmt, nämlich das Streben nach Wohlstand und Lebensqualität. Bevor diese Diskussion im zweiten Teil dieses Buches begonnen wird, sollen hier zunächst drei bereits erwähnte Bereiche kurz analysiert werden, bevor sie im nächsten Kapitel einer ausführlichen Diskussion unterzogen werden: die Krise der Arbeitsgesellschaft, die Umweltproblematik und hier speziell die Energieproblematik, und der Nord-Süd-Konflikt. (Natürlich ließen sich weitere Bereiche finden. Doch da diese drei die aus heutiger Sicht wesentlichen Gefahren für Wohlstand und Lebensqualität in Deutschland darstellen, sollen sie exemplarisch untersucht werden.)

Die Umweltproblematik

Veränderungen der natürlichen Umwelt hat es schon immer als Begleiterscheinungen menschlichen Handelns gegeben: So wurden schon in der Römerzeit weite Teile Nordafrikas entwaldet, um Holz für den Bau von Schiffen zu gewinnen. Und bereits im Mittelalter verseuchten Manufakturen ihre direkte Umgebung mit Quecksilber und Blei. Aber erst seit geschichtlich kurzer Zeit können Effekte beobachtet werden, die Beleg des seit Beginn der industriellen Revolution veränderten Charakters menschlichen Handelns in der natürlichen Umwelt sind: Sei es das Waldsterben, das Ozonloch, der Treibhauseffekt, der Anstieg der Meeresspiegel als Folge der Erwärmung der Atmosphäre oder das Artensterben, das Abholzen tropischer Regenwälder, die radioaktive Verseuchung weiter Landstriche in Russland: Überall sind Entwicklungen zu beobachten, die Auswirkungen nicht nur in eng umrissenen Kontexten, in einem bestimmten geographischen Raum oder für begrenzte Zeit haben, sondern weltweit, für lange Zeit und mit ungewissem Ausgang (siehe Kasten „Der Charakter menschlichen Handelns").

Der Charakter menschlichen Handelns

Der Philosoph Hans Jonas stellt in seinem 1984 erschienen Buch „Das Prinzip Verantwortung" die These auf, dass mit Einsetzen der industriellen Revolution der Charakter menschlichen Handelns eine deutliche Wandlung erfahren hat. Früher sei menschliches Handeln immer eng umrissen gewesen: Eine Handlung hatte Auswirkungen meist nur direkt, im Hier und Jetzt, auf keinen Fall aber erst nach 100 Jahren oder in einem anderen Weltteil. Außerdem seien Wirkungen immer recht eindeutig einer Handlung und damit einem Menschen zuzuordnen gewesen – es gab immer einen Verantwortlichen, den man zur Rechenschaft ziehen konnte; demzufolge gab es immer auch einen klaren Adressaten von Geboten oder Verboten. Dieser unmittelbare Charakter, so Jonas, habe aber seit spätestens dem Beginn des 19. Jahrhunderts teilweise einem Handlungstypus Platz gemacht, bei dem Wirkungen räumlich und zeitlich weit von ihrer Ursache entfernt auftreten können. So wird zum Beispiel die Zerstörung der Ozonschicht sich erst dann massiv auswirken, wenn die Menschen, die zur ihrer Zerstörung beitrugen, schon sehr alt oder sogar tot sind. Und der wesentlich von den Industriestaaten verursachte Anstieg der weltweiten Durchschnittstemperatur wird – durch den

Anstieg der Meeresspiegel – als eine der ersten die kaum CO_2 produzierenden Malediven treffen. Des weiteren seien Handlungen, so Jonas, eben nicht mehr einfach einem einzelnen Menschen zuzuordnen – der Treibhauseffekt hat nicht nur einen Verursacher, sondern wurde in die Wege geleitet durch das kollektive Verhalten ganzer Gesellschaften. Und um alles noch schlimmer zu machen, seien in vielen Fällen die Konsequenzen eines Verhaltens für die Zukunft heute überhaupt nicht absehbar.

Laut Jonas hat sich aber parallel zu dieser Entwicklung der menschlichen Handlungsweise keine neue Ethik herausgebildet, die Gebote oder Verbote eines bestimmten Handelns aufstellen und Adressaten für diese Gebote oder Verbote auszeichnen würde. Um diesem Missstand abzuhelfen, schlägt er eine „Ethik der Verantwortung" vor, die getragen wird von der Furcht vor unbeherrschbaren und unabsehbaren Konsequenzen heutigen Handelns und deren Hauptsorge der Erhalt menschlicher Lebensbedingungen auf der Erde ist, was jegliches Verhalten verbietet, bei dem man nicht ganz sicher sein kann, dass es in diesem Sinne unbedenklich ist.

Auf die Beobachtung dieser Effekte gibt es mehrere verbreitete Reaktionen. Doch die am weitesten verbreitete Reaktion, die auch das politische Handeln bestimmt, ist die Beschwichtigung. Man begibt sich auf den Standpunkt, dass zwar gewisse Probleme bestehen, dass diese aber vorübergehender Natur sind und dass der Mensch ihrer Herr werden kann und wird. Die Rettung vor diesen Problemen werde mit Hilfe technisch-politisch-wirtschaftlicher Instrumente, also auf technokratische Art und Weise, erreicht werden. So schreibt etwa der neue Bericht des Entwicklungsprogramms der Vereinten Nationen (UNDP): „Die Entwicklung der Menschheit kann durch gezieltes Handeln gefördert werden. Die Herausforderung ist nicht, das Wachstum zu stoppen, sondern die Produktionsweisen unter Verwendung neuer Technologien zu verändern."

Kurz: Der Mythos lautet: *„Die aktuellen Umweltprobleme sind technisch beherrschbar."*

Dieser These soll hier die Antithese entgegengestellt werden, dass die Probleme der Umwelt, oder genauer des Menschen mit seiner sich verändernden natürlichen Umwelt, eben gerade nicht generell technisch (beherrschbar) sind. Technische Kunstfertigkeit alleine reicht nicht aus, der Umweltprobleme Herr zu werden – zumindest darf man sich nie auf sie alleine verlassen. Dafür gibt es mehrere Gründe:

Erstens sind die Mittel der Vorhersage von komplexen natürlichen Entwicklungen noch sehr dürftig. So ist man weit davon entfernt, das Wetter/Klima verlässlich vorherzusagen und abzuschätzen, welche Auswirkungen welches menschliche Handeln auf sie hätte. Das bedeutet aber, dass die Möglichkeit, die Gefährlichkeit einer spezifischen Entwicklung zu erkennen, ebenfalls begrenzt ist – genauso wie die Chance, die vermeintlich positiven Auswirkungen eines technischen Gegensteuerns zu bestimmen und dieses Gegensteuern rechtzeitig zu beginnen.

Zweitens sind die Probleme, denen man heute begegnet, oft von einem Charakter, der eine spontane Umsetzung von Gegenmaßnahmen äußerst schwierig machen kann: Sie breiten sich zum Beispiel über nationale Grenzen hinweg aus wie die Klimaproblematik oder wirken sich erst verspätet, vielfach erst nach vielen Generationen, aus, so dass Zuständigkeiten und Verantwortungen oftmals ungeklärt sind und allein daher schon ein zielgerichteter Einsatz technischer Mittel zur Abhilfe deutlich erschwert ist

Drittens trägt jede Technik die Gefahr ihres Scheiterns, ja die Möglichkeit, genau den dem gewünschten entgegengesetzten Zweck zu erreichen, bereits in sich. Jeder Technik haftet ein gewisses Risiko an, das gesteckte Ziel zu verfehlen. Dieses Risiko kann zwar, im Rahmen der Technikfolge- und Risikoabschätzung und mit Hilfe von Wahrscheinlichkeitsrechnungen abgeschätzt werden – aber es ist immer größer als Null.

Die Aussage, dass allein Technik, Forschung und Wissenschaft zur Lösung der Umweltprobleme ausreichen, ist also ein Mythos. Damit wird deutlich, welche Gefahr es bedeuten würde, weiterhin ausschließlich auf die Lösungsfähigkeit von Technik und technischer Naturbeherrschung zu vertrauen. Scheitert die Technik, so droht man einen hohen Einsatz zu verspielen – eben jene Güter, zu deren Rettung die Technik bemüht wurde, also letztlich die natürlichen Lebensgrundlagen des Menschen. Aber welche Alternative gibt es zu diesem Spiel, zu dem Versuch, mit Hilfe von Ingenieurskunst den Umweltproblemen beizukommen?

Neben die Debatte über die Effizienz und die Möglichkeiten moderner Technik muss eine andere Debatte treten, die nicht mehr danach fragt, was die Natur für den Menschen tun kann, wie der Mensch seine Bedürfnisse realisieren kann und welche Technik ihm dabei am ehesten hilft. Es muss umgekehrt gefragt werden, was der Mensch realistischerweise und ohne seine Lebensgrundlage zu riskieren, an Natur verbrauchen darf. Konkreter am Beispiel der CO_2-Problematik der Energieversorgung: Die Frage darf nicht mehr nur sein, wie und mit welchen technischen Mitteln (effizientere Maschinen etc.) der heutige Energiebedarf mit möglichst geringem CO_2-Ausstoß befriedigt werden kann, sondern es muss untersucht werden, wie viel CO_2 maximal ausgestoßen werden darf, wenn man irreversiblen Auswirkungen auf das Klima ausschließen möchte.

Diese Debatte, die nach den Grenzen der Verträglichkeit menschlicher Eingriffe in die Natur fragt, wird Suffizienzdebatte genannt (Suffizienz = Hinlänglichkeit, Genügsamkeit, Verringerung des Pro-Kopf-Verbrauchs an Gütern) – im Gegensatz zu der Debatte um technische Möglichkeiten, die als Effizienzdebatte (Effizienz = Wirksamkeit, Leistungsfähigkeit im Vergleich zu den aufgebrachten Mitteln, Gewinnmaximierung) bekannt ist. Da Naturverbrauch auf menschliches Handeln zurückgeht, muss diese Debatte natürlich eine Debatte über menschlichen Wohlstand, über Lebensqualität und materiellen Konsum sein.

Der Konflikt zwischen entwickelten und unterentwickelten Ländern

Ein Vergleich der Wirtschaftskraft der reichsten Länder der Welt mit der der ärmsten offenbart das ganze Problem: Während die industrialisierten Länder im Jahre 1995 im Durchschnitt ein Bruttoinlandsprodukt (BIP) pro Kopf von 18 158 US-Dollar hatten (Deutschland erreichte sogar einen Wert von 27 510 Dollar), wurden in den am wenigsten entwickelten Ländern nur 215 US-Dollar erwirtschaftet. Parallel dazu sind auch die Werte aller anderen Wohlstandsindizes (siehe Kasten „Wohlstandsindizes") für die weniger entwickelten Länder deutlich geringer. Schlimmer noch: In den letzten Jahren hat sich der Trend etabliert, dass der Unterschied zwischen armen und reichen Ländern weiter wächst – so gibt es in den Industriestaaten immer noch ein Wachstum des BIP um gut 1 % pro Jahr, während die gleiche Größe in den Entwicklungsländern pro Jahr um eine knappes halbes Prozent sinkt. Die Wohlstandsschere zwischen dem reichen Norden und Westen der Erdkugel und dem Süden und Osten klafft also weiter auf als je zuvor, mit dramatischen Folgen für die Bewohner dieser unterprivilegierten Erdteile: Ihre Lebenserwartung ist deutlich geringer als die der Menschen in der hochindustrialisierten Welt, ihre soziale Sicherung ist wenn überhaupt nur rudimentär, ihre Umwelt ist häufig stark belastet.

Wohlstandsindizes

Der wohl bekannteste Wohlstandsindex, das Bruttoinlandsprodukt (BIP, früher Bruttosozialprodukt, BSP) misst die Wirtschaftskraft eines Landes anhand des Werts der pro Kopf der Bevölkerung erbrachten Dienstleistungen und hergestellten Produkte. Allerdings sagt dieser Index weder etwas aus über die Verteilung dieses erwirtschafteten Wohlstands noch über die Art und Weise der Produktion bzw. der Bereitstellung der Leistung, also z. B. über die Nachhaltigkeit der Produktion. Es hat sich in der Vergangenheit auch gezeigt, dass das BIP nicht immer eindeutig mit dem aktuellen Wohlbefinden der Bevölkerung oder auch nur der Mehrheit der Bevölkerung korreliert. Daher wurden Anstrengungen unternommen, andere Maße für das Befinden eines Landes aufzustellen. Eines dieser Maße ist der sog. Human Development Index (HDI), der heute unter anderem von den Vereinten Nationen benutzt wird, um den Entwicklungsstand eines Landes zu bewerten. In diesen Index fließt neben der Wirtschaftskraft (gemessen am BIP) noch anderes ein, etwa die Qualität und der Umfang der Ausbildung, die Lebenserwartung der Bevölkerung, die Qualität der Gesundheitsversorgung, das Maß der Umweltzerstörung im Land, also die Belastung von Wasser und Luft, und noch einiges andere.

Diese Fakten sind, wenn auch nicht im Detail, so doch ansatzweise auch den Bewohnern der reichen Weltteile bekannt. Auch in Deutschland gibt es ein Wissen über die oft katastrophalen Lebensverhältnisse z. B. in Schwarzafrika. Doch die Schärfe der Probleme steht in einem groben Missverhältnis zum aktuellen Engagement der reichen Länder: Entwicklungshilfeetats sind oft beliebig kürzbar, Entwicklungshilfe wird häufig als Exporthilfe für heimische Firmen gesehen, und gerne macht man die Menschen in den Ländern alleine für ihre Situation verantwortlich. Darüber hinaus hält die derzeitige Organisation der weltweiten Warenströme und die wirtschaftliche Macht der reichen Länder die Dritt-Welt-Staaten in einer künstlichen Abhängigkeit, die eine industrielle Entwicklung verhindert und von der die reichen Länder in Form von günstigen Rohstoffen und Absatzmärkten profitieren.

Dieses Verhalten ist nur verständlich, wenn man die zugrundeliegende Einstellung kennt. Diese geht davon aus, dass in Afrika oder Asien zwar schlimme Zustände herrschen mögen, dass das aber in letzter Konsequenz die Menschen in der industrialisierten Welt nichts angeht. Kurz, auch hier ist ein Mythos am Werke, den man folgendermaßen formulieren kann: *„Letztendlich werden uns die Probleme der weniger entwickelten Weltteile auch zukünftig nicht tangieren.“*

Die Erfahrung der sich immer weiter auseinander entwickelnden Lebensstandards z. B. in Westeuropa und Schwarzafrika scheint eigentlich den Mythos zu stützen, denn schließlich haben wir bis heute einen phänomenalen Aufstieg der industrialisierten Staaten erlebt, ohne dass sich das Elend der Dritten Welt auch nur ansatzweise auf unser Leben ausgewirkt hätte. Es zeichnet sich allerdings mittlerweile ab, dass die krisenhafte Situation in weiten Bereichen der Dritten Welt auch Auswirkungen auf das Leben in den räumlich weit entfernten hochindustrialisierten Staaten haben kann. Diese Auswirkungen können verschiedener Art sein: Die destabilisierende Wirkung von Armut fördert politischen Extremismus, beschwört weltweite Wanderungsbewegungen herauf und verschärft lokale Krisen. Diese und wirtschaftliche Krisen in einzelnen Ländern wiederum beeinträchtigen auch die wirtschaftlichen Aktivitäten der Industriestaaten und bringen die Gefahr eines weltweiten Terrorismus mit sich, mit allen damit verbundenen Kosten für die in seinem Visier befindlichen Industriestaaten. Des weiteren führt die wirtschaftliche Not armer Länder zu einer schnelleren und rücksichtsloseren Ausbeutung der natürlichen Lebensgrundlagen, was wiederum negative Auswirkungen auf die Gesundheit der Menschen und auf die Verschärfung globaler Umweltprobleme hat. Also: *„Die Lebensverhältnisse in der Staaten der Dritten Welt werden sehr wohl das Leben in den reichen Erdteilen beeinträchtigen.“*

Um einschneidende Konsequenzen auf unsere Lebensverhältnisse zu vermeiden, muss folglich über den Beitrag zu den Problemen in der Dritten Welt nachgedacht werden, der aus dem Verhalten der Menschen in den reichen Ländern, aus ihren Konsumgewohnheiten und damit letztlich aus ihren Definitionen von Wohlstand und Lebensqualität erwächst.

Die Krise der Arbeitsgesellschaft

Die deutsche Geschichte der letzten 50 Jahre war aus gesamtwirtschaftlicher und individueller Sicht eine Erfolgsgeschichte mit steigendem Lebensstandard und stets wachsenden Verteilungsspielräumen. Wichtiger Bestandteil dieser Geschichte war die Teilhabe möglichst vieler Bürger am Wohlstand und damit eine hohe Beschäftigungsquote.

Eine genaue Betrachtung des Zahlenmaterials zeigt aber, dass sich der Sockel der Arbeitslosigkeit kontinuierlich erhöht hat, und zwar in Sprüngen, die jeweils mit großen Rationalisierungsanstrengungen der Unternehmen zusammenhängen. Lange Zeit war die Gesellschaft ohne große Probleme in der Lage, diese Arbeitslosigkeit im Netz der sozialen Sicherungssysteme aufzufangen. Doch hat sich, verstärkt nach der deutschen Wiedervereinigung, die Arbeitslosigkeit so weit erhöht, dass zum einen die Belastung der Sozialversicherung zu einer Gefahr für die Staatsfinanzen geworden ist und dass zum anderen die Unzufriedenheit der Arbeitslosen, die im Gegensatz zu ihren Leidensgenossen früherer Tage oft nicht mehr auf eine Wiedereingliederung in die Arbeitsgesellschaft hoffen können, zu einer ernstzunehmenden politischen Kraft werden kann: Es droht die Abkehr einer großen Menge von Menschen von dem politischen System, von dem sie sich nicht mehr vertreten und unterstützt fühlen.

Nichts desto trotz reagieren Politik, Wirtschaft, Gewerkschaften und oft auch die Medien mit Optimismus auf dieses Problem – allerdings aus unterschiedlichen Gründen.

- Die Politik versucht, den Eindruck zu vermitteln, sie hätte die Möglichkeiten, die Arbeitslosigkeit zu halbieren (Helmut Kohl 1997) oder zumindest auf einen wesentlich geringeren Stand zu bringen (Gerhard Schröder 1998) – Opposition und Regierung unterscheiden sich hier nur im Vokabular und versuchen, einen Eindruck von Kompetenz und Tatkraft zu vermitteln – nicht zuletzt mit dem Ziel, Wählerstimmen zu erhalten.
- Vertreter der Wirtschaftsverbände sagen, dass das Problem der Arbeitslosigkeit zu lösen wäre, wenn denn nur die Politik vernünftige Rahmenbedingungen herstellte. Dabei scheint sie aber nicht nur die Reduzierung der Arbeitslosigkeit im Blick zu haben, sondern auch die Interessen ihrer Verbandsmitglieder.
- Die Gewerkschaften sagen das gleiche, haben allerdings andere Rahmenbedingungen als die Wirtschaft im Auge.

Alle diese Meinungen, so parteiisch sie auch sein mögen, drücken doch eine Einstellung aus, die sicherlich auch lange Zeit ihre Berechtigung hatte – eine Einstellung, die hier als Mythos der modernen Arbeitsgesellschaft dargestellt werden soll. Dieser Mythos lautet: *„Vollbeschäftigung ist möglich.“* Es gibt gute Gründe, diese These abzulehnen. Daher soll hier folgende Antithese aufgestellt werden: *„Es wird in Zukunft weniger Erwerbsarbeit geben. Vor allem die Zahl der festen und auf Dauer angelegten Vollzeitstellen wird abnehmen.“* Diese Entwicklung ist kein vorübergehendes oder gar dauerhaft lösbares Phänomen, sondern ein Problem, mit dem sich die Gesellschaft auf Dauer arrangieren muss.

Diese Antithese lässt sich leicht plausibel machen. Die Anzahl der Erwerbswilligen, die in den letzten Jahren stetig gestiegen ist, wird aller Voraussicht nach zumindest bis zum Jahr 2010 auf hohem Niveau verharren, während das vorhandene Arbeitsvolumen weiter sinken wird. Die Menschen werden also um immer weniger Arbeit konkurrieren. Warum aber ist der zitierte Mythos so gefährlich?

Ein Staat, der unter der Prämisse lebt, dass bald wieder Vollbeschäftigung herrschen wird, wird keine Vorsorge für den Fall treffen, dass dieser Zustand nicht eintritt, weder in finanzieller Hinsicht, in Bezug auf die Planung der sozialen Sicherungssysteme, noch in psychologischer Hinsicht: Er wird tatenlos zusehen, wie immer weitere Kreise der Bevölkerung von Wohlstand und Erwerbsarbeit ausgeschlossen werden und sich von der Gesellschaft abwenden. Angesichts der positiven Funktion von Erwerbsarbeit (Aufrechterhaltung des Selbstwertgefühls, Versorgung mit sozialen Kontakten, stabile Staatsfinanzen, Schutz der Gesundheit) würde eine Gesellschaft, die an die Verwirklichung von Vollbeschäftigung glaubt, möglicherweise hilflos ihrer eigenen Destabilisierung zusehen müssen.

Damit wird deutlich, dass die Frage nach der Gestaltung des Lebens, nach Lebensqualität und Wohlstand nach dem Ende der Vollbeschäftigung diskutiert werden muss, wenn man nicht weiter auf der Basis gefährlicher Prämissen („Vollbeschäftigung ist möglich") handeln will.

Lebensqualität und Wohlstand kritisch hinterfragen

In mehreren Bereichen reagiert unsere Gesellschaft mit unangebrachtem Optimismus und schützenden Lebenslügen, Mythen, auf drängende Probleme. Diese Art der Reaktion ist nicht angemessen und im schlimmsten Fall sogar schädlich und muss daher durch eine andere Art des Umgangs mit den Krisenphänomenen ersetzt werden: Benötigt wird eine Diskussion über Lösungen jenseits des blinden Vertrauens auf die modernen Götter und Helden – Technik, Forschung, Ökonomie. Eine Diskussion, die nach dem Beitrag des menschlichen Verhaltens zum jeweiligen Problem fragt und dieses Verhalten gegebenenfalls zu ändern bereit ist, wenn die Dringlichkeit des Problems es erfordert.

Dabei soll in keinem Falle einer Technikfeindlichkeit oder Maschinenstürmerei das Wort geredet werden. Wissenschaft, Forschung und Technik sind unverzichtbare Begleiter auf dem Weg in eine sicherere Zukunft. Doch kann die Verantwortung für die Lösung der Probleme nicht ausschließlich im technischen Bereich, also letztlich in der

Bearbeitung von aufgetretenen Schäden liegen, sondern muss auch verlagert werden auf das vorausschauende Fragen nach den Grenzen der Verträglichkeit menschlichen Handelns.

Diese Diskussion wird Wohlstandsdefinitionen und Vorstellungen von Lebensqualität untersuchen und gegebenenfalls kritisch hinterfragen müssen. Das soll anhand der drei bereits eingeführten Problemfelder in den folgenden Kapiteln weiter expliziert werden. Dabei wird deutlich werden, dass gegebenenfalls nur eine Neudefinition des Wohlstandsbegriffs uns davor schützen kann, eventuell unvermeidliche Veränderungen als Verlust zu erleben.

Ein Wort in eigener Sache

Die Autoren sind sich der Schwierigkeit bewusst, eine Debatte über so abstrakte Begriffe wie Lebensqualität und Wohlstand führen zu wollen. Schon bei der Vorbereitung dieses Buches schlug uns ab und zu das Misstrauen entgegen, mit dem gemeinhin zeigefingerzeigenden Weltverbesserern und moralisierenden Profiteuren des Wohlstands begegnet wird. Auch wurde uns unterstellt, eine Position zu vertreten, die harten Verzicht und schmerzhafte Einbußen an persönlichem Komfort und an individueller Lebensqualität fordert.

Wir wollen diese Fehler vermeiden und denken, dass wir mit diesem Buch auf dem richtigen Weg sind. Es gibt mehrere Dinge, die uns veranlasst haben, es zu schreiben: Die Freude an der Auseinandersetzung. Die Dringlichkeit mancher der skizzierten Probleme, von denen unsere Generation als erste massiv beeinträchtigt werden kann. Die Hoffnung, verträgliche Lösungen zu finden oder zumindest Diskussionsprozesse in Gang zu bringen. Die Einsicht, dass unsere Generation bezüglich Bildung und Problembewusstsein eigentlich optimale Voraussetzungen für diese Diskussion mitbringt.

Im weiteren Verlauf des Buches werden zunächst die vorgestellten Gedankengänge anhand dreier Beispiele – der ökologischen Krise, der Nord-Süd-Problematik und der Krise der Arbeitsgesellschaft – weiter vertieft. Den zweiten Teil des Buches bildet der Beginn der geforderten Diskussion: Nach einem Überblick über bisherige Diskussionsansätze in der ökologischen Forschung und den Sozialwissenschaften kommen verschiedene Koautoren zu Wort, die ihre persönliche und fachliche Sicht eines Einzelaspekts im Rahmen der angerissenen Problematik darstellen. Die Breite des Spektrums dieser Menschen, die ganz unterschiedliche Lebenshintergründe haben und aus verschiedenen Fachrichtungen stammen, stellt ein gute Grundlage für eine offene, unvoreingenommene und sachlich fundierte Auseinandersetzung dar, für die hier allerdings nur der Anfang gemacht werden kann.

Teil I

Mythen der Moderne

Im folgenden Abschnitt werden drei „Mythen der Moderne“ in Frage gestellt, die bislang verhindert haben, dass die Ideologie eines stetig steigenden materiellen Wohlstands problematisiert wurde:

Der „Mythos Technik“ postuliert die technische Beherrschbarkeit ökologischer Probleme; der „Mythos Abschottung“ unterstellt, dass uns soziale oder ökologische Probleme der südlichen Hemisphäre nicht tangieren werden. Der „Mythos Arbeitsgesellschaft“ schließlich setzt unvermindert auf das Sinnstiftungsmonopol der Erwerbsarbeit.

Diese Mythen stehen der unvermeidlichen Auseinandersetzung mit Wohlstand und Lebensqualität sowie der Entwicklung neuer Bilder des „Guten Lebens“ im Wege.

Mythos Technik: Ökologische Probleme sind technisch lösbar

„Der Übergang von unserem Jahrhundert der Wirtschaft in das Jahrhundert der Umwelt ist nicht dadurch zu schaffen, dass man die Grenzwerte für Schadstoffe in Wasser, Luft und Boden noch etwas ehrgeiziger formuliert [...]. Was wir brauchen, ist ein deutlich tiefer greifendes Umdenken und Umsteuern unserer Kultur und unserer Wirtschaftsweise."

Ernst Ulrich von Weizsäcker, „Erdpolitik"

Wie im Einführungskapitel gezeigt wurde, manifestieren sich Umweltprobleme auf vielfältige Weise. Das Ozonloch wird größer, das Klima verändert sich, immer mehr toxische Stoffe werden freigesetzt, Wasser und Boden werden zunehmend verschmutzt, die Luft wird schlechter, Tier- und Pflanzenarten sterben aus. In der Folge leidet der Mensch als Bestandteil der Natur an den Auswirkungen, zum Beispiel an der Zunahme von Allergien und anderer Zivilisationskrankheiten. Seit den 70er Jahren werden daher folgende Fragen immer intensiver diskutiert: Wie können wir den Folgen und vor allem den Ursachen von Umweltzerstörung begegnen? Wie stark kann das Ökosystem belastet werden? Wie lässt sich der Naturverbrauch auf ein zukunftsfähiges Maß reduzieren?

Die meisten in der Öffentlichkeit diskutierten Lösungsansätze beruhen auf der Vorstellung, die genannten Probleme könnten durch den Einsatz neuer und effizienter Technologien gelöst werden. Würde man nur der Industrie entsprechende Vorschriften machen, würde nur Strom aus den verschiedenen Formen der Solarenergie erzeugt, würde nur in der Landwirtschaft anders gearbeitet, dann wären all die ökologischen Probleme schon zu beseitigen. Es wird somit die Möglichkeit unterstellt, zur Bewältigung der Probleme nur bestehende Technologien durch andere, umweltverträglichere zu ersetzen und ansonsten alle Strukturen zu belassen und weiter zu leben wie bisher – „Business as usual".

Diese Einschätzung wird im folgenden als Mythos entlarvt. Es wird gezeigt, dass technische Anstrengungen zur Bewältigung ökologischer Probleme zwar notwendig sind, aber keinesfalls hinreichend sein können. Denn hinter der Nutzung von Technik steht immer eine gewisse Vorstellung vom „Guten Leben": Nur solche Technologien, die die gängigen Lebensstile unterstützen, haben eine Chance, sich auf dem Markt durchzusetzen (es sei denn, das mit ihnen verbundene Image besitzt die Kraft, Lebensstile zu prägen). Der geschilderte Mythos stellt eine neue Form von Technikgläubigkeit dar und verkennt, dass Technologien nicht als unabhängige Größen in der Gesellschaft stehen, sondern vielmehr auch aufgrund gesellschaftlicher Vorstellungen und Bedürfnisse realisiert, akzeptiert oder verworfen werden. Technologien sind nicht nur Mittel zum Zweck, sondern häufig auch Selbstzweck und Ziel – der PKW ist für viele nicht nur Fortbewegungsmittel, sondern auch für das Selbstwertgefühl sehr bedeutend. Daher müssen technische Ansätze der Bewältigung ökologischer Probleme von gesellschaftlichen Prozessen begleitet werden.

Mit Energie ins neue Jahrhundert

Es ist kaum möglich, alle Aspekte menschlicher Einwirkungen auf das Ökosystem darzustellen, so dass wir uns auf ein Thema beschränken wollen. In der gesamten Ökologiediskussion sind die Energieversorgung und ihre Folgen ein zentrales Thema. Stichworte wie Treibhauseffekt, Klimaerwärmung, Saurer Regen oder Atomausstieg sind mittlerweile jedem Bürger bekannt, Kindern werden diese Themen bereits in der Schule vermittelt. Aufgrund der großen Bedeutung von Energie für unser Leben soll an diesem Komplex exemplarisch die begrenzte Wirksamkeit ausschließlich technischer Konzepte dargelegt werden. Da die Energieversorgung jedoch eng mit anderen ökologischen Problembereichen verknüpft ist, erfolgen, wo nötig, Exkurse in angrenzende Themen wie Verkehr und Landwirtschaft.

Energie und Energieverbrauch sind eng mit unserem Leben verknüpft. Fast alle unsere Aktivitäten haben einen mehr oder weniger hohen Energieverbrauch zur Folge. Teilweise erleben wir das unmittelbar: Wir heizen unsere Wohnungen, schalten Licht ein, kühlen Lebensmittel, schauen TV usw. Aber auch in jedem Gegenstand, den wir benutzen, steckt Energie: Energie zur Förderung der Rohstoffe, zur Herstellung von Zwischenprodukten und zur Endproduktfertigung sowie für den Transport zwischen den einzelnen Produktionsschritten bis zum Verkauf. Gleiches gilt auch für Freizeitaktivitäten, für Mobilität, für Lebensmittel – Energie ist ihre Grundlage. Da aber der Energieverbrauch einer Aktivität, eines Produktes oder einer Dienstleistung sich in vielen Fällen (nicht immer!) auch als ausreichender Indikator für den entsprechenden Naturverbrauch erweist, können mit Hilfe von Energiebilanzen ökologisch fundierte Entscheidungen bezüglich der Bevorzugung von Aktivitäten oder Produkten getroffen werden.

Ökologische Auswirkungen der Energieversorgung

Die Auswirkungen der Energieversorgung auf das Ökosystem sind äußerst vielfältig: Die Luft wird mit Emissionen verschmutzt, wodurch z. B. Atemwegserkrankungen oder Waldschädigungen auftreten. Über die Luft wird auch der Boden zunehmend belastet.

Zudem werden erschöpfbare Ressourcen unwiederbringlich verbraucht und das Klima der Erde aus seinem empfindlichen Gleichgewicht gebracht.

Eines der größten Probleme ist die unnatürlich starke Erwärmung der erdnahen Luftschichten. Die durchschnittliche Temperatur der Erdoberfläche beträgt rund 15 Grad Celsius (°C), obwohl die Temperatur des umgebenden Weltraums bei -273 °C liegt. Diese starke Diskrepanz kommt durch den Treibhauscharakter der Erdatmosphäre zustande. Diese lässt die kurzwellige Strahlung der Sonne relativ ungehindert auf die Erde einfallen, verhindert aber ein Abstrahlen der langwelligen, von der Erdoberfläche reflektierten Wärmestrahlung. Ursache dafür sind eine Reihe von in der Atmosphäre befindlichen Gasen (die sogenannten Spurengase wie Kohlendioxid CO_2 und Methan CH_4), welche elektromagnetische Wellen in Abhängigkeit von ihrer Wellenlänge unterschiedlich reflektieren, absorbieren oder transmittieren: Während sie die kurzwelligen Strahlungsanteile ungehindert passieren lassen, reflektieren sie die langwellige Wärmestrahlung und verhindern damit ein Auskühlen der Erdatmosphäre. Erhöht sich nun das Aufkommen dieser Spurengase, so verstärkt sich auch der Effekt der Erwärmung der Erde. Seit Beginn der Industrialisierung hat sich beispielsweise der Wert von Kohlendioxid (CO_2) drastisch erhöht – von 220 ppm ("parts per million" = Anzahl der CO_2-Moleküle auf eine Million Moleküle der gesamten Atmosphäre) auf 380 ppm (für das Jahr 2050 wird ein Anstieg auf über 500 ppm erwartet). Wie die UN-Umweltbehörde UNEP im September 1999 feststellte, werden die Folgen mit großer Wahrscheinlichkeit katastrophal sein: Überschwemmungen, Stürme, veränderte Meeresströmungen mit entsprechenden Folgen (das gemäßigte Klima Mitteleuropas ist eine Folge des warmen Golfstroms, der abzureißen droht) usw. Die anthropogene (menschengemachte) Erwärmung der Erdatmosphäre ist nachgewiesenermaßen bereits heute spürbar; in den vergangenen 100 Jahren stieg die weltweite Durchschnittstemperatur um 0,3 bis 0,6 °C – und aufgrund der Trägheit des Klimasystems ist dies erst der Anfang.

Hauptursache für diese Entwicklung ist der stark angewachsene Energieverbrauch vor allem in den Industrieländern der nördlichen Hemisphäre. Das aus der Verbrennung von Kohle, Öl und Erdgas stammende Kohlendioxid ist allein für mehr als die Hälfte des anthropogenen Treibhauseffektes verantwortlich. Mittels dieser fossilen Energieträger wird der Bedarf an Strom, Wärme etc. in den Sektoren Industrie, Haushalt, Verkehr und Kleinverbraucher (dies sind alle Verbraucher, die nicht in die anderen drei Sektoren einzuordnen sind) gedeckt. Der Energieverbrauch in den vier genannten Sektoren stellt jedoch keinen Selbstzweck dar, sondern ergibt sich aus der Nachfrage nach Produkten und Dienstleistungen. Der Verbrauch im Sektor Verkehr beispielsweise ist Folge des privaten Bedarfs an Mobilität (Personenverkehr) und des Transports von Rohstoffen und fertigen Produkten (Güterverkehr).

Energie und Bedürfnisse

Energieverbrauch ist immer Ausdruck der Bedürfnisse von Menschen nach Dienstleistungen und Sachgütern, also Ausdruck eines „Bildes vom Guten Leben". Ob beim Wohnen, der Freizeitgestaltung oder bei der Bekleidung – überall verbrauchen wir direkt oder indirekt Energie, und immer wird gefordert, dass die Nachfrage nach Energie prompt gedeckt wird – wenn man einen Lichtschalter drückt, soll das Licht sofort angehen. Nun bewirkt das Ein- und Ausschalten von Geräten in Haushalten (wie Lampen) oder auch in der Industrie natürlich zeitliche Schwankungen des Energiebedarfs. Aus technischen Gründen aber muss zu jedem Zeitpunkt exakt soviel Strom produziert werden wie nachgefragt wird. Gelänge den Energieversorgern dieses Gleichgewicht nicht, bräche das Stromnetz in weiten Teilen komplett zusammen, wie es in Entwicklungsländern häufig zu beobachten ist. Um die geforderte Flexibilität zu erreichen, werden verschiedene Kraftwerkstypen eingesetzt. So produzieren Laufwasserkraftwerke (Turbinen in Fließgewässern) zusammen mit Braunkohle- und Atomkraftwerken das ganze Jahr über in etwa die gleiche Menge an Strom, laufen also das ganze Jahr über mit konstanter Leistung – sie decken die „Grundlast", den im Jahresverlauf relativ konstant bleibenden Sockel des Energiebedarfs. Vornehmlich Steinkohlekraftwerke und in letzter Zeit vermehrt Gaskraftwerke moderner Bauart produzieren ebenfalls relativ konstant Strom, können jedoch schon etwas flexibler auf schwankende Anforderungen reagieren; sie decken daher die „Mittellast" und gleichen gröbere Schwankungen im Jahresverlauf aus. Einfache Gasturbinenkraftwerke sowie Pumpspeicherwerke dekken dann die stark schwankende „Spitzenlast" ab – sie können innerhalb kürzester Zeit angefahren werden und damit z. B. tageszeitliche Schwankungen auffangen. (Bei den Pumpspeicherwerken handelt es sich nicht um Stromerzeugungsanlagen im eigentlichen Sinne, sondern um Speicherkraftwerke, die man auch als Batterie verstehen kann. Zu Zeiten mit geringer Last, also kleinem Strombedarf, wird Wasser um bis zu mehrere Hundert Meter in ein Bassin hochgepumpt, um es dann zu Hochlastzeiten herunterstürzen lassen zu können. Dabei treibt es Wasserturbinen an, die innerhalb weniger Sekunden ihre volle Leistung entfalten können.)

Die Einteilung der Kraftwerkstypen auf verschiedene Lastbereiche erfolgt also zum einen anhand der Flexibilität, mit der das Kraftwerk auf den schwankenden Bedarf reagieren kann. Andererseits müssen Kraftwerke im ökonomischen Optimum betrieben werden. Typen, die hohe spezifische Investitionskosten, aber niedrige Brennstoffkosten besitzen, werden möglichst das ganze Jahr über bei Volllast betrieben (z. B. Atomkraftwerke), Kraftwerke mit vergleichsweise niedrigen Investitionskosten, aber hohen Betriebskosten hingegen sind eher für den kurzfristigen Einsatz vorgesehen.

Wichtig ist darüber hinaus, dass aus physikalischen Gründen niemals der gesamte Energieinhalt eines Energieträgers (Kohle, Gas, Uran etc.) in Strom umgewandelt werden kann. Der durchschnittliche Wirkungsgrad des gesamten deutschen Kraftwerkparks betrug 1997 38 %, die restlichen 62 % sind für die Nutzung verloren – sie werden z. B. als Wärme an die Umgebung abgegeben.

Zunächst kann also festgehalten werden: Der Endverbraucher ist weder an Strom noch an Öl oder Gas interessiert, sondern einerseits an Dienstleistungen wie Licht, Wärme, Kühlung oder Mobilität und andererseits an verschiedenen Produkten, die wiederum der Bedürfnisbefriedigung dienen. Zur Bereitstellung dieser Dienstleistungen und Produkte sind aber eine Vielzahl von Prozessen und Technologien notwendig, die alle mehr oder minder Energie verbrauchen. Energieverbrauch wiederum ist heute immer mit dem Ausstoß von Gasen verbunden, von denen ein großer Teil klimaschädlich ist.

Bisherige Lösungsansätze

Zur Bewältigung der durch die Energieversorgung bewirkten Probleme haben sich bisher drei Strategien herausgebildet, die alle im Zusammenhang mit der Optimierung von Prozessen und Technologien stehen:

- der Wechsel von kohlenstoffreichen zu kohlenstoffarmen Energieträgern,
- eine rationelle Energienutzung und Energieeinsparung (REN) und
- die Nutzung erneuerbarer Energien (REG).

Wechsel von kohlenstoffreichen zu kohlenstoffarmen Energieträgern

Der Kohlenstoffgehalt eines Energieträgers ist proportional zum CO_2-Gehalt seiner Verbrennungsabgase. Beinhaltet also ein Energieträger vergleichsweise viel Kohlenstoff (C), so wird bei der Verbrennung eine große Menge CO_2 emittiert – der Energieträger ist klimaschädlicher als einer mit weniger Kohlenstoffgehalt. Kohle, Erdöl und Erdgas weisen verschieden hohe Anteile an Kohlenstoff auf: Bei der Verbrennung einer Energieeinheit Kohle entsteht rund die doppelte Menge Kohlendioxid wie bei der Verbrennung einer entsprechenden Menge Erdgas und immer noch rund 50 % mehr als bei Erdöl. Durch einen Übergang von Kohle und Erdöl auf Erdgas können demnach die CO_2-Emissionen gesenkt werden.

Rationelle Energienutzung und Energieeinsparung

Die zweite Strategie (REN) geht davon aus, dass in Deutschland erhebliche Energieeinsparpotenziale bestehen – und zwar ohne Beeinträchtigung des gewohnten Lebens. Obwohl wir in einer hochtechnisierten Gesellschaft leben, ist unsere Technosphäre alles andere als intelligent und effizient. So werden bei der Erzeugung von Licht nur ca. 3 bis 4 % der eingesetzten Energie ausgenutzt. Über die gesamte Prozesskette hinweg, angefangen beim Abbau der Kohle über die Verbrennung in einem Kraftwerk, die Umwandlung in elektrischen Strom, den Transport zum Haushalt bis hin zur Umwandlung von Strom in Licht in der Glühbirne gehen mehr als 95 % der Energie verloren!

Ingenieure beschäftigen sich zwar bereits seit zwei Jahrhunderten mit Effizienzsteigerungen; dennoch wurden in den letzten 15 Jahren immer noch enorme Einsparmöglichkeiten ermittelt. Die Enquete-Kommission „Schutz der Erdatmosphäre" des 12. Deutschen Bundestages und eine Reihe weiterer Untersuchungen zeigen, dass alleine durch die Anwendung existierender technischer Möglichkeiten in Deutschland rund 40 bis 45 % weniger Energie verbraucht werden könnte. Ein großer Teil dieser Energieeinsparungen ist darüber hinaus bereits heute wirtschaftlich erschließbar – aufgrund fallender Energiepreise allerdings mit sinkender Tendenz. Energiesparen hat daher nichts mit Askese oder Beschränkung zu tun, sondern mit ökonomisch sinnvollem Handeln unter Zuhilfenahme intelligenter Technik.

Auch wenn die Energieeinsparung nicht endlos weit getrieben werden kann, so gilt diese Option doch als die größte zur Verfügung stehende „Energiequelle". Heute ist klar, dass eine konsequente Durchführung der REN-Strategie die Grundlage für den zukunftsfähigen Umbau des Energiesystems sein muss (siehe auch den Kasten „Energiesparen – wie geht das?").

Energiesparen – wie geht das?

Welche technischen Maßnahmen wären notwendig, um eine Reduktion des heutigen Energieverbrauchs um 45 % zu erreichen? Besonders eindrückliche Beispiele haben Ernst-Ulrich von Weizsäcker und Amory Lovins 1997 in ihrem Buch „Faktor Vier" vorgestellt.

- *Beispiel Licht: Energiesparlampen wandeln Strom um einen Faktor 5-6 effizienter in Licht um als herkömmliche Glühbirnen. Dadurch amortisieren sich die erhöhten Anschaffungskosten bereits nach einem Achtel der Lebensdauer der Lampen.*
- *Beispiel Stand-by: Der Verbrauch von Fernsehern im Stand-by-Modus in Deutschland entspricht dem Stromverbrauch einer Stadt mit 500 000 Einwohnern. Durch Zwischenschalten einer Steckerleiste mit Schalter oder durch Ziehen des Steckers aus der Steckdose kann jeder einzelne dieser Verschwendung Einhalt gebieten und gleichzeitig Stromkosten vermeiden. Der elegantere Weg wäre natürlich die Einführung von Standards, die den Einbau solcher Stand-by-Schaltungen vermeiden helfen.*
- *Beispiel Raumheizung: Ein Großteil des bundesdeutschen Energieverbrauchs geht auf die Beheizung von Räumen zurück. Technisch möglich ist derzeit ein Energieverbrauch zur Raumheizung von unter 15 Kilowattstunden pro Quadratmeter und Jahr*

(kWh/m²a). Der durchschnittliche Verbrauch beträgt hingegen 180 bis 200 kWh/m²a, also das bis zu 13fache. Gebäude mit dem genannten niedrigen Verbrauch werden als Passivhäuser bezeichnet. „Passiv", weil in ihnen kein aktives Heizungssystem, wie wir es heute kennen, mehr vorkommt. Diese Häuser sind äußerlich von „normalen" Häusern nicht zu unterscheiden. Sie besitzen lediglich eine vorbildliche Wärmedämmung, Spezialfenster und eine kontrollierte Be- und Entlüftung und bieten aufgrund ihrer Bauweise sogar deutliche Wohnqualitätsvorteile. Durch intelligente, also integrierte Bauweise liegt zudem das Kostenniveau der Passivhäuser nur geringfügig über dem normaler Wohngebäude – und das schon heute, wo bisher kaum solche Häuser gebaut wurden.

- *Beispiel Kraft-Wärme-Kopplung: Die bereits erwähnten schlechten Wirkungsgrade z.B. bei der Verstromung von Kohle lassen knapp zwei Drittel der in der Kohle enthaltenen Energie in Form von Wärme entweichen (Abwärme). Dies gilt für 90 % des gesamten in deutschen Kraftwerken produzierten Stroms. Ein großer Teil dieser Abwärme könnte jedoch als Nutzwärme weiter verwendet werden („Fernwärme"); besonders in kleineren Einheiten, in sogenannten Blockheizkraftwerken, wird dies seit rund zehn Jahren vermehrt getan, aber auch einige Stadtwerke betreiben auf Großkraftwerken aufgebaute Wärmenetze. Bei dieser Art der Strom- und Wärmeerzeugung wird der Energieinhalt des eingesetzten Brennstoffes zu 80 bis 90 % ausgenutzt – und nicht nur zu 38 %.*
- *Beispiel Landwirtschaft: Seit Ende der vierziger Jahre haben sich die Erträge pro Fläche um 50 % erhöht. Diesem Erfolg stehen jedoch viele negative Aspekte gegenüber. Die Senkung des spezifischen Flächenbedarfs um 33 % wurde erkauft mit einer Vervierfachung des Energieeinsatzes, einer Verfünffachung des Stickstoffdüngereinsatzes, einer Verzehnfachung des Einsatzes von Pflanzenbehandlungsmitteln und von Importfuttermitteln. Gleichzeitig ging die Zahl der Beschäftigten um 70 % zurück. Untersuchungen aus Deutschland und der Schweiz zeigen, dass die Umweltauswirkungen des konventionellen Landbaus dramatisch sind und neben der Klimaänderung das andere große globale Umweltproblem darstellen. Würde heute auf ökologischen Landbau entsprechend den Richtlinien der Europäischen Union oder der Arbeitsgemeinschaft Ökologischer Landbau (AGÖL) umgestellt, ließe sich rund die Hälfte der Energie dieses Sektors einsparen.*

Nutzung erneuerbarer Energien

„In 30 Minuten strahlt soviel Energie von der Sonne auf die Erde, wie die Menschheit in einem Jahr verbraucht." Diese oft zu hörende Aussage ist so richtig wie falsch. Richtig in Bezug auf die absolute Menge eingestrahlter Energie, falsch bezüglich der technischen Möglichkeiten, diese Energie zu nutzen. Denn die Energiedichte der Solarstrahlung ist sehr gering im Vergleich zur Energiedichte fossiler Energieträger. Daher wird relativ viel Fläche zum „Sammeln" der Solarstrahlung benötigt. Zudem tritt die Strahlung oftmals an Orten auf (Wüsten, Meeresflächen), an denen sie auf keine Nachfrage trifft. Die aus der Strahlung gewonnene Energie müsste somit über große Strekken zu den Verbrauchern transportiert werden, was wiederum einen enormen technischen Aufwand, hohen Ressourceneinsatz für die Transportkapazitäten und letztlich auch Kosten mit sich brächte. Und schließlich ist Solarstrahlung nicht immer dann vorhanden, wenn sie benötigt wird: Auf jeweils rund der Hälfte der Erde ist Nacht, und auch tagsüber ist die Solarstrahlung auf die Erde gewissen Schwankungen unterworfen. Und schließlich scheint die Sonne im Winter unter einem anderen Winkel auf die Erde als im Sommer. Geringe Energiedichte, ungünstige räumliche Verteilung und schwankender zeitlicher Verlauf der Solarstrahlung relativieren somit die oben gemachte Aussage ganz erheblich.

Dennoch begannen Wissenschaftler Mitte der achtziger Jahre, die Potenziale erneuerbarer Energien (REG) umfassend zu untersuchen. Dabei wurden im Sinne einer einheitlichen Sprachregelung verschiedene Begriffe definiert: Das zuvor angesprochene Potenzial der gesamten Solarstrahlung auf die Erde wird als „Physikalisches Potenzial" bezeichnet. Es weist grundsätzliche Möglichkeiten aus, ohne jedoch die technische Realisierbarkeit einzubeziehen. „Technische Potenziale" hingegen sind diejenigen, die sich mit dem aktuellen Stand der Technik erschließen lassen. Eine Teilmenge des technischen Potenzials wiederum ist das „Wirtschaftliche Potenzial", also dasjenige, welches technisch erschließbar und unter heutigen Rahmenbedingungen betriebswirtschaftlich sinnvoll ist. Da das physikalische Potenzial nicht zu beeinflussen ist, ist in erster Linie das technische Potenzial von Interesse, dem das wirtschaftliche durch veränderte politische und wirtschaftliche Rahmenbedingungen angepasst werden kann.

Im Laufe dieser Untersuchungen wurde beispielsweise ermittelt, welche Dachflächen für Solaranlagen (ob zur Strom- oder zur Wärmeerzeugung) zur Verfügung stehen und inwieweit sich damit die Solarstrahlung in nutzbare Energie umwandeln lässt. Die Ergebnisse sind für Deutschland einerseits ernüchternd, da die physikalischen Potenziale die wirtschaftlichen um mehrere Zehnerpotenzen überragen. Gleichzeitig aber zeigte sich, dass selbst im eng besiedelten und mit Sonne nicht gerade verwöhnten Deutschland viele Möglichkeiten für eine auf einem Mix erneuerbarer Energien aufbauende Energieversorgung vorhanden sind – unter Voraussetzung der oben angesprochenen Energieeinsparungen. Die nachfolgende Tabelle zeigt die jeweiligen Potenziale sowie die Höhe des heutigen Verbrauchs. Zu erkennen ist, dass zwar der gesamte Strombedarf bereits heute durch die Nutzung regenerativer Energien gedeckt werden könnte, nicht aber der Wärmebedarf. Zudem sind gemäß den Annahmen der zugrundeliegenden Studie sämtliche Dachflächen doppelt mit Solaranlagen belegt – einmal mit Solarzellen für die Stromgewinnung durch Photovoltaik und einmal mit Sonnenkollektoren für die Warmwassergewinnung. Daher müsste also noch eine Abwägung der

Photovoltaik gegen die Solarthermie erfolgen – hier ging es nur um die Potenzialabschätzung. Deutlich wird aber auf jeden Fall, dass die Ausnutzung der Energieeinsparpotenziale unabdingbare Voraussetzung für eine Solarenergiewirtschaft ist.

Technisches Potenzial (in TWh/a)	**Stromerzeugung**	**Wärmegewinnung**
Photovoltaik / Solarthermie	128 / –	– / 547
Geothermie	–	125
Wasserkraft / Windkraft	27 / 320	– / –
biogene Festbrennstoffe	58	250
biogene gasförmige Brennstoffe	15	40
organischer Müll	7	10
Summe	555	972
derzeitiger Verbrauch	480	1300

Technische Potenziale in der Strom- und Wärmegewinnung durch regenerative Energiequellen

Eine solche Solarwirtschaft bedürfte allerdings immer noch einer intelligenten Nutzung der REG-Technologien, was bedeutet, dass die jeweiligen Nachteile einzelner Technologien durch Vorzüge anderer ausgeglichen werden müssten: Solarstrom beispielsweise kann nur am Tag erzeugt werden – in der Nacht scheint keine Sonne, Wind weht nicht in allen Regionen, und auch nicht immer im gleichen Maß, usw. Solche regionalen und zeitlichen Schwankungen lassen sich jedoch – wie zahlreiche Untersuchungen bereits gezeigt haben – durch einen Mix verschiedener Technologien zu großen Teilen ausgleichen.

Eine weitere notwendige Komponente einer Solarenergiewirtschaft ist die Nutzung von Biomasse. Gemeint ist die energetische Verwertung organischer Reststoffe aus der Forst- und Landwirtschaft (z. B. Gülle), der Industrie und den Haushalten sowie von sogenannten „Energiepflanzen“, also von speziell für eine solche energetische Verwertung angebauten schnellwachsenden Pflanzen wie z. B. Raps.

Der Vorteil von Biomasse besteht darin, dass in ihr ein Energieträger vorliegt, der ähnlich wie Erdgas oder Erdöl zu beliebigen Zeitpunkten eingesetzt werden kann und damit in der Lage ist, Schwankungen in der Stromerzeugung mit anderen REGs auszugleichen. Zudem ist Biomasse, wie alle erneuerbaren Energien, ein heimischer Energieträger und trägt somit zur regionalen Wertschöpfung und letztlich zur Sicherung von Arbeitsplätzen bei.

Der Mix macht's

Für den Erfolg des skizzierten Mixes verschiedener regenerativer Energiequellen sind begleitende Maßnahmen unabdingbar. Dies sind zum einen die ersten beiden erwähnten Strategien – also der Wechsel zu kohlenstoffärmeren Energieträgern und eine rationelle Energienutzung bzw. Energieeinsparung. Aber auch die Infrastruktur des energiewirtschaftlichen Systems muss verändert werden: In einer Zukunft mit einem erhöhten Anteil regenerativer Energien müssen die weiter bestehenden Verbrennungskraftwerke flexibel und schnell auf die stärkeren Schwankungen dieser regenerativen Energiequellen reagieren können. Damit scheiden aber Atomkraftwerke und große Kohlekraftwerke für die Zukunft aus, da sie ihre Lastzustände nur sehr träge ändern können: Gas- und Dampfkraftwerke, sog. GuD-Anlagen, wie sie zur Zeit vermehrt gebaut werden, sind dazu viel besser in der Lage. Zudem ist die heutige, auf Großkraftwerken basierende Stromübertragungs und -verteilungstechnik eine andere als die bei einem Verbund dezentraler regenerativer Systeme benötigte. Die zukünftige Infrastruktur muss sehr flexibel sein; auch daher ist ein schrittweiser Umbau der bestehenden Strominfrastruktur notwendig.

Stellt man alle zur Verfügung stehenden technischen Optionen zusammen und macht keine einzeltechnologische, sondern eine gesamtsystemische Betrachtung, kommt man wie das Wuppertal Institut für Klima, Umwelt, Energie oder das Deutsche Zentrum für Luft- und Raumfahrt (zusammen mit dem Fraunhofer-Institut für Solare Energiesysteme) zu dem Ergebnis, dass ein klimaverträglicher Umbau des Energiesystems bei gleichzeitigem Kernenergieausstieg sehr wohl technisch machbar und zudem für das Land ökonomisch vorteilhaft ist.

Technische Machbarkeit ist nicht alles

Technisch möglich ist also vieles – eine wichtige und Mut machende Erkenntnis. Aber genau an diesem Punkt bleiben Diskussionen in der Regel stehen – man geht implizit und unreflektiert davon aus, dass technische Ansätze alleine schon ausreichend sind, alle Probleme zu lösen. Ob im Bereich Energie, im Verkehr, in der Landwirtschaft oder sonst wo: Über den Einsatz moderner, also neuer Technologien versucht man, die Effizienz von Prozessen zu steigern und so eventuelle Probleme zu lösen. Anhand einiger Beispiele lässt sich aber zeigen, dass die Lösung des Problems Energie auch gesellschaftlich erarbeitet werden muss und dass Strategien, die ausschließlich auf technischen Ansätzen beruhen, aus gesamtsystemischer Sicht nicht zielführend sind. Zudem setzen auch solche Strategien oft schon die Veränderung von Lebensgewohnheiten voraus, ohne dies explizit deutlich zu machen.

Warum werden z. B. bisher kaum erneuerbare Energieträger verwendet, obwohl die meisten Technologien ausgereift und in der Lage sind, große Teile unserer Energieversorgung zu übernehmen? Über diese Frage lässt sich trefflich streiten, doch letztlich ist das Argument meist der jede Technik und jedes Produkt auf seine Wirtschaftlichkeit prüfende Mensch: Zumindest betriebswirtschaftlich gesehen sind alle Solarenergien noch zu teuer. Zwar ist aufgrund zu befürchtender hoher Folgekosten der bisherigen Energiewirtschaft die volkswirtschaftliche Notwendigkeit der Vermeidung von CO_2-Emissionen gegeben. Diese schlägt sich aber nicht in den betriebswirtschaftlichen Kosten-Nutzen-Rechnungen nieder, auf deren Grundlage Investitionsentscheidungen getroffen werden. „Würden die erneuerbaren Energieträger nur billiger, dann kämen sie von selbst in den Markt“ – so eine häufig zu hörende Ansicht. Die technische Realisierbarkeit alleine reicht also nicht.

Im Gegensatz zur Nutzung solarer Energiequellen ist allerdings eine Reihe von Energiesparpotenzialen in Deutschland heute schon wirtschaftlich erschließbar. In diesem Fall ist also obiger Forderung entsprochen: Energieeinsparen kann sich lohnen! Und trotzdem ist Energieeinsparung kaum ein Thema; die Potenziale sind bisher nicht annähernd ausgeschöpft worden. Warum reagieren die Verbraucher, seien es Privatpersonen oder Unternehmen, hier nicht so, wie es ihnen ihr ökonomischer und technischer Verstand eigentlich raten müsste? Ökonomische Rationalität der Investoren und Wirtschaftlichkeit der Technik scheinen nicht die einzigen Kriterien zu sein. Aber was kommt hinzu?

Ein ganzer Forschungszweig beschäftigt sich mittlerweile mit diesem Thema, die sogenannte Hemmnisforschung und Hemmnisanalyse. Es zeigt sich, dass sich Fragen wie die geschilderte Diskrepanz beim Energiesparen nur mit einer Reihe von ganz unterschiedlichen Argumenten erklären lassen. Entscheidungsvorgänge sind viel komplexer als der soziologische Idealtypus des streng rational und wirtschaftlich agierenden „Homo oeconomicus“, auf den eine Strategie sinkender Preise zielt. Auch psychologische Faktoren spielen eine große Rolle. Bei Privatpersonen ist diese Tatsache lange bekannt und wird z.B. in der Werbung ausgenutzt. In Hemmnisanalysen wird aber zudem immer klarer, dass auch vermeintlich kühl kalkulierende Manager einen großen Teil ihrer Entscheidungen nicht primär und ausschließlich nach ökonomischen Kriterien fällen.

Die Liste möglicher Hemmnisse ist derart lang, dass sie hier nicht dargestellt werden kann. Im folgenden wird lediglich beispielhaft ausgeführt, welche Hemmnistypen existieren. Dabei wird der Vollständigkeit halber zunächst kurz auf ökonomische und strukturelle Hemmnisse eingegangen und dann intensiv auf solche, die in engem Zusammenhang mit der Wahl von Lebensstilen stehen.

Ökonomische Hemmnisse

Seit vielen Jahren beschäftigt sich die Ökonomie mit dem Phänomen der „externen Kosten". Dies sind Kosten, die durch wirtschaftliche oder sonstige Aktivitäten des Menschen entstehen, sich aber nicht in den Preisen der Produkte und Dienstleistungen niederschlagen. Gezahlt werden müssen diese Kosten dann – oftmals mit zeitlicher Verzögerung und ohne sie den Verursachern zuordnen zu können – von der Allgemeinheit. Ein Unternehmen beispielsweise, das aufgrund mangelnder Filteranlagen Luftschadstoffe freisetzt, verursacht gesundheitliche Beeinträchtigungen der Anwohner oder erzeugt Waldschäden. Zur Beseitigung dieser Beeinträchtigungen oder Schäden muss die Allgemeinheit in Form der Krankenkassen oder des Staates aufkommen. Die Preise der Produkte des verursachenden Unternehmens sind deswegen aber nicht höher, sie spiegeln die Folgekosten der Verschmutzung nicht wieder. Ernst-Ulrich von Weizsäcker spricht davon, dass die Preise „nicht die ökologische Wahrheit sprechen". Damit besitzt das Unternehmen aber einen Wettbewerbsvorteil gegenüber Konkurrenten, die Filteranlagen einbauen und die Investitionskosten dafür dann wieder erwirtschaften müssen. Mit Instrumenten wie der Ökologischen Steuerreform wird daher versucht, externe Kosten entsprechend ihrer Verursachung zuzuordnen. Dieses notwendige Instrument alleine ist aber nicht genug – es ist eben nicht ausreichend, nur die Preise verschiedener Produkte relativ zueinander zu ändern, wie das Beispiel des Energiesparens zeigte.

Strukturelle Hemmnisse

Neben den ökonomischen Rahmenbedingungen sind oftmals vorhandene Strukturen ein bedeutsames Hemmnis bei der Einführung neuer Ansätze. Verdeutlicht sei das mit einem Beispiel: Ein Reisender würde sich gerne umweltverträglich verhalten und mit dem Fahrrad von A nach B fahren. Zwar sind A und B gemäß der Luftlinie so nahe, dass er nur 10 Minuten für den Weg bräuchte. Doch da zwischen den beiden Orten keine Straße existiert, muss er einen Umweg benutzen, der seine Fahrzeit auf über eine Stunde verlängern würde. Dies ist dem Reisenden verständlicherweise zuviel, er wählt das Auto.

An diesem fiktiven Beispiel ist zu erkennen, dass sich Menschen innerhalb der vorgefundenen Strukturen möglichst geschickt zu bewegen versuchen – und in der Verwirklichung ihrer Vorstellungen von diesen Strukturen zuweilen stark eingeschränkt werden. Insbesondere völlig neue Ansätze finden oft keinen gangbaren Weg, da Strukturen langsam entstehen und immer auf „alten" Lebensformen beruhen, neue also tendenziell benachteiligen. Daher gilt es, die Strukturen unseres Lebens und Wirtschaftens zu überdenken und anzupassen, um neuen Ideen eine Chance auf Verwirklichung zu verschaffen.

Beispiel Nutzer-Investor-Dilemma: Aus Klimaschutzgründen ist es sinnvoll, Häuser mit einer möglichst guten Wärmedämmung auszustatten, damit weniger Energie verbraucht wird. Allerdings müsste der Vermieter investieren, ohne über niedrigere Heizkosten direkten Nutzen daraus ziehen zu können. Anderseits können an niedrigeren Heizkosten interessierte Mieter diese Investitionen nicht selber durchführen, da die betreffende Wohnung nicht ihr Eigentum ist. Nutzer und Investor sind nicht identisch – ein starkes Hemmnis trotz erwiesener Wirtschaftlichkeit der Maßnahme. Durch geschickte Investitionsmodelle, zum Beispiel durch Zwischenfinanzierung Dritter, lässt sich ein solches Problem jedoch risikoneutral beheben. Dies verlangt allerdings die Bereitschaft und das Engagement aller Beteiligten. Und genau an dieser Stelle tauchen Lebensstilfragen auf: Ist die Bereitschaft nicht vorhanden, sind den Akteuren also Aspekte wie Klimaschutz nicht wichtig, dann werden sie auch das nötige Engagement nicht aufbringen. Der ökonomische Anreiz alleine reicht nicht aus, es muss ein inneres Anliegen hinzukommen.

Beispiel Stadtplanung: Heute spielen ökologische Kriterien – außer bei der Planung von „Frischluftschneisen" – in der Stadtplanung nur eine untergeordnete Rolle. Die „Stadt der kurzen Wege" oder Städte mit Mischfunktionscharakter sind nicht vorzufinden. Dies wird verständlich aus der Geschichte der letzten zweihundert Jahre: Im Zuge der Industrialisierung entstanden in den Städten viele „schmutzige" Industrien, in deren Nähe zu wohnen man vermied, soweit es die finanzielle Lage erlaubte. So ergab sich die heute noch bestehende weitgehende räumliche Trennung der verschiedenen Funktionen einer Stadt (Arbeit, Wohnen, Einkaufen, Freizeit). Die Folge ist starker Verkehr. Die tägliche Anfahrt zur Arbeit, Einkaufen im großen Center, die Freizeit außerhalb der Stadt im „Grünen" verbringen – die meisten Tätigkeiten sind zwangsläufig mit motorisiertem Verkehr verbunden. Eine an ökologischen Kriterien orientierte Stadtplanung würde versuchen, solche Verkehr erzeugenden Strukturen nur in sehr vermindertem Maße entstehen zu lassen. Aber auch hier gilt: Eine solche Orientierung moderner Stadtplanung ist nicht mit technischen oder ökonomischen Maßnahmen alleine zu erreichen. Vielmehr müssen Stadtplaner, Kommunalpolitiker und letztlich die Menschen und Wähler in den Städten diese Orientierung wollen. Das bedeutet aber, dass ohne eine Änderung der Lebenseinstellungen (oder, im Falle der Stadtplaner: eine Änderung der beruflichen Einstellung) umweltverträgliche und lebensqualitätssteigernde Konzepte zum Städtebau in den Schubladen dem Vergessen anheim fallen. Die entscheidende Frage ist also: Wie wollen wir leben, welche Lebensstile erachten wir als erstrebenswert?

Persönliche Eigenschaften

In diesem Teil soll nicht von Hemmnissen gesprochen werden, da es anmaßend erscheint, Menschen und ihre Charakterzüge als solche zu verurteilen. Insofern wurde der Begriff „Eigenschaften" gewählt.

Eine erste Eigenschaft wirkt sich z. B. in Bezug auf das Energiesparen und die Solarenergien als Hemmnis aus: der mangelnde Informationsstand aller Beteiligten. Informationsmangel bzgl. der Energiefrage ist immer noch weit verbreitet und wird nur langsam abgebaut. Hier haben Experten eine wichtige Aufklärungsverantwortung.

Wichtiger aber ist der bereits im Zusammenhang mit dem „Homo oeconomicus" angesprochene psychologische Teil von Kaufentscheidungen: Es ist auch – oder vielleicht vor allem – eine Frage von Lebensstilen, von in der Gesellschaft verbreiteten und anerkannten Optionen der eigenen Lebensgestaltung, ob eine Privatperson sich für Produkt A oder B entscheidet.

Handeln wir nutzenorientiert?

Wenn beispielsweise ein Strandurlaub in der Karibik im Bekanntenkreis einen hohen Stellenwert und somit ein hohes „Bewunderungspotenzial" hat, dann ziehen die meisten von uns diesen dem weniger spektakulären Strandurlaub auf Ibiza vor. Der objektive Nutzen (Sonne, Sand, Wasser ...) ist vielleicht in beiden Fällen der gleiche, auch wenn der Karibikurlaub doppelt so teuer sein mag. Ökonomisch gesehen ist die Entscheidung also nicht rational. Nichtsdestotrotz werden aber mit der Entscheidung für den Karibikurlaub spezielle Bedürfnisse gedeckt: der Wunsch nach Bewunderung, Anerkennung, Auszeichnung. Letztlich muss aber die Frage gestellt werden, ob der Karibikurlaub zukunftsfähig ist, ob ein solcher Urlaub also wirklich Bewunderung auslösen sollte, die dann wieder andere animiert, das gleiche zu tun. Aus der Einsicht in die Macht menschlicher Bedürfnisse resultiert auch ein Zweifel an technischen Ansätzen: Selbst wenn Flugzeuge noch effizienter würden (was kaum noch möglich ist) und wenn durch Besteuerung des Flugbenzins die Flugpreise steigen sollten, würde dies vermutlich nur wenige Menschen davon abhalten, sich noch ein kleines Stück „unökonomischer" zu verhalten, so dass sich im Zuge ihrer Bedürfnisbefriedigung der absolute Treibstoffverbrauch nicht grundlegend ändern würde.

Gerade in Bezug auf Mobilität spielen psychologische Faktoren eine große Rolle. Der Verkehr ist zu großen Teilen an ökologischen und gesundheitlichen Problemen beteiligt. Auch hier laufen die meisten Ansätze auf technische Strategien hinaus.

So geht man gemeinhin davon aus, dass schon über den Einsatz effizienterer PKW-Motoren sowie die Verwendung leistungsfähiger Verkehrsleitsysteme Probleme wie Stau und Luftverschmutzung beseitigt werden könnten. So genannte „Rebound-Effekte", wie sie beispielsweise nach der Einführung des Katalysators zu beobachten waren, werden dabei völlig außer Acht gelassen: Durch die Nachbehandlung der Abgase wurden die spezifischen Emissionen per gefahrenem Kilometer gesenkt (abgesehen von CO_2), was das Gewissen der Autofahrer entlastete, die in der Folge noch weniger darauf achteten, ob sie viel oder wenig fuhren. Das Ergebnis: Die Gesamtemissionen sanken nicht, sondern stiegen weiter – es wurde also mehr als je zuvor gefahren.

Trotz aller technischen Fortschritte und Effizienzsteigerungen im Motorenbau ist zu beobachten, dass der Kraftstoffverbrauch von Pkws in den letzten Jahrzehnten nicht gesunken ist – der heutige durchschnittliche Flottenverbrauch liegt immer noch bei über 9 l/100 km, genau wie vor über 20 Jahren. Die Effizienzsteigerung machte sich nur in höheren Leistungen der Motoren bemerkbar. Außerdem wächst die Elektrisierung der Autos (elektrische Fensterheber etc.), immer mehr Autos sind mit Klimaanlagen und Standheizungen ausgestattet – Details, die ebenfalls den Verbrauch in die Höhe treiben. Ein 2-Liter-Auto ist zwar technisch machbar; um dieses aber auf breiter Basis einzuführen, bedarf es einer Änderung der Einstellungen der Autofahrer. Technische Lösungen alleine sind auch hier kaum zielführend.

Energiesparen ist unsichtbar

Energiespartechnologien im allgemeinen besitzen ein spezielles Hemmnis: Sie sind in der Regel unsichtbar. Einem hochgedämmten Passivhaus (siehe Kasten „Energiesparen – wie geht das?") sieht man seine thermische Isolierung nicht an. Ein hocheffizienter Kühlschrank unterscheidet sich äußerlich nicht von einem „energievernichtenden". In einer Gesellschaft aber, in der Äußerlichkeiten eine große Rolle spielen (was hier nicht verteufelt werden soll), ist eine solche Unsichtbarkeit eine fast unüberwindliche Barriere für die Marktdurchdringung entsprechender Technologien. Zudem entsprechen gerade die wenigen Einspartechnologien, die doch sichtbar sind, nicht den gesellschaftlichen Normen. Sparsame Autos sind klein, wirken leicht und zerbrechlich und gewinnen deshalb nur eine kleine Käuferklientel – die Mehrzahl wünscht ein großes, schnelles und spritziges Auto. Versteckte energiesparende Elektronik wirkt heutzutage wohl kaum so erotisch wie ein ausladender Kotflügel. Ändert sich diese Einstellung nicht, wird es schwierig sein, sparsamen Autos einen hohen Marktanteil zu verschaffen.

Energiesparlampen (ESL) finden aufgrund zweier Tatsachen nur relativ wenig Käufer. Einerseits ist die Lichtfarbe noch immer nicht mit dem warmen Licht einer Glühlampe zu vergleichen. Aber selbst wenn dieses Problem technisch gelöst wäre, bliebe noch die mangelnde Flexibilität beim Einbau in eine Lampe: Besonders in den letzten Jahren fanden filigrane Halogenlampen in verschiedensten Formen einen großen Markt. Solche Designs, die auch Modeerscheinungen sind und damit Ausdruck von Lebensstilen, lassen sich jedoch mit den relativ großen Energiesparlampen nicht verwirklichen.

Erneuerbare Energien sind komplex

Bei erneuerbaren Energien verhält es sich eher anders herum. Ein Vorteil besteht darin, dass solche Techniken in der Regel sichtbar sind, „high tech" symbolisieren und somit auch ein Bewunderungspotenzial enthalten – zumindest wenn es sich um Solaranlagen auf Dächern oder um kleine Laufwasserkraftwerke handelt. So scheinen also zumindest die erneuerbaren Energien nicht auf gesellschaftliche Hemmnisse zu treffen und heutige Lebensstile nicht zu beeinträchtigen. Insofern sollte man vermuten, dass sich diese Techniken von selber durchsetzen, wenn denn externe Kosten in die Strompreise integriert würden.

Aber auch dies ist ein Mythos mit zum Teil katastrophalen Auswirkungen. Denn vor allem mit der Biomasse gibt es eine REG-Technologie, die zwar für ein zukunftsfähiges Energiesystem absolut notwendig ist, die aber eng an einen weiteren ökologischen Problembereich gekoppelt ist: die Landwirtschaft.

Biomasse kann, wie bereits erwähnt wurde, aus verschiedenen Quellen stammen. Häufig handelt es sich um Reststoffe aus der Industrie (Möbelproduktion, Papier usw.); hier ist eine energetische Verwertung grundsätzlich positiv zu beurteilen. Schwieriger wird es bereits bei Reststoffen aus der Forstwirtschaft; aber zumindest nachhaltige Forstsysteme zeigen gute Möglichkeiten der energetischen Restholzverwertung. Im Fokus der Biomassebetrachtungen steht die Landwirtschaft, sie hat die höchsten zu erwartenden Potenziale – insbesondere aus dem Anbau reiner Energiepflanzen wie Raps. In diesem Zusammenhang ist häufig von „Biodiesel" die Rede, also von einem Energieträger, der ähnliche Eigenschaften wie Diesel besitzt, der aber auf umweltfreundliche Weise die bestehenden Energieprobleme ein Stück weit lösen kann.

Unerwähnt bleibt dabei, dass dieses Konzept des Biodiesels meist auf den Methoden der konventionellen Landwirtschaft basiert – einem Bereich, der weltweit aufgrund seiner negativen Auswirkungen auf die Natur neben der Klimaproblematik als am kritischsten gilt. Ein umfangreicher, mit herkömmlichen Methoden durchgeführter Rapsanbau zur energetischen Verwertung würde diese Problematik drastisch verschärfen:

Allein in Deutschland ist ein Abtrag fruchtbaren Ackerbodens von 8 Tonnen pro Hektar und Jahr festzustellen. Dies entspricht ungefähr der sechsfachen Neubildungsrate und ist u.a. zurückzuführen auf die Unterbodenverdichtung (Einsatz schwerer Arbeitsgeräte) und eine mangelnde bodenbiologische Aktivität. Durch Pflanzenschutzmittel und Nitrate werden heute bei 10 % des Grundwassers die Grenzwerte überschritten. Düngungsbedingte Ammoniakemissionen verursachen rund 10 % des anthropogenen Treibhauseffektes. Und schließlich sind 50 % der Wildtiere und 35 % der Pflanzenarten in Deutschland durch die Ausräumung der Kulturlandschaft, den beikrautfreien Anbau usw. gefährdet.

Es käme also dem Versuch gleich, „den Teufel mit dem Beelzebub austreiben", wollte man die ökologischen Probleme der Energieversorgung beseitigen, indem man den konventionellen und damit ökologisch problematischen Anbau von Biodiesel forciert. Die zur Zeit einzige Form einer ressourcenschonenden und umweltverträglichen Landwirtschaft stellt der ökologische Landbau nach den Richtlinien der Arbeitsgemeinschaft Ökologischer Landbau (AGÖL) oder zumindest nach der entsprechenden EU-Richtlinie dar. Ein ökologisch verträglicher Weg wäre also die Bereitstellung von Lebensmitteln sowie darüber hinaus von Energieträgern aus dem ökologischen Landbau. Das Wuppertal Institut für Klima, Umwelt, Energie hat in den Jahren 1998/99 eine Potenzialabschätzung zu Energiepflanzen im ökologischen Landbau in Deutschland durchgeführt. Berücksichtigt man, dass eine Kalorie Fleisch bei der Produktion mehr als zehnmal so viel Fläche bindet wie eine Kalorie pflanzlicher Nahrungsmittel und dass im Ökolandbau niedrigere Erträge als in der konventionellen Landwirtschaft erzielt werden, kommt man zu folgendem Ergebnis: Unter der Voraussetzung einer zukunftsfähigen Landwirtschaft sind nur dann ausreichend Energiepotenziale vorhanden, wenn der aus vielen Gründen (Gesundheit, Nord-Süd, Ökologie, Tierschutz) zu hohe Pro-Kopf-Fleischkonsum der deutschen Bevölkerung sinkt – wieder eine Frage von Lebensstilen und nicht von Technologien.

Politik und Lebensstile

Aber nicht nur auf dieser konkreten Entscheidungsebene, sondern auch bei der Entwicklung ganzer politischer Steuerungsinstrumente wie der o.g. Ökosteuer spielen letztlich Lebensstile eine große Rolle. Eine Reihe von Arbeiten haben gezeigt, dass die Durchsetzung eines solchen Instruments nur gelingen kann, wenn das entsprechende Preissignal groß genug ist – eine Erhöhung zum Beispiel des Benzinpreises um nur 6 Pf pro Liter ruft keine lenkende Wirkung hervor, da die Elastizitäten der Verbraucherreaktionen auf diese zusätzliche Belastung zu groß sind. Das Umweltbundesamt fordert mittelfristig einen Benzinpreis von ca. 5,– DM pro Liter (was lediglich von Bündnis 90/Die Grünen aufgenommen worden ist).

Wie auch immer man zu den jeweiligen Zahlen stehen mag, klar ist: Werden aus sozialen, ökologischen und volkswirtschaftlichen Gründen externe Effekte einbezogen, dann steigen zwangsläufig die Energiepreise. Diese Politik könnte dann mit dem Attribut „vorausschauende Lebens- und Wirtschaftsweise“ belegt werden, denn die Alternative sind deutlich höhere Anpassungskosten und Kosten für die Beseitigung bereits eingetretener Schäden in der Zukunft.

Klar ist aber auch: Die Mehrheit der Bevölkerung muss zu Veränderungen bereit sein, sie wünschen oder doch zumindest hinnehmen. Diese Bereitschaft wiederum setzt eine Verschiebung von Primärinteressen voraus. Nicht billiger Strom, billige Lebensmittel oder billiges Benzin stünden dann im Mittelpunkt, sondern eine lebenswerte Umgebung, gesunde und nahrhafte Lebensmittel oder die gleichen Chancen für nachfolgende Generationen. Eine vorausschauende Politik setzt somit Bürger voraus, die ebenso weitblickend ihr heutiges Tun reflektieren – auch wenn sie vielleicht noch nicht immer entsprechend handeln. Staatliche Politik versucht, die Vorstellungen der Wähler vom „Guten Leben“ zu verwirklichen. Wenn wir also von der Politik erwarten, für das Gemeinwohl und die Chancen zukünftiger Generationen zu handeln, müssen wir unser Bild vom „Guten Leben" überdenken und uns kritisch mit unseren Definitionen von Wohlstand und Lebensqualität auseinandersetzen.

Fazit

Aus den vorangegangen Überlegungen geht einerseits hervor, dass technische Innovationen und Ansätze notwendig und in einer bereits hochtechnisierten Welt eine wichtige Voraussetzung für eine ökologisch verträgliche Lebens- und Wirtschaftsweise sind.

Andererseits wurde deutlich, dass ohne eine breite gesellschaftliche Diskussion über Lebensqualität, über unsere Vorstellungen eines guten Lebens und über zukunftsfähige Lebensstile keine Lösung der Umweltprobleme zu erwarten ist. Jedes Mal, wenn ein nur technischer Ansatz konsequent durchdacht wird, tauchen unvermeidbar Fragen nach Bewusstseinsänderungen, nach der Veränderung von Lebensstilen und nach Werthaltungen auf. Letztlich muss also geklärt werden, welches Wohlstandsmodell, welche Vorstellung vom „Guten Leben" wir unserem Leben und Wirtschaften individuell und auf gesellschaftlicher Ebene zugrunde legen wollen – eine Diskussion von Lebensstilen und Lebensqualität ist unausweichlich, wenn die ökologische Problematik gelöst werden soll.

Mythos Abschottung: Die Probleme der Dritten Welt tangieren uns nicht

„Wenn Amazonien die Lunge der Welt ist, dann ist die Verschuldung deren Lungenentzündung."

Luis Ignacio da Silva,
brasilianischer Arbeiterführer

Etwa 4,5 Mrd. Menschen leben in Entwicklungsländern. 80 % der Menschheit werden als arm eingestuft. Etwa 1,3 Mrd. Menschen müssen mit weniger als einem Dollar pro Tag auskommen. Fast alle Staaten der Erde werden zur Gruppe der Entwicklungs- oder Schwellenländer gezählt, davon ausgenommen sind lediglich die industriell hochentwickelten Staaten Westeuropas, Nordamerikas und Ozeaniens.

In den politischen Sonntagsreden dieser reichen Länder wie auch in deren Bevölkerung herrscht Übereinstimmung darüber, dass eine solche Situation aus ethischen Gründen nicht haltbar ist. Das politische oder private Handeln allerdings ist fast immer geprägt von einer Mischung aus Wegschauen und Hoffnung. Das Wegschauen ist verständlich – es ist eine natürliche Reaktion auf die Einschätzung, der Situation hilflos gegenüber zu stehen und nichts an ihr ändern zu können. Dass grundsätzlich eine große Hilfsbereitschaft besteht, zeigen die oft sehr erfolgreichen Spendenaktionen zur Bewältigung konkreter und vorübergehender humanitärer Katastrophen, z. B. bei Hungerkrisen in Afrika. Dort erfährt der Helfende unmittelbar, wofür die gespendeten Mittel eingesetzt werden und sieht, dass damit Leid gemildert wird.

Problematischer aber als das bewusste Wegschauen ist die diffuse Hoffnung, dass sich im Laufe der Zeit die Lage der Menschen in der Dritten Welt schon verbessern wird. Hinter dieser Hoffnung steht die Annahme, das westliche Entwicklungsmodell käme letztlich allen Staaten, der gesamten Weltbevölkerung zu Gute. Insbesondere das Phänomen der Globalisierung hat solchen Überlegungen neuen Auftrieb gegeben: Von weltweiter Konkurrenz und dem Abbau von Handelsbeschränkungen, so der Gedanke, würden alle Länder profitieren können, indem sie ihre jeweiligen Vorteile auf dem Weltmarkt ausspielen. Freihandel wird mit Wohlstand für alle gleichgesetzt.

Doch in die Hoffnung mischt sich ein Hauch Skepsis: Zwar ist die Diskussion in westlichen Staaten geprägt von der Annahme, dass freier Waren- und Devisenverkehr grundsätzlich die für alle beste Lösung ist. Doch sogar im wirtschaftlich starken Ländern wie Deutschland gibt es eine Reihe negativer Auswirkungen der Globalisierung. Und wenn die positiven Effekte hier überwiegen mögen – gestützt auf eigene Erfahrungen oder in der Angst vor dem Verlust des Arbeitsplatzes o. ä. betrachten breite

Kreise der Bevölkerung den Begriff „Globalisierung" doch skeptisch. Da sich zudem während der letzten Jahrzehnte in den meisten Entwicklungsländern keine deutliche Verbesserung für die Bevölkerung ergeben hat, regen sich auch hierzulande mittlerweile die Zweifel, ob der angepeilte Weg einer weltweiten Konkurrenz ohne Handelsbeschränkungen und ohne regulierende wirtschaftspolitische Eingriffe geeignet ist, die Wohlstandsunterschiede zwischen Nord und Süd, zwischen West und Ost zu beseitigen. Ist die durch die Globalisierung vorgezeichnete Wirtschaftsstruktur tatsächlich der Königsweg, als der sie oft hingestellt wird?

Wie dem auch sei: Letztlich beschäftigt die Frage, ob das Modell der nachholenden Entwicklung und des globalen Freihandels funktioniert oder nicht, die öffentliche Meinung nur wenig. Denn, so die Einschätzung, im wesentlichen werden wir unseren Lebensstandard schon halten können, unabhängig von den Problemen der Dritten Welt, die ja nicht unsere Probleme sind. Doch genau an diesem Punkt unterliegt die öffentliche Meinung einem Irrtum, der den Blick auf die wahren Verhältnisse verschleiert. Daher ist dieser Mythos – „Die Probleme der Dritten Welt tangieren uns nicht!" – gefährlich: Was, wenn die Annahme nicht zutrifft? Was, wenn Armut, Hunger und Gewalt in der Dritten Welt sich doch negativ auf uns, auf unsere Demokratie, auf unsere Sicherheit, auf unseren Wohlstand auswirken? Der Mythos muss widerlegt werden, um das Bewusstsein dafür wecken zu können, dass die Verhältnisse in armen, aus unserer Sicht abgelegenen Weltteilen sehr wohl Auswirkungen auf uns haben können – und teilweise schon haben.

In der Vergangenheit wurde das Wohlstandsgefälle zwischen armen und reichen Ländern meist als ethisches Problem betrachtet: Es galt als moralische Verpflichtung, armen Ländern bei ihrer wirtschaftlichen Entwicklung zu helfen oder hungernde Menschen zu versorgen. Ihre Begründung findet eine solche Haltung einerseits im christlichen Menschenbild, das zu Nächstenliebe verpflichtet, andererseits in dem Bewusstsein einer historischen Schuld westlicher Nationen gegenüber ihren früheren Kolonien. So sehr man sich auch von einer solchen Argumentation angesprochen fühlen mag: Sie scheint nur wenig erfolgreich dabei zu sein, die Hilfsanstrengungen der westlichen Ländern zu intensivieren. Bis heute ist beispielsweise Deutschland seiner Anfang der 70er Jahre abgegebenen Selbstverpflichtung nicht nachgekommen, 0,7 % des Bruttoinlandsproduktes in die Entwicklungshilfe fließen zu lassen (1998: 0,39 %; 1999: 0,27 %). Moral ist also schön und gut – eine starke Motivation scheint von einer moralischen Haltung allein aber nicht auszugehen.

Die möglichen und teilweise auch schon realen Auswirkungen der Situation der Dritten Welt fügen der Diskussion aber eine weitere Dimension hinzu: Es lohnt sich aus sehr egoistischen Gründen, aus wohlverstandenem Eigeninteresse und aus der Sorge um den eigenen Wohlstand heraus, auf die Beseitigung der Unterschiede zwischen Arm und Reich hinzuwirken und sie als eine zwingend notwendige politische Aufgabe anzusehen. Um diese These zu untermauern, soll der Mythos, dass die Probleme der Dritten Welt uns nicht tangieren bzw. dass sie durch die bestehende Weltwirtschaftsordnung gelöst oder doch zumindest gemildert werden können, widerlegt werden.

Wohlstandsunterschiede und aktuelle Politik

Im wesentlichen existieren drei Ansätze, um weltweiten Wohlstand zu erreichen und zu einer gerechten Verteilung dieses Wohlstands zu gelangen: Freihandel, Entwicklungshilfe und Schuldenstreichungen. Während die beiden letzten Instrumente eng begrenzte Maßnahmen darstellen, verbirgt sich hinter dem Stichwort ‚Freihandel' ein ganzes Paket von Ideen, Ideologien und Konzepten: Strukturanpassungen, Senkung der Staatsquote, Abbau von Handelsbeschränkungen und Subventionen, Schaffung koordinierter und vereinheitlichter Wirtschaftsräume (EU, NAFTA etc.) sind nur einige davon. Begriffe und Institutionen wie Globalisierung, Welthandelsorganisation (WTO), Internationaler Währungsfonds (IWF) und Weltbank spielen ebenso eine gewichtige Rolle. Dabei ist bemerkenswert, dass Entwicklungshilfe und Schuldenstreichung den Prämissen des Freihandels im Prinzip widersprechen – ihre (nur ansatzweise erfolgende) Umsetzung geht zurück auf das oben angesprochene Gefühl einer moralischen Verpflichtung gegenüber armen Ländern.

Alle drei Ansätze sind nicht neu; sie werden in unterschiedlicher Intensität seit weit über 20 Jahren verfolgt. Aber haben sie zu einer Verbesserung der Situation geführt, ist das ganze Konzept überhaupt stimmig und erfolgsversprechend? Oder reißen wir, wie es Erhard Eppler einmal formulierte, mit unserem Hintern, der Wirtschaftspolitik, alles nieder, was wir mit unseren Händen, der Entwicklungshilfe, aufgebaut haben?

- Während das Verhältnis des Pro-Kopf-Einkommens zwischen OECD- und Dritt-Welt-Staaten in den 60er und 70er Jahren noch 10:1 betrug, verdoppelte es sich bis zum Beginn der 90er auf etwa 20:1. Zwischen dem reichsten und dem ärmsten Fünftel der Erde sind die Unterschiede sogar noch größer: Hier wuchs das Verhältnis von 30:1 im Jahre 1960 auf 74:1 Ende 1999.
- 1980 zählte die Weltbank 780 Mio. Menschen ohne Zugang zu elementaren Gesundheitsdiensten, zu Bildung, sauberem Trinkwasser und ausreichender Nahrung. 1997 waren es schon 50% mehr.
- In den letzten Jahrzehnten gab es einen Nettodevisenfluss von Arm zu Reich – und nicht etwa umgekehrt. Zwischen 1982 und 1990 betrugen beispielsweise die Mittelzuwendungen an Afrika netto 214 Mrd. Dollar, umgekehrt jedoch machten allein die Zinszahlungen Afrikas im gleichen Zeitraum 217 Mrd. Dollar aus.

- 1960 hatten die 46 ärmsten Länder einen Anteil von 1,4 % am weltweiten Warenhandel. Seitdem hat ein stetiger Prozess der Globalisierung stattgefunden, der gemäss der Ansicht der Freihandelsbefürworter diese Zahl hätte ansteigen lassen müssen. Tatsächlich aber lag der Anteil Anfang der 90er nur noch bei 0,6 % und fiel bis 1995 sogar auf 0,4 %. Gleichzeitig stieg die Gesamtverschuldung der Dritten Welt von 1,2 Billionen US-$ im Jahr 1989 auf über 1,9 Billionen US-$ im Jahr 1996.
- Eine ähnliche Entwicklung zeigen die internationalen Kapitalströme. Schon in den 80er Jahren bewegten sich 80 % des Kapitalstroms innerhalb Westeuropas, der USA und des ostasiatischen Wirtschaftsraumes. Die Bedeutung der weniger entwickelten Länder ist von etwa 14 % im Jahr 1982 auf praktisch Null 1989 zurückgegangen, wie die ‚Group of Lissabon' 1997 feststellte. Der Großteil der armen Länder zieht außer Spenden und Entwicklungshilfe gar kein Kapital mehr an. Elmar Altvater zeigte im Jahr 1996, dass 1993 in Afrika gerade einmal 3 Mrd. Dollar investiert wurden.
- Auch in Ländern mit vermeintlicher Erfolgsgeschichte muss näher hingesehen werden. Chile war das erste Land, in dem die ‚Chicago Boys' in den 70er Jahren ihre eigenen Ideen einer liberalisierten Wirtschaft umsetzen durften. Seitdem hat Chile tatsächlich auch ein hohes Wachstum zu verzeichnen, allerdings war die Kaufkraft eines Großteils der Bevölkerung Anfang der 90er geringer als vor der Umstrukturierung – die Wirtschaftspolitik führte zur einer Ausweitung sozialer Unterschiede. Die wirtschaftliche Entwicklung des Landes hatte nur für die Eliten positive Auswirkungen, eine Mittelschicht entstand nur langsam und in geringem Umfang.

Die letzten zehn Jahre zeigen also ein beschleunigtes Auseinanderdriften von Arm und Reich – von der mehr und mehr „befreiten" Weltwirtschaft profitierten offensichtlich nur diejenigen, die schon eine gute Ausgangsposition hatten, nämlich die reichen, westlichen Industriestaaten, oder aber sehr durchsetzungsfähige aufstrebende Wirtschaften („Tigerstaaten"), die ihr Wachstum oft nur unter vollständiger Ausschaltung sozialer oder ökologischer Standards erreichen. Dennoch wird am Mythos festgehalten, dass eine Liberalisierung der Weltwirtschaft und eine ausgreifende Globalisierung geeignete Instrumente zur Behebung der Armut in der Welt seien.

Zu allem Überfluss bewirken oft auch Investitionen in Entwicklungsländern keine positiven Effekte. Da es in diesen Ländern nur selten funktionierende Arbeitnehmerorganisationen gibt und Umwelt- oder Sozialstandards ganz fehlen oder schlicht unterlaufen werden, bieten sie hervorragende Produktionsbedingungen für global agierende Unternehmen. So produziert ein südkoreanischer Hersteller in Guatemala Qualitätshemden für den Weltmarkt, die in Deutschland für 160,– DM verkauft werden. Eine Arbeiterin verdient jedoch nur 3,– DM am Tag und liegt somit unterhalb des am

Verkaufsort geltenden Mindestlohns. Somit wird die Schwäche armer Länder dazu ausgenutzt, in der westlichen industrialisierten Welt erhöhte Gewinne zu erzielen. Nur international geltende Standards (wie Sozial- und Ökoklauseln) könnten solchen Zuständen Einhalt gebieten und die produktive Kraft freien Unternehmertums in die richtigen Bahnen lenken. Die Schuldenkrise tut das ihre, die Situation weiter zu verschärfen:

- Die Landwirtschaft zur Bevölkerungsversorgung wird oftmals vernachlässigt, da Lebensmittel zur Devisenbeschaffung vorwiegend exportiert werden müssen. Die landwirtschaftlichen Flächen werden zudem oft so intensiv genutzt und durch Monokultur weiter geschwächt, dass die Böden degradieren und erodieren.
- Entwicklungsländer sind häufig mono-strukturiert, d.h. sie leben hauptsächlich vom Export einiger weniger Güter, zumeist Rohstoffe. Vor allem seit den 70er Jahren sind aber die meisten Rohstoffpreise gefallen – aufgrund fehlenden Kapitals und technischen Know-hows müssen Entwicklungsländer ihre landwirtschaftlichen oder Rohstoffressourcen immer mehr ausbeuten, um die Preisverluste auszugleichen.
- Schließlich ist das Interesse an angemessenen Löhnen und Sozialleistungen gering, da die Befürchtung besteht, dass sie die Wettbewerbsfähigkeit weiter einschränken würden. Des Weiteren nützen die derzeitigen Handelsbedingungen den Eliten der armen Länder, die daher wenig Interesse an einer Änderung haben.

Alle Erfahrungen zeigen somit, dass der z. B. von der WTO hochgehaltene Freihandel die Situation der Dritten Welt weiter verschärfen wird. Marktwirtschaft kann nur bei Chancengleichheit, bei vergleichbaren ökologischen und sozialen Rahmenbedingungen funktionieren. Wenn die Machtverhältnisse aber bereits eindeutig verschoben sind, wie es heute zwischen Erster und Dritter Welt der Fall ist, wird der Freihandel den bisherigen Verlierern nicht helfen, sondern bestehende Unterschiede nur noch vergrößern. Hieran ändert auch der oft postulierte „trickle down"-Effekt nichts, dem zufolge die lokale Wertschöpfung einzelner Wohlstandsenklaven in ansonsten armen Ländern in das Umland „hineintröpfeln" würde. Schließlich hängt der Erfolg dieses Effekts massiv von den sozialen und auch ökologischen Rahmenbedingungen ab. Und diese sind in den betroffenen Ländern meistens ungünstig.

Es gibt noch zwei prinzipielle Gründe für das Scheitern des derzeitigen Entwicklungsmodells: Zum einen hat sich in den letzten Jahrzehnten abgezeichnet, dass aus ökologischen Gründen das Modell einer auf Wachstum basierenden Wirtschaft, wie es in den westlichen Industriestaaten verwirklicht wurde, zum Scheitern verurteilt ist und nicht auf die ganze Welt übertragen werden kann (siehe Kapitel „Mythos Technik"). Des Weiteren gründet der Wohlstand der Ersten Welt zu großen Teilen auf ihrer Exportstärke – die Länder sind Nettoexporteure; doch aus schlichten mathematischen Gründen können nicht alle Länder Nettoexporteure sein. Die Strategie einer auf dem Export basierenden Wirtschaft ist also ohne Einbußen einiger Länder gar nicht weltweit realisierbar.

Daher sei folgende These aufgestellt: Die Industrieländer sind nicht an einem Ausgleich interessiert. Denn sie sind abhängig von sicher verfügbaren und preiswerten Rohstoffen, ohne die ihre Volkswirtschaften ins Stocken gerieten. Sie „leben“ davon, in Entwicklungsländern eine monopolartige Nachfragemacht zu bilden und sich ein gefügiges Angebot zu erschließen. Da wiederum die Eliten dieser Länder ebenfalls von dieser Struktur profitieren, existiert eine unheilvolle, aber sehr gut funktionierende, nicht-institutionalisierte Allianz. In der Konsequenz bedeutet dies, dass arme Länder weder zusammenbrechen noch sich wirklich entwickeln dürfen – sie werden in ihrer Armut gehalten, immer knapp am Rande des Kollaps.

Ein Indiz dafür sind die „Verteidigungspolitischen Richtlinien“ des Jahres 1992, in denen der Bundeswehr nach Beendigung des Kalten Krieges neue Aufgaben zugewiesen wurden. Die auch militärische Sicherstellung des weltweiten (!) Zugangs zu Ressourcen und Märkten für Deutschland nahm darin eine zentrale Rolle ein.

Aber auch jüngere Entwicklungen stützen obige These. Im Rahmen der Suche nach einem neuen Präsidenten für den Internationalen Währungsfonds IWF haben sich die USA dafür eingesetzt, dass der IWF sich in Zukunft nicht mehr entwicklungspolitisch engagieren solle, da dies nicht sein Aufgabengebiet sei. Man mag zur Politik des IWF stehen, wie man will. Wenn dieser aber das globale Finanzsystem nicht mehr durch flankierende entwicklungspolitische Maßnahmen unterstützen darf, dann droht die Gefahr, dass er zu einem Förderklub reicher Nationen wird.

Die Probleme der Dritten Welt als globale Probleme

Unsere Gesellschaft unterliegt dem Mythos, die Probleme der Dritten Welt seien letztlich nicht unsere Probleme. Solange dieser Mythos aufrecht erhalten wird, so das Fazit der vorangegangen Seiten, wird es aufgrund des derzeitigen globalen Wirtschaftsmodells keine Umverteilung von Reich zu Arm geben, sondern wird sich die Wohlstandsschere zwischen den Ländern noch weiter öffnen. Doch es kann gezeigt werden, dass wir uns schon aus Interesse an unserem eigenen Wohlstand intensiv mit der Minderung globaler Wohlstandsunterschiede beschäftigen müssen. Probleme der Dritten Welt sind, auch wenn es auf den ersten Blick nicht so aussehen mag, mittelfristig eben doch unsere Probleme.

Umwelt

In den 70er Jahren begann die damalige brasilianische Militärregierung ein großangelegtes Programm der industriellen Erschließung der Amazonas-Region. Dieses bis dahin nur dünn besiedelte Gebiet, das über einen herausragenden Naturreichtum verfügt, sollte bei der Überwindung wirtschaftlicher und sozialer Probleme Brasiliens helfen und durch den Export seiner Rohstoffe Devisen ins Land bringen.

Man begann, Menschen aus dem armen und bevölkerungsstarken Nordosten Brasiliens nach Amazonien umzusiedeln. Es wurden Straßen gebaut (mit der Transamazónica als berühmtester Vertreterin), ausländische Industrien (u.a. Aluminium) mit großzügiger Unterstützung des Staates angesiedelt (die größtenteils für den Exportmarkt produzieren), Wälder zur Abholzung freigegeben usw. Der Urwald sollte außerdem als Ernährungsgrundlage der arbeitenden Menschen dienen.

Die Folgen dieser Politik sind bekannt: Der Urwald verliert jedes Jahr ca. 4% an Fläche, zu etwa gleichen Teilen durch industrielle Eingriffe, Holzeinschlag und nicht angepasste Bewirtschaftungsmethoden von Kleinbauern. Zwei Drittel gehen somit auf den direkten Einfluss der Industriestaaten zurück, und auch die Zerstörung durch Kleinbauern hängt indirekt mit uns zusammen. Dabei schlug die Strategie der Entwicklung Amazoniens vollkommen fehl, die Region ist heute noch das Armenhaus Brasiliens, die Wertschöpfung ist extrem gering, die Brasilianer selbst bezeichnen die Region als „Selva“ – Wüste.

Brasilien ist heute einer der größten Schuldner dieses Planeten, somit versucht es verständlicher Weise, alle Möglichkeiten der Devisenbeschaffung auszuschöpfen. So ist auch nach der Überwindung der Militärdiktatur die radikale „Inwertsetzung“ Amazoniens Politik des gegenwärtigen Präsidenten, des ehemals linken Soziologen Fernando Henrique Cardoso. Trotz aller schlechten Erfahrungen, trotz der weitreichenden Vernichtung von Ökosystemen, trotz der bekannten Schwierigkeiten, solch eine Region nachhaltig „in Wert zu setzen“, wird genau diese Strategie weiter verfolgt. Die Vernichtung des tropischen Regenwaldes geht also weiter.

Schulden und Umweltzerstörung haben nicht nur im Falle Brasiliens, sondern bei fast allen Entwicklungsländern eine hohe Korrelation. Seit den späten 70er Jahren werden nur dann Kredite in größerem Umfang gewährt, wenn sich das Empfängerland den Strukturanpassungsprogrammen des Internationalen Währungsfonds unterwirft. Das Ziel dieser Programme ist klar: die Herstellung einer positiven Zahlungsbilanz (mehr Export als Import), damit das Land seinen Zahlungsverpflichtungen nachkommen und im besten Fall seine Schulden vollständig tilgen kann. Erst wenn das Schuldnerland seinen Verpflichtungen im Schuldendienst in ausreichendem Maße nachkommt, wird ihm freigestellt, auch andere Ziele (wie Bildung, soziale Aufgaben etc.) zu verfolgen. Es wird davon ausgegangen, dass sich nach dem Erreichen einer positiven Zahlungsbilanz alle anderen Entwicklungen von selbst ergeben.

Der Rat des Währungsfonds, mehr einzunehmen als auszugeben, mag fruchten, wenn man ihn wenigen gibt. Doch heute versuchen Dutzende von Entwicklungsländern mehr zu verdienen, indem sie exportieren, was immer ihnen zur Verfügung steht – und dies sind vor allem natürliche Ressourcen. Ein Teufelskreis hat begonnen: Viele

Länder drängen mit den gleichen Produkten auf den Weltmarkt, die Preise fallen, und man versucht, noch mehr zu exportieren. Strukturanpassungsprogramme ziehen somit oft die Ausbeutung und nicht die Schonung natürlicher Ressourcen nach sich.

Neben den Programmen des Währungsfonds gibt es natürlich innerhalb der Länder weitere Ursachen für diese Entwicklung. Generell kann aber festgehalten werden, dass es eine starke Verbindung zwischen Abhängigkeit (Verschuldung) und Umweltzerstörung gibt.

Dabei sind die ökologischen Auswirkungen auf den ersten Blick meist lokal begrenzt und müssten uns, abgesehen vom ethischen Aspekt, nicht weiter tangieren. Umweltverschmutzung oder die Abholzung von Wäldern berauben die Menschen vor Ort ihrer Lebensgrundlage. Landwirtschaftliche Nutzflächen werden unbrauchbar, Gewässer werden vergiftet. Erst auf den zweiten Blick fällt auf, dass diese aus Abhängigkeit resultierende Umweltzerstörung in den Entwicklungsländern mittelbare Folgen für die reichen Länder der westlichen und nördlichen Welt hat.

Das an den Anfang des Kapitels gestellte Zitat von „Lula" da Silva bringt es auf den Punkt: Amazonien muss uns interessieren, aus klimatologischen und genetischen Gründen. Die massive Rodung des Amazonas-Urwaldes und die intensive industrielle Nutzung der Gegend setzen gigantische Mengen der Treibhausgase Kohlendioxid und Methan frei bzw. verhindern, dass Treibhausgase in der „grünen Lunge der Erde" gebunden werden. Die zunehmende Zerstörung der tropischen Regenwälder, eines extrem wichtigen klimatischen Regelgliedes, hat gemäß dem Regenwaldexperten Norman Myers einen Anteil von 20 % am anthropogenen Treibhauseffekt (siehe Kapitel „Mythos Technik").

Die tropischen Wälder beherbergen weitgehend unentdeckte oder nicht genutzte Gen-Ressourcen. So zählt eine einzige biologische Forschungsstation in Costa Rica doppelt so viele Tier- und Pflanzenarten wie ganz Kalifornien – und dabei ist erst ein Bruchteil aller Arten bekannt. Das dynamische Gleichgewicht des Ökosystems der Erde beruht auf der Fähigkeit, auf unterschiedlichste Anforderungen adäquat reagieren zu können. Ein hoher Artenreichtum trägt entscheidend zu einer solchen Flexibilität bei. Insofern ist Artenvielfalt schon ein Wert an sich. Durch die bisherige Vernichtung der Regenwälder sind aber schätzungsweise 10 bis 20 % aller Arten bereits vernichtet worden. Die normale Sterberate von Arten beträgt einige Arten innerhalb einer Million Jahre – derzeit sind es mehrere pro Tag. Pflanzen haben aber auch einen direkteren Nutzen, der erst in den letzten Jahren in das öffentliche Bewusstsein gedrungen ist: Der Gen-Reichtum des Urwaldes bietet große Chancen bei der Suche nach Wirkstoffen gegen Krankheiten. Und auch die Bionik und andere Wissenschaftszweige profitieren von der Vielfalt des Urwaldes, mit heute noch nicht abschätzbaren Möglichkeiten für ein besseres Leben und für den Wohlstand aller.

Nun wird häufig eingewandt, dass gar kein Weg an der Ressourcenausbeutung von Entwicklungsländern vorbeiführe – die Länder müssten eben erst einmal „in Schwung" kommen, danach könnte man sich auch den Luxus von Umweltschutz und anderes (Bildung, Sozialpolitik etc.) leisten. Je mehr produziert würde, je mehr Geld durch Export in das Land käme, desto mehr könnte für den Umweltschutz getan werden.

Wiederum macht das Beispiel Amazoniens deutlich, das dies ein Trugschluss ist. Heute ist bekannt, dass eine angepasste und sorgfältige Bewirtschaftung des Landes deutlich höhere Erträge bringt und um einiges mehr an Wertschöpfung erzielen kann als alle anderen Nutzungsformen. Der ehemalige brasilianische Umweltminister und Systemanalytiker José Lutzenberger meint, dass der Regenwald, würde man ihn nachhaltig bewirtschaften, im Vergleich zu heute mindestens „zehnmal soviel an Nahrungsmitteln in Form von Tropenfrüchten, Wild und Fisch" produzieren könnte. Und ironischerweise könnte er nicht nur Millionen heute unterernährter Brasilianer satt machen, sondern Brasilien Jahr für Jahr mehr Einnahmen bringen, als es seine auf der Vernichtung des Urwaldes basierende Industrie vermag. Gleichzeitig würde der Treibhauseffekt abgeschwächt.

Dort, wo Industrie- und Entwicklungsländer direkte Nachbarn sind, zeigen sich die ökologischen Auswirkungen der Wirtschaftsstruktur auf die Industriestaaten noch drastischer: Mexiko hat zwecks der Tilgung seiner immensen Schulden in den 80er Jahren erhebliche Anstrengungen unternommen, ausländische (meist amerikanische) Firmen anzusiedeln. Diese Politik hatte großen Erfolg, bereits Ende der 80er gab es in der sogenannten Maquiladora-Zone rund 1800 Firmen mit insgesamt einer halben Million Beschäftigten. Dafür bot Mexiko große finanzielle und ordnungsrechtliche Anreize – die bereits geringen mexikanischen Umweltbeschränkungen wurden quasi komplett außer Kraft gesetzt. Das direkt an die USA grenzende Gebiet war schon nach kürzester Zeit ein ökologisches Katastrophengebiet und verseucht mittlerweile auch amerikanisches Territorium. Die US-Botschaft schätzt die Kosten einer Sanierung auf rund neun Mrd. Dollar.

Der Rohstoffhunger der westlichen Welt und die von den Industriestaaten vorangetriebene Globalisierung der Wirtschaft tragen somit direkt dazu bei, die ökologische Situation in Entwicklungsländern zu verschlechtern. Gleichzeitig werden aber auch massive negative Auswirkungen auf die Industriestaaten selber in Kauf genommen – das herrschende Wirtschaftsmodell gefährdet unsere Umwelt und damit unseren Wohlstand, unsere Lebensqualität.

Ressourcenvergeudung

Der in Deutschland lebende und lehrende iranische Professor Mohssen Massarrat stellte 1993 fest, dass „sinkende Rohstoffpreise [...] im Sinne ökologischer Kritik den Überfluss von erneuerbaren und nicht erneuerbaren Rohstoffen [signalisieren], und dies, obwohl die Schätze der Natur unbestreitbar und unwiderruflich zur Neige gehen und obwohl schon jetzt das ökologische Gleichgewicht gestört ist und im Falle einer Aufrechterhaltung des gegenwärtigen Ressourcenverbrauchs eine dauerhafte Entwicklung für den Süden und für künftige Generationen als ein utopisches Ziel erscheinen muss."

Obwohl die Menge aller Rohstoffe stetig abnimmt, fallen oftmals die Preise oder bleiben zumindest auf dem gleichen Niveau. Theoretisch müssten, marktwirtschaftlich gedacht, knapper werdende Güter teurer werden. Sinkende Preise hingegen verleiten zu höherem Verbrauch, führen also zu einer schnelleren Erschöpfung nicht erneuerbarer Ressourcen.

Gleichzeitig sind viele Entwicklungsländer mono-strukturiert, also auf den Export eines einzigen Gutes angewiesen, in der Regel agrarische bzw. mineralische Rohstoffe. Bei einem Sinken der Preise werden diese Länder dazu animiert, diese endlichen Ressourcen noch stärker auszubeuten – letztlich ergibt sich ein Teufelskreis aus fallenden Preisen, Erschöpfung von Rohstoffen und immer größerer Abhängigkeit des Landes von den Nachfragern des Rohstoffs. Die Länder des Südens beklagen dieses Problem seit Jahrzehnten. So wurden seit den 50er Jahren versucht, über internationale Abkommen die immer weitere Verschlechterung der Handelsbedingungen aufzuhalten. Diese Abkommen sind allerdings weitgehend gescheitert, wie z. B. das Internationale Kaffeeabkommen, das seit Juni 1989 de facto nicht mehr existent ist.

Nach Massarrat ist eine Ursache für die sinkenden Rohstoffpreise die Tatsache, dass sich die realen Ressourcenkapitalkosten der Entwicklungsländer (Kosten, die den Verbrauch erschöpfbarer Ressourcen und damit deren absolute Verminderung widerspiegeln) „in den Marktpreisen überhaupt nicht oder nur teilweise niederschlagen". Er selber führte das auf das von den Nutznießern bewusste Ausschalten von Marktgesetzen zurück – und nicht auf die Marktgesetze an sich. Ob nun diese Erklärung stimmt oder die von vielen anderen bevorzugte, welche die Schuld einer Fehlfunktion des Marktes selber zuweist, ist hier belanglos. Fakt ist, dass die Verminderung einer bestimmten, von der Natur vorgegebenen Menge eines Rohstoffes kein Kostenelement darstellt. Knappe Güter werden somit nicht als knapp, sondern als weiterhin reichlich vorhanden wahrgenommen; der Markt macht nicht deutlich, dass Ressourcen zur Neige gehen können.

Die Folge ist, dass die Industrieländer derzeit zwar auf billige Rohstoffe zurückgreifen können, jedoch in den nächsten Jahrzehnten immer wieder vor der Tatsache stehen werden, dass bestimmte Rohstoffe plötzlich und unerwartet verbraucht sind. In diesem Fall müssten Ersatzstoffe gefunden werden, was oftmals nicht möglich oder zumindest mit enormen Kosten verbunden sein dürfte. Insofern schlägt der Mythos, dass die Probleme der Dritten Welt die reichen Länder nicht tangieren, auf diese zurück: Eine Weltwirtschaftsordnung, die Entwicklungsländer zum Raubbau an ihren Ressourcen zwingt, gefährdet gleichzeitig ihren eigenen Fortbestand.

Kosten durch Steuererleichterungen

Entsprechend dem gängigen Entwicklungsmodell vergeben private Banken und staatliche und multilaterale Organisationen Kredite an Entwicklungsländer, die insbesondere in Zusammenhang mit Strukturanpassungsprogrammen die Länder in ihrer Bemühung unterstützen sollen, ein funktionierendes Wirtschaftssystem aufzubauen. Entgegen dem häufig von Banken erweckten Eindruck, es handele sich dabei um nahezu karitative Maßnahmen, ist dies ein völlig normales Geschäftsfeld, bei dem es darum geht, über die Zinseinnahmen Gewinne zu erwirtschaften.

Staatliche Kredite werden von den Steuerzahlern vorfinanziert. Und da Staaten oftmals weniger strenge Bedingungen an die Rückzahlung stellen als private Geldgeber, können solche Zahlungen als Ausgleich zwischen Reich und Arm verstanden werden – so es denn zu einem positiven Effekt kommt.

Anders sieht die Situation für privatwirtschaftliche Geldgeber aus: Besonders Ende der 70er und während der 80er Jahre haben Banken bereitwillig, ja fast schon leichtfertig Kredite in bis dahin ungekannter Höhe an Entwicklungsländer vergeben. Grund dafür waren verschiedene Faktoren wie geänderte gesetzliche Rahmenbedingungen in den Geberstaaten oder der Glaube an eine schnelle Entwicklung der Empfängerländer. Resultat war die sogenannte Schuldenkrise der Dritten Welt: Innerhalb kürzester Zeit wurden enorme Schulden angehäuft, ohne das auch nur annähernd Aussicht darauf bestand, diese ohne drastische Einschnitte in den Schuldnerstaaten zurückzahlen zu können.

Warum aber waren Banken interessiert daran, in unsichere und krisengeschüttelte Regionen hohe Kredite zu vergeben? Zunächst einmal wurden viele Staaten nicht als unsicher erkannt, Diktaturen beispielsweise suggerieren stabile Verhältnisse und sind somit immer wieder gern gesehene Partner gewesen. Aber auch wenn der Glaube in die Stabilität von Diktaturen schnell nachließ, so hinderte dies Banken bis Mitte der 80er Jahre kaum daran, intensiv als Kreditgeber in Erscheinung zu treten. Es müssen also erhebliche Anreize bestanden haben:

- „Länder hören im Gegensatz zu Unternehmen nicht auf zu existieren.“ Diese Einsicht Walter Wristons, des ehemaligen Präsidenten der Citicorp-Bank, stellte fest, dass eine Bank mit der Kreditvergabe an Staaten praktisch kein Risiko auf sich nimmt. Auch wenn ein Schuldnerland tatsächlich keine Schulden tilgt, werden doch so lange Zinsen gezahlt, bis die Bank eine Rendite erwirtschaftet, die sie auf heimischen Märkten nur mit viel höherem Risiko erzielen könnte.
- Banken haben die Möglichkeit, Schulden von Drittwelt-Ländern steuerlich als Verluste geltend zu machen. Damit werden die Gewinne der Banken rechnerisch geschmälert und somit weniger Steuern bezahlt. Zudem können steuerfreie Risikorückstellungen oder Kapitalverlustreserven gebildet werden, die ihrerseits Gewinne erwirtschaften können (ein auch in der deutschen Atomindustrie bekanntes Phänomen, das in letzter Zeit auf heftige Kritik gestoßen ist).

- Insbesondere in Deutschland gab es darüber hinaus die Möglichkeit, Anleihen auf dem sogenannten Sekundärmarkt unter Preis an andere Banken zu verkaufen und über das Geltendmachen der Differenz als Verlust die eigene Steuerlast zu mindern. Nach Schätzungen des Transnational Institute (TNI) in Amsterdam beliefen sich die Steuerersparnisse der deutschen Banken aufgrund der beiden geschilderten Effekte zwischen 1987 und 1990 auf rund 100 Mrd. DM – dies entspricht dem 55-fachen des UNICEF-Etats von 1990.

Dass diese finanziellen „Hilfen" den Drittwelt-Ländern genutzt hätten, kann nicht behauptet werden. Aber vielleicht besteht ja die Notwendigkeit, die Risiken der Banken bei solchen Geschäften, die ja zumindest nicht schaden, abzufedern?

Zwischen 1982 und 1989 gab die nördliche Halbkugel der südlichen Kredite in Höhe von 135 Mrd. US-$; in umgekehrter Richtung flossen jedoch 615 Mrd. US-$ an Zinszahlungen und Tilgung. Insgesamt ergeben Kredite im Rahmen der Entwicklungshilfe eine durchschnittliche jährliche Rendite von 14 %. Und trotz dieser hohen Geldströme von den armen in die reichen Länder wuchs die Gesamtverschuldung auf Grund von Zahlungsrückständen um etwa 60 %. Insofern kann es kaum um die Absicherung von Risiken der Banken gehen – vielmehr muss man von gemeinschaftlicher Gewinnförderung einzelner Unternehmen reden.

Darüber hinaus gibt es eine zunehmende Verstaatlichung der Schulden der Entwicklungsländer: Weltbank, Internationaler Währungsfonds und öffentliche Banken geben Kredite an Schuldnerländer, damit diese ihre Zinsen für die Kredite privater Geldinstitute zahlen können. Die Folge sind neue Schulden, da das Geld nicht produktiv eingesetzt werden kann, sondern lediglich „durchläuft". Das Risiko liegt nach dieser Aktion wieder bei den Bürgern der reichen Länder – ohne dass sich eine Besserung der Situation in den armen Ländern ergeben hätte.

Wie sich nach einer Studie des Washingtoner Institute of International Economics herausstellte, müssen schließlich Nichtansässige in den meisten Industrienationen keine oder nur wenig Steuern auf Kapitaleinkünfte zahlen. Somit ist es für die Eliten von Entwicklungsländern attraktiv, Kapital ins Ausland abzuziehen, was letztlich zu verminderten Steuereinnahmen in den armen Ländern führt. Auch diese verlorenen Steuern wirken als Kosten auf die Bürger der reichen Länder – erneut ohne dass den Drittwelt-Ländern geholfen worden wäre. Laut Untersuchungen des Transnational Institute und des Institute for Policy Studies in Washington aus dem Jahr 1992 haben die Steuerzahler des reichen Nordens zwischen 1982 und 1989 ca. 90 Mrd. US-Dollar an private Banken verloren, darunter

- 40 bis 50 Mrd. US-$ durch Steuererleichterungen,
- 33 Mrd. US-$ durch versteckte Subventionen und
- 10 Mrd. US-$ durch Verzicht auf Besteuerung von Fluchtkapital.

Somit bestehen in der derzeitigen Situation starke Anreize für private Geldgeber, auf Kosten der Bürger der Industrieländer Kredite an Entwicklungsländer zu vergeben, die nur die Abhängigkeit dieser Länder vergrößern und nichts zu einer Verbesserung des weltweiten Wohlstands beitragen.

Finanzkrisen

Seit Anfang der 90er Jahre hat sich die Mär von der alles heilenden Kraft des freien Marktes weltweit durchgesetzt. Die Vertreter dieser Haltung verstehen es in bemerkenswerter Weise, ihre Interessen mit den Schlagwörtern Arbeitsplatzsicherung, Konkurrenzfähigkeit, neue Märkte etc. als Gemeininteresse zu verkaufen. Auch wenn gut dafür argumentiert werden kann, dass ein ungezügelter Kapitalismus nur einigen wenigen hilft und Wohlstandsunterschiede eher manifestiert bzw. ausbaut – heute scheint es aussichtslos zu sein, auf die Gefahren hinzuweisen und einen regelnden Rahmen für marktwirtschaftliches Handeln zu fordern. Auch Margret Thatchers ehemaliger Chef-theoretiker John Gray bleibt mit seinem Hinweis, dass die „Globalisierung [...] kein ehernes Gesetz historischer Entwicklung, sondern ein politisches Projekt, hinter dem handfeste Interessen stehen", sei, weitgehend ungehört.

Wie oft aber die Weltwirtschaft nur knapp an einer Katastrophe vorbeischrammt, zeigen die zahlreichen Finanzkrisen der letzten Jahre, sei es in Mexiko, in Lateinamerika, in einzelnen asiatischen Staaten oder zuletzt in ganz Südost-Asien. All diese Krisen haben gemein, dass sie auf Spekulation, auf aufgeblähten Wachstumsraten oder auf finanzwirtschaftlichen Transaktionen beruhen und nur mit ungeheurem staatlichen Einsatz eingedämmt werden konnten.

Der freie Markt wendet sich schließlich gegen sich selbst, wie John Gray konstatiert: „Statt sie zu stärken, unterminiert die Globalisierung des Wirtschaftssystems die gegenwärtige weltweite Herrschaft des Laisser-faire. Der heutige Weltmarkt kann die soziale Sprengkraft, die auf die höchst unterschiedliche ökonomische Entwicklung der verschiedenen Gesellschaften und innerhalb derselben zurück zu führen ist, nicht entschärfen. Rasches Wachstum, ebenso rascher Verfall von Industrien und Vermögen, schließlich das Glücksspiel der Währungsspekulation – wo es derart zugeht, werden politische Gegenbewegungen auf den Plan gerufen, die die Grundregeln des freien Weltmarkts in Frage stellen."

Beispiel Neuseeland: Das Land war zu Beginn der 80er Jahre ein blühender Staat mit einer verschwindend kleinen Unterschicht. Es gab jedoch eine Reihe von Anzeichen, dass der Wohlfahrtsstaat damaliger Ausprägung nicht weiter aufrechtzuerhalten sein würde. In einem großen politischen Konsens begann die damalige sozialdemokratische Regierung mit einem umfassenden neoliberalen Umbau der Wirtschaft. Jeder Lebens- und Wirtschaftsbereich wurde dereguliert, sämtliche Kontrollen, Subventionen und Zölle entfielen, Betriebe, Krankenhäuser und Schulen wurden privatisiert,

Gewerkschaften entmachtet, Sozialleistungen gestrichen – die Strukturanpassungsprogramme des IWF könnten nicht radikaler sein. Man vertraute auf die heilende Kraft des Marktes, der, könne er sich nur richtig entfalten, nach einer gewissen Übergangszeit alle wirtschaftlichen und sozialen Probleme beseitigen würde. Wie Jane Kelsey ausführlich darlegte, war „das Resultat von zehn Jahren radikaler Strukturanpassung [...] eine zutiefst gespaltene Gesellschaft". So lebten 1991 einer Schätzung zufolge knapp 18 % der neuseeländischen Bevölkerung unterhalb der Armutsgrenze – 1980 niemand. Zudem war die Beteiligung der Politik so vollständig zurückgeschraubt worden, dass ihr selbst bei neuen Einsichten kaum Einflussmöglichkeiten offen gestanden hätten.

Beispiel Mexiko: 1982 begann Mexiko unter der Regierung von Miguel de la Madrid ein neoliberales Sparprogramm unter dem wachsamen Auge des IWF. 1985 trat Mexiko dem GATT bei und intensivierte seine deregulierenden Anstrengungen, insbesondere unter dem Präsidenten Carlos Salinas de Gortari, der das Land von 1988 bis 1994 lenkte. Vor allem die USA hatten ein enormes Interesse daran, dieses Experiment nicht scheitern zu lassen: Mexiko sollte als politisches Paradebeispiel für die amerikanische Idee vom freien Markt dienen. US-Präsident Clinton knüpfte seine politische Zukunft eng an den Erfolg des Nordamerikanischen Freihandelsabkommen (NAFTA). Zudem war die Befürchtung groß, dass ein Zusammenbruch der mexikanischen Wirtschaft den Strom illegaler Einwanderer in die USA hätte anschwellen lassen.

Die enge Verbindung der amerikanischen mit der mexikanischen Wirtschaft bekam dem kleineren Partner allerdings nicht gut. Die schon lange im Land herrschenden wirtschaftlichen und sozialen Ungleichheiten traten noch deutlicher hervor: Auf die ärmsten 30 % der Mexikaner entfallen nur 8 % des Nationaleinkommens, hingegen macht das Einkommen der zwölf reichsten Männer Mexikos 10 % des Bruttoinlandsprodukts aus. Noch bezeichnender ist, dass die ohnehin schon kleine Mittelschicht in den Jahren neoliberaler Politik noch weiter schrumpfte – und nicht, wie die Theorie eigentlich vorhersagt, deutlich anstieg.

Nur drei Wochen nach seinem Amtsantritt verkündete daher der neue mexikanische Präsident Ernesto Zedillo im Dezember 1994 die Abwertung der Landeswährung. In der Folge wurden bis Ende 1995 eine knappe Million Arbeitsplätze abgebaut, es kam zu einer Kapitalflucht ungeahnten Ausmaßes, die jährliche Inflationsrate schnellte auf über 50 %, zahllose Unternehmen und Banken meldeten Konkurs an. Amerikanische Investoren, die ihre Guthaben in Fonds angelegt hatten, verloren über 30 Milliarden (!) Dollar. Der Übergriff dieses sog. „Tequila-Effektes" auf die gesamte Weltwirtschaft konnte erst in allerletzter Sekunde unter Einsatz eines Großteils amerikanischer und IWF-Reserven (also mit Geldern aller Industriestaaten) verhindert werden.

Ohne Einschränkungen des freien Handels wie die Tobin-Tax, die kurzfristigen Devisenhandel verteuert und somit gefährliche Spekulationen großen Stils unwirtschaftlich erscheinen lässt, bleiben insbesondere Währungen von Entwicklungsländern Spekulationsobjekte. Die zum Teil auf diesem Gebiet durch westliche Akteure ausgelösten Krisen können auch zu einer Gefährdung des Wohlstands in den Industrieländern werden.

Zuwanderung

In den 80er und frühen 90er Jahren konnten weltweit starke Wanderungsbewegungen beobachtet werden. Migrations- und Entwicklungsexperten warnten, die europäischen Länder und insbesondere Deutschland würden möglicherweise durch zunehmende Einwanderung und Flüchtlingsströme in schwere innere Konflikte geführt – Wanderungsbewegungen sind immer eine große Herausforderung für eine Gesellschaft. In der Folge nahm die Ausländerfeindlichkeit deutlich zu, die Zahl ausländerfeindlicher Straftaten wuchs dramatisch an.

Migration, wie sie hier gemeint ist, ist Ausdruck wirtschaftlicher Not oder gefährlicher Lebensumstände aufgrund von religiöser, politischer oder sonstiger Verfolgung; in diesem Sinne ist sie meist ein regionales Phänomen – nur in wenigen Fällen reichen Wanderungsbewegungen über die Nachbarstaaten hinaus. Dennoch gibt es natürlich auch immer wieder Versuche von Menschen aus Entwicklungsländern, vor den Ursachen ihrer Not nach Deutschland oder in andere reiche Industriestaaten zu fliehen, was wiederum mit ökonomischen und politischen Kosten für diese Länder verbunden ist.

Die ökonomischen Kosten sind allerdings kaum ein Problem – die niedrigen Aufwendungen für Asylbewerber summieren sich nicht zu Beträgen, die wesentliche Haushaltsposten darstellen. Die politischen und sozialen Kosten und die Gefahr einer Spaltung der Gesellschaft sind aber umso höher – eine in den Ursachen dem einzelnen Bürger nicht verständliche und politisch nicht kommentierte Zuwanderung löst möglicherweise extreme politische Bewegungen aus, die auch andere Bereiche der Gesellschaft erreichen können. Hier sei nur an die teilweise erschreckend hohen Wahlergebnisse der Partei „Die Republikaner“ zu Beginn der 90er Jahre erinnert.

Anders wäre es, würde sich die Politik grundsätzlich mit der Situation armer Weltteile und ihrer Menschen auseinandersetzen, würde sie die Situation als kritisch anerkennen und nicht von einer baldigen Lösung ausgehen oder aber die eigene Unbetroffenheit postulieren. Dann nämlich könnte sie zum einen die Ursachen von Migration bekämpfen und zum anderen die Gesellschaft auf mögliche Zuwanderung vorbereiten.

Statt dessen wurde die so genannte Drittstaaten-Regelung geschaffen, um die Probleme, die uns gemäß dem zu Beginn angeführten Mythos gar nicht berühren dürften, tatsächlich von Europa fernzuhalten: Ein Flüchtling hat keine Einreiseerlaubnis, wenn er auf seiner Flucht ein Land betreten hat, das von der Bundesrepublik als sicher eingeschätzt wird – er wird abgeschoben. Aufgrund der geographischen Lage Deutschlands (wir sind ausschließlich von sicheren Drittstaaten umgeben) ist der „Erfolg" beachtlich: Die Anzahl der gestellten Asylanträge ist in den letzten Jahren immer weiter zurückgegangen – ein Effekt, der sicherlich nicht auf verbesserte Lebensbedingungen in den armen Ländern des Südens zurückzuführen ist.

Doch diese Ruhe ist eine Illusion. Europa, eine der Wohlstandsinseln in einer unsicheren Welt, steht unter Druck – die virtuelle Mauer aus Drittstaaten-Regelung und Abschiebung wurde und wird immer wieder erhöht. Aber auch wenn die Zuwanderung für Flüchtlinge schwieriger geworden ist, bedeutet das nicht, dass es keine fluchtwilligen Menschen mehr gäbe. Ganz im Gegenteil: Es ist nur eine Frage der Zeit, bis diese Mauer von mehr und mehr Menschen bestürmt wird. Letztendlich ist eine Situation vorstellbar, in der nur noch eine mit Waffengewalt verteidigte Mauer um Europa oder andere Wohlstandsgebiete in der Lage sein wird, in diesen Gebieten nach heutigen Maßstäben lebenswerte Verhältnisse aufrechtzuerhalten. Und dies nicht zuletzt deshalb, weil heute versäumt wird, weltweite Armut und Not auch als Gefahr für sichere und reiche Weltteile zu erkennen.

Militärische Konflikte und Terrorismus

Dass Krieg Schulden produziert, scheint einleuchtend: Die normale Industrieproduktion wird eingeschränkt, ein erheblicher Teil der Erwerbsfähigen fällt für die Wirtschaft aus, Verletzte oder Familien, die einen potenziellen Ernährer verloren haben, verursachen Kosten für eventuelle bestehende soziale Sicherungssysteme, Infrastruktureinrichtungen werden verwüstet. Doch auch der umgekehrte Zusammenhang besteht: Schulden verursachen militärische Konflikte und Terrorismus – und diese wiederum können gefährliche Folgen auch für die vermeintlich sicheren und reichen Länder besitzen oder ihnen zumindest hohe Kosten verursachen.

Allein 1991 sind je nach Quelle 3,5 bis 8,5 Millionen Menschen in kriegerischen Auseinandersetzungen in Entwicklungsländern getötet worden. Doch welche Folgen können solche militärischen Konflikte oder ein hohes Gewaltpotenzial in Entwicklungsländern auf die Erste Welt haben? Und welchen Einfluss hat die Politik dieser Ersten Welt auf die Entstehung solcher Konflikte?

In der westlichen Welt ist es heute eine weithin akzeptierte Ansicht, dass der Golfkrieg auch ein Krieg um billige Ressourcen, um den Zugang zu Öl war. Aus irakischer Sicht war jedoch die enorme Verschuldung ein wichtiges Argument: Im Krieg zwischen dem Irak und Iran 1980–88, den der Irak aus eigener Sicht stellvertretend für alle Araber gegen den historischen Feind Persien kämpfte, hatte sich das Land massiv bei seinen arabischen Nachbarn verschuldet. Aufgrund seiner Stellvertreterposition und der erlittenen Verluste beharrte es darauf, die Schulden nicht zurückzahlen zu müssen, was

Kuwait jedoch ablehnte. Das Emirat bestand auf der Erstattung von ca. 10 Mrd. US-Dollar. Dies und eine Reihe weiterer Anschuldigungen gegen das kleinere Land veranlasste den Irak zu dem Versuch, Kuwait zu annektieren.

Obwohl es sich beim resultierenden Golfkrieg um einen nur kurz andauernden und regional begrenzten Konflikt handelte, rief er doch große Ängste in Europa hervor. Die mögliche Existenz irakischer Massenvernichtungswaffen und deren Einsatz gegen Europa oder die Gefahr terroristischer Aktionen in Europa und den Vereinigten Staaten trugen zu einer großen Unsicherheit bei, die für nicht wenige Menschen eine Einbuße an Lebensqualität darstellte.

Auch wenn diese Ängste zum damaligen Zeitpunkt glücklicherweise unbegründet waren: Es gibt keine Garantie dafür, dass dies auch für die Zukunft gilt. Denn Waffen mit immer größerem Vernichtungspotenzial werden weltweit immer leichter verfügbar. Mehrere Länder mit unsicheren politischen Verhältnissen stehen im Verdacht, ABC-Waffen zu besitzen und im Zweifelsfalle eventuell auch einzusetzen. Ein Konflikt wie der Golfkrieg wäre daher nicht mehr zwingend nur auf die entsprechende Region begrenzt, sondern könnte auch drastische Auswirkungen für die Menschen der Industriestaaten haben. Darüber hinaus sind auch die Kosten der aus humanitären oder wirtschaftlichen Interessen heraus geführten Kriege wie des Golfkrieges für die beteiligten Staaten immens.

Die Mehrzahl der Kriege findet heute jedoch innerhalb eines Landes statt. Solche Auseinandersetzungen sind oft symptomatisch für das Scheitern des jeweiligen Entwicklungsmodells und damit für wirtschaftliche und soziale Bedingungen, die dann den Nährboden für Gewalt bilden. Die Reaktion auf solche schlechten Lebensumstände und Zukunftsaussichten kann sich dabei in politischer oder krimineller Form äußern.

Ist sie politisch, also kollektiv, kann sie zu Aufständen und Rebellionen oder, in einer gut organisierten Variante, zu Bürgerkrieg oder Terrorismus führen. Die konkrete Form der Gewalt bestimmen viele Einzelheiten – kultureller Hintergrund, soziale Situation, Landesgeschichte und politische Möglichkeiten. Verschuldung und generell wirtschaftliche Not liefern jedoch oft den Kontext für innerstaatliche Gewaltexzesse. Mit verbesserter Waffenausstattung aller beteiligten Parteien steigt dabei auch das Gefahrenpotenzial für die westliche Welt. Darüber hinaus wirken sich natürlich auch die Kosten für UN-Friedenseinsätze oder, zum Beispiel, die Folgekosten eines intensivierten Drogenhandels negativ auf Deutschland und andere Länder aus.

Es existiert ein weiterer Unsicherheitsfaktor auch für die Industriestaaten: Das Technologiemonopol der „klassischen" Atommächte (USA, Frankreich, Russland etc.) verliert ständig an Bedeutung. Mehr und mehr Länder gewinnen Strom aus Atomenergie und verfügen damit potenziell über eine eigene Plutonium- und damit fast auch schon Atomwaffenproduktion. Wie die Energieexperten Amory Lovins und Peter Hennicke sagen: „Das gesamte Arsenal an Material, Technik und Know-how, das für die

Stromproduktion in Atommeilern gebraucht wird, [kann man] problemlos auch militärischen Zwecken dienstbar machen." Ein typischer Leichtwasserreaktor produziert jährlich etwa 200 kg Plutonium – genug für 50 Atombomben. Bis Ende 1997 waren schätzungsweise 170 Tonnen dieses Stoffes – der oft als eines der gefährlichsten Gifte der Erde bezeichnet wird – aus Atommeilern separiert worden, allein im deutschen Hanau lagern rund zwei Tonnen prinzipiell waffenfähiges Plutonium.

Nicht zuletzt angesichts der gewaltigen wirtschaftlichen Probleme der Atommacht Russland erscheint es also naiv anzunehmen, es ließe sich tatsächlich verhindern, dass Plutonium oder anderes waffenfähiges Material in die Hände instabiler Staaten fällt. Dass dies bisher noch nicht geschehen ist oder dass solche Transfers noch keine dramatischen Konsequenzen nach sich gezogen haben, liegt vermutlich daran, dass zur Fertigstellung von Atomwaffen noch spezielles technisches Know-how benötigt wird, das derzeit noch nicht leicht verfügbar ist. Ein prinzipielles Hindernis stellt dies aber kaum dar.

Zwei weitere Bereiche, in denen die westliche Welt mit gefährlichen Auswirkungen von Not oder Konflikten in ärmeren Weltteilen zu rechnen hat, wurden erst kürzlich deutlich:

Im April 2000 verkündeten die bundesdeutschen Geheimdienste, dass in Zukunft mit terroristischen Aktivitäten über das Internet zu rechnen sei. Das Internet, der weltweite Verbund vieler Rechner, hebt Landesgrenzen und nationale Sicherheitsvorkehrungen praktisch auf. Kurz darauf, Anfang Mai 2000, verursachte der auf den Philippinen programmierte Virus „I love you" weltweit Schäden in Milliardenhöhe. Auch wenn der Hintergrund dieser Aktion weder Not noch Krieg, sondern die kreativ-kriminelle Energie eines Einzelnen war: Der Fall verdeutlicht die Gefahren, die vom Medium Internet für Verwaltung, Wirtschaft und Politik eines Landes ausgehen. Denkbar sind Hackerangriffe, die die Militärzentralen eines Landes lahm legen oder, mit dem Ziel der Schädigung eines Wirtschaftssystems, zu massiven Produktionsausfällen führen. Auf diesem Wege könnte Frustration aufgrund von Armut oder Gewalt zu massiven Beeinträchtigungen der Sicherheit und Lebensqualität auch in wohlhabenden Ländern führen.

Die US-Regierung hat im Mai 2000 die umfassende Ausbreitung der Immunschwächekrankheit AIDS in vielen armen Länder als Bedrohung für die nationale Sicherheit bezeichnet. Die Regierung ist besorgt, dass die weitere Ausbreitung der Seuche zum Sturz von Regierungen, zu ethnischen Konflikten und zur Schwächung von Demokratien führen könnte. Welche Auswirkungen es tatsächlich haben wird, dass in manchen Regionen Afrikas gerade in den wirtschaftlich bedeutenden Altersklassen deutlich mehr als 10 % der Menschen infiziert sind, bleibt abzuwarten. Fest steht aber auch hier, dass ein frühzeitiges Reagieren auf derartige Katastrophen auch für die Sicherheit vermeintlich unbeteiligter Länder bedeutsam sein kann.

Wachsende Weltbevölkerung

Alle bisher beschriebenen Probleme beziehen sich auf die aktuelle Bevölkerungssituation. Wird aber die Weltbevölkerung weiter so ansteigen, wie es alle Prognosen erwarten lassen (die UN geht davon aus, dass sich die Weltbevölkerung von heute sechs Milliarden Menschen bis 2050 auf 10 Milliarden erhöhen wird, wobei fast ausschließlich die Bevölkerung der Entwicklungsländer wachsen wird), dann verschärfen sich Verteilungskämpfe um Wasser, um Nahrungsmittel und Rohstoffe. Der Wanderungsdruck wird zunehmen und die Umwelt noch stärker belastet. Auf allen beschriebenen Feldern werden wir eine Zuspitzung der schon heute gegenwärtigen Probleme erleben.

Fazit

Was müssen wir tun, um unsere eigene Lebensqualität und unsere Sicherheit gegen die beschriebenen möglichen bzw. bereits existierenden Folgen globaler Ungleichheit zu verteidigen? Die bisherigen Ansätze zur Überwindung dieser Ungleichheit fruchten offenbar nicht – sie sind vielmehr oft sogar der Anlass für noch mehr Ungleichheit und verursachen darüber hinaus auch in den reichen Ländern nur Kosten für die Allgemeinheit. Letztlich muss das Ziel die Umverteilung materiellen Wohlstands sein, und das ist vermutlich nur unter Inkaufnahme von Einbußen an materiellen Spielräumen in den Industrienationen möglich. Dieser Weg ist aber aus verständlichen Gründen schwierig – er bedarf der sorgfältigen Abwägung drohender Einbußen und möglicher Gewinne.

Auch aufgrund drohender Einbußen an Lebensqualität als Folge globaler Verteilungskämpfe muss somit die Frage diskutiert werden, was eigentlich tatsächlich Wohlstand und Lebensqualität ausmacht. Eine solche Diskussion ist unerlässlich – und sie bietet gleichzeitig eine neue Grundlage für die Beseitigung der Benachteiligung ganzer Weltteile.

Mythos Arbeitsgesellschaft: Vollbeschäftigung ist möglich

„Wir müssen dafür sorgen, dass die Arbeitslosigkeit zurückgedrängt wird … Dafür brauchen wir neue Unternehmen, neue Produkte, neue Märkte und vor allen Dingen schnellere Innovationen. (…) Die Bewältigung des Jahrhundertproblems Arbeitslosigkeit kann nur gelingen, wenn alle gesellschaftlich Handelnden dabei mitmachen. (…) Erst im Zusammenwirken aller volkswirtschaftlichen Akteure kann dauerhaft mehr Beschäftigung entstehen."

Gerhard Schröder, Bundeskanzler, Regierungserklärung 1998

Der Mythos lebt

In seiner Regierungserklärung vom November 1998 formuliert Bundeskanzler Gerhard Schröder einen Mythos: Wenn nur alle gemeinsam anpackten, wenn nur alle mitmachten, ließe sich das „Jahrhundertproblem Arbeitslosigkeit" schon irgendwie lösen und ließe sich dauerhaft mehr Arbeit schaffen. Neue Unternehmen, neue Produkte, neue Märkte, also letztlich Wirtschaftswachstum, und, natürlich, Innovationen sollen dies ermöglichen. Zwar äußert sich Schröder vorsichtiger als sein Amtsvorgänger Helmut Kohl, der noch eine Halbierung der Arbeitslosigkeit bis zum Jahr 2000 versprochen hatte, doch letztlich hält auch Schröder das Problem Arbeitslosigkeit für lösbar, wenn er von der „Bewältigung des Jahrhundertproblems Arbeitslosigkeit" spricht. Damit suggeriert Schröder, dass Vollbeschäftigung, das heißt ein Arbeitsplatz für nahezu jeden Arbeitssuchenden, möglich sei.

Derart optimistische Annahmen finden sich nicht nur in der Politik: Der Präsident des Bundesverbandes der Deutschen Industrie, Hans-Olaf Henkel, ist davon überzeugt, dass eine angebotsorientierte Wirtschaftspolitik (siehe nachfolgenden Kasten), also günstigere Bedingungen für die heimische Industrie (z. B. weniger Steuern, geringere Lohnkosten, Flexibilisierung gesetzlicher Vorschriften zum Arbeitsmarkt etc.) die Konkurrenzfähigkeit des Standortes Deutschland im globalen Wettbewerb wiederherstellen, Investitionen anlocken und somit Arbeitsplätze schaffen würde. Wenn die Forderungen der Arbeitgeberverbände erfüllt, der Standort Deutschland gesundet und die Arbeitsmoral der Deutschen gestärkt seien, dann, so Henkel, stehe neuen Arbeitsplätzen nichts mehr im Wege.

Angebotsorientierte Politik

Angebotsorientierte Wirtschaftspolitik möchte Wohlstand und Beschäftigung erreichen durch eine Senkung von Unternehmenskosten. Dadurch soll die internationale Wettbewerbsfähigkeit verbessert, der Export erhöht und eine Wachstumsdynamik erzeugt werden. Bestandteile einer solchen Politik sind maßvolle Lohnzuwächse, ggf. auch Reallohnsenkungen, die Entlastung der Unternehmen von Lohnnebenkosten und Unternehmenssteuern, ein Abbau von Arbeitnehmerrechten sowie eine radikale Flexibilisierung der Arbeits- und Arbeitszeitorganisation. Geht es Firmen und Konzernen gut, so die Annahme, investieren sie in neue Arbeitsplätze.

Kritiker wenden dagegen ein, dass spekulative Geschäfte auf den globalen Kapitalmärkten deutlich gewinnträchtiger seien als Investitionen in lokale Arbeitsplätze, weswegen steigende Unternehmensgewinne nicht zwangsläufig zu mehr Nachfrage nach Arbeitskräften vor Ort führen müssten.

Gemäss einer anderen Kritik birgt eine konsequente Angebotspolitik auch Risiken für die soziale Integration der deutschen Gesellschaft: Die Zukunftskommission der SPD-nahen Friedrich-Ebert-Stiftung befürchtet, dass sinkende Einkommenschancen und abnehmende Arbeitsplatzsicherheit zu Verunsicherung und Entmutigung der Bürger und zu einem erhöhten Armutsrisiko führen würden. Schrumpften aufgrund wachsender Staatsverschuldung gleichzeitig die Möglichkeiten des Staates, diese Risiken mit den sozialen Sicherungssystemen abzumildern oder aufzufangen, sei mit der sozialen Ausgrenzung wachsender Bevölkerungsteile zu rechnen, von der vor allem Niedrigqualifizierte betroffen wären. Die Kommission spricht deshalb von einer „sozialen Sackgasse", in die eine einseitige Kostenssenkungsstrategie führen würde.

Viele Gewerkschaftsfunktionäre halten das Problem der Arbeitslosigkeit ebenfalls für lösbar und erklären, dass bis 2010 Vollbeschäftigung möglich sei. Anders als bei den Vertretern der Arbeitgeberverbände wird hier mit Vehemenz eine nachfrageorientierte Politik (siehe Kasten) gefordert. Über eine Erhöhung der Massenkaufkraft, zum Beispiel durch Lohnsteigerungen, komme es zu einer Stärkung der Binnennachfrage, wovon letztlich auch die Unternehmen profitieren würden. Arbeitsplätze entstehen gemäß dieser Argumentation durch wachsende Güternachfrage aufgrund erhöhten privaten Konsums und die dadurch bedingte Notwendigkeit erhöhter Produktion.

Wenngleich sich die Ansätze zur Überwindung der Arbeitslosigkeit unterscheiden, gemeinsam ist vielen Politikern, Arbeitgeber- und Gewerkschaftsfunktionären, dass sie das Problem der Arbeitslosigkeit grundsätzlich für lösbar halten bzw. die Lösbarkeit zumindest öffentlich postulieren. Und genau dieses Verhalten birgt Gefahren.

Nachfrageorientierte Politik

Nachfrageorientierte Politik will über die Erhöhung des Massenkonsums und eine Ausweitung öffentlicher Investitionen den Bedarf an Erwerbstätigen positiv beeinflussen. Hierbei wird häufig auf den britischen Ökonomen John Maynard Keynes Bezug genommen, der forderte, dass der Staat als letzte Maßnahme bei steigender Arbeitslosigkeit und abnehmendem Wirtschaftswachstum mit „Deficit spending" gegensteuern müsse: Der Staat solle Schulden aufnehmen und mit Investitionen für zusätzliche Nachfrage sorgen, was die Betriebe veranlassen würde, neue Arbeitsplätze zu schaffen. Das erzeugte Defizit könne später mit Hilfe der erhöhten Steuereinnahmen abgetragen werden.

In der Geschichte der Bundesrepublik gibt es zahlreiche Beispiele für den Versuch, die Konjunktur über (schuldenfinanzierte) Staatsinvestitionen anzukurbeln. Allerdings wurden in den folgenden Hochkonjunkturphasen niemals Schulden abgebaut, was ein Grund für die immensen Defizite öffentlicher Haushalte ist.

Außer auf staatliche Investitionen setzt eine nachfrageorientierte Politik auf die Stärkung der Massenkaufkraft. Nur diese schaffe eine ausreichende Nachfrage nach Gütern und Dienstleistungen, die dann Unternehmen zu Investitionen und Expansion motivieren würde. Wenn die Gewerkschaften das „Ende der Bescheidenheit" verkünden und sich ebenso wie manche Sozialdemokraten für deutliche Lohnzuwächse aussprechen, steht dahinter letztlich auch die Hoffnung, dass diese Strategie zu einem Abbau der Arbeitslosigkeit führt.

Kritiker wenden dagegen ein, dass steigende Einkommen direkt zu Lasten der Unternehmen gingen, was die Attraktivität des Wirtschaftsstandortes Deutschland sowie die Exportchancen (aufgrund höherer Produktionskosten) beeinträchtigen würde. Sinkende Exportzahlen wiederum könnten auch durch eine steigende Binnennachfrage kaum kompensiert werden, da das Wirtschaftswachstum wesentlich auf der Exportorientierung basiere. Außerdem geben ökologisch motivierte Kritiker zu bedenken, dass eine stetig steigende Güternachfrage ökologisch längerfristig nicht zu verantworten sei.

Der Mythos beinhaltet Gefahren

Sollte die Annahme, dass Vollbeschäftigung herzustellen ist, nicht zutreffen, während Politik und Verbände weiterhin das Gegenteil behaupten, würde zum einen das Vertrauen der Bevölkerung in politische und gesellschaftliche Organisationen rapide abnehmen: Wenn Politik oder Verbände Erwartungen wecken, die sich nicht erfüllen (können), dann spricht ihnen die öffentliche Meinung die Schuld dafür zu – die fehlende Umsetzung der Versprechen erscheint dann als Versagen der staatlichen Akteure. Damit werden aber die Legitimationsbasis staatlichen Handelns und letztlich die Grundlagen einer demokratischen Verfassung, nämlich das grundsätzliche Vertrauen des Volkes in die gesellschaftlichen und staatlichen Institutionen, beschädigt. Von diesem Prozess wären nicht nur einzelne Parteien und Verbände betroffen, sondern das gesamte politische System. Wenn beispielsweise ein Regierungswechsel in Deutschland, trotz vollmundiger Versprechen, keinen entscheidenden Durchbruch auf dem Arbeitsmarkt nach sich zieht, ist eine Abkehr breiter Bevölkerungsteile vom politischen System oder die Suche nach anderen Sündenböcken zu befürchten (siehe Kasten „Kinder statt Inder").

„Kinder statt Inder"
– Wer den Mythos bewahren will, braucht Sündenböcke

Im nordrhein-westfälischen Landtagswahlkampf im Frühjahr 2000 versuchte der CDU-Spitzenkandidat Jürgen Rüttgers, aus dem vermeintlichen Widerspruch zwischen Massenarbeitslosigkeit und dem Wunsch der Industrie nach ausländischen Computerspezialisten politisches Kapital zu schlagen. Sein Slogan „Kinder statt Inder" war dabei eine neue Variation der Aussage „Deutsche Arbeit für Deutsche". Damit implizierte Rüttgers, dass die geforderten ausländischen Computerspezialisten letztlich den (deutschen) Kindern Arbeit wegnehmen würden. Bereits einige Monate vorher schrieb der Soziologe Ulrich Beck: „Wie in unruhigen Zeiten üblich, entdecken einige Wahlkämpfer plötzlich wieder den Sündenbock, der auf den Namen ‚Ausländer' hört." Tatsächlich muss der These widersprochen werden, dass die „Ausländer" schuld an der hohen Arbeitslosigkeit seien:

1. *Jeder Einwohner der Bundesrepublik, ob mit oder ohne deutschen Pass, ist nicht nur ein potenzieller Arbeitnehmer, sondern de facto auch ein Konsument von Gütern und Dienstleistungen. Ohne ausländische Mitbürger wären zwar theoretisch weniger Menschen auf dem Arbeitsmarkt, doch wäre auch die Nachfrageseite so geschwächt, dass es sehr fraglich ist, ob per Saldo für Deutsche mehr Arbeit bliebe.*
2. *Überdurchschnittlich viele ausländische Mitbürger gründen Kleinunternehmen, die wiederum neue Arbeitsplätze schaffen – bis jetzt laut der „Berliner Rede" des Bundespräsidenten Johannes Rau vom 12. Mai 2000 50000. Auch bei den Computer-Spezialisten, die mit der „Green-Card" angeworben werden sollen, kann man davon ausgehen, dass deren Tätigkeit in Deutschland weitere Arbeitsplätze schaffen wird.*
3. *Bestimmte Arbeitsbereiche, insbesondere der Pflegebereich und die Gastronomie, sind auf ausländische Arbeitnehmer angewiesen, da der Bedarf durch die deutsche Bevölkerung nicht gedeckt werden kann.*
4. *Es wäre ausgesprochen merkwürdig (und wahrscheinlich kaum praktikabel), wenn ein stark exportorientiertes Land wie Deutschland in Zeiten auch kultureller Globalisierung versuchen würde, sich gegen alles Fremde und Nichtdeutsche abzuschotten.*

Zum anderen behindert die Annahme, das Problem der Massenarbeitslosigkeit sei prinzipiell lösbar, Diskussionen über Reformen und gesellschaftliche Anpassungsprozesse, die nötig wären, sollte sich auch mittelfristig Vollbeschäftigung nicht mehr realisieren lassen. So legitim die Hoffnung auf Vollbeschäftigung ist, so fahrlässig ist es, nicht darüber nachzudenken, was wäre, wenn sich diese Hoffnung nicht erfüllt. Sollten sich Politik und Verbandsfunktionäre in ihrem Optimismus täuschen, und vieles spricht dafür, würden mit der Zeit die Probleme insbesondere bei der Finanzierung der sozialen Sicherungssysteme dramatisch ansteigen. Die politischen und gesellschaftlichen Gestaltungsspielräume für deren Reform würden dadurch massiv sinken – eine sozialverträgliche Umgestaltung wäre noch schwieriger als heute.

Dennoch behaupten Spitzenvertreter aus Politik und Verbänden öffentlich, die hohe Arbeitslosigkeit sei ein vorübergehendes Anpassungsproblem. Über eine angebots- oder eine nachfrageorientierte Politik (oder eine Mischung aus beidem) sei die hohe Arbeitslosigkeit in Deutschland zu überwinden, sei Vollbeschäftigung realisierbar. Diese Annahme ist jedoch ein Mythos, eine Lebenslüge, die vor unangenehmen Erkenntnissen über den Wandel der Arbeitsgesellschaft schützen soll. Dieser Mythos wird von Politik und Verbänden fahrlässig genährt, da es bei genauerer Betrachtung nicht an Problembewusstsein mangelt, sondern an Mut, der Bevölkerung gegenüber aufrichtig zu sein und den Reformbedarf offensiv zu vertreten: Die eventuell schmerzhafte Wahrheit wird als unpopulär und damit als Gefährdung der eigenen Machtposition, des nächsten Wahlsieges eingeschätzt. Daher bewegt man sich nicht vom Fleck – jede Meinungsänderung führt in gefährliches Neuland und könnte den Wähler verschrecken. Die einzelnen Akteure blockieren sich daher, aus verständlichen, aber kurzsichtigen Motiven gegenseitig: In der Politik versprechen die Volksparteien Union und SPD insbesondere im Wahlkampf eine „Wende auf dem Arbeitsmarkt“ oder kurz und prägnant „Arbeit und Beschäftigung für alle“ und versuchen damit, sich auf Kosten ihrer politischen Gegner zu profilieren. Arbeitgeber wie Gewerkschaften erhoffen sich über die Propagierung ihrer Ansätze zur Lösung des Arbeitslosigkeitsproblems letztlich eine Verwirklichung ihrer jeweiligen Verbandsinteressen und damit eine Stärkung der eigenen Machtposition. Vieles erinnert dabei an ein Kinderspiel: Wer sich zuerst bewegt, der hat verloren. Natürlich ist es schwer vorstellbar, dass ein Bundeskanzler, ein Oppositionsführer, ein Industriepräsident oder ein Gewerkschaftsvorsitzender öffentlich die These vertritt, dass Vollbeschäftigung im üblichen Sinne nicht mehr realisierbar sei. Doch wenn sie diese unangenehme Wahrheit auch zukünftig verschweigen und unerfüllbare Versprechen geben, werden sie ihrer Verantwortung für die Gesellschaft nicht gerecht.

Doch sind diese Versprechen wirklich unerfüllbar? Was spricht gegen die These, Vollbeschäftigung sei realisierbar?

Warum ist die Wiederherstellung der Vollbeschäftigung ein Mythos?

Der französische Soziologe André Gorz formuliert es drastisch: „Jede Politik, auf welche Ideologie sie sich sonst auch berufen mag, ist verlogen, wenn sie die Tatsache nicht anerkennt, dass es keine Vollbeschäftigung für alle mehr geben kann und dass die Lohnarbeit nicht länger der Schwerpunkt des Lebens, ja nicht einmal die hauptsächliche Tätigkeit eines jeden bleiben kann.“ Wie lässt sich seine These, bezogen auf Deutschland, begründen?

Die deutsche Arbeitsgesellschaft verändert sich quantitativ und qualitativ: Seit den 70er Jahren steigen in Deutschland ebenso wie in fast allen frühindustrialisierten Gesellschaften die Arbeitslosenzahlen und sinkt der Prozentsatz derer, die in Normalarbeitsverhältnissen (unbefristete Vollerwerbstätigkeit) stehen. Größer wird hingegen der Anteil der sogenannten „prekär“ Beschäftigten, also derjenigen, die in unsicheren Arbeitsverhältnissen stehen, was Fortbestand und Umfang anbelangt: Konnte man in den 60er Jahren ein Zehntel der Arbeitnehmer dieser Gruppe zuordnen, ist ihr Anteil in den 90er Jahren auf ein Drittel angewachsen. Eine Umkehr dieses Trends ist nicht zu erwarten; im Gegenteil, der Anteil der prekär Beschäftigten wird in den nächsten Jahren aller Voraussicht nach noch massiv zunehmen: Diskontinuierliche Erwerbsbiographien werden für die Kinder des Wohlstands zur Normalität.

Warum ist dies so, und warum ist die Annahme, dass Vollbeschäftigung im traditionellen Sinne wieder möglich wird, illusorisch? Aus drei Gründen: Erstens steigt die Erwerbsneigung – immer mehr Menschen wollen einer Erwerbsarbeit nachgehen. Zweitens sinkt seit längerem das bundesdeutsche Erwerbsarbeitsvolumen kontinuierlich, das heißt, die Menge der bezahlten Arbeitsstunden ist rückläufig. Und drittens reduzieren Globalisierungsprozesse den Einfluss der räumlich gebundenen politischen Akteure (Regierungen, Parteien, Gewerkschaften) auf die räumlich ungebundenen wirtschaftlichen Akteure: Der Handlungsspielraum der Nationalstaaten in einer global agierenden Wirtschaft ist massiv geschrumpft.

Steigende Erwerbsneigung

Die Vollbeschäftigung zwischen 1960 und der Mitte der siebziger Jahre war nur aufgrund einer gesellschaftlichen Ausnahmesituation möglich: In den 60er Jahren sank infolge der Geburtenausfälle während des Zweiten Weltkrieges der Anteil der Erwerbsfähigen, das heißt der Anteil derjenigen, die theoretisch einer Erwerbsarbeit nachgehen können. Aus demographischen Gründen erhöhte sich dieser Anteil zwischen 1970 und 1987 wieder von ca. 63 % auf fast 70 % der Wohnbevölkerung. Seither ist der Anteil leicht zurückgegangen und liegt derzeit mit ca. 68 % auf einem immer noch hohen Niveau, welches – so lassen demographische Prognosen erwarten – in den nächsten Jahren relativ konstant bleiben wird (siehe Kasten „Löst der demographische Wandel das Problem der Arbeitslosigkeit?").

Hinzu kommt, dass bis in die späten siebziger Jahre eine in vielen Familien verbreitete Arbeitsteilung zwischen Mann (Beruf) und Frau (Haushalt und Kinder) viele Frauen vom Arbeitsmarkt fernhielt. Diese Arbeitsteilung gilt mittlerweile immer weniger: Während 1970 lediglich 48 % der erwerbsfähigen Frauen einer Erwerbsarbeit nachgingen bzw. nachgehen wollten, waren es 1998 bereits 59 %. Die von der CSU-Regierung in Bayern und der CDU-Regierung in Sachsen initiierte Sächsisch-Bayerische Zukunftskommission geht davon aus, dass sich dieser Anteil in den nächsten Jahren noch vergrößern wird. Und tatsächlich kann sich heute in der Generation der 20–30-Jährigen kaum noch eine Frau vorstellen, große Teile ihres Lebens auf Erwerbsarbeit zu verzichten.

Aber nicht nur Frauen streben vermehrt in den Arbeitsmarkt. Auch bei Rentnern und Jugendlichen hat sich in den vergangenen Jahren die Erwerbsneigung vergrößert: Das „Sinnmonopol der Erwerbsarbeit" (Ulrich Beck) wird deutlich, wenn Rentner trotz gesicherter materieller Existenz einer Erwerbsarbeit nachgehen wollen; man möchte auch im Alter noch gebraucht werden. Bei Jugendlichen wiederum besteht das Bedürfnis nach Jobs schon während der Ausbildungsphase oder während des Studiums: Sie wollen eine gewisse finanzielle Unabhängigkeit erreichen und durch frühe Arbeitserfahrungen die eigenen beruflichen Zukunftschancen erhöhen.

Löst der demographische Wandel das Problem der Arbeitslosigkeit?

In der Diskussion über die Entwicklung der Arbeitslosenzahlen wird häufig darauf hingewiesen, dass eine für den Arbeitsmarkt günstige Entwicklung der Bevölkerungsstruktur das Problem der Arbeitslosigkeit mittelfristig lösen wird. Richtig ist: Der Trend, dass immer mehr Personen nach Erwerbsarbeit streben, wird in den nächsten Jahren aufgrund der demographischen Entwicklung etwas abgemildert. Schon der leichte Rückgang der Arbeitslosenzahlen in den letzten zwei Jahren lässt sich vor allem dadurch erklären, dass mehr ältere Personen aus dem Arbeitsmarkt ausschieden als junge Menschen nachdrängten. Diese Entwicklung wird auch in den nächsten Jahren zu einer weiteren leichten Entlastung führen. Die grundsätzliche Problematik, dass sich seit den 60er Jahren die Zahl der arbeitswilligen Menschen massiv erhöht hat, besteht dennoch weiter. Die Hoffnung, das Problem der Arbeitslosigkeit werde sich durch den demographischen Wandel von alleine lösen, ist illusionär und hält keiner ernsthaften Betrachtung stand: Projektionen des Instituts für Arbeitsmarkt- und Berufsforschung sagen für das Jahr 2010 ein etwa gleich großes Erwerbspersonenpotenzial wie heute voraus. In den nächsten zehn Jahren können die Kinder des Wohlstands also mit keiner deutlichen Entlastung auf dem Arbeitsmarkt rechnen. In den darauf folgenden Jahrzehnten wird das Erwerbspersonenpotenzial dagegen sinken; allerdings variieren die Prognosen über den Umfang dieses Rückgangs erheblich.

Aus der gestiegenen Erwerbsneigung insbesondere der Frauen folgt, dass Vollbeschäftigung nur bei einem wesentlich größeren Erwerbsarbeitsvolumen realisierbar wäre. Doch der Trend geht in die falsche Richtung: Das Erwerbsarbeitsvolumen ist in den letzten Jahren nicht gestiegen, sondern kontinuierlich gesunken.

Sinkendes Erwerbsarbeitsvolumen

Laut einer Untersuchung der Sächsisch-Bayerischen Zukunftskommission hat das Erwerbsarbeitsvolumen (Zahl der Erwerbstätigen multipliziert mit der durchschnittlichen Jahresarbeitszeit) in den letzten 25 Jahren in fast allen frühindustrialisierten Ländern abgenommen, das heißt die Zahl der entlohnten Arbeitsstunden ist rückläufig. In Westdeutschland verminderte sich seit 1970 das Arbeitsvolumen um über 15 % (siehe Abbildung S. 78). Dieses rückläufige Erwerbsarbeitsvolumen erklärt sich vor allem durch den technologischen Fortschritt und die damit einhergehende Effizienzsteigerung in der Produktion: Für die gleiche Produktionsleistung wird weniger menschliche Arbeit benötigt. Besonders drastisch wirkte sich dies in der Nahrungsmittelproduktion aus: In der früheren Bundesrepublik ging nach Angaben des Statistischen Bundesamtes zwischen 1950 und 1990 die Zahl der in der Landwirtschaft beschäftigten Personen von fünf Millionen auf eine Million zurück. Da die Mechanisierung und der technologische Fortschritt in der Landwirtschaft anfangs parallel mit der Expansion der Industriegesellschaft und des Dienstleistungsgewerbes verliefen, kam es trotz der Arbeitsplatzverluste in diesem Bereich zu keinem Anstieg der Arbeitslosigkeit, sondern zu einer Verschiebung der Arbeitsplätze weg vom primären Sektor (Landwirtschaft) hin zum sekundären (produzierendes Gewerbe) und tertiären Sektor (Handel und Verkehr, Dienstleistungen). So stieg in den alten Bundesländern der Prozentsatz der im sekundären Sektor Beschäftigen zwischen 1950 und 1970 von 42,3 % auf 48,9 % und im tertiären Sektor in der gleichen Zeit von 32,3 % auf 42,6 % (siehe Tabelle).

	1950	1960	1970	1980	1990
primärer Sektor: Land- und Forstwirtschaft; Tierhaltung; Fischerei	23,2	13,7	8,5	5,5	3,6
sekundärer Sektor: produzierendes Gewerbe	42,3	48.0	48,9	44,1	40,6
tertiärer Sektor: Handel und Verkehr; Dienstleistungen	32,3	38,3	42,6	50,4	55,8
nicht klassifizierbar	2,2	–	–	–	–

Anteile der Produktionssektoren an der Gesamtzahl der Erwerbstätigen in den alten Bundesländern zwischen 1950 und 1990 in % (Quelle: Bernhard Schäfers 1995: Gesellschaftlicher Wandel in Deutschland.)

Der technologische Fortschritt bedroht allerdings auch die Arbeitsplätze in der Industrie. Zwar konnten rationalisierungsbedingte Arbeitsplatzverluste lange Zeit aufgefangen werden: Arbeitszeitverkürzungen sowie ein stetig wachsender Güterbedarf in Form eines erhöhten privaten Konsums und massiver Zuwächse im Exportgeschäft ließen neue Arbeitsmöglichkeiten entstehen. Die grundsätzliche Problematik, dass in immer mehr Arbeitsabläufen Menschen durch Maschinen ersetzt wurden, führte aber seit 1970 zu einem sinkenden Anteil der im produzierenden Gewerbe Beschäftigten, da die Produktivitätsfortschritte wesentlich höher sind als die Nachfragesteigerung. Deutlich wird dies, wenn man in der Abbildung auf Seite 78 den durch Rationalisierungsmaßnahmen bedingten Anstieg der Stundenproduktivität im Verhältnis zum Bruttoinlandsprodukt betrachtet.

Der Zusammenhang zwischen Wirtschaftswachstum und Arbeitsmarktentwicklung

Die lange Zeit gültige Annahme, dass Wirtschaftswachstum sich positiv auf den Arbeitsmarkt auswirkt, ist heute überholt: Produktivitätsfortschritte führen zwar zu einer positiven Exportentwicklung (Deutschland ist die weltweit zweitgrößte Exportnation) und relativ hohem Wirtschaftswachstum. Diese führen aber kaum zu einer Entlastung auf dem Arbeitsmarkt. Um den durch Rationalisierungsmaßnahmen bedingten Arbeitsplatzabbau auszugleichen oder sogar mehr Arbeit zu schaffen, müsste ein aus ökologischen Gründen untolerierbares und in Zeiten der wirtschaftlichen Globalisierung unrealistisch hohes Wirtschaftswachstums erzielt werden (siehe hierzu auch den Beitrag von Ines Omann und Axel Nordmann).

Die Abbildung (Seite 78) illustriert, dass es in Westdeutschland gerade in den letzten Jahren zu einer Entkoppelung von Wachstum und Arbeitsvolumen gekommen ist. Dass es nicht zu einer ähnlich starken Entkoppelung von Wachstum und Beschäftigung kam, liegt, so Ulrich Walwei vom Institut für Arbeitsmarkt- und Berufsforschung, „nicht zuletzt auch an dem kontinuierlichen Rückgang der Jahresarbeitszeit."

Nach Auffassung des amerikanischen Wirtschaftsjournalisten Jeremy Rifkin („Das Ende der Arbeit") werden die Produktivitätsfortschritte im industriellen Sektor insbesondere durch immer leistungsfähigere Computer in Zukunft derart groß sein, dass mit einem massiven Abbau von Arbeitsplätzen zu rechnen ist. Der Manager der renommierten Unternehmensberatung McKinsey Herbert A. Henzler und der ehemalige baden-württembergische Ministerpräsident Lothar Späth errechneten bereits 1993, dass allein in Westdeutschland etwa neun Millionen noch bestehende Arbeitsplätze davon abhängen, dass bereits verfügbare technische Möglichkeiten nicht zum Einsatz kommen. Und

Arbeitsmarktentwicklung in Westdeutschland 1970-1998[1)]

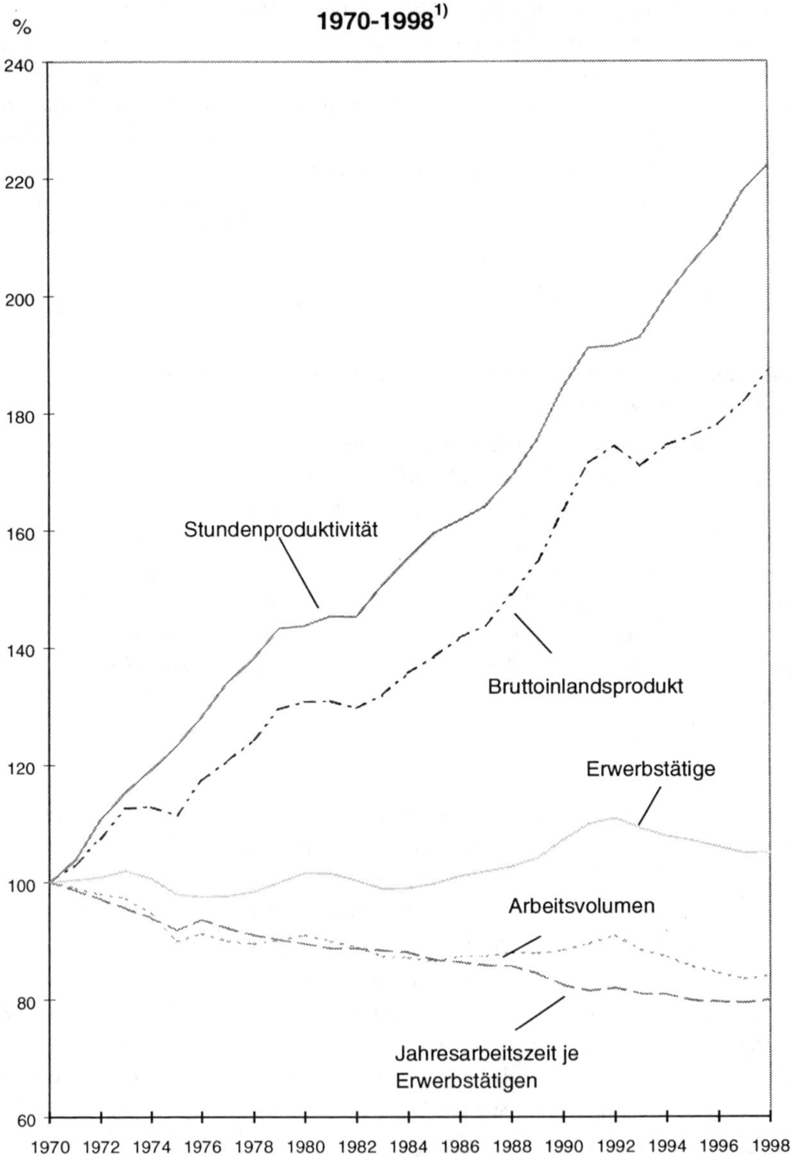

1) Die Zahlen berücksichtigen noch nicht die durch die VGR-Revisionen bedingten Anpassungen der Arbeitsmarktdaten

Quelle: Statistisches Bundesamt, IAB

sowohl die Sächsisch-Bayerische Zukunftskommission als auch der 3. Bericht an den „Club of Rome" („Wie wir arbeiten werden") gehen davon aus, dass insbesondere in der Industrieproduktion in einigen Jahrzehnten nur noch wenige Arbeitsplätze benötigt werden.

Grüne Jobs – Arbeitschancen der Zukunft?

Umweltschutzverbände und ökologisch orientierte Forschungsinstitute weisen seit Jahren darauf hin, dass im Umweltschutz viele Arbeitsplätze entstehen könnten. So kommt beispielsweise das Wuppertal Institut für Klima, Umwelt, Energie in einer Studie aus dem Jahr 1999 zu dem Ergebnis, dass eine umfassende Gebäudesanierung unter dem Gesichtspunkt der Wärmedämmung nicht nur für die Umwelt, sondern auch für den Arbeitsmarkt positive Auswirkungen hätte: Mit einem staatlich geförderten Programm zur Energieeinsparung durch Gebäudesanierung könnten schätzungsweise 388 000 (im Jahr 2005) bzw. 430 000 (im Jahr 2020) neue Arbeitsplätze geschaffen werden.

Auch die Ökologische Steuerreform, die u. a. zu einer Senkung der Lohnnebenkosten führen soll, könnte nach Auffassung verschiedener Forschungsinstitute mittelfristig zusätzliche Arbeitsplätze schaffen. Die konkrete Ausgestaltung der ökologischen Steuerreform durch die rot-grüne Bundesregierung wird dies allerdings nur in bescheidenem Umfang leisten können.

In der Politik hofft und postuliert man, dass ein wachsender Dienstleistungssektor auch in Zukunft die Verluste an industriellen Arbeitsplätzen kompensieren kann. Tatsächlich fanden in den letzten Jahrzehnten viele der im primären und sekundären Sektor nicht mehr benötigten Arbeitnehmer ihren Broterwerb im Dienstleistungssektor. Optimisten mögen davon ausgehen, dass dies auch zukünftig so sein wird. Allerdings, und dies ist der entscheidende Einwand gegen optimistische Annahmen, wird auch der Dienstleistungsbereich in den nächsten Jahren nicht von der Automatisierung verschont bleiben. Wenngleich sie dort bislang langsamer vonstatten ging, ist auch hier insbesondere durch wachsenden Einsatz von immer leistungsfähigeren und bedienungsfreundlicheren Computern mit einem dramatischen Arbeitsplatzabbau zu rechnen. Geld-, Fahrkarten- oder Tankautomaten sind nur der Anfang. An Homebanking via Internet oder die Ersetzung von Briefen durch elektronische Mails haben sich schon viele Menschen gewöhnt. Kassenautomaten in Supermärkten, wie sie in den USA bereits zu finden sind, werden auch in Deutschland folgen. Virtuelle Buchhandlungen oder Kaufhäuser gewinnen auch bei uns immer größere Marktanteile. Und die Entwicklung steht noch am Anfang: Wie viele Arbeitsplätze sind im Büro der Zukunft noch nötig, wenn Computer Lautsprache in Texte umwandeln können? Und braucht es bei der Produktion oder dem Verkauf von Cheeseburgern wirklich Angestellte?

Für hochqualifizierte Bevölkerungsteile muss diese Entwicklung nicht in die Arbeitslosigkeit führen: Sofern sie flexibel und mobil sind, werden ihnen neu entstehende Tätigkeitsfelder Arbeitsplätze bieten. Doch die Entwicklung von Computerhardware und -software wird nicht genügend neue Arbeitsplätze schaffen, um auch nur dem größeren Teil der arbeitslos gewordenen Menschen eine Erwerbschance zu bieten.

Für die weniger qualifizierten Arbeitslosen blieben die einfachen personenbezogenen Dienstleistungen, welche auch mittelfristig nicht durch Maschinen ersetzt werden können. Hiermit ist insbesondere der Bereich der pflegenden, erziehenden oder im Haushalt helfenden Tätigkeiten gemeint. Nach Berechnungen der Sächsisch-Bayerischen Zukunftskommission könnten bei den einfachen personenbezogenen Diensten bis zu vier Millionen zusätzliche Arbeitsplätze entstehen, wenn man die Dienstleistungsdichte der USA erreichen würde (Zur Kritik an dieser Einschätzung siehe den Kasten „Amerika, Du hast es besser?“). Dem stehen allerdings mehrere Hindernisse im Weg: Zum einen würden diese Dienste nur dann in nennenswertem Umfang angeboten werden, wenn die Entlohnung dafür deutlich sinken würde. Ohne eine Aufstockung durch staatliche Transferleistungen bzw. ohne eine deutliche Absenkung des Sozialhilfeniveaus wäre diese Form der Erwerbstätigkeit schon aus finanziellen Gründen kaum attraktiv. Zum anderen bestehen in Deutschland Hemmungen, derartige Dienste anzubieten bzw. in Anspruch zu nehmen. Sie stehen „in dem Ruch, der historisch überwundenen feudalen Periode anzugehören“, wie es die Zukunftskommission formuliert, die deshalb folgert: „Um diese mentalen Barrieren zu überwinden, muss in der Bevölkerung das Bewusstsein geweckt werden, dass alles wirtschaftliche Handeln letztlich Dienst am Menschen ist oder doch sein sollte – gleichgültig ob über Güterproduktion oder personenferne Dienste vermittelt oder unmittelbar als personenbezogener Dienst erbracht.“ Der Politikwissenschaftler Peter Grottian aus Berlin befürchtet dagegen, dass es bei einer starken Ausweitung der einfachen personenbezogenen Dienstleistungen zu einer Spaltung der Gesellschaft komme, in geringverdienende „Dienstboten“ und solche, die es sich leisten können, diese zu beschäftigen.

Doch selbst wenn es zu einem massiven Ausbau der personenbezogenen Dienste käme, eine Kompensation der Arbeitsplatzverluste in anderen Bereichen ist selbst dann nicht vorstellbar, wenn die Gutverdienenden der Zukunft eine Vielzahl eigentlich nicht benötigter personenbezogener Dienstleistungen in Anspruch nehmen würden.

Amerika, Du hast es besser?

In der Diskussion über die Zukunft der bundesdeutschen Arbeitsgesellschaft fällt immer wieder ein Zauberwort, das die Lösbarkeit der Arbeitslosigkeitsproblematik suggeriert: Amerika! Das Land der unbegrenzten Möglichkeiten und der Tellerwäscherkarrieren zeige, dass das Ende der Arbeitsgesellschaft keinesfalls erreicht sei.

Gepriesen wird die amerikanische Dienstleistungskultur: Es wird die Parole ausgegeben, dass in Deutschland Millionen von Arbeitsplätzen entstehen könnten, wenn man nur das Dienstleistungsniveau der Amerikaner erreichte. Eine oberflächliche Auswertung von Statistiken scheint dies zu bestätigen. Der Ökonom und Leiter des Munich Institute für Social Science (MISS) Gerd Mutz betont dagegen, alle seriösen Berechnungen zeigten, dass in den USA gar nicht viel mehr Dienstleistungen als in Deutschland erbracht würden: So habe jedes Industrieunternehmen z. B. auch eine Verwaltung, die nach amerikanischer Zählweise Dienstleistungstätigkeiten ausübe; in der deutschen Statistik aber würden die hier beschäftigten Menschen dem produzierenden Gewerbe zugerechnet. Mutz' Fazit: Die USA und Deutschland liegen nicht so weit auseinander wie häufig dargestellt.

Auch das amerikanische „Jobwunder" sei, so Mutz, ein Ergebnis statistischer Erfassungsmethoden: Auch wer nur wenige Stunden in der Woche jobbt, wird als beschäftigt erfasst. Einige Länder Nordeuropas könnten bei dieser Erhebungsform von Vollbeschäftigung sprechen. Richtig ist, dass es in Amerika mehr Jobs gibt; allerdings gibt es weder ein höheres Erwerbsarbeitsvolumen noch durchschnittlich höhere Verdienste.

Richtig ist auch, dass in den USA neben den sogenannten „McJobs" (schlechtbezahlten Tätigkeiten für Niedrigqualifizierte) die Zahl der hochqualifizierten und gutdotierten Jobs zugenommen hat (wobei diese ebenso wie die McJobs unsicher sind und ein Höchstmaß an Flexibilität der Arbeitnehmer voraussetzen). Allerdings sinkt das Arbeitsplatzangebot für durchschnittlich Qualifizierte. Die Folge, dass auch für weite Teile des Mittelstands die Sicherung des Einkommens immer schwieriger und unsicherer wird, ist auch für das amerikanische Gemeinwesen problematisch. Gerd Mutz: „Das Jobsystem der 90er Jahre produziert mehr Unsicherheit als in all den Jahren zuvor. Und je mehr die Menschen versuchen, sich diesem Jobsystem anzupassen, desto schwächer werden die sozialen Bindungen innerhalb der Familie, des Freundeskreises, der Gemeinde und des Stadtteils."

Auswirkungen von Globalisierungsprozessen

Die Hoffnung, über nationale Wirtschafts- und Finanzpolitik die Arbeitslosigkeit überwinden zu können, ist auch deshalb illusorisch, weil den räumlich in ihrem Einfluss beschränkten politischen Akteuren (Regierungen, Parteien, Gewerkschaften) die räumlich weitgehend ungebundenen wirtschaftlichen Akteure gegenüberstehen. Der Handlungsspielraum von Nationalstaaten ist massiv geschrumpft. Die Globalisierung der Wirtschaft, der Märkte, der Arbeitsplatzkonkurrenz, der Produktion und der Finanzströme eröffnet Unternehmen Freiräume und Gestaltungsmöglichkeiten, die bislang durch Nationalökonomie und Nationalstaaten beschränkt waren. Sowohl eine angebots- als auch eine nachfrageorientierte nationale Wirtschaftspolitik findet in der Globalisierung ihre Grenzen: Steigender Binnenkonsum führt nicht zwangsläufig zu steigenden Gewinnen nationaler Unternehmen, sondern kann sich auch in größeren Importzahlen ausdrücken. Und steigende Gewinne nationaler Unternehmen führen nicht unbedingt zu neuen Arbeitsplätzen vor Ort, sondern bleiben teilweise arbeitsplatzneutral oder schaffen neue Jobs im Ausland. Die Standortdebatte der vergangenen Jahre hat deutlich gemacht, dass die internationale Konkurrenz um Arbeitsplätze und Investitionen auch Deutschland betrifft. Die Problematik des „globalen Kuhhandels" (Ulrich Beck), also der Wettkampf von Nationalstaaten um günstige Rahmenbedingungen für Unternehmen, könnte zwar theoretisch durch internationale Vereinbarungen und Regelungen zur Begrenzung der neuen Unternehmensfreiheit gelöst werden, doch diese sind wenn überhaupt nur längerfristig realisierbar. Konnte der Markt innerhalb von Nationalstaaten noch zum Wohle aller kontrolliert werden, z. B. durch das Bekenntnis zur sozialen Marktwirtschaft, so fehlt diese Kontrollinstanz auf globaler Ebene: Der Weltgesellschaft der Wirtschaftsunternehmen stehen kein Weltstaat, keine Weltregierung und keine Weltgewerkschaften gegenüber. Der englische Soziologe Anthony Giddens fordert deshalb, man müsse „ernsthaft über die Einrichtung eines wirtschaftlichen Sicherheitsrates innerhalb der Vereinten Nationen nachdenken." Hintergrund ist die Befürchtung, dass der weltweite „Marktfundamentalismus" globale Risiken berge, die durch nationale Politik nicht mehr zu bewältigen seien. Ob und wann die Umsetzung internationaler Regelungen und Vereinbarungen zur Verwirklichung einer weltweiten sozialen Marktwirtschaft gelingt, ist fraglich; darauf zu vertrauen, dass dies in den nächsten Jahren der Fall sein wird, naiv.

Die Annahme, über die „richtige" nationale Wirtschafts- und Finanzpolitik die Massenarbeitslosigkeit erfolgreich bekämpfen zu können, erweist sich damit schon aufgrund des Bedeutungsverlustes nationaler Politik als unhaltbar. Was bleibt, ist die Notwendigkeit, sich mit den verringerten Möglichkeiten nationaler Politik zu arrangieren und auf internationale Vereinbarungen zu drängen.

Die Wiederherstellung der Vollbeschäftigung in Deutschland ist also aufgrund der steigenden Erwerbsneigung, des sinkenden Erwerbsarbeitsvolumens und der insgesamt verringerten nationalen Gestaltungsmöglichkeiten mehr als unwahrscheinlich. Dies ändert jedoch nichts daran, dass der Mythos Vollbeschäftigung bei vielen weiterbesteht. Das Festhalten an der Hoffnung, bald würde wieder jeder einen Erwerbsarbeitsplatz im klassischen Sinne (unbefristete Vollerwerbstätigkeit) haben, nimmt dabei teilweise irrationale Züge an. Diese deuten auf die große Bedeutung der Erwerbsarbeit in unserer und für unsere Gesellschaft hin.

Warum klammern sich so viele an den Mythos Vollbeschäftigung?

Die französische Schriftstellerin Viviane Forrester beschreibt in ihrer Streitschrift „Der Terror der Ökonomie" den Umstand, dass trotz zwingender Gegenargumente am Mythos Vollbeschäftigung festgehalten wird: „Angesichts dieser Verhältnisse ist es doch seltsam, dass nie daran gedacht wird, das Fehlen der Erwerbsarbeit zur Grundlage von Zukunftsüberlegungen zu machen, anstatt so viel unfruchtbares und gefährliches Leid hervorzurufen, indem man ihr Fehlen leugnet und als einfaches Zwischenspiel darstellt..." Um zu verstehen, was Forrester mit „unfruchtbares und gefährliches Leid" meint, ist es notwendig, die Bedeutung der Erwerbsarbeit in unserer Gesellschaft zu diskutieren.

Der Soziologe Ulrich Beck („Risikogesellschaft") sieht in der Erwerbsarbeit eine der zentralen Integrationsinstanzen unserer Gesellschaft und geht davon aus, dass Erwerbsarbeit und die mit ihr verbundenen Konsummöglichkeiten die entscheidenden Faktoren für den Zusammenhalt unserer Gesellschaft sind: „Der selbst erwirtschaftete Reichtum und die persönlich erfahrenen Eroberungschancen in immer neue Konsumwelten [...] haben die Identität der Deutschen geprägt und sie zusammengehalten." In der Tat ist Erwerbsarbeit in unserer Gesellschaft von zentraler Bedeutung: Sie verschafft dem Erwerbstätigen ein Einkommen, ermöglicht damit Konsumfreiheit, gibt die Sicherheit, den eigenen bzw. familiären Lebensunterhalt bestreiten zu können, und sie vermittelt Anerkennung, die wiederum für ein stabiles Selbstwertgefühl grundlegend ist.

Das Problem vieler Arbeitsloser liegt deshalb nicht nur in ihrem Ausschluss von Konsummöglichkeiten, sondern auch ganz wesentlich in dem Gefühl, nicht benötigt zu werden und keinen bedeutenden Beitrag für den Familienunterhalt oder die Gesellschaft insgesamt leisten zu können. So erklärt sich auch, dass bei Arbeitslosen gesundheitliche Probleme mit der Dauer der Arbeitslosigkeit anwachsen: Das Gefühl der Bedeutungslosigkeit macht krank.

Insbesondere das Selbstwertgefühl der Männer ist intensiv an die Erwerbsidentität gekoppelt: Die Erfüllung des traditionellen Rollenbildes des Mannes als „breadwinner", als Ernährer der Familie, ist bis heute für viele Männer von großer Bedeutung. Bereits die Vorstellung, weniger zu verdienen als ihre Partnerin, ist für viele Männer problematisch. Was aber, wenn immer weniger Männer das Ideal des Familienernährers realisieren können und die Erwerbsarbeit im Leben eine immer kleinere Rolle spielt? Die Wandlungsprozesse im Arbeitssektor werden damit zur Herausforderung für die männliche Identität. Nach der Emanzipation der Frauen, die sich nicht mehr auf Haushalt und Kindererziehung beschränken lassen, wird eine Emanzipation der Männer stattfinden müssen: Diese würde erstens eine Abkehr von der primären Kopplung der Identität an die Erwerbsarbeit und zweitens die Erschließung neuer identitätsstiftender Bereiche umfassen müssen.

Auch aus einem anderen Grund ist Erwerbsarbeit in unserer Gesellschaft von zentraler Bedeutung: Unsere sozialen Sicherungssysteme basieren auf der Erwerbstätigkeit zumindest eines erwachsenen Familienmitglieds. Diese Struktur war bis in die 70er Jahre hinein unproblematisch, also solange, wie für die männlichen Erwerbsfähigen näherungsweise Vollbeschäftigung und kontinuierliche Erwerbschancen herrschten. In einer Zeit mit Massenarbeitslosigkeit und immer mehr diskontinuierlichen Erwerbsbiographien sind die Sicherungssysteme von finanzieller Überforderung bedroht. Die Frage nach sozialer Sicherheit stellt sich damit immer drängender. Die Abkehr von einer erwerbszentrierten Sozialpolitik ist deshalb eine der zentralen Herausforderungen für die Politik der nächsten Jahre. Doch dieser Umbau ist nur möglich, wenn eine Abkehr vom Mythos Vollbeschäftigung stattfindet.

Chancen für eine Abkehr vom Mythos Vollbeschäftigung

Das Festhalten am Mythos Vollbeschäftigung erklärt sich durch die große Bedeutung der Erwerbsarbeit (insbesondere für die männliche Identität) und, damit verbunden, durch die Angst vor gesellschaftlichen Wandlungsprozessen. Diese Angst findet sich bei allen gesellschaftlichen Akteuren. Viviane Forrester schreibt dazu: „In jeder Rede wird uns mehr ‚Beschäftigung' angekündigt, der angekündigte Zustand tritt jedoch nicht ein, ja er wird nie eintreten. Redner und Zuhörer, Kandidaten und Wähler, Politiker und Publikum wissen es alle, sie haben sich um diese Zauberformeln geschart und miteinander verbündet, um aus den verschiedensten Gründen dieses Wissen zu vergessen und zu leugnen." Forrester geht also davon aus, dass das Wissen um das Ende der traditionellen Vollbeschäftigung zumindest latent vorhanden ist.

Und in der Tat finden sich Äußerungen bei Politikern und Verbandsfunktionären, die einerseits Problembewusstsein deutlich machen und zum anderen zaghafte Versuche darstellen, eine gesellschaftliche Diskussion anzustoßen. Hans-Jürgen Arlt, Leiter der Abteilung Öffentlichkeitsarbeit im Bundesvorstand des Deutschen Gewerkschafts-Bundes, stellt die Erreichbarkeit eines bislang zentralen Gewerkschaftszieles in Frage: „Vollbeschäftigung steht im Brennpunkt gewerkschaftlicher Politik, obwohl selbst die anvisierte Halbierung der Arbeitslosigkeit kaum mehr realistisch ist und die Hoffnungen sich mit einer ‚Trendwende' auf dem Arbeitsmarkt bescheiden." Und er kritisiert die Prioritätensetzung in Gewerkschaftskreisen, „als ob es Sinn einer vernünftigen Gesellschaft wäre, jedem und jeder ein Arbeitsleben, nicht ein gutes Leben möglich zu machen." Auch der Präsident des Bundesverbandes der Deutschen Industrie, Hans-Olaf

Henkel, besteht zwar darauf, dass der Rückgang der Erwerbsarbeit in den Industrienationen nicht zwangsläufig sei, gesteht aber in einem Streitgespräch zu: „... ich will nicht ausschließen, dass das [der Rückgang der Erwerbsarbeit, d. V.] so kommen kann. Dann müsste man andere Modelle finden [...]." Die Volksparteien dagegen scheinen, was ihre Programmatik und Wahlkampfrhetorik anbelangt, gegen derartige Zweifel immun. Sieht man jedoch genauer hin, stellt man fest, dass auch hier eine zaghafte Öffnung gegenüber der Realität stattfindet. So wird die Sächsisch-Bayerische Zukunftskommission mit ihren Ergebnissen zum Wandel der Arbeitsgesellschaft von den Unionsparteien zumindest ansatzweise zur Kenntnis genommen: In der gemeinsamen Wahlplattform der CDU und CSU zur Bundestagswahl 1998 wird Problembewusstsein deutlich. So heißt es, dass der „traditionelle Vollzeitarbeitsplatz [...] heute nicht mehr die alleinige Norm" sei und „auch nicht mehr von allen angestrebt" werde. Daraus wird die Forderung nach mehr Teilzeitarbeitsplätzen abgeleitet. Im CSU-Landtagswahlprogramm von 1998 findet sich darüber hinaus ein Programmpunkt, der zumindest indirekt die Krise der Erwerbsarbeitsgesellschaft akzeptiert und nach Ansätzen jenseits der Erwerbsarbeit sucht: „Wo arbeitswillige und leistungsbereite Menschen keine Erwerbsarbeit finden, sollen sie durch Bürgerarbeit (freiwillige gemeinnützige Arbeit) Lebenssinn und Anerkennung erfahren können. Wir werden ab 1999 Modellprojekte unterstützen." Bei der SPD lässt sich ebenfalls eine, wenn auch langsame, Annäherung an die Realität feststellen. So möchte der SPD-Abgeordnete und Arbeitsexperte Siegmar Mosdorf zwar am Vollbeschäftigungsziel festhalten, gesteht aber gleichzeitig zu: „Es werden nicht mehr ‚Nine to five'-Jobs und auch keine ‚Ein-Leben, ein Unternehmen'-Jobs mehr sein." Die Sozialdemokraten betonen, dass die Krise der Erwerbsgesellschaft gerade auch ein Verteilungsproblem sei und folglich Erwerbsarbeit und Einkommen gerechter verteilt werden müssten. So heißt es im SPD-Programm zur Bundestagswahl 1998: „Flexiblere und kürzere Arbeitszeiten sind auch notwendig, um eine deutliche Verringerung der Arbeitslosigkeit zu erreichen." Mit der Regierungsübernahme scheint bei den Sozialdemokraten das Problembewusstsein weiter gewachsen zu sein, wenngleich der Mut zu eindeutigen Aussagen noch begrenzt ist: So sagte Bundeskanzler Gerhard Schröder Anfang 1999 in einem Vortrag zur Vorstellung eines Buches des englischen Soziologen Anthony Giddens: „Wir wissen aber, dass diese durchgängigen Erwerbsbiographien in der sich rasch entwickelnden Informations- und Technikgesellschaft die Ausnahme werden könnten." Am deutlichsten wird die Realität noch im Bundestagswahlprogramm von Bündnis 90/Die Grünen zur Kenntnis genommen. Hier wird eine Neudefinition der Vollbeschäftigung gefordert, da Vollbeschäftigung im traditionellen Sinne nicht mehr erreichbar sei: „Weder sind die ökonomischen Wachstumsraten zu erreichen, die notwendig wären, um das Rationalisierungspotenzial der modernen Technik wettzumachen, noch sind sie ökologisch vertretbar." Die Vorstellung vom „männlichen ‚Normalarbeitnehmer' – 49 Jahre 40 Stunden die Woche im Betrieb" tauge nicht mehr „als gesellschaftliches Leitbild".

Insgesamt wird der Wandel der Arbeitsgesellschaft nur zögerlich akzeptiert, noch hält der Mythos, noch gelingt es, sich gemeinsam um „Zauberformeln“ zu scharen. Noch halten sich Spitzenpolitiker und Spitzenfunktionäre in der öffentlichen Infragestellung des Mythos zurück. Aber zumindest wächst bei den politischen und gesellschaftlichen Akteuren die Bereitschaft zur Auseinandersetzung mit dieser Frage, und erste Reformansätze werden diskutiert.

Auch wenn es in den letzten Jahren zaghafte Ansätze gegeben hat, den Mythos Vollbeschäftigung in Frage zu stellen, gegenwärtig ist er wieder sehr mächtig. Arne Daniels von der Wochenzeitung *Die Zeit* schreibt Anfang Mai 2000: „Wer in den letzten Tagen aus einem längeren Urlaub zurückkehrt, versteht womöglich die Welt nicht mehr. Noch im Winter hieß es, die Massenarbeitslosigkeit werde dem Land auf Jahre ihren Stempel aufdrücken. Nun reden selbst berufsbedingt pessimistische Gewerkschafter von einer Halbierung der Arbeitslosenzahl bis zum Ende des Jahrzehnts. Sogar das Wort Vollbeschäftigung wird reaktiviert, das für manche nur mehr ein historischer Begriff aus den seligen Zeiten des Wirtschaftswunders war. Das ‚Ende der Arbeitsgesellschaft‘ ist abgeblasen, jetzt wird wieder malocht.“ Tatsächlich erinnert das, was seit Frühling/Frühsommer 2000 in der öffentlichen Diskussion passiert, an eine Massenpsychose. Aufgrund der demographischen Entwicklung und günstiger Wirtschaftsprognosen bildet sich wieder verstärkt die Einschätzung heraus, das Problem Arbeitslosigkeit sei überwindbar und Vollbeschäftigung wieder herstellbar. Die Bild-Schlagzeile vom 26. April 2000 – „Im Jahr 2009 Vollbeschäftigung?“ – macht deutlich, dass bereits ein prognostizierter leichter Rückgang der Arbeitslosigkeit irrationale Hoffnungen wecken kann.

Den Mythos Vollbeschäftigung zu überwinden ist vor diesem Hintergrund nicht einfacher geworden. Dennoch besteht die Hoffnung, dass die mit dem derzeitigen leichten Rückgang der Arbeitslosigkeit verbundene Reformchance wahrgenommen wird.

Und nach der Abkehr vom Mythos Vollbeschäftigung?

Wenn der Mythos Vollbeschäftigung entlarvt und der Wandel der Arbeitsgesellschaft akzeptiert ist, öffnet sich die Wahrnehmung für die vielleicht zentrale Entwicklung: Die Kinder des Wohlstands werden in jedem Fall mehr freie Zeit haben. Die entscheidende Frage wird sein, ob es der Gesellschaft gelingt, Arbeit so zu verteilen, dass möglichst viele Menschen diesen Zeitgewinn tatsächlich als Freizeit empfinden können. Wird es also mehr freie Zeit im Sinne von Freizeit oder im Sinne von Arbeitslosigkeit geben?

Bei sinkendem Erwerbsarbeitsvolumen und gleichbleibend hoher Erwerbsneigung ist es unumgänglich, die Jahresarbeitszeit pro Arbeitnehmer weiter zu senken (so wie dies auch in den letzten Jahrzehnten geschehen ist), wenn man sich nicht mit steigenden Arbeitslosenzahlen abfinden will. Mit anderen Worten: Ohne schrittweise Arbeitszeitverkürzung wird es in Zukunft mehr Arbeitslose geben. Damit soll nicht gesagt werden, dass eine intelligente Verbindung aus angebots- und nachfrageorientierter Politik nicht zu einer Entlastung des Arbeitsmarktes beitragen könnte. Will man aber eine wachsende Kluft zwischen denjenigen, die am Erwerbsleben teilnehmen können, und denen, die darauf keine Chance haben, verhindern, wird auch zukünftig kein Weg an einer sinkenden Lebens- und Wochenarbeitszeit vorbeiführen: In Zukunft wird Erwerbsarbeit im Leben der Menschen eine immer kleinere Rolle spielen.

Dabei wird es bei der Arbeitszeitverkürzung mittelfristig und erst recht längerfristig nicht um ein oder zwei Wochenstunden, sondern um eine wesentlich stärkere Reduzierung gehen. Was passiert aber, wenn Menschen deutlich weniger Arbeit und etwas weniger Einkommen zur Verfügung haben? Zur Beantwortung dieser Frage bietet sich in Deutschland die Volkswagen-Stadt Wolfsburg an. 1993 stellten die VW-Manager fest, dass 15 000 Arbeiter für die erforderliche Produktionsleistung nicht benötigt wurden. Statt Massenentlassungen durchzuführen, entwickelte VW gemeinsam mit dem Betriebsrat ein Modell, das bundesweit Beachtung fand: die 4-Tage-Woche mit flexiblen Arbeitszeiten. Die Beschäftigten mussten fortan 20 % weniger arbeiten, sich dafür auf flexiblere Arbeitszeiten einstellen und auch mit 15 % weniger Lohn auskommen. In mehreren Studien wurden die Folgen für die Menschen in Wolfsburg untersucht: Insgesamt, so ein bemerkenswertes Ergebnis, werden die Veränderungen bei der Belegschaft weitgehend akzeptiert, insbesondere bei Frauen und jüngeren Arbeitern. Männliche Arbeiter mittleren Alters sind am ehesten unzufrieden mit der Situation. Dies bestätigt die Annahme, dass Männer dieser Generation, die häufig dem traditionellen Ideal des Familienernährers anhängen, besonders stark von einem Wandel der Arbeitsgesellschaft betroffen sind. Interessant ist auch, dass der Rückgang an materiellen Konsummöglichkeiten (die vorher aufgrund relativ hoher Löhne allerdings überdurchschnittlich waren) nicht als Katastrophe gewertet wurde, sondern von den meisten gegenüber der Arbeitslosigkeit mehrerer Tausend VW-Arbeiter befürwortet wurde. Der rapide Wandel in Wolfsburg führte jedoch auch zu Problemen: Durch die Flexibilisierung der Arbeitszeiten musste sich das öffentliche Leben, z. B. das Vereinsleben, neu organisieren, was nicht immer problemlos gelang. Dies und die Erhöhung der Freizeit führte darüber hinaus zu familiären Spannungen und ist vermutlich die Ursache für eine Phase mit dramatisch hohen Scheidungszahlen in Wolfsburg. Diese negativen Konsequenzen waren dabei vor allem eine Folge der für die Betroffenen unerwarteten und in ihrem Ausmaß einschneidenden Arbeitszeitverkürzung und -flexibilisierung: Eine abrupte Reduzierung der Arbeitszeit um 20 % ist offenbar nicht problemlos zu verkraften.

Zentral für das Wolfsburger Modell war ein offener Dialog zwischen Arbeitgebern und Arbeitnehmern. Die Problematik wurde nicht beschönigt, sondern notgedrungen akzeptiert, und es wurde gemeinsam nach Lösungen gesucht. Wolfsburg zeigt, dass die Bereitschaft zur Arbeitsteilung und auch zu Einkommenseinbußen dann relativ hoch ist, wenn die Handlungsnotwendigkeit offen dargelegt wird. Für die Wolfsburger Gesellschaft wie für die Arbeitnehmer und ihre Familien war diese Anpassung allerdings nicht unproblematisch. Damit wird zweierlei deutlich: Auf der einen Seite besteht die Bereitschaft zum solidarischen Teilen der Erwerbsarbeit und des Einkommens (wenn damit massenhafte Entlassungen verhindert werden können), auf der anderen Seite führt ein Hinauszögern von notwendigen Reformdiskussionen und -schritten zu einer Einschränkung des Handlungsspielraums und damit zur Notwendigkeit radikaler und in ihren Folgen problematischer Schritte. Auf diesen Wolfsburger Erfahrungen sollten Politik und Verbände aufbauen: Arbeitszeitverkürzung ohne (vollen) Lohnausgleich ist realisierbar, wenn ein gesellschaftlicher Konsens herbeigeführt wird (siehe Kasten „Niederlande – Vom kleinen Nachbarn lernen“). Durch ein Festhalten am Mythos Vollbeschäftigung wird dieser Konsens nicht erreicht.

Niederlande – Vom kleinen Nachbarn lernen

Aufgrund einer wirtschaftlichen Rezession und sehr hoher Arbeitslosenzahlen Anfang der 80er Jahre (die Arbeitslosenquote war damals mit 13 % eine der höchsten in der Europäischen Union) schlossen sich 1982 Arbeitgeber, Gewerkschaften und Regierung zu einer Art „Bündnis für Arbeit“ zusammen. Der Journalist Martin Kempe, der verschiedene europäische Modelle diskutiert, beschreibt die Beschäftigungspolitik der Niederländer wie folgt: „Wesentliche Inhalte der Übereinkunft waren die Zusicherung von Lohnzurückhaltung durch die Gewerkschaften, der Umbau des Sozialstaats, möglichst weitgehende Arbeitsverkürzungen und Arbeitsumverteilung durch den Ausbau von Teilzeitarbeit sowie eine Flexibilisierung der Arbeitszeitbeziehungen und Arbeitszeiten.“ Die Arbeitslosigkeit konnte durch die Verbindung von Kostensenkungsstrategie und Flexibilisierung auf der einen Seite und Teilzeitoffensive und Arbeitszeitverkürzung auf der anderen Seite halbiert werden. Heute ist die Teilzeitquote der Niederlande die höchste in der Europäischen Union, sowohl insgesamt als auch bei den Männern: Während im EU-Durchschnitt ca. 5 % der Männer einer Teilzeit-Beschäftigung nachgehen, sind es in den Niederlanden 17 %. Voraussetzung für das Gelingen dieser Politik war die Bereitschaft der Bevölkerung, auf Wolhstandszuwächse im materiellen Bereich zu verzichten und mehr Wert auf wachsenden „Zeitwohlstand“ zu legen.

Sinnsuche jenseits der Erwerbsarbeit

Neben der Arbeitszeit wird sich auch die Struktur der Arbeit verändern: Kontinuierliche Erwerbsbiographien werden in Zukunft nicht mehr die Regel, sondern eher die Ausnahme sein. Es wird in vielen Biographien immer wieder Phasen der Erwerbsarbeitslosigkeit, der Weiterbildung und der erzwungenen oder freiwilligen beruflichen Umorientierung geben.

Erwerbsarbeit wird damit für die Kinder des Wohlstands immer weniger zentraler Bezugspunkt des Lebens sein können. Dies muss keine dramatischen Konsequenzen haben. Schließlich gibt es ein Leben jenseits der Erwerbsarbeit, sogar ein Arbeitsleben: Die bezahlte Erwerbsarbeit ist nur ein Teil der insgesamt zur Versorgung der Bevölkerung mit materiellen und immateriellen Gütern bzw. Dienstleistungen erbrachten Leistungen. Neben organisiertem oder privatem ehrenamtlichem Engagement sind dies vor allem Familien- und Hausarbeit sowie Nachbarschaftshilfe. Unabhängig vom Erwerbssektor gibt es also Arbeitsbereiche, die für eine Gesellschaft von essentieller Bedeutung sind, und dies nicht nur im privaten oder familiären, sondern auch im öffentlichen Bereich. Diese Arbeitsbereiche sind in der Regel weniger fremdbestimmt als die Tätigkeit im Erwerbsarbeitsbereich und bieten somit unter Umständen Chancen auf ein selbstbestimmteres Leben (siehe auch Kapitel „Wohlstand und Lebensqualität in der Diskussion").

Der Wandel der Arbeitsgesellschaft kann einen guten oder einen schlechten Ausgang nehmen: entweder mehr Freizeit (und damit für viele abhängig Beschäftigte mehr selbstbestimmtes Leben) oder mehr Arbeitslosigkeit, soziale Ungleichheit und deren Begleiterscheinungen (z.B. Kriminalität). Um die Entscheidung zwischen mehr Freizeit und mehr Arbeitslosigkeit zugunsten der ersten Variante treffen zu können, ist allerdings ein Wertewandel unabdingbar. Ohne die Bereitschaft zur Arbeits- und Einkommensteilung, ohne die Aufwertung der gesellschaftlich notwendigen Tätigkeiten jenseits des Erwerbssektors, ohne die Abkehr vom Bedürfnis nach stetig steigendem materiellen Wohlstand hin zum Wunsch nach mehr Zeitwohlstand und ohne Bilder des „Guten Lebens" jenseits der Dominanz der Erwerbsarbeit wird dieser Wandel nicht möglich sein.

Es ist an der Zeit, sich vom Mythos Vollbeschäftigung zu verabschieden und die Frage zu diskutieren, welche Chancen und Möglichkeiten im Wandel der Arbeitsgesellschaft liegen.

Teil II:

Auf der Suche nach neuer Lebensqualität

Sind die „Mythen der Moderne" entzaubert, so besteht die Möglichkeit, sich mit der zentralen Frage der Zukunft auseinander zusetzen: Welche Bilder vom „Guten Leben" sind in Zeiten sinkenden materiellen Wohlstands realistisch? Welche Vorstellungen von Wohlstand und Lebensqualität sind auch zukünftig realisierbar?

Diese Fragen werden seit einigen Jahren in der ökologischen Diskussion und in den Sozialwissenschaften behandelt. Im folgenden werden einige der dort untersuchten Ansätze kurz dargestellt. Im Anschluss daran schildern einige „Kinder des Wohlstands" Probleme, aber auch Chancen bei der Verwirklichung neuer Bilder des „Guten Lebens" im 21. Jahrhundert.

Wohlstand und Lebensqualität in der Diskussion

„Dagegen winkt allen Menschen, die durch Wohlstand und soziale Sicherheit zum Bewusstsein ihrer selbst, ihrer Persönlichkeit und ihrer menschlichen Würde gelangen, die Möglichkeit, ja fast möchte ich sagen die frohe Hoffnung, sich aus materialistischer Gesinnung lösen zu können."

Ludwig Erhard, 1957

Am Ende der letzten drei Kapitel stand jeweils die abstrakte Einsicht, dass es besser sei, die Grundlagen unseres täglichen Handelns einer Prüfung zu unterwerfen als einem „Weiter so" anheim zu fallen. Dadurch soll verhindert werden, dass das Festhalten an veralteten Ansichten zu einer Gefährdung unseres Wohlergehens in der Zukunft führt. Konkretisiert wurde dieser Gedanke anhand dreier Beispiele: der ökologischen Krise, der Krise der Arbeitsgesellschaft und der Verschärfung des Konflikts zwischen den entwickelten und weniger entwickelten Ländern. In allen drei Bereichen – so konnte gezeigt werden – tragen die in unserer Gesellschaft vorherrschenden Lebensstile wesentlich zu den problematischen Entwicklungen bei. Auf diese Weise aber gefährden diese Lebensstile gerade das, was sie eigentlich herbeiführen, bewahren und möglichst ausbauen wollen: Wohlstand und Lebensqualität. Daher erscheint eine Auseinandersetzung mit der Frage nötig, ob die erwähnten Lebensstile die einzigen und ausschließlichen Mittel sind, um Wohlstand und Lebensqualität zu erreichen. Kurz: Die Notwendigkeit einer Diskussion von Lebensstilen, von Lebensqualität und Wohlstand, von „Bildern des Guten Lebens" ist offensichtlich. Denn was bislang zentral für das Wohlstandsempfinden breiter gesellschaftlicher Kreise war, wird in Zukunft in geringerem Maße zur Verfügung stehen: Zum einen wird Erwerbsarbeit immer weniger den Fixpunkt der Identitäts- und Sinnstiftung für den Einzelnen darstellen können. Zum anderen wird der stetige Anstieg der Konsummöglichkeiten der vergangenen Jahrzehnte keine Fortsetzung in der Zukunft finden. Dieser Abschied vom ewig wachsenden materiellen Wohlstand wird entweder aus Einsicht in die Notwendigkeit eines Umdenkens oder aufgrund wachsender Folgekosten unökologischer und unsozialer Politik geschehen. Leugnung und Verdrängung helfen in dieser Situation nicht weiter. Vielmehr gilt es, die Herausforderung konstruktiv zu wenden und nach anderen Leitbildern (der Plural ist hier entscheidend) für ein gutes Leben zu suchen.

Doch wo soll diese Suche beginnen? Wie diskutiert man über Lebensqualität und Wohlstandsmodelle? Macht ein öffentlicher Diskurs über (letztlich subjektive) Bilder des guten Lebens überhaupt Sinn? Können Lebensstile Gegenstand der öffentlichen Auseinandersetzung sein?

Tatsache ist, dass die Diskussion über Lebensqualität und Wohlstand bereits in verschiedenen Bereichen geführt wird: In Forschungsinstituten innerhalb und außerhalb von Universitäten haben Natur-, Geistes- und Sozialwissenschaftler begonnen, sich mit der Frage zu beschäftigen, was eigentlich ein angenehmes Leben ausmacht. So untersucht beispielsweise das Wuppertal Institut für Klima, Umwelt, Energie in seiner Arbeitsgruppe „Neue Wohlstandsmodelle“ zum einen, „ob die mit großzügigem Stoffeinsatz erreichten Resultate wie hohe Wirtschaftsleistung, Mobilität, Beschäftigungsintensität und Güterreichtum auch die persönliche und soziale Lebensqualität sowie einen zukunftsfähigen Wohlstand voranbringen“ und es „erkundet zum anderen die zivilisatorischen Möglichkeiten, welche sich mit einem Um- und Rückbau dieser Produktionsleistungen eröffnen“. Diese Überlegungen gipfeln in der Frage: „Kann weniger mehr sein, und unter welchen Bedingungen?“ Auch Publizisten wenden sich seit einigen Jahren verstärkt dieser Frage zu. So konstatiert zum Beispiel der Journalist Bernd Ulrich in seinem Buch „Deutsch, aber glücklich“, dass die Deutschen gut darin seien, „aus sehr viel Wohlstand relativ wenig Glück und Zufriedenheit zu ziehen“ und sucht nach Alternativen des guten Lebens im Knappheitsparadigma.

Weit fortgeschritten ist die Diskussion in der Umweltbewegung bzw. in der ökologisch motivierten Forschung, und in den Sozialwissenschaften, hier insbesondere beim Thema „Zukunft der Arbeit“. In diesem Kapitel soll ein kurzer Überblick über den aktuellen Diskussionsstand in diesen Bereichen gegeben werden. Dargestellt werden Gedanken, die sich die Forschung über den Wandel der Arbeitsgesellschaft, das Sinken der materiellen Konsummöglichkeiten und die daraus resultierenden Konsequenzen gemacht hat.

Als erstes wird unter Bezug auf zwei renommierte Studien („Zukunftsfähiges Deutschland“ des Wuppertal Instituts und „Nachhaltiges Deutschland“ des Umweltbundesamts) der Frage „Ist weniger mehr?“ nachgegangen. Die Ansätze aus der ökologisch Forschung zeigen, welche Bedeutung das sogenannte Nachhaltigkeitsparadigma (siehe Kasten „Nachhaltige Entwicklung“) für das Leben des Einzelnen hat und wie eine nachhaltige Entwicklung in Deutschland möglich werden kann.

Danach wird das vor allem von dem Münchner Soziologen Ulrich Beck formulierte Problem von der „Demokratie jenseits der Vollbeschäftigungsgesellschaft“ diskutiert. Zentral ist hier die Frage, welche Alternativen es zum Fixpunkt Erwerbsidentität gibt und inwiefern der Einzelne von einem Wertewandel, der diesen Fixpunkt aufgibt, profitieren könnte.

Ist weniger mehr?
– Ansätze aus der ökologischen Diskussion

Wie bereits dargestellt, lassen sich die ökologischen Probleme nicht alleine auf technologischem Wege lösen (siehe ausführlich Kapitel „Mythos Technik"). Diese Position findet sich seit einigen Jahren in der ökologischen Diskussion. So schreibt das Umweltbundesamt in seiner Studie „Nachhaltiges Deutschland" von 1997: „Mindestens ebenso wichtig wie die verschiedenen naturwissenschaftlich-technischen Diskurse über stofflich-energetische Prozesse [...] ist jedoch ein Diskurs über die Veränderung von Denkweisen, Werthaltungen und Lebensstilen." Auf dem Weg zu einer nachhaltigen Entwicklung reicht es also nicht aus, sich auf technische Innovationen zu verlassen. Diese Einschätzung wird vom Umweltbundesamt im wesentlichen mit zwei Argumenten begründet:

1. Ökonomische Prozesse stehen in enger Verbindung mit den von den Menschen gewünschten Lebensformen und praktizierten Lebensstilen. Eine ökologisch orientierte Ökonomie kann deshalb nur dann funktionieren, wenn eine Nachfrage an den entsprechenden Gütern besteht: Die Massenproduktion von Drei-Liter-Autos beispielsweise (und erst die Massenproduktion ermöglicht günstige Preise) widerspricht so lange ökonomischem Kalkül wie es an genügend kaufbereiten Menschen mangelt, denen der niedrige Benzinverbrauch wichtiger ist als hohe Geschwindigkeit oder starke Beschleunigung.
2. Für die Bundesrepublik Deutschland werden nach Angaben des Umweltbundesamtes derzeit „Zielgrößen von 80 bis 90 % für Materialverbrauchsreduzierung, 70 bis 80% für die Reduzierung der Emissionen von CO_2, NOx, VOC und 50 % Energieeinsparung bis zum Jahre 2050" diskutiert (die Enquete-Kommission „Schutz der Erdatmosphäre" des deutschen Bundestages spricht bei diesen Zahlen von „politischen Zielvorgaben"). Derartig hohe Einsparungen seien notwendig, um weniger entwickelten Staaten ein gewisses Expansionspotenzial einzuräumen und somit zur Entspannung der Nord-Süd-Problematik beizutragen. Alleine über eine Effizienzrevolution ließen sich aber, so das Umweltbundesamt, diese Zielgrößen nicht verwirklichen.

Nachhaltige Entwicklung – ein globales Leitbild für das 21. Jahrhundert

Seit der Konferenz für Umwelt und Entwicklung in Rio de Janeiro 1992 prägen die Begriffe „Nachhaltigkeit" oder „nachhaltige Entwicklung" (sustainable development) die Umweltdebatte. Das weltweit akzeptierte Leitbild der Nachhaltigkeit meint eine Entwicklung, die insbesondere die Chancenbewahrung für zukünftige Generationen im Blick hat. Es geht darum, den Bedürfnissen der heutigen Generation zu entspre-

chen, ohne die Möglichkeiten künftiger Generationen zu gefährden. Dieses Leitbild beinhaltet zwei zentrale Aspekte:

1. *Zum einen geht es darum, natürliche Systeme so zu nutzen, dass sie langfristig in ihren wesentlichen Merkmalen erhalten bleiben und nicht überfordert werden. Die Grenzen der Tragfähigkeit ökologischer Systeme müssen berücksichtigt werden, damit der Mensch sich nicht seiner eigenen natürlichen Grundlagen beraubt.*
2. *Zum anderen sollen ökologische, ökonomische und soziale Aspekte gemeinsam und als Einheit betrachtet werden. Hintergrund dafür ist die Annahme, dass im nationalen wie im globalen Rahmen nur dann Fortschritte hin zu einer nachhaltigen Entwicklung erzielt werden können, wenn die ökologische, die ökonomische und die soziale Dimension gleichermaßen beachtet werden. Betont wird hierbei insbesondere die globale Perspektive: Eine nachhaltige Entwicklung der Industrienationen zu Lasten weniger entwickelter Länder stellt einen Widerspruch in sich dar, da sie in den Entwicklungsländern die ökologischen, ökonomischen und sozialen Probleme noch weiter verschärfen würde. Aufgrund der globalen Umweltproblematik und armutsbedingter Wanderungsbewegungen hätte dies auch negative Auswirkungen für die wohlhabenden Länder zur Folge (siehe ausführlich Kapitel „Mythos Abschottung“).*

Hans Holzinger von der Robert-Jungk-Bibliothek für Zukunftsfragen fasst diese Aspekte wie folgt zusammen: „Nachhaltigkeit bedeutet […] die Wahl von Wirtschafts- und Lebensweisen, die sicherstellen, dass auch spätere Generationen ihre Bedürfnisse nach Wohlstand und Lebensqualität in angemessener Weise befriedigen können. Und die es ernst meinen, fügen hinzu: Die Wahl von Wirtschafts- und Lebensweisen, die von allen ErdenbürgerInnen beansprucht werden können, ohne das globale Ökosystem zu zerstören.“

Neben technologischen Fragestellungen („Wie kann nachhaltig produziert werden?“) muss deshalb auch die Frage nach einer Veränderung von Bewusstseins- und Verhaltensweisen gestellt werden („Wie kann zu nachhaltigem Konsum motiviert werden?“). Für die technisch-organisatorische Dimension werden schon seit längerem die Begriffe Effizienz und Effizienzrevolution verwendet, für die soziokulturelle Dimension, also Ansätze zur Veränderung des Konsumverhaltens, hat längere Zeit ein prägnantes Schlagwort gefehlt. Inzwischen konnte sich „Suffizienz“ (lat. Hinlänglichkeit; ausreichendes Vermögen) als Komplementärbegriff zur „Effizienz“ etablieren. Während die Effizienzrevolution auf die Verringerung des Ressourcen- und Umweltverbrauchs pro Gut zielt, ist die Suffizienzrevolution auf die Verringerung des Pro-Kopf-Verbrauchs an Gütern ausgerichtet.

Geht man wie das Umweltbundesamt oder das Wuppertal Institut davon aus, dass parallel zur Effizienzrevolution eine Suffizienzrevolution stattfinden muss, gewinnt der

Beitrag des Einzelnen für die Realisierung einer nachhaltigen Entwicklung an Bedeutung. Damit ist es nicht nur die Politik, die Verantwortung trägt, sondern ebenso der einzelne Bürger, sei es bei der Ernährung, beim Konsum, bei der Mobilität oder bei der Wahl des Stromversorgers. Umgekehrt gilt aber auch, dass die Handlungsspielräume des Einzelnen wesentlich von der Politik und der Wirtschaft mitbeeinflusst werden. Deswegen ist gerade die Parallelität von Effizienz- und Suffizienzbemühungen von Bedeutung. Blindes Vertrauen in Politik, Wirtschaft und Technologie („Die werden das Problem schon lösen ...") ist ebenso wenig angebracht wie die Überbewertung der Verantwortung des einzelnen Bürgers. Vielmehr sind beide Seiten gleichermaßen wichtig: Neben politischen Rahmenbedingungen (z. B. der Ökologischen Steuerreform) für technologische Innovationen ist auch eine kulturelle Veränderung unerlässlich.

Doch wie soll diese kulturelle Veränderung angestoßen werden? Was soll den einzelnen Bürger veranlassen, einen nachhaltigen Konsumstil zu entwickeln? Wie kann Nachhaltigkeit auf individueller Ebene zum Leitbild werden? Theoretisch lassen sich in diesem Zusammenhang vier verschiedene Ansätze unterscheiden:

1. Schutz der Natur um ihrer Selbst willen;
2. Abwendung einer die Existenz der Menschheit gefährdenden Apokalypse;
3. Vermeidung von wachsenden Unannehmlichkeiten, die eine Beibehaltung bisheriger Wirtschafts- und Konsumweisen mit sich bringen würde;
4. Hoffnung auf mehr Lebensfreude durch nachhaltigen Konsum.

Inwieweit sind diese Ansätze tragfähig genug, einen kulturellen Wandel zu unterstützen und eine Suffizienzrevolution zu ermöglichen? Inwieweit sind sie stark genug, um die hemmenden Einflüsse, die sogenannten Barrieren umweltorientierten Verhaltens (siehe Kasten) zu überwinden?

Barrieren umweltorientierten Verhaltens

Das Umweltbundesamt nennt fünf Faktoren, die umweltorientiertes Verbraucherverhalten hemmen (siehe auch Kapitel „Mythos Technik „ und den Beitrag von Heidrun Ludwig, der sich mit pädagogischen Ansätzen zur Überwindung dieser Barrieren befasst):

1. *Objektive Hemmnisse: fehlende Informationen (z. B. Expertenstreit über Ökobilanzen) und unzureichende Rahmenbedingungen (z. B. schlecht ausgebauter öffentlicher Personennahverkehr);*
2. *Negative Erfahrungen (oder Vermutungen) über die Auswirkungen umweltorientierten Verhaltens: z. B. vermutete (oder reale) höhere Kosten (Geld oder Zeit);*
3. *Wahrnehmungsbarrieren: geringes Bewusstsein für problematische Umweltveränderungen und den Beitrag des Einzelnen;*

4. *Psychische Abwehrmechanismen: Verdrängung und Ohnmachtsgefühle aufgrund von Angst (vor einer Ökokatastrophe) oder aufgrund des Wissens um die individuelle Mitverantwortung und des Gefühls der Überforderung;*
5. *Gesellschaftliche Hemmnisse in Form von Konventionen: z.B. Angst vor Etikettierung als lustfeindlicher und moralinsaurer „Ökomüsli".*

Der *Schutz der Natur um ihrer Selbst willen* hat zwar in der Umweltbewegung immer eine große Rolle gespielt, da diese der Natur oft eine eigene Existenzberechtigung und nicht nur einen instrumentellen Wert zugesprochen hat. Doch wird diese Argumentation alleine kaum in der Lage sein, in breiten Bevölkerungskreisen die Bereitschaft zu nachhaltigem Konsum zu erhöhen. Deutlich wird dies beispielsweise dann, wenn die Ausweisung von Gewerbeflächen oder Wohngebieten mit dem Schutz seltener Tier- und Pflanzenarten kollidiert. Gegen Einwände nach dem Motto „Mir sind Arbeitsplätze wichtiger als irgendwelche Kröten!" können Umweltschützer erfahrungsgemäß kaum bestehen. Dennoch trägt natürlich das Staunen über die Natur, ihre Vielfalt und ihre Schönheit durchaus mit dazu bei, dass Menschen sich umweltbewusst verhalten. Die realen Fortschritte bei der Müllproblematik und beim Gewässerschutz sind hier Beispiele, die Mut machen. Allerdings ist fraglich, ob der Mensch hier um der Umwelt willen handelt oder weil er sich in einer intakteren Umwelt einen höheren Freizeitwert und mehr Lebensqualität verspricht.

Eine andere Argumentationslinie beinhaltet das Ziel, *eine mögliche, die Existenz der Menschen gefährdende Apokalypse zu vermeiden*. Die ökologische Katastrophenrhetorik der Umweltbewegung insbesondere in den achtziger Jahren glaubte an die Wirksamkeit eines solchen Motivs. Das Umweltbundesamt zitiert eine repräsentative Befragung, in der rund zwei Drittel der in Deutschland Befragten nachfolgender Aussage zustimmen: „Wenn wir so weitermachen wie bisher, steuern wir auf eine Umweltkatastrophe zu." Lediglich etwas über 10% lehnten diese Aussage ab. Auf der Handlungsebene sind die Auswirkungen derartiger Einsichten bislang eher gering, zum Teil auch aufgrund unzureichender Handlungsangebote (dies zeigt wieder die notwendige Parallelität von Effizienz- und Suffizienzstrategie). Entscheidender für diese Diskrepanz ist allerdings, dass sich das Umweltbewusstsein (also das Wissen um die Probleme) als „Krisenbewusstsein" artikuliert: „In dieser Gestalt kann es ... eine lähmende Wirkung entfalten, denn allgemeine Ängste vor Wandlungsprozessen können ein undifferenziertes ‚Weiter so' als kleineres Übel erscheinen lassen", so das Umweltbundesamt. Die Angst vor der Katastrophe führt also nicht zu steigender Handlungsbereitschaft, sondern verstärkt die Verunsicherung und das Bedürfnis, sich an althergebrachte Wahrheiten, an Mythen, zu klammern. Eine überzogene Katastrophenrhetorik („Es ist fünf vor zwölf!") erscheint insofern als unangebracht und kontraproduktiv.

In eine ähnliche Richtung, aber ohne dramatisierende Begleittöne, geht die Argumentation, man solle einen nachhaltigen Konsumstil wählen, um *wachsende Unannehmlichkeiten zu vermeiden, die eine Beibehaltung bisheriger Wirtschafts- und Konsummuster mit sich bringen würde*. In der ökologischen Diskussion besteht weitgehend Einigkeit, dass dieses Motiv für eine politisch-gesellschaftliche Wende zur Nachhaltigkeit unerlässlich ist. Dies unterstreicht die Bedeutung von Aufklärung, die allerdings nicht in die Katastrophenrhetorik der achtziger Jahre verfallen darf, da diese die Machtlosigkeit des Einzelnen eher unterstreicht. Wenn nachhaltiges Konsumverhalten nicht als moralische Pflicht, sondern als pragmatische Notwendigkeit für den Erhalt der eigenen Lebensqualität erscheint und gleichzeitig die Herausforderungen als bewältigbar wahrgenommen werden, sind die Chancen für einen ökologischen Bewusstseinswandel nicht schlecht. Deutlich wird ein solcher Wandel zum Beispiel im Ernährungsverhalten: Wachsende Angst vor Allergien (insbesondere bei Kindern), gesundheitlichen Beeinträchtigungen oder sogar schweren Krankheiten (Rinderwahnsinn) haben dazu beigetragen, dass sich die Neigung zu ökologischer produzierter und schadstofffreier Kleinkindnahrung vergrößert hat. Das damit verbundene Ziel, Unannehmlichkeiten (in diesem Fall gesundheitliche Beeinträchtigungen) zu vermeiden, hängt letztlich auch mit der in diesem Buch diskutierten Frage nach neuen Bildern des guten Lebens zusammen.

Auch die *Hoffnung auf mehr Lebensfreude durch nachhaltigen Konsum* tangiert die Frage nach Wohlstand und Lebensqualität der Zukunft. Sie spricht keine moralischen und altruistischen, sondern durchaus egoistische Motive an. Statt Verzicht und Askese zu proklamieren, wie es die Umweltbewegung lange getan hat, könnte die Bereitschaft für ökologischen Konsum dann wachsen, wenn davon ein Gewinn an Lebensfreude bzw. Lebensqualität erwartet werden kann. Diese Argumentationslinie erscheint auf der einen Seite verlockend und vielversprechend, ist auf der anderen Seite allerdings in mehreren Hinsichten problematisch. Eine Romantisierung und Verklärung des einfachen und (vermeintlich) natürlichen Lebens vormoderner Zeiten wird ebenso wenig Anziehungskraft auf die Bevölkerung ausüben wie eine durch Zeigefingermentalität und missionarisches Sendungsbewusstsein geprägte Überzeugungsarbeit („Wir sagen Dir, wie Du glücklich wirst ...“). Dennoch erscheint es für die ökologische Diskussion unabdingbar, nach neuen Wohlstandspotenzialen zu suchen, die mit einer nachhaltigen Lebensweise realisiert werden können. Schließlich hat die Ökologiebewegung viel zu lange den „Wohlstand verschenkt“ (Helmut Holzapfel) und ausschließlich auf die Überzeugungskraft moralischer Argumente gesetzt. Unter dem Motto „Gut leben statt viel haben“ lässt sich beispielsweise auf die „Ästhetik langlebiger Produkte“, die „Eleganz der Einfachheit“ (siehe Kasten „Manufactum – eine Firma verkauft ‚gutes Leben‘ “) oder auf mögliche Gewinne an „Zeitwohlstand“ hinweisen, wie es das Wuppertal Institut macht.

Manufactum – eine Firma verkauft „gutes Leben“

Seit einigen Jahren vertreibt die Firma Manufactum qualitativ hochwertige Gebrauchsgegenstände, z. B. Küchengeräte, Bürobedarf, Möbel, Bekleidung und Werkzeug. Der Leitspruch der Firma „Es gibt sie noch, die guten Dinge.“ betont weniger die ökologische und soziale Verantwortung der Konsumenten, wie dies verschiedene Versandfirmen aus der Ökoszene machen, als vielmehr das Bedürfnis nach Qualität und Ästhetik. Die Unternehmensphilosophie ist zwar auch ökologisch motiviert, doch stehen Genuss und Lebensqualität im Vordergrund: „Die kurze Lebenszeit, das beschleunigte Kommen und Gehen der Gegenstände, mit denen wir täglich umgehen, ihre Verwandlung von Gebrauchs- in Verbrauchsgüter kann man ja unter verschiedenen Gesichtspunkten schlimm finden. Zum einen trägt diese Entwicklung nicht unwesentlich zur Mehrung unserer Umweltprobleme bei. Zum anderen verhindert sie aber auch, dass wir zu den uns alltäglich umgebenden Dingen noch eine ‚freundschaftliche‘ Beziehung entwickeln, ihnen einen gewissen Respekt zollen können, den sie als gelungene Ergebnisse gut getaner Arbeit ja durchaus verdienten.“

Der Versand bietet Dinge an, die „in einem umfassenden Sinne ‘gut’ sind, nämlich

- *nach hergebrachten Standards arbeitsaufwendig gefertigt und daher solide und funktionstüchtig,*
- *aus ihrer Funktion heraus materialgerecht gestaltet und daher schön,*
- *aus klassischen Materialien (Metall, Glas, Holz u. a.) hergestellt, langlebig und reparierbar und daher umweltverträglich.“*

Die Durchsicht des Kataloges ermöglicht einen guten Einblick in das, was man unter „Ästhetik langlebiger Produkte“ und „Eleganz der Einfachheit“ verstehen kann, zeigt aber auch, dass dies seinen Preis hat: Auch wenn die Anschaffung der meisten Güter sich mittelfristig aufgrund der längeren Haltbarkeit finanziell rechnen würde, ist es schon notwendig, eine „freundschaftliche“ Beziehung zu ihnen aufzunehmen, um den im Vergleich zu Konkurrenzprodukten deutlich höheren Preis zu zahlen.

Welche konkreten Ansätze zur Ermöglichung einer Suffizienzrevolution finden sich innerhalb der Nachhaltigkeitsdiskussion? Drei Punkte werden vor allem genannt:

1. Ökologische Bewusstseinsbildung über Umweltbildung und das Verhalten von Vorbildern;
2. Pionier- und Modellprojekte;
3. „Nachhaltigkeit“ durch Werbung oder Vorbilder als symbolischen Wert etablieren.

Das Umweltbundesamt setzt im wesentlichen auf die *ökologische Bewusstseinsbildung.* Über Aufklärung, Information, Aus- und Fortbildung und einen umfassenden gesellschaftlichen Diskussionsprozess soll der notwendige kulturelle Wandel angestoßen werden. Zentral ist nach Auffassung des Umweltbundesamtes hierbei die Umweltbildung, welche nicht nur Wissen vermitteln, sondern auch auf Werthaltungen einwirken solle.

Neben der ökologischen Bewusstseinsbildung betont das Umweltbundesamt auch die *Relevanz von Vorbildern*: „Von Bedeutung ist … das Verhalten gesellschaftlicher Eliten, das zeigt, dass umweltfreundliches Verhalten nicht notwendigerweise einen Verzicht bedeutet, sondern lohnens- und erstrebenswert ist." Umwelterziehung und Vorbildfunktion seien die möglichen Beiträge des Staates zum notwendigen Wertewandel.

Von Bedeutung sind aber auch die Beiträge der ökologisch sensiblen und motivierten Bürger, die über selbstinitiierte *Pionierprojekte* (oder auch staatlich unterstützte Modellprojekte) die Realisierbarkeit nachhaltiger Lebensformen prüfen und auf ihre Auswirkungen testen. Beispiele für erfolgreiche Pionierprojekte sind Mülltrennung und die sich immer mehr entwickelnden privaten Car-Sharing-Initiativen. Es geht darum, Gelegenheiten dafür zu schaffen, „dass Menschen mit weniger Geld und zurückgefahrener Konsumkraft angenehm leben können – Experimente, die in eine Zukunft weisen, wo die Kompetenz einer Gesellschaft daran gemessen wird, ob sie Wohlstand auch ohne dauerndes Wirtschaftswachstum zu garantieren vermag", so dass Wuppertal Institut in seiner Studie „Zukunftsfähiges Deutschland".

Ausgehend von der Annahme, dass Produkte nicht nur aufgrund ihres Nutzwertes, sondern immer mehr auch wegen ihres Symbolwertes gekauft werden, zielt ein anderer Ansatz darauf, mittels Werbung oder geeigneten Vorbildern *Nachhaltigkeit als symbolischen Wert zu etablieren*. Das Umweltbundesamt dazu: „Umweltschonendes Verhalten könnte zu einem Attribut werden, das einen Teil des Selbstwertgefühls einer Person ausmacht." Und weiter: „Insbesondere die Werbung muss dazu gebracht werden, nachhaltiges Konsumverhalten mit einem hohen Symbolwert auszustatten." Dieser symbolische Wert könnte beispielsweise den Stolz beinhalten, „an dem historischen Übergang zu einer maßvollen Wirtschaftsweise mitzuwirken", so das Wuppertal Institut. Man könne sich als „Mitautor einer Epochenwende" sehen, „die das 21. Jahrhundert gastlicher machen soll." Was allerdings die Werbewirtschaft zu einem derartigen Engagement motivieren soll, ist ungeklärt. Lediglich die Annahme eines wachsenden Kundenpotenzials im nachhaltigen Konsumbereich könnte derartige Werbestrategien beeinflussen und insofern mittelfristig nachhaltigen Konsum mit einem symbolischen Wert ausstatten. Bedeutender als der Beitrag der Werbewirtschaft wird jedoch zumindest bei der Initiierung des Wertewandels die Rolle und das Verhalten von Vorbildern sein.

Mehrere der genannten Ansätze werden in einem Modellprojekt des Wuppertal Institutes gebündelt: „Bilder eines Guten Lebens – Diskurse über Neue Wohlstandsmodelle am Beispiel der Freien Zeit". Das Projekt geht davon aus, dass „Beispiele für zukunftsfähiges Leben nicht erst erdacht werden müssen, sondern bereits praktiziert werden". Pioniere des zukunftsfähigen Lebens sollen gesucht und hinsichtlich der Befriedigung, die sie aus ihrem Leben ziehen, befragt werden. Mit diesen Antworten sollen wiederum „normale" Menschen konfrontiert werden, um die Bedingungen zu analysieren, unter denen derartige Anregungen übernommen werden können, unter denen die Pioniere also als Vorbilder wahrgenommen werden können. Diese Ergebnisse dieser Untersuchung sollen schließlich in die Bildungsarbeit einfließen. Der Gewinn an Lebensqualität, den manche zukunftsfähig lebende Menschen empfinden, soll also untersucht und für andere zugänglich gemacht werden. Konkret werden Menschen befragt, die in Tauschringen arbeiten, Alternativen zur Urlaubsreise mit dem Flugzeug wählen oder bewusst Zeit gegen Geld eintauschen, also eine kürzere Erwerbsarbeit einem größeren Einkommen vorziehen (siehe hierzu auch den Beitrag von Markus Hack, der sich am Beispiel der Stadt Nürnberg mit Potenzialen ehrenamtlicher Tätigkeiten befasst).

Das Projekt des Wuppertal Instituts macht deutlich, dass auch in der ökologisch Forschung das Thema Erwerbsarbeit an Bedeutung gewonnen hat. Schwerpunktmäßig findet diese Diskussion allerdings vor allem in den Sozialwissenschaften statt.

Demokratie jenseits der Vollbeschäftigungsgesellschaft – Ansätze aus den Sozialwissenschaften

Der Wandel der Arbeitsgesellschaft, das Ende der Vollbeschäftigung traditioneller Art und der rapide Anstieg prekärer Erwerbsarbeitsverhältnisse stellt für die bundesdeutsche Gesellschaft eine große Herausforderung dar (siehe ausführlich Kapitel „Mythos Arbeitsgesellschaft"). Der Soziologe Ulrich Beck dazu: „Was sich in guten Zeiten wechselseitig ergänzt und gestärkt hat – Vollbeschäftigung, sichere Renten, hohes Steueraufkommen, Spielräume staatlicher Politik –, gefährdet sich nun wechselseitig: Erwerbsarbeit wird prekär; die Grundlagen des Sozialstaates zerfallen; die Normalbiographie wird brüchig; Altersarmut wird vorprogrammiert; aus den leergefegten Kassen der Kommunen kann der anschwellende Sturm auf die Sozialhilfe nicht finanziert werden."

Auf der Ebene des Staates machen diese Entwicklungen Reformen insbesondere der sozialen Sicherungssysteme unausweichlich. Auf der individuellen Ebene erfordert der Wandel der Arbeitsgesellschaft ebenfalls ein Umdenken: Wo sollen Menschen Lebenssinn und Anerkennung finden, wenn sie von der Erwerbsarbeit dauerhaft ausgeschlossen sind? Wie sollen sie das Gefühl aufrechterhalten, benötigt zu werden und einen sinnvollen Beitrag zum Gemeinwohl zu leisten? Wie kann es gelingen, dass Arbeitnehmer Arbeitszeitverkürzungen nicht als Verlust empfinden, sondern als Gewinn betrachten? Wie können Angebote geschaffen werden, die vorübergehende Arbeitslosigkeit nicht als vergeudete Lebenszeit und persönliche Niederlage und Katastrophe erscheinen lassen?

In der sozialwissenschaftlichen Diskussion werden hierzu vor allem zwei Ansätze genannt: die Umverteilung der Familienarbeit zwischen Frauen und Männern und der Ausbau freiwilliger ehrenamtlicher Beschäftigungsangebote. Beiden Ansätzen ist die Überzeugung gemeinsam, dass es in unserer Gesellschaft ausreichend identitätsstiftende und sinnvolle Arbeit für jeden gibt. Voraussetzung ist allerdings, dass die Erwerbsarbeit ihr Identitätsstiftungsmonopol (gerade bei Männern) verliert und dass Tätigkeiten jenseits der Erwerbsarbeit, insbesondere die Familienarbeit, aufgewertet werden. Dieser Wertewandel wiederum kann nur gelingen, wenn ein Tätigkeitsmix aus Erwerbsarbeit, Familienarbeit und ehrenamtlichen Tätigkeiten gleichermaßen von Männern und Frauen, von Jungen und Alten und von Menschen verschiedener Bildungsmilieus praktiziert wird. Eine gruppenspezifische Arbeitsteilung nach dem Motto „den Frauen die Familienarbeit, den Gebildeten die Erwerbsarbeit und den anderen die ehrenamtlichen Tätigkeiten" würde zu Recht auf Widerstand stoßen und die Probleme nur weiter verschärfen.

Umverteilung der Familienarbeit

Der Wandel der Erwerbsgesellschaft stellt insbesondere die Männer vor ein Problem, da gerade das männliche Normalarbeitsverhältnis in Frage gestellt wird und da vor allem die männliche Identität auf eine erfolgreiche Erwerbstätigkeit angewiesen ist. Die deutsche Arbeitsgesellschaft basierte eben lange Zeit auf dem Gedanken des (männlichen) Familienernährers, des „breadwinners", der seine Familie durch seiner Hände Arbeit versorgt. Sich von diesem Bild zu lösen, ist vielleicht die größte Herausforderung für Männer in den nächsten Jahren.

Arbeit und Lebensinhalte jenseits der Erwerbsarbeit zu haben ist für Frauen, denen immer noch der Großteil der Familienarbeit übertragen wird, kaum ein Problem. Seit sich Frauen ihren Anspruch auf Teilhabe an der Erwerbsarbeit erstritten haben, stehen ihnen vielfältige Optionen offen, die allesamt gesellschaftlich akzeptiert sind: Frauen können Hausfrau und Mutter, Karrierefrau oder eine Mischung aus beidem sein – anything goes.

Männer haben hier noch einen Emanzipationsschritt vor sich: Wenn sie eine gleichberechtigte Mitwirkung bei der Familienarbeit verwirklichen wollen und wenn sie sich von der Beschränkung auf die Erwerbsarbeit befreien möchten, müssen sie innere und äußere Barrieren überwinden. Trotz eines auch für Männer gesetzlich fixierten Anspruchs auf Erziehungsurlaub ist die Bereitschaft der Arbeitgeber, Männern hier entgegenzukommen, nicht übermäßig groß: Die Vorstellung eines Karriereknicks wird bei Männern, die ja immer noch dem gesellschaftlichen Stereotyp des Mannes als Familienernährer unterliegen, massive Ängste hervorrufen. Es ist die Angst, als Mann mit dem

Lebensschwerpunkt „Vater“ kein „richtiger“ Mann zu sein und öffentlich diskriminiert zu werden. Die Sozialwissenschaftler und Journalisten Dieter Schnack und Thomas Gesterkamp („Hauptsache Arbeit“) gehen davon aus, dass Männer in der Arbeitswelt häufig größere Spielräume haben, als sie denken, und betonen die inneren Barrieren: „Sie [die Männer] werden nicht nur durch gesellschaftliche Strukturen daran gehindert, ihr Verhalten zu ändern. Sie haben auch Blockaden im Kopf und verstecken sich ängstlich hinter den Argumenten der Vorgesetzten.“ Diese Blockaden hängen sicherlich nicht nur mit antiquierten Männlichkeitsvorstellungen zusammen, sondern auch mit der Angst, etwas zu verlieren.

Doch „verlieren“ Männer tatsächlich etwas, wenn sie sich neue Tätigkeitsbereiche erschließen? Verschiedene Sozialwissenschaftler sind der Auffassung, dass das Gegenteil der Fall wäre. Die Soziologin Elisabeth Beck-Gernsheim hat bereits 1980 die These vertreten, dass ein einseitig auf Familienarbeit oder einseitig auf Erwerbsarbeit ausgerichtetes Leben nur ein halbes Leben sei: „Mit dem Auseinanderbrechen der vorindustriellen ‚Einheit von Arbeit und Leben‘, dem Auseinanderrücken der verselbständigten Bereiche von Beruf und Familie werden Männer und Frauen – einseitiger und enger als zuvor – festgelegt auf je bestimmte Ausschnitte von Erfahrungen, Fähigkeiten, Entwicklungsmöglichkeiten.“ Die Umverteilung der Erwerbs- und der Familienarbeit zwischen den Geschlechtern sieht Beck-Gernsheim entsprechend als Chance für Frauen und Männer, da sich beiden Geschlechtern neue Erfahrungen, Fähigkeiten und Entwicklungsmöglichkeiten eröffnen würden. Heute lässt sich sagen, dass Frauen diese Chance immer mehr wahrnehmen, während Männer hier noch am Anfang stehen.

Die Psychologin Heidrun Bründel und der Gesundheitswissenschaftler Klaus Hurrelmann sehen die einseitige Berufsorientierung der Männer noch aus einem anderen Grund als problematisch an: „Bis heute ist ungeklärt, warum in fast allen Industrieländern die Lebenserwartung von Frauen um etwa sieben Jahre über der von Männern liegt […]“ Sie stellen die These auf, dass vor allem die einseitige Fixierung der Männer auf Erwerbsarbeit häufig dazu führe, dass Männer über ihre Verhältnisse leben und weder ihre emotionalen Ressourcen noch ihre Körpersignale beachten. Frauen hätten sich, so die beiden Wissenschaftler, zusätzlich zur Beziehungsarbeit („Kinder“), Unterhaltsarbeit („Küche“) und Sinngebungsarbeit („Kirche“) noch ein viertes „K“ erobert, die „Karriere“, also berufliche Möglichkeiten. Dagegen seien Männer bislang auf ihre drei „K's“ beschränkt: Konkurrenz, Karriere und Kollaps. Anders als bei den Frauen seien mit diesen drei „K's“ allerdings nicht verschiedene Lebensbereiche angesprochen, sondern lediglich einer, eben die Erwerbsarbeit. Diese Einseitigkeit wiederum stehe in Zusammenhang mit geringerer Flexibilität und Rollenanpassungsfähigkeit, was insbesondere in Phasen schnellen kulturellen Wandels Stress und Gesundheitsbelastungen mit sich brächte. Die geschlechtsspezifische Sozialisation, also die Vorbereitung der Mädchen und Jungen auf ihre späteren Rollen, tue nach Ansicht der Wissenschaftler ein übriges dazu, den Jungen zu geringe Kompetenzen für einen vernünftigen Umgang mit den eigenen Ressourcen zu vermitteln: Der Raubbau am eigenen Körper werde schon früh einstudiert.

Folgt man der sozialwissenschaftlichen Argumentation von Beck-Gernsheim oder Bründel/Hurrelmann, könnte für Männer in der Abkehr von der Fixierung auf Erwerbsarbeit und in der Öffnung gegenüber der Familienarbeit der Schlüssel zu mehr Lebensqualität liegen: Mehr Lebensqualität im Sinne von mehr Gesundheit oder mehr Ausgeglichenheit und mehr Lebensqualität im Sinne eines breiteren Erfahrungsspektrums und erweiterter Entwicklungsmöglichkeiten. Doch wie sollen diese (möglichen) Gewinne glaubhaft vermittelt werden?

Mit dieser Frage, also der, was Männer durch Emanzipation (von traditionellen Männerbildern und von der Fixierung auf Erwerbsarbeit) gewinnen können, beschäftigen sich insbesondere die Männerforschung, die Männerbildung und sich selbst organisierenden Männergruppen (siehe hierzu den Beitrag von Markus Gumpinger). Die Bedeutung dieser Männerarbeit ist deshalb so groß, da die Angst vieler Männer vor Verlust derzeit noch deutlich stärker zu sein scheint als die Hoffnung auf Gewinne. So lange Männer aber Angst vor einem Wandel ihrer Rolle haben, werden sie ihn blockieren wollen und aufgrund ihrer im Vergleich zu Frauen immer noch größeren Macht in Politik und Wirtschaft auch blockieren können. Auch wenn die Emanzipation der Männer noch am Anfang steht, der Leidensdruck und damit auch die Handlungsnotwendigkeit für Männer wird sich vergrößern. Und da sich andere Bilder von Männlichkeit immer mehr etablieren und das traditionelle Bild durch Fakten und Vorbilder immer mehr in Frage gestellt wird, sind Fortschritte hier wahrscheinlich. Dafür spricht auch der Wertewandel, der sich bei jüngeren Männern andeutet (siehe hierzu auch den Beitrag von Birgit Schaufler).

Der Wandel (bzw. die Erweiterung) der männlichen Geschlechtsrolle und die Umverteilung der Familienarbeit zwischen Männern und Frauen werden auch von Ulrich Beck als wichtig angesehen. Sein Schwerpunkt ist allerdings eher die Ausweitung ehrenamtlicher Tätigkeiten.

Ausbau freiwilliger ehrenamtlicher Tätigkeitsmöglichkeiten/ Bürgerarbeit

Ulrich Beck stellt eine seiner Ansicht nach zentrale Frage: *Wie wird Demokratie jenseits der Vollbeschäftigungsgesellschaft möglich?* Für ihn ist die Antithese zur Arbeitsgesellschaft die Stärkung der aktiven Bürgergesellschaft insbesondere auf lokaler Ebene. Der Arbeitsmangel müsse in Zeit-Wohlstand und in selbst zu gestaltende Freiräume verwandelt werden.

Beck will mit der Bürgerarbeit „eine alternative Aktivitäts- und Identitätsquelle" neben der Erwerbsarbeit schaffen: „Bürgerarbeit als gemeinschaftsstiftendes Handeln ist eine Zwitterform, die es einer Gesellschaft, die in den letzten 2000 Jahren Arbeit zum anthropologischen Wesensmerkmal des Menschseins überhöht hat, erlaubt, einen ersten Schritt aus dem Wertimperialismus der Erwerbsarbeit in eine neue Art von Selbstverantwortlichkeit zu tun."

Bürgerarbeit meint dabei freiwilliges, selbstorganisiertes, auf konkrete Projekte bezogenes und zeitlich begrenztes Engagement auf lokaler Ebene. Hintergrund für dieses Modell ist zum einen der Wandel der Arbeitsgesellschaft (siehe Kapitel „Mythos Arbeitsgesellschaft"). Zum anderen liegt der Bürgerarbeit die Annahme zugrunde, dass es auf kommunaler Ebene im sozialen, kulturellen und ökologischen Bereich eine Vielzahl sinnvoller und nutzbringender Arbeitsmöglichkeiten gibt, die allerdings weder öffentlich noch privatwirtschaftlich finanziert werden.

Doch haben die Bürger überhaupt die Bereitschaft, sich auf Bürgerarbeit einzulassen, selbst wenn es sich um sinnvolle Projekte handelt? Tatsächlich spricht vieles dafür, dass es weitaus größere Potenziale für Bürgerarbeit, also freiwilliges Engagement, gibt als Kulturpessimisten behaupten: So engagierten sich beispielsweise im Jahr 1994 ca. 16 Millionen Westdeutsche in einer ehrenamtlichen Tätigkeit. Allerdings, und dies ist wesentlich für die Konzeption der Bürgerarbeit, findet der Großteil dieses Engagements weniger in traditionellen Verbänden oder Organisationen als in selbstorganisierten und zeitlich begrenzten Projekten statt, in denen die Engagierten durchaus auch egoistische Ziele verfolgen. Der Sozialwissenschaftler Helmut Klages weist in diesem Zusammenhang darauf hin, dass Individualismus und der Wunsch nach Selbstverwirklichung durchaus einhergehen können mit Engagement für Andere und mit ethisch-moralischen Motiven: Offensichtlich gehört für viele Menschen zur Selbstverwirklichung auch die Ausübung selbstgewählter und frei gestaltbarer ehrenamtlicher Tätigkeiten. Diese Potenziale zu nutzen und zu fördern ist ein Ziel der Bürgerarbeit.

Bürgerarbeit wendet sich aber auch gegen den „historischen Anachronismus", so Beck, „dass die entwickelten Wohlfahrtsstaaten die unfreiwillige Untätigkeit mehrerer Millionen Menschen bezahlen – und die Zahlungen sogar an das Versprechen der Untätigkeit knüpfen."

Bürgerarbeit soll also zum einen eine Option für diejenigen sein, die einer geregelten Erwerbsarbeit nachgehen und neben dieser noch selbstbestimmte Tätigkeiten ausüben wollen. Zum anderen sollen auch vorübergehend oder dauerhaft Arbeitslose die Möglichkeit erhalten, gemeinnützigen Arbeiten nachzugehen, von denen sie ebenso wie die Gemeinschaft profitieren können.

Bürgerarbeit soll dabei nicht entlohnt, aber durchaus belohnt werden: Zum Beispiel durch die Bescheinigung von Qualifikationen, die bei der Arbeit erworben wurden, oder durch die Anerkennung von Rentenansprüchen. Diejenigen, die finanziell darauf angewiesen sind, sollen zusätzlich ein „Bürgergeld" erhalten, das an die Stelle von Sozial- oder Arbeitslosenhilfe tritt.

Die vielleicht größte Schwierigkeit der Bürgerarbeit ist die Organisation. Wer entscheidet, welche Aktivitäten für die Kommune sinnvoll sind, wer macht Angebote und wer versucht, die brachliegenden Potenziale ehrenamtlichen Bürgerengagements zu fördern? Ulrich Beck will diese Probleme mit Gemeinwohlunternehmern und kommunalen Ausschüssen für Bürgerarbeit lösen.

Wesentlich sind die öffentlich finanzierten *Gemeinwohlunternehmer*, die sich Beck „als eine Mischung aus Mutter Teresa und Bill Gates" vorstellt. Gemeinwohlunternehmer sollen „visionäre Pragmatiker" sein, die Menschen miteinander ins Gespräch bringen, die sie motivieren, Dinge zu tun, an die der Einzelne von sich aus nicht gedacht hätte, und die es verstehen, soziales Kapital, also Netzwerke, Vertrauen und Kooperation auf- und auszubauen. Außerdem sollen sie innovative Unternehmer in dem Sinne sein, dass sie kommunale Aufgaben, denen sich die Bürgerarbeit zuwenden könnte, erkennen und daraufhin neue Projekte initiieren: Das Gespür des Gemeinwohlunternehmers für kommunale Probleme und Bedürfnisse soll damit einer fortwährenden Bedarfsanalyse der Kommune entsprechen, die ihre Antwort in der Entwicklung konkreter Projekte findet. Die direkte Zusammenarbeit mit den Bürgerarbeitern ermöglicht es dabei, bei der Planung neuer Projekte auch immer die Angebotsseite der Bürgerarbeiter zu berücksichtigen. Schließlich ist eine inhaltliche Übereinstimmung zwischen den Wünschen und Bedürfnissen der Bürgerarbeiter auf der einen und dem Bedarf der Kommune auf der anderen Seite zentral für den Erfolg der Bürgerarbeit.

Die Rückkoppelung des Gemeinwohlunternehmers mit der Kommune soll durch *kommunale Ausschüsse für Bürgerarbeit* erfolgen. Diese sollen aus Vertretern des Gemeinderates, der Wohlfahrtsverbände, Bürgerarbeitern, Nutznießern von Bürgerarbeit oder auch Unternehmensvertretern bestehen. Diese Ausschüsse sollen den Gemeinwohlunternehmer auswählen und benennen, einen Rahmen für seine Arbeit vorgeben, sie dadurch politisch legitimieren, und sie sollen als Instanz zur Beratung und Konfliktregulierung wirken.

Die konkrete Ausgestaltung von Bürgerarbeit ist damit keine Angelegenheit der Theorie. Vielmehr geht es um die konkrete Situation vor Ort. Bürgerarbeit könnte sich deshalb in verschiedenen Kommunen völlig unterschiedlich entwickeln, was durchaus die Erfolgschancen vergrößern würde, da die Konzeption der Bürgerarbeit an die lokalen Besonderheiten flexibel angepasst werden könnte. Abgesehen von der Schaffung bestimmter Rahmenbedingungen (z.B. Bürgergeld oder Anerkennung von Bürgerarbeitszeiten für die Rentenkasse) bleibt der Staat bei der Organisation der Bürgerarbeit außen vor (zu konkreten Erfahrungen mit der Bürgerarbeit siehe den Beitrag von Markus Hack).

Letztlich zielt Ulrich Beck mit seinem Modell der Bürgerarbeit auf die Überwindung der „Nur-Erwerbsarbeitsgesellschaft" hin zu einer „gemischten Tätigkeitsgesellschaft", in der sich Erwerbsarbeit, Familienarbeit und Bürgerarbeit in der individuellen Biographie nicht gegenseitig ausschließen, sondern ergänzen. Hierfür formuliert er als grundlegende Voraussetzungen:

1. „Eine Arbeitszeitverkürzung im Bereich der Vollerwerbsarbeit für alle.
2. Jede und jeder, Frauen und Männer, sollen ein Bein in der Erwerbsarbeit haben, sofern sie das wollen.
3. Elternarbeit, die Arbeit mit Kindern, wird ebenso gesellschaftlich anerkannt wie künstlerische, kulturelle und politische Bürgerarbeit, indem beide beispielsweise Ansprüche an Rente und Krankenversicherung gewähren.
4. Das gleichzeitige Engagement in Erwerbs- und Bürgerarbeit setzt damit schließlich auch eine Umverteilung der Familienverpflichtungen zwischen Männer und Frauen voraus."

Hintergrund für diese Forderungen ist die Einsicht, dass Bürgerarbeit nur dann eine Chance haben kann, wenn sie von einem breiten Bündnis getragen wird. So lange bestimmte Gruppen (Frauen oder Arbeitnehmer mit niedrigem Bildungsstatus) die Sorge haben müssen, sie würden mittels Bürgerarbeit quasi ruhig gestellt, werden die Widerstände gegen dieses Modell kaum zu überwinden sein.

Ob man nun die ökologisch Forschung oder die sozialwissenschaftliche Diskussion über den Wandel der Arbeitsgesellschaft betrachtet: Deutlich wird, dass die Kinder des Wohlstands auf ihrer Suche nach neuer Lebensqualität nicht alleine sind, sondern dass sie sich durchaus innerhalb eines bereits öffentlich geführten Diskurses bewegen. Dieser Diskurs soll im folgenden durch die Generationenperspektive der Kinder des Wohlstands ergänzt werden.

Die Kinder des Wohlstands diskutieren

Die Kinder des Wohlstands stehen vor der Wende zum „Weniger". Sie sind die ersten, die wirklich von den Folgekosten eines „Weiter-So" betroffen wären. Die über 40-Jährigen werden vermutlich drastische Auswirkungen von Umweltzerstörung, nationalen oder weltweiten Wohlstandskonflikten nicht mehr erleben. Der Druck zur Umorientierung lastet damit auf den Schultern der Jüngeren – sie hätten als erste massive Beeinträchtigungen durch Umweltschäden, durch marode Sozialsysteme oder durch weltweite Ungleichgewichte zu ertragen. Die Kinder des Wohlstands sehen sich deshalb vor der Aufgabe, ökologische, soziale und verteilungspolitische Probleme schnell und effektiv zu lösen, wenn sie nicht krisenhafte Entwicklungen hinnehmen wollen. Sie, für die materieller Reichtum nicht mehr die gleiche dominierende Rolle wie für die Nachkriegsgenerationen spielt, sind aber auch als erste Generation vom Bewusstsein und der Bildung her in der Lage, diese Aufgabe kreativ und ohne kontraproduktives Klammern an überkommene Bilder von Wohlstand zu lösen. Es ist diese zentrale Rolle junger Menschen, die die Motivation für die in diesem Kapitel geführte Diskussion von Bildern des „Guten Lebens" darstellt.

Die zentrale Frage ist, ob die Kinder des Wohlstands diese Wende zum Weniger als Verlust empfinden werden. Damit dies nicht geschieht, kommt es darauf an, den Blick für das zu schärfen, was jedem Einzelnen wirklich wichtig ist – es besteht die Notwendigkeit, in den Veränderungen das spezifisch Positive und Wertvolle zu erkennen. So kann aus der Wende zum „Weniger" auch eine Wende zum „Anders", ja sogar zum „Mehr" werden – wenn auch nicht geleugnet werden sollte, dass einzelne Veränderungen von den betroffenen Menschen sehr wohl als schmerzhaft erlebt werden können.

Die Kinder des Wohlstands müssen sich mit der neuen Situation arrangieren und müssen nach neuen Bildern des guten Lebens suchen. Dies kann nur in einem offenen Diskurs geschehen: Es geht um einen Austausch von Erfahrungen, Ideen, Ängsten, Sorgen zwischen einzelnen Menschen, um Gespräch, um Bekanntmachen und Vorleben. Es geht auch um Vorbilder, „Trendsetter" in Lebensstilen, um Entwürfe anderer, neuer Bilder des „Guten Lebens". Diese Entwürfe müssen allerdings glaubwürdig sein, wenn sie denn Schule machen wollen. Nach dem oben Gesagten bedeutet das, dass die Anregungen von Menschen kommen sollten, die tatsächlich etwas zu verlieren haben – also von jungen Menschen: Die Bedrohung ihrer Lebensqualität verleiht ihren Handlungen Glaubwürdigkeit.

In diesem Sinne ist der Inhalt dieses Kapitels zu verstehen: Ein Dutzend Beiträge junger Autoren mit verschiedenen fachlichen Hintergründen, mit unterschiedlichen Erfahrungen und Interessen stellen ihre von beruflicher und persönlicher Erfahrung bestimmten Bilder des „Guten Lebens“ vor, sie explizieren Lebensstile und machen sich Gedanken über die Nachhaltigkeit und Zukunftsfähigkeit der Grundlagen ihres Lebens und Arbeitens, sie provozieren durch deutliche Meinungsäußerung, sie bilanzieren ihnen wesentlich erscheinende Bereiche. Auf diese Weise können sie das Interesse des Lesers wecken; sie geben Stichworte, Ideen und regen zum Hinterfragen eigener Ansichten und Einstellungen oder zum Ausprobieren ihrer Vorstellungen an. Indem sie ihre Stellungnahmen aber vor dem Hintergrund der Überlegungen der vorangegangen Kapitel anstellen, setzen sie sich gleichzeitig der Diskussion und der kritischen Würdigung ihrer Gedanken aus – es entsteht ein sich selbst befruchtender und möglicherweise immer weitere Kreise ziehender Prozess, zu dem hier freilich nur ein Anfang gemacht werden kann.

Expertentum

Im ersten Kapitel des Buches wurde auf die zweifelhafte Rolle von „Experten“ hingewiesen, auf die Gefahren, die von allzu unkritischer Expertengläubigkeit und von der Experten manchmal eigenen „Betriebsblindheit“ ausgehen. In diesem Abschnitt wird hingegen Wert darauf gelegt, dass die Autoren gerade als Experten ihres Faches ihren Blick auf Lebensqualität und Wohlstand der Zukunft richten. Dieser scheinbare Widerspruch ist leicht zu erklären.

Die Gefahr, von der im Zusammenhang mit Spezialistentum gesprochen wurde, ist eine Gefahr des „Weiter so“: Expertenwissen hat eine Tendenz, andere Wege als die altbekannten und ausgetretenen Pfade entweder zu ignorieren oder, unter Hinweis auf angebliche Erfahrung, als ungangbar hinzustellen. Dies gilt um so stärker, je spezialisierter und daher weiter entfernt von allgemeinen, das jeweils ganze komplexe System, die gesamte Gesellschaft betreffenden Fragen das Wissen ist. Überspitzt gesagt: Expertenwissen ist wenig kreativ, wenn es einmal nicht um technisch Verfeinerungen, Verbesserungen bestehender Lösungen (im welchem Gebiet auch immer) geht, sondern um das Auffinden komplett neuer Lösungsstrategien und bis dahin unbeschrittener Wege. Ein Spezialist für Verbrennungsmotoren wird zwar eventuell Automotoren immer weiter verbessern können, sie effizienter und sauberer machen, doch wird er, vor dem Hintergrund seiner beruflichen Erfahrung, nur mit geringer Wahrscheinlichkeit technische Alternativen zu einem auf Verbrennungsmotoren gestützten Individualverkehr entwickeln oder gar wesentliche Beiträge zu weniger mobilen (und daher auf Individualverkehr weniger angewiesenen) Lebensstilen machen.

Andererseits ist fachlicher Sachverstand unerlässlich: Zum einen, wenn es darum geht, die Potenziale, Chancen und möglichen Hürden neuer Ideen abzuschätzen, seien es technische Neuerungen oder aber veränderte Verhaltensweisen. Denn Beurteilungen „aus dem Bauch heraus" führen oft in die Irre. So ist zum Beispiel der vielfach gepriesene „Biodiesel" laut Studien gar nicht so „Bio", wie der sympathisch und umweltfreundlich klingende Name nahe legt und wie die oberflächliche Diskussion gerne glauben macht.

Zum anderen aber ermöglicht erst ein gewisser Kenntnisstand und eine tiefergehende Spezialisierung überhaupt die Identifikation von Problembereichen, von gravierenden Fehlentwicklungen. So war es das IPCC, das International Panel on Climate Control, eine weltweite Vereinigung von Klimaforschern, das als erstes auf die möglichen bedrohlichen Folgen eines anthropogenen Klimawandels hingewiesen hat.

In diesem Sinne ist auch die Berufung auf den fachlichen Hintergrund der Beiträge zu sehen: Als Verweis auf eine erhöhte Sensibilität für problematische Entwicklungen und auf ein erhöhtes Interesse, sich kreativ bestimmten Fragen zuzuwenden (siehe auch den Kasten über die Verantwortung der Wissenschaft).

Verantwortung der Wissenschaft

Sowohl die Mitarbeit bei der Identifikation potenzieller oder bereits akuter Probleme als auch die Untersuchung, Prüfung (und natürlich auch die Generierung) neuer Ansätze sind originäre Verantwortlichkeiten „der Spezialisten". Dabei fallen unter die Gruppe der Spezialisten zwei Gattungen von Experten: Zum einen die im weitesten Sinne unter wirtschaftlichen Zwängen stehenden und in Abhängigkeit für Wirtschaftsunternehmen arbeitenden, zum anderen aber die in relativer Freiheit arbeitenden und häufig nicht wirtschaftlich denkenden Forscher und Entwickler in Universitäten und öffentlichen Forschungseinrichtungen.

Die zweite Gruppe, der universitär-wissenschaftliche Komplex, hat im Prinzip das bedeutsame und schützenswerte Privileg der Forschungsfreiheit. Angesichts wachsender (ökologischer, sozialer, ökonomischer) Probleme allerdings stellt sich die Frage, ob nicht zumindest eine moralische Verpflichtung der in der Wissenschaft Beschäftigten besteht, ihre von der Gesellschaft durch Steuergelder finanzierte Arbeitskraft teilweise wieder in den Dienst eben dieser Gesellschaft zu stellen und sich einer in Bezug auf die erwähnten Probleme relevanten Forschung zu widmen.

Der Physiker Ernst Becker, Mitarbeiter am Institut für sozial-ökologische Forschung in Frankfurt, geht sogar noch einen Schritt weiter: Seiner Ansicht nach geht „Wissenschaft" nicht nur in dem Sinne fehl, dass sie sich in ihrer Breite nicht mit ökologischen oder sozialen Problemen beschäftigt. Darüber hinaus „erweise sich Wissenschaft und Technik selbst als ein immer größeres ökologisches Risiko", da „ihre Fähigkeit, die Folgen eigener Eingriffe in Naturzusammenhänge zu antizipieren, wahrzunehmen und adäquat zu bearbeiten, gegenwärtig weit schwächer ausgeprägt ist als ihr Potenzial zur

Erzeugung von Innovationen" und damit von weiteren Risiken für Öko- und Sozialsystem. Daher fordert Becker die ökologische Umorientierung der Wissenschaft und ihre Einbeziehung in soziale und ökologische Verantwortlichkeit.

Derzeit zeichnet sich zumindest kein solcher Trend ab, im Gegenteil. Man kann zwei Strömungen beobachten: Zum einen findet eine Umschichtung zu angewandter Forschung statt, die sich zwar praktisch relevanten Fragen zuwendet, die aber oft unter dem Diktat der schnellen industriellen oder wirtschaftlichen Verwertbarkeit steht. Auf der anderen Seite aber ist eine Hinwendung zur Grundlagenforschung zu beobachten, oder zumindest ist von einer solchen Hinwendung zu hören: Unter Hinweis auf die gerade geschilderte Bedeutungszunahme der angewandten Forschung wird verstärkt die Bedeutung grundlagenbezogener Forschung, die keinem schnellen Verwertbarkeitsdruck ausgesetzt ist, betont; und in der Grundlagenforschung tätige Wissenschaftler verweisen mit einem gewissen trotzigen Stolz auf ihr Leben in einem selbstgewählten Elfenbeinturm, der mit dem Leben „da draußen" nichts oder, zum Glück, nur wenig zu tun hat.

Vielleicht ist die Situation aber gar nicht so schlimm. So wurde das Jahr 2000 zum „Jahr der Physik" ausgerufen, und zahlreiche physikalische Forschungsinstitutionen beginnen im Zuge des dazugehörigen Festprogramms tatsächlich, sich der Öffentlichkeit zu stellen und sich auf Diskussionen über ihr Treiben einzulassen.

Was erwartet den Leser?

Die nächsten zwölf Abschnitte des Buches wurden von unabhängigen Koautoren weitgehend in eigener Regie gestaltet. Die Koautoren, die aus unterschiedlichen wissenschaftlichen Bereichen stammen, setzen sich unter mehr oder weniger deutlicher Bezugnahme auf ihren fachlichen Hintergrund und unter Einbezug ihrer persönlichen Erfahrungen mit einigen Punkten auseinander, die von den Herausgebern formuliert worden sind und die grob in den folgenden Fragen subsummiert werden können:

- In welcher Art und Weise wird im jeweiligen persönlichen oder fachlichen Umfeld die Unmöglichkeit eines „Weiter So" und damit die Notwendigkeit eines Überdenkens der bisherigen Handlungsgrundlagen deutlich?
- Was kann die jeweilige Wissenschaft oder auch nur private Lebenserfahrung zu einer Lösung des Problems beitragen? Was sind die Ideen, die möglichen Leitbilder, die wesentlichen Diskussionsbeiträge, die sich jeweils anbieten?
- Wie sehen, ganz konkret, mögliche Handlungsansätze aus, die sich aus den erwähnten Ideen und Leitbildern ergeben? Gibt es bereits Anzeichen für solche Ansätze? Wie sind deren Chancen auf Verwirklichung?

Da den Autoren weitgehende Freiheit belassen wurde – nur ihre grundsätzliche Übereinstimmung mit den im ersten Teil ausgearbeiteten Thesen erschien notwendig – haben die Beiträge eine breite Streuung hinsichtlich ihres Charakters, die zunächst verwirren mag, indes aber auch den ergebnisoffenen und möglichst breiten Diskussionsprozess versinnbildlicht.

Den Anfang macht *Matthias Berninger*, der 1994 als damals jüngster Abgeordneter für Bündnis 90/Die Grünen in den Deutschen Bundestag einziehen konnte. Als aktiver Politiker steht er vor dem Problem, gegebenenfalls unpopuläre Ansichten äußern zu müssen, um größeren Schaden von der Gesellschaft abzuhalten. In diesem Sinne akzeptiert er explizit das „Knappheitsparadigma", das staatliche Spielräume einschränkt. Doch gleichzeitig besteht er auf den gestalterischen Einflussmöglichkeiten von „Politik in Zeiten der Knappheit" (Bernd Ulrich) und weist auf vielversprechende Tendenzen auf dem Arbeitsmarkt hin.

Die Geographin *Andrea Beste* befasst sich in ihrem Beitrag mit den schädlichen Auswirkungen konventioneller Landwirtschaft und den ihr zugrundeliegenden Bedürfnisstrukturen. Als Alternative bietet sie den ökologischen Landbau an, der mehrere Vorteile bietet: Zum einen schont er die Umwelt, da er zum Beispiel auf Überdüngung oder den Einsatz von genmanipulierten Pflanzensorten verzichtet; zum anderen aber kann er die gesündere Form der Ernährung gewährleisten. Auch die Nord-Süd-Problematik könne, so Beste, bei einem geänderten Konsumverhalten entschärft werden.

Wie das von jedem Menschen erstrebte Lebensglück mit dem hier oft verwendeten Begriff Lebensqualität zusammenhängt, untersucht der Psychologe *Ralf Gallep*. Ihn interessiert vor allem, welche Faktoren das Lebensglück eines Menschen ausmachen können und welche wesentlichen Barrieren es auf dem jeweiligen „Weg zum Glück" gibt. Außerdem untersucht er, inwieweit die „Kinder des Wohlstands" gute Voraussetzungen haben, um glücklich zu werden.

Um das vermeintlich starke Geschlecht geht es in dem Beitrag von *Markus Gumpinger*. Der Sozialwissenschaftler untersucht anhand seiner eigenen Biographie, was den typischen Mann in der Generation der „Kinder des Wohlstands" ausmacht. Dabei fällt ihm auf, dass im Gegensatz zu den heutigen Frauen die Männer sich nur selten kritisch mit ihrer sozialen Rolle auseinandersetzen – und das obwohl ihr Rollenbild für sie mit manchem Nachteil verbunden ist. Daher, so fordert Gumpinger, müssten Männer lernen zu sehen, wo eine Veränderung ihrer Rolle Chancen bietet und wo das bisherige Rollenstereotyp sie gefangen hält – nämlich in Abhängigkeit von den gesellschaftlichen Ansprüchen an den starken, beruflich erfolgreichen Mann.

Auf der Suche nach Sinn- und Identitätsstiftung jenseits von Erwerbsarbeit ist der Journalist *Markus Hack*. Er untersucht am Beispiel seiner Heimatstadt Nürnberg, welche Formen ehrenamtliches Engagement annehmen kann. Dabei ist er auf einige Projekte gestoßen, die sich an Ideen von Wissenschaftlern wie Ulrich Beck anlehnen: Sie fördern die zivile Bürgergesellschaft, in der der Einzelne, sei er arbeitslos oder erwerbstätig, im ehrenamtlichen Engagement sinnvolle Arbeit leistet und dabei auch selber profitiert, sei es durch erworbene Qualifikationen oder durch das Gefühl, benötigt zu werden.

Heidrun Ludwig beschäftigt sich danach mit der Frage, wie es zu der großen Diskrepanz zwischen dem Wissen um ökologische Zusammenhänge und den praktizierten Lebensstilen kommen kann. Die Pädagogin vertritt die Ansicht, dass es Aufgabe einer modernen Pädagogik sein müsse, das Wissen erfahrbar zu machen: Ökologische Probleme sind oft sehr abstrakt – Radioaktivität sieht man nicht. Daher erachtet die Pädagogin es als wichtig, Probleme zu visualisieren, bestehende Schäden vergleichbar zu machen und ohne Katastrophenrhetorik die Bedeutung des Einzelnen in ökologischen Zusammenhängen zu verdeutlichen; notwendig seien auch einfach zu befolgende Handlungsanweisungen – ein „Öko-Knigge" müsse her.

Die Ökonomen *Ines Omann* und *Axel Nordmann* widmen sich im Anschluss daran einer der Ursachen der ökologischen Krise: der Ideologie des Wirtschaftswachstums. Im Rahmen der Kritik an dieser Ideologie diskutieren sie die Möglichkeiten eines Wirtschaftsmodells, das ohne Wachstum auskommt. Dabei betonen sie, dass insbesondere der Wechsel zu einem derartigen Wirtschaftsmodell, wenn überhaupt, nur sehr schwer zu realisieren sei. Daher stellen sie einige pragmatische Postulate für eine zukunftsfähige Wirtschaftsordnung auf, die unter anderem den Handel mit Umweltzertifikaten beinhaltet und in der die Erwerbsarbeit für den Einzelnen eine kleinere Rolle als heute spielt.

Der Physiker *Stefan Pfahl* diskutiert das Problem des Verkehrs, der eine gewichtige Ursache von Umweltverschmutzung darstellt. Lösungsansätze stellen hier zum einen technische Neuerungen wie energiesparende Motoren dar, zum anderen aber die Änderung von Lebensstilen, die Verkehr voraussetzen oder erzeugen. Nach Ansicht von Pfahl reicht das aber nicht aus, da das heutige Verkehrssystem seine eigene Dynamik entwickelt und die Autonomie der Menschen bereits massiv eingeschränkt hat. Genau diese Entwicklung könnte allerdings so hohe interne Kosten hervorrufen, dass sich künftig der Wunsch nach großer Mobilität zwangsläufig vermindert.

Der Zahnmediziner *Stephan Rosing* diagnostiziert in der Medizin einen Umbruch: Das Bild des „Halbgottes in Weiss" wandelt sich, die Vorstellung einfacher Wirkzusammenhänge wird mehr und mehr zu Gunsten ganzheitlicher Betrachtungen von Krankheit und Gesundheit aufgegeben. Wesentlich ist hier das neue Selbstbewusstsein der Patienten, die mehr als früher nachfragen und sich als Person ernstgenommen sehen wollen. Das wird Auswirkungen auf das Gesundheitssystem haben: weg von der technokratischen Verwaltung von einzelnen Krankheitssymptomen hin zu einer umfassenden Sorge um das Wohl des ganzen Menschen.

Die „Krise der Familie“ wird schon lange beschworen – zu Unrecht, wie *Birgit Schaufler* findet. Die Sozialwissenschaftlerin untersucht in ihrem Beitrag die historische Entwicklung des Familienbegriffs und resümiert, dass das Gerede von der Krise Ausdruck einer größer gewordenen Vielfalt von Modellen des Zusammenlebens sei. Der gesellschaftliche Wandel vor allem auf dem Gebiet der Erwerbsarbeit zwinge die Menschen dazu, auch die Organisation ihres Privatlebens zu überdenken. Das biete die Chance, die Nachteile von über Generationen zementierten Vorstellungen zu überwinden – fordere aber Flexibilität und ein Umdenken aller Beteiligten.

Susanne Stark geht ebenfalls auf eine Facette des gesellschaftlichen Wandels ein, wenn sie Probleme, Chancen und die Realisierung von Partizipationsmöglichkeiten beschreibt. Die promovierte Landschafts- und Raumplanerin stellt fest, dass der Mensch zwei Rollen einnimmt – einmal die des Staatsbürgers, der an politischen Prozessen beteiligt werden möchte, und einmal die des Kunden, der einfach eine staatliche Dienstleistung in Anspruch nehmen will – und dass diese beiden Rollen einander teilweise widersprechen. Als möglichen Ausweg skizziert sie die vermehrte Beteiligung der Bürger an lokalen, ihr direktes Lebensumfeld betreffenden Entscheidungen

Den Abschluss bildet die promovierte Theologin *Barbara Staudigl* mit ihrem Artikel über die Ethik Emmanuel Lévinas'. Lévinas betont die Bedeutung der Verwundbarkeit des Menschen, die ihn zur Verantwortung führen kann: Weil es die sinnliche Erfahrung der Verwundbarkeit gibt, können andere Menschen als verwundbar wahrgenommen werden. Dadurch aber entsteht ein Gefühl der Verantwortung für den Anderen. Aus diesem Modell leitet Staudigl Forderungen an eine moderne Pädagogik ab, die verantwortliche Menschen erziehen will.

Matthias Berninger

Das Knappheitsparadigma

Matthias Berninger, Jahrgang 1971; verheiratet, ein Sohn. 1994 erstes Staatsexamen für das Lehramt an der Universität Gesamthochschule Kassel. Seit 1990 Mitglied bei BÜNDNIS 90/DIE GRÜNEN. 1993 bis 1997 Gemeindevertreter in Ahnatal; 1993 bis 1994 Mitglied im Kreistag des Landkreises Kassel. Mitglied des Bundestages seit 1994. Ordentliches Mitglied im Haushaltsausschuss und im Ausschuss für Bildung, Forschung und Technikfolgenabschätzung.

Die Erfahrung der Knappheit

Der erste Bericht an den „Club of Rome" 1972 brachte „Die Grenzen des Wachstums" in das Blickfeld der Politik. Diese Studie ging von der Endlichkeit natürlicher Ressourcen aus, die sich in der Ölkrise und der Umweltverschmutzung (Waldsterben) bereits manifestierte. Sie forderte eine Bewegung weg von der Ideologie quantitativen Wachstums hin zu einem qualitativen Wachstum ein. Dabei wird qualitatives Wachstum verstanden als eine Entwicklung, bei der Wohlstand und Lebensqualität steigen, ohne dass diese Verbesserung notwendigerweise durch ein Mehr an Ressourceneinsatz und -verbrauch „finanziert" wird. Nach der Wachstumseuphorie der Wirtschaftswunderjahre wirkte diese Wachstumskritik geradezu revolutionär und führte zu einer bis heute dauernden Debatte über zukunftsfähige Wirtschaftsmodelle. Der Bericht ging auch auf die Frage der Verteilungsgerechtigkeit zwischen entwickelten und unterentwickelten Erdteilen ein.

Neben das Problem der Rohstoffversorgung trat in den 70er Jahren das Phänomen der Massenarbeitslosigkeit. Die bis dahin als Einzelschicksal wahrgenommene Arbeitslosigkeit wurde zum umfassenden Problem der Verteilung der Erwerbsarbeit. Sie ist damit auch eine Form von Ressourcenknappheit. Zunehmende Sozialausgaben führten zu wachsender Staatsverschuldung und, damit einhergehend, zu einer abnehmenden Handlungsfähigkeit der Staaten.

Die geschilderten Phänomene wurden begleitet (und zumindest teilweise auch ausgelöst) von umfassenden technischen Entwicklungen, welche die Struktur der Wirtschaft massiv beeinflussten: Die Entwicklung des Computers ermöglichte weitreichende Rationalisierungen, das rasante Fortschreiten auf dem Gebiet der Kommunikations- und Informationstechnologien löste den Wandel der Industrie- zur Dienstleistungs- und, sehr modern, zur Wissensgesellschaft aus. Klarerweise mussten diese Veränderungen auch Einfluss auf die Gestaltung der Arbeitswelt haben, sowohl bezüglich des

Maßes an verteilbarer Arbeit als auch der Anforderungen an die Qualifikation (und Mobilität) der Arbeitnehmer. Aufgrund der desolaten Lage der ostdeutschen Industrie verschärfte sich seit der Wiedervereinigung 1991 die Lage am Arbeitsmarkt. Infolgedessen wuchs auch der Handlungsdruck auf die Politik, auf Gesellschaft und Regierung.

Versagen der Kohl-Regierung

Die damals amtierende Bundesregierung unter Helmut Kohl reagierte auf diese Herausforderungen nicht in angemessener Art und Weise. Während sich die Welt rasant änderte, wollte doch die offizielle Politik das entweder nicht wahrnehmen oder war nicht (mehr) in der Lage, die notwendigen Maßnahmen zu ergreifen. Das Wort vom „Reformstau" machte die Runde und stand in einem denkwürdigen Kontrast zu des Kanzlers Versprechen von „blühenden Landschaften" im deutschen Osten, das ihn 1990 zum Kanzler gemacht hatte. Oskar Lafontaine, der, was den Zeithorizont für die Bewältigung der vereinigungsbedingten Probleme anbelangt, damals die realistischere Einschätzung hatte und äußerte, verlor diese Wahl nicht zuletzt deshalb, weil Kohl die Beibehaltung des Status Quo versprach – eine Zukunft, in der es keinem schlechter gehen sollte und in der von niemandem allzu große Veränderungen oder Anpassungsleistungen erwartet würden.

Dass dieses Versprechen nicht einhaltbar sein würde, dürfte auch den damaligen Akteuren schon klar gewesen sein. Gerade deshalb hat die weitere negative Entwicklung des Arbeitsmarktes vor allem in den neuen Ländern zu einer tiefgreifenden Enttäuschung gegenüber „der Politik" in der Bevölkerung geführt – „Politikverdrossenheit" wurde einmal eines der (Un)Worte des Jahres. Dieser Tiefpunkt des Verhältnisses zwischen Regierten und Regierenden hatte aber vielleicht insofern sein Gutes, als sich die Einsicht abzuzeichnen scheint, dass ein ehrlicherer Umgang mit den aktuellen Problemen Not tut, dass ein Ende der Versprechungen, der reinen Symbolpolitik und des Beharrens auf dem Status Quo gefragt ist. Dazu muss, in allen Bereichen, die Begrenztheit der Ressourcen in die Überlegungen einbezogen werden, es muss, um es mit Bernd Ulrich zu sagen, die „Brille der Knappheit" aufgesetzt werden. Nur auf diesem Weg, so scheint es, kann „die Politik" wieder Glaubwürdigkeit erlangen.

Wechsel zu Rot-Grün

Vor diesem Hintergrund erscheint es logisch, dass mit dem Regierungswechsel zu Rot-Grün 1998 eine Phase des Umdenkens begann, in der ein Überblick über die wirtschaftliche, finanzielle und soziale Situation gewonnen werden musste. Im Zuge dieser Arbeit wich der in langen Jahren auf der Oppositionsbank antrainierte Oppositionsreflex langsam einer Haltung, die sich stärker am Gegebenen orientiert – dem „Primat des Faktischen". Mit dem dramatischen Abschied Lafontaines als SPD-Vorsitzender und vom Amt des Finanzministers beschleunigte sich dieser Prozess noch, denn das Gewicht derer in der Bundesregierung, die eine stärker ideologisierte Politik auf der Grundlage des Wünschenswerten, nicht des Machbaren, betreiben wollten, schrumpfte. Doch auch wenn einige große Hindernisse überwunden scheinen – noch immer tun sich viele Wähler, viele Engagierte an der Parteibasis und auch viele Politiker in Regierungsverantwortung schwer mit dieser Umorientierung.

Dennoch: Alles in allem können die ersten zwei Jahre der rot-grünen Koalition als Erfolg gelten, ja sie könnten sich sogar als historisch bedeutsam erweisen, wenn überzeugend dargelegt werden kann, dass diese Regierung tatsächlich in mehreren Politikbereichen den Weg hin zu einer nachhaltigen Entwicklung gewählt hat. Zu einer Entwicklung, die nicht mehr auf „Pump", auf Kosten zukünftiger Generationen lebt, sondern die Rechte dieser Generationen in heutige Entscheidungen einbezieht. Bis jetzt zeichnet sich eine solche Entwicklung schon in einigen Bereichen ab: So erfolgte der Einstieg in die ökologische Steuerreform, mit der Einfluss genommen wird auf die Energiebedarfsdeckung und die aus ihr resultierende Umweltbeeinträchtigung. Das Staatsbürgerschaftsrecht wurde so modifiziert, dass sie dem zukünftigen Zusammenleben von Menschen verschiedener Herkunft eher angemessen ist als das angestammte Blut-und-Boden-Recht, ein Relikt aus dem Kaiserreich. Es wurde mit einer durchaus schmerzhaften Konsolidierung des Haushaltes begonnen, die sicherstellen soll, dass der Staat auch in Zukunft seinen elementaren Aufgaben nachkommen kann. Die Diskussion über den Ausstieg aus der Atomenergie dauert noch an, doch gibt es berechtigte Hoffnung, dass wir die Wende hin zu einer Energieversorgung schaffen können, die nicht dauerhaft ein unkalkulierbares Gefahrenpotenzial für Bevölkerung und Nachkommen darstellt. Und auch in der Renten- und Gesundheitspolitik deuten sich wegweisende Veränderungen an, die freilich noch der Ausgestaltung bedürfen.

Inwieweit das Knappheitsparadigma und die daraus resultierende Politik eine Überforderung unserer Gesellschaft darstellen, wird davon abhängen, ob wir es schaffen, Erfolge mit unserem Vorgehen zu erzielen und die drängenden Probleme nachhaltig zu lösen.

Haushaltspolitik: Zwischen wünschenswert und machbar

Rot-Grün wurde nicht zuletzt gewählt, weil der Wähler diesem Bündnis eher die notwendige soziale Ausgewogenheit bei der Umsetzung notwendiger Reformen zutraute. Daher gibt es verständlicherweise ein gewisses Misstrauen zum Beispiel gegenüber

Ankündigungen, bestehende soziale Leistungen zu überdenken oder bestimmte Versorgungsleistungen neu zu organisieren. Ankündigungen, die unerlässlich sein werden, wenn denn die sozialen Sicherungssysteme (im Rahmen der Haushaltsmöglichkeiten) funktionsfähig erhalten werden sollen. Immer wieder agieren Lobbyisten wie Gewerkschafts- oder Ärztevertreter, die nicht zuletzt aus durchsichtigem Bemühen um den eigenen Einfluss oder um Partikularinteressen Misstrauen und Ängste schüren.

So sehr Misstrauen gegenüber politischen Entscheidungen auch angebracht sein mag: Angesichts der demographischen Entwicklung, der derzeitigen schwierigen Situation der sozialen Sicherungssysteme und der immer noch knappen Staatsfinanzen müssen wir umlenken, umdenken und auch sparen, wenn wir staatliche Handlungsspielräume überhaupt erhalten wollen – anders gesagt: wenn wir nicht untätig eine Situation heraufziehen sehen wollen, die in deutlich größeren Einbußen für jeden Einzelnen gipfelt. Genau dies ist die „Brille der Knappheit": Das Sparen, das Überdenken von Leistungen und die Neuausrichtung bestehender Sicherungssysteme erfolgen ja nicht aus einer ideologisierten Ablehnung staatlicher Intervention. Das Ziel ist eben nicht der neoliberal schlanke „Nachtwächterstaat", der sich nicht einmischt, sondern der aufmerksame Staat, der sich gerade dort zu Worte melden kann, wo es Not tut. Sparen ist kein Selbstzweck, sondern schlichtes Gebot der Stunde. Demgemäss stehen zwar auch alle Leistungen auf dem Prüfstand, ohne dabei einem Rasenmäherprinzip zu folgen. Vielmehr ist es erklärter Wille, innerhalb dieses Prüfungsprozesses eindeutige Prioritäten zu setzen: So setzen wir auf Innovation in Bildung und Forschung und tragen die Haushaltskonsolidierung gerade nicht auf dem Rücken der sozial Schwachen aus, sondern unterstützen gleichermaßen Familien und Existenzgründer.

Daran wird deutlich, dass das Anerkennen der Knappheitssituation und die Einsicht in die eingeschränkten Wirkmöglichkeiten des Staates nicht die Selbstaufgabe der Politik bedeutet. Denn gerade angesichts schwindender Einflussmöglichkeiten, was die Verfügbarkeit von Ressourcen betrifft, wird die Rolle des Staates als Moderator, als Steuerorgan, als Setzer und Durch-Setzer von Prioritäten bedeutsamer.

No work – new work?

Wir haben es zur Zeit auf einem wesentlichen Feld mit einem Knappheitsproblem zu tun: Der Erwerbsarbeit. Das Phänomen des „jobless growth", also des Wirtschaftswachstums ohne parallele Neuschöpfung von Arbeitsplätzen, und der strukturellen Arbeitslosigkeit betreffen seit Jahren fast alle hochindustrialisierten Staaten. Die jetzige Bundesregierung hat ihr Schicksal eng von der Senkung der Arbeitslosenzahlen abhängig gemacht und versucht durch verschiedene Gesetzesvorhaben und Initiativen, mehr Beschäftigung zu erreichen. Hier seien nur das „Bündnis für Arbeit" und das Programm „JUMP" erwähnt, durch das vor allem junge Menschen wieder Anschluss an den Erwerbssektor finden sollen und ihrer Dequalifizierung entgegengewirkt werden soll.

Es ist sehr deutlich, dass wir uns auf dem Weg in die Wissensgesellschaft befinden: Flankiert von kulturellen Prozessen der Individualisierung, der Flexibilisierung von Lebenszuschnitten und Biographien, verdrängt die Generierung, Verarbeitung und Vermarktung von Wissen zunehmend die klassischen Produktionsfaktoren Boden, Arbeit und Kapital. Die gesellschaftlichen Konsequenzen dieser Entwicklung sind strittig. Jeremy Rifkin verficht in seinem Buch „End of Work" (1995) die These, die Industrieländer stünden vor einem vom Prozess der Globalisierung noch geförderten Strukturwandel, an dessen Ende den meisten Menschen die Arbeit in geregelten Beschäftigungsverhältnissen verloren gehe und sich die Gesellschaft in 80% Verlierer und 20% Gewinner aufspalte. Ein Blick auf aktuelle oder auch nur technisch vorstellbare Rationalisierungsmöglichkeiten in der gesamten Dienstleistungsbranche macht geneigt, den Thesen Rifkins zuzustimmen.

Doch chronische Erwerbslosigkeit und eine Spaltung der Gesellschaft, wie Rifkin sie schildert, sind eine große Gefahr: auf individueller Ebene für das Selbstwertgefühl des Menschen, auf gesellschaftlicher Ebene für das Fundament unserer Demokratie, auf volkswirtschaftlicher Ebene für die Zukunft unseres Sozialstaates. Eine positive Zukunft Deutschlands hängt von einer hohen Erwerbsquote ab, will man nicht den Absturz aller staatlichen Sicherungssysteme hinnehmen. Welche Entwicklungspfade jenseits Rifkin'scher Schwarzmalerei sind also möglich? Ich möchte auf einige Stichworte eingehen.

Glaubt man den Trends, so werden in den nächsten Jahren in Deutschland weit mehr Menschen in den Ruhestand gehen als neu in den Arbeitsmarkt drängen. Die dadurch entstehende Entlastung des Arbeitsmarktes ist schon jetzt zu erkennen, allerdings in ihrem Umfang noch nicht genau zu abzuschätzen. Doch scheint die Ankündigung des Bundeskanzlers realistisch, dass die Arbeitslosenzahlen aufgrund der demographischen (und konjunkturellen) Entwicklung bis Ende 2002 auf unter 3,5 Millionen fallen werden. Allerdings muss auch die Frage gestellt werden, ob es sinnvoll ist, bei steigender Lebensdauer das Rentenalter nicht anzupassen oder gar die „Rente mit 60" zu fordern – eine einseitige Entlastung des Arbeitsmarktes auf Kosten der Rentenversicherungszahler würde sicher Verteilungskonflikte zwischen den Generationen schüren.

Wesentlichen Anteil an der Konjunktur in Deutschland hat nach wie vor der Export gerade in den klassischen Industriezweigen, zum Beispiel Maschinen- und Anlagebau oder Automobilbau. Doch mehr und mehr richtet sich das Augenmerk auf die Informations- und Kommunikationsbranche. Handys, Internet, E-Commerce, Computer und Software sind Schlagworte, auf deren beschäftigungsfördernde Wirkung sich viele Hoffnungen richten. Prognosen deuten darauf hin, dass die Internet-Ökonomie künftig ein Drittel des Wirtschaftslebens der Wissensgesellschaft ausmachen kann und damit zum Herz der neuen Volkswirtschaften avanciert.

Mit der Ausbildung neuer Industriezweige verändert sich auch der Charakter der Arbeit. Neben all ihren eben erwähnten Hoffnungen für die Entwicklung der Arbeitslosenzahlen scheint die Einführung und Ausbreitung der Informations- und Kommunikationstechnologien zu erhöhten Anforderungen an die Flexibilität der Arbeitnehmer und des Arbeitsmarktes zu führen: Erhöhte Mobilitätsanforderungen, häufige Firmen- und Betätigungswechsel, selbständigeres Arbeiten, abwechselnde Phasen der Weiterbildung und der Erwerbslosigkeit durchaus auch in Verbindung mit Einkommenseinbußen werden das Bild der Arbeit von Morgen prägen, unter Verlust der bis heute gebräuchlichen Normalerwerbsbiographie des lebenslangen Arbeitens in einem und für ein Unternehmen. Diese Veränderungen werden Einfluss auf das Privatleben, auf die Familien und auf die Gesellschaft haben, doch die neuen Entwicklungen ausschließlich zu kritisieren, hieße, ihre Chancen nicht sehen zu wollen und nötige Vorbereitungen zu versäumen: Vorbereitungen im Bildungssektor, der ständig Angebote zum Lernen und zur Weiterbildung bereitstellen muss, damit die Menschen die neuen Anforderungen erkennen und meistern können. Vorbereitungen in der Sozial- und Familienpolitik, die nicht einfach hinnehmen darf, dass sich die Gesellschaft in Arm und Reich aufspaltet und, zum Beispiel, immer mehr Kinder von der Sozialhilfe leben müssen. Vorbereitungen bei der Förderung des niedrig entlohnten Arbeitssektors mit Steuermitteln, um eine Aufspaltung der Gesellschaft zu verhindern. Und schließlich Vorbereitungen bei einer Neugestaltung der Bedingungen am Arbeitsmarkt: Erleichterte Existenzgründung, Profilierung neuer Berufsfelder, leichtere Zuzugsmöglichkeiten für hochqualifizierte Ausländer. Werden diese Vorbereitungen rechtzeitig in Angriff genommen, so bietet „new work" große Chancen und mehr Freiheitsgrade für den Einzelnen, nämlich mehr Entscheidungsfreiräume, weniger Hierarchie und ein Mehr an Zeitsouveränität in Verbindung mit der Hoffnung auf neue Wachstumschancen der Wirtschaft.

Einer weiteren Branche werden große Wachstumschancen und positive Beschäftigungseffekte nachgesagt: den Biotechnologien und der Gesundheitsbranche. Älter werdende wohlhabende Gesellschaften sind offensichtlich bereit, erhebliche Mittel aufzuwenden, um die höheren Lebensjahre attraktiv und lebenswert zu erhalten. Generell gesagt stiegen die Ausgaben für Gesundheit, Pädiatrie und Wellness. Zwischen 1970 und 1998 erhöhte sich der Anteil der Gesundheitsausgaben am BIP von 11 % auf 14,3 %, von 2766 DM auf 5877 DM je Einwohner. Eine Entwicklung, die begleitet wird von einem immensen Anwachsen medizinischer Möglichkeiten aufgrund großer Fortschritte in den Biotechnologien und der Pharmaindustrie. Um diesen Wachstumstrend positiv für den Arbeitsmarkt nutzen zu können, müssen allerdings die sozial- und wirtschaftspolitischen Rahmenbedingungen angepasst werden, da im derzeitigen Modell ein unkontrolliertes Anwachsen der Ausgaben zwangsläufig zu einem Anstieg der Versichertenbeiträge führen würde. Die damit verbundene stärkere Belastung der Arbeit mit Lohnnebenkosten ist jedoch nicht zumutbar. Daher ist es vernünftig, über Globalbudgets die öffentlichen Leistungen der Krankenkassen unter Kontrolle zu halten, über Zuzahlungen nachzudenken und durch neue Regelungen z.B. bei der Verschreibung von Wellness-Leistungen den Weg für mehr Arbeit und für Kostenersparnis in den gesetzlichen Krankenversicherungen zu ebnen.

Fazit

Die neue Situation der Knappheit (an Ressourcen, an Haushaltsmitteln) erfordert eine Neuausrichtung staatlichen Handelns. Dies ist ein schwieriger, teilweise schmerzhafter Prozess, für den es Vertrauen und Unterstützung bei den Menschen aufzubauen gilt. Die seit 1998 amtierende Bundesregierung hat in mehreren Politikbereichen den Einstieg in zukunftsfähige Entwicklungen versucht und geschafft, auch wenn noch vieles zu tun bleibt. Doch angesichts der bisherigen Erfolge und der spürbaren Zustimmung der Bevölkerung erscheint Optimismus angebracht, dass die Versäumnisse der Regierung Kohl aufgeholt werden können und wir in Zeiten der Knappheit Deutschland fit machen können für eine lebenswerte und wettbewerbsfähige Zukunft. Dabei kommt der Bildung als zentralem Standortfaktor der Zukunft eine besondere Rolle zu.

Andrea Beste

Gesundes Leben, erfüllte Arbeit, faires Teilen

Andrea Beste, Jahrgang 1967, studierte von 1990–1996 Diplomgeographie in Mainz, Schwerpunkte: Standortgerechter Landbau in den Tropen, Bodenschutz. Dissertation in Agrarwissenschaften 1996 bis voraussichtlich 2000, Uni Giessen. Seit 1996 Mitarbeiterin der Stiftung Ökologie & Landbau (SÖL), Bad Dürkheim. Seit 1998 Leitung des Projektes „Schulung und Fortbildung im Bodenschutz" im „Projekt Ökologische Bodenbewirtschaftung" (PÖB) der SÖL. Vortragstätigkeiten zu den in diesem Beitrag behandelten Themen Bodenschutz, Regionalentwicklung, Ökolandbau, Gentechnik und Tropenlandbau.

Was heißt hier High-Technology?

Die Fähigkeit des Menschen, sich zielgerichtet die Ressource Boden nutzbar zu machen, war und ist Grundlage für die Entstehung der unterschiedlichen Kulturen weltweit. Wir haben inzwischen eine hohe Perfektion darin erreicht, dem Boden Produkte für alle Lebensbereiche abzuringen. Bei der Nutzung des Bodens als Black-Box, die bei massivem chemischen Input ausgeklügelter Zusammensetzung den gewünschten Rohstoff in passender Qualität und Menge für die industrielle Weiterverarbeitung (und dies gilt inzwischen ja überwiegend auch für Lebensmittel) hervorbringt, missachten wir aber einerseits die natürlichen Funktionen und Regelmechanismen unserer Agrar- (und Forst-)Ökosysteme, andererseits entfernen wir uns selbst immer mehr von gesunden Ernährungsstrukturen.

Die Landwirtschaft hat sich in den letzten Jahrzehnten zu einer industriellen Landwirtschaft entwickelt, in der die kurzfristige Gewinnmaximierung Richtwert allen Handelns ist. Dabei kommt die Zielsetzung des Höchstertrages sowohl produktions-biologisch als auch finanziell als typische Folge unserer aktuellen Wachstumshuldigung schon einer Zwangsvorstellung gleich. Die langfristige ökologische Verträglichkeit der praktizierten Bewirtschaftung gerät dabei aus dem Blickwinkel. Für die Entwicklungsländer ist der Nahrungsmittelmangel als Folge der Bodendegradation nichts Neues. Der *Rat der Sachverständigen für Umweltfragen* und der *Wissenschaftliche Beirat der Bundesregierung Globale Umweltveränderungen* wiesen jedoch schon 1994 auch für die Industrieländer darauf hin, dass neben der Belastung des Trinkwassers mit Nitrat und Bioziden sich häufende Überschwemmungskatastrophen und eine sinkende Grundwasserneubildungsrate erste Anzeichen einer Bodenzerstörung seien, die zunächst „nur" finanzielle Belastungen unserer Wohlstandsgesellschaft mit sich bringen, aber langfristig nicht nur in den Entwicklungsländern, sondern auch in den Industrienationen die Nahrungsmittelversorgung bedrohen.

Der Traum von der technischen Steuerbarkeit biologischer Systeme ist noch lange nicht ausgeträumt. Die Faszination, die in der Landwirtschaft von den direkten Beeinflussungsmöglichkeiten durch Technik oder Chemie ausgeht, ist in erster Linie dem (falschen) Eindruck zu verdanken, diese Beeinflussungsmöglichkeiten seien einfach, zielsicher und kontrollierbar. Einfach sind die meisten High-Tech-Beeinflussungsmöglichkeiten (Maschinentechnik, chemische Steuerung des Pflanzenwachstums, Gentechnik) im Vergleich zur Komplexität natürlicher Systeme auch wirklich und vor allem daher sehr beliebt. Sie suggerieren ein simples Bild menschlicher Möglichkeiten der Manipulation, indem sie die komplexe Vernetzung von ökologischen Systemen fast vollständig ausblenden. Man muss sich zur Anwendung nicht in komplexe ökologische Prozesse eindenken, sondern kann physikalische, chemische und auf simple chemische Reagenzglas-Reaktionen reduzierte biologische Prozesse aus Lehrbüchern zugrunde legen und den Erfolg der Anwendung einzig und allein an einer Größe messen: dem Ertrag.

Ob eine Technologie aber nun zur Ertragssteigerung oder, wie inzwischen auch oft versucht, zur Reparatur der durch die konventionelle Landwirtschaft verursachten Umweltschäden eingesetzt wird: Beides führt nicht zu langfristiger Verträglichkeit, weil zu oft systemfremd gehandelt wird. Im direkten – inzwischen auch wissenschaftlich dokumentierten – Vergleich mit dem auf dem Vorsorgeprinzip beruhenden Bewirtschaftungssystem „ökologischer Landbau" wird immer deutlicher, dass das Nachahmen natürlicher Prozesse (wenn sie bekannt sind) oder das Unterstützen natürlicher Prozesse und Regelmechanismen (auch wenn sie noch nicht ganz durchschaut sind) in der Regel sanfter und naturverträglicher ist als die Manipulation mit systemfremden Mitteln. Dabei scheint nicht etwa die Abkehr von jeglichen „Technologien" die zu empfehlende Lösung zu sein, sondern die sanfte An- beziehungsweise Einpassung in Ökosysteme und die Entwicklung neuer Technologien, die – möglichst wenig beeinflussend – Naturprozesse nutzen, wie dies der ökologische Landbau tut (siehe Kasten).

Ökologischer Landbau

Ein möglichst hoher Ertrag ist auch im ökologischen Landbau Ziel der Bewirtschaftung. Hauptprinzip der verschiedenen ökologischen Landbauformen ist das Wirtschaften in Kreisläufen. Es entwickelte sich aus der Erkenntnis, dass sich der Stoffaustausch in natürlichen Systemen in Kreisläufen abspielt. Der Mensch begreift sich als Teil dieser Systeme und versucht, sein Wirtschaften einzupassen. Der Boden wird dieser Auffassung zufolge nicht allein als Produktionsmittel gesehen, wobei er auf seine Funktion als nährstoffaustauschendes Substrat reduziert würde, sondern er wird als Ökosystem verstanden, in dem und mit dem ein „Stoff-Wechsel" stattfindet.

Bodenfauna und -flora ermöglichen der Pflanze über ihre biologische Aktivität einen Stoffaustausch mit dem Boden. Manche Nährstoffe sind für die Pflanze nur in Zusammenarbeit mit Bodenorganismen erschließbar, und einige ihrer Stoffwechselprodukte schützen Pflanzen vor Krankheiten. Die Bodenorganismen wiederum sind auf organisches Material, Wurzelreste und Wurzelausscheidungen der Pflanze als Energiezufuhr angewiesen.

Die Fähigkeit des Agrarökosystems, gesunden Pflanzenwuchs zu ermöglichen, macht sich der Mensch zunutze.

Beispiel Fruchtfolge: Ackerbauliche Nutzung bedeutet immer die räumliche Dominanz einer bestimmten Pflanzenart, im Extremfall bis hin zur Monokultur. Monokulturen sind sehr anfällig gegenüber Verunkrautung und Schädlingsbefall. Dieser aus menschlicher Sicht negative Effekt ist als natürliche Reaktion eines Ökosystems auf die unausgeglichene Artenzusammensetzung zu verstehen. Möglichst vielfältige Fruchtfolgen wirken der Artenverarmung im und auf dem Boden entgegen und stärken die Fähigkeit zur Selbstregulation im Ökosystem. Dem Prinzip der Artenvielfalt wird in einer ausgeglichenen Fruchtfolgeplanung durch den Wechsel der Hauptfrüchte, durch Zwischenfruchtbau und Untersaaten entsprochen. Weitere Aufgaben von Zwischenfruchtbau und Untersaat sind die Gründüngung und Bodenbedeckung und damit der Schutz der Oberfläche vor Verschlammung und Erosion. Das Erreichen einer möglichst großen Vielfalt und einer ganzjährigen Bodenbedeckung ist ein wichtiger Bestandteil ökologischer Bewirtschaftung.

Ein brisantes Gegenbeispiel stellt die Gentechnik dar: Obwohl als „High-Technology", als zielsicher und kontrollierbar gehandelt und beworben, ist Gentechnik heute eher teurer Blindflug in der Testphase als ausgereifte Technik (siehe Kasten).

Wir haben es hier mit einer Technik zu tun, die noch gar nicht in der Lage ist, gezielt zu verändern oder gar die Folgen der Veränderung im und außerhalb des Zielorganismus abzuschätzen. Hätte eine Maschinentechnologie einen ähnlich unsicheren Ausgang, so würde sich wohl kaum jemand in ein Flugzeug oder einen Zug setzen. Das ist alles andere als „sophisticated" und kann, da es energetisch und finanziell gar nicht effektiv ist, nur von großen Firmen geleistet werden, die bereit sind, große finanzielle Mittel in einen Bereich zu investieren, der sich später über patentiertes Saatgut wieder auszahlt. Folgekosten werden dabei externalisiert, das heißt die Risiken der „erfolgreichen" Versuche (Mais, Soja) werden dabei schon jetzt auf den Verbraucher beziehungsweise bei Freilandversuchen auf ganze Ökosysteme und Landschaften verlagert, die sich nicht im Besitz dieser Firmen befinden, sondern Allgemeingut sind.

Gentechnik

Höhere Organismen sind komplexe Systeme, deren genetische Ursache-Wirkungskette bezüglich ihrer Merkmalsausprägung in den meisten Fällen noch völlig unklar ist. In einer großen Anzahl der Fälle funktioniert daher der neue Organismus bei gentechnischen Versuchen völlig anders als erwartet oder gar nicht. Einer enormen Anzahl an Fehlversuchen steht eine geringe Erfolgsquote gegenüber. Bei gentechnischen Versuchen an Tieren bedeutet dies einen extrem hohen Embryonenverbrauch und häufige Missbildungen oder Funktionsstörungen bei den zur Entwicklung gekommenen transgenen Tieren. Aber auch bei den Bakterien, wie beispielsweise dem Bakterium Escherichia coli, gibt es ungewollte Überraschungen. Dieses Bakterium bildete nach Einbau eines Fremd-Gens zur Produktion von Salicylsäure stattdessen den Farbstoff Indigo. Die Entwicklung herbizid- oder virusresistenter Pflanzensorten wird heute auch von der Industrie erheblich zurückhaltender als noch vor einigen Jahren beurteilt. Sie braucht mit acht bis zehn Jahren ähnlich lange wie die Züchtung konventioneller Hochleistungssorten und ist erheblich teurer als erwartet.

Davon einmal abgesehen ist es aber in der Landwirtschaft einfach überflüssig (und ökosystematisch gesehen sogar grober Unfug), dem nachgewiesenermaßen durch Monokulturen und Fruchtfolgeverarmung erzeugten Unkraut- und Schädlingsdruck mit einer starrköpfigen Symptombekämpfung per gentechnisch eingebauter Herbizid- oder Schädlingsresistenz zu begegnen, die teuer ist und sehr schnell von der Natur überholt wird. Vielseitige Fruchtfolgen, Bodenpflege und Biozidverzicht leisten im Zusammenhang mit dem selben Problem im ökologischen Landbau heute schon ein Vielfaches an ökologischer (und sozialer sowie ökonomischer) Nachhaltigkeit ohne externalisierte Risikokosten für die Gesellschaft. Die Nutzbarmachung biologischer Prozesse wird dabei nicht (wie oft behauptet) technikfeindlich ausgeklammert, sondern einfach sehr viel ausgeklügelter genutzt. Das *Suchen vor dem Konstruieren* hat als Technik schon lange Tradition (in indigenen hochgradig angepassten Nutzsystemen, im ökologischen Landbau oder auch in der Bionik). Dabei werden der Natur Wirkungsmuster „abgeguckt" und genutzt, die ihre Testphase in der Evolution schon durchlaufen und positiv bestanden haben. Gesamtenergetisch und in der Aufwand-Nutzen-Analyse ist dies viel wirkungsvoller.

Die monokausale Sichtweise biologisch simpler Beeinflussbarkeit ist den Auffassungen, die noch weiten Kreisen der Schulmedizin anhaften, sehr ähnlich (siehe auch den Beitrag von Stephan Rosing). Dort führt(e) dieses lineare Denken dazu, dass für jede Krankheit das passende Kombinationspräparat entwickelt und verschrieben wurde. Die Überzeugung, ein bestimmtes Symptom gehöre zu *einer* bestimmten Krankheit und habe *eine* bestimmte Ursache, die mit *ein oder zwei* synthetisch konstruierten Stoffgemischen zu beseitigen sei, ist heute – zum Teil auch in der Schulmedizin – sehr viel komplexeren Vorstellungen bis hin zur Psychosomatik gewichen. Ein sehr viel vorsichtigeres Vorgehen setzt sich langsam durch, welches darauf abzielt, *systemunterstützend* vorzugehen und natürliche Abwehrkräfte zu stärken. In der Homöopathie beispielsweise, die sich immer größerer Anerkennung erfreut, werden natürliche hochkomplexe Wirkungsmöglichkeiten vorsichtig unterstützt, was eine hohe Qualifizierung der behandelnden Ärzte voraussetzt und nichts mit altmodischer Technik zu tun hat. Ähnlich komplex und anspruchsvoll ist auch das Erforschen und Nutzen komplizierter Wirkungsgefüge in Agroforstsystemen und anderen ackerbaulich genutzten Mischkulturen, in denen sich Nutzpflanzen gegenseitig stimulieren und unterstützen können. Dies erfordert eine hohe Qualifizierung der Forscher, Landwirte und Bauern in den Bereichen Biologie, Ökologie, Standortlehre und in der Fähigkeit vernetzt zu denken. Der grobchirurgische Blindeingriff in das noch unzureichend erforschte, hochkomplexe Erbgut- und Merkmalsystem von Organismen in der Gentechnik, bei dem völlig unbekannte und zum Teil in den Auswirkungen unkalkulierbare Ergebnisse in Kauf genommen werden, mutet dagegen plump, ja fast mittelalterlich an. Wir brauchen keine aufwendig und energieintensiv aus der Taufe gehobenen, künstlichen Megatechnologien, sondern eine verbesserte Fähigkeit, uns in ökologische Prozesse einzudenken, sie zu verstehen und für uns nutzbar zu machen. Warum etwas mit enormem technologischen und energetischen Aufwand erzwingen, was uns die Natur energieeffektiv geben kann, wenn man menschliches Handeln ökologisch anpasst?

Authentizität in Produktion und Qualität, statt Masse plus Geschmacksverstärker

Der Größenwahnsinn und die Technikgläubigkeit der aktuellen Agrarwirtschaft erzeugen aber nicht nur ökologische Probleme. Das Prinzip „Wachsen oder Weichen“ hat in den letzten Jahrzehnten den gesamten landwirtschaftlichen Sektor sozial und wirtschaftlich zu einem Pflegefall gemacht. Das Einkommen schafft im Vergleich zu anderen Sektoren keinen Ausgleich für die soziale und wirtschaftliche Belastungssituation, da es nicht entsprechend gewachsen ist. Das Bild des Landwirts als freiem Unternehmer entspricht nicht dem von Betriebsmittelpreisen, Marktpreisen, globalen Handelszwängen und staatlichen Subventionen abhängigen Bauern, der zudem noch um soziale Anerkennung in der Gesellschaft kämpfen muss, entweder gegen das Bild des „rückständigen“ Bauern oder gegen das Bild des Umweltsünders.

Von einem Wachstumsparadigma zum Schneller, Höher, Weiter erzogen, den politischen Rahmenbedingungen sowie dem globalisierten Markt scheinbar ausgeliefert, am finanziellen Subventionstropf hängend und von einer zunehmenden ökologischen

Kritik in die Enge getrieben, sind Landwirte und Bauern heute betroffen von einer sozial-ökonomischen Entwicklung und stehen am Pranger für eine ökologische Entwicklung, die ihr eigener Berufsstand überwiegend nicht selber zu verantworten hat. Um so erstaunlicher scheint es – zumindest in Deutschland – wie sehr an diesem Zustand festgehalten wird, gerade seitens vieler Bauern.

Die Vorstellung, den Beruf des Bauern oder Landwirts wieder mit freiem, eigenverantwortlichem Arbeiten in und mit der Natur zu verbinden, mit Bodenständigkeit, Stolz, Erfahrenheit und Selbständigkeit in einer gesunden Agrarlandschaft, diese Vorstellung hat – idyllisch verzerrt – bislang nur auf Werbeträgern (Verpackungen, Plakaten) für landwirtschaftliche Produkte Platz, deren Produktionsweg meist durch das Gegenteil geprägt ist.

Dabei müsste, legt man soziale, ökonomische und ökologische Kriterien der „Nachhaltigkeits-Diskussion" zugrunde, genau diese Vorstellung Leitbild sein. Und der Ökolandbau, inzwischen immerhin wissenschaftlich und politisch überwiegend als Leitbild akzeptiert, zeigt schon heute (bei erschwerenden Rahmenbedingungen), dass es funktioniert. Dass der ökologische Landbau 20 % mehr Arbeitsplätze schaffen kann, wie in der Studie „Zukunftsfähiges Deutschland" des Wuppertal Institutes behauptet, konnte durch eine Umfrage der Fachhochschule Nürtingen 1997 mehr als bestätigt werden. Eine Befragung von bundesweit 1000 Betrieben ergab 60 % mehr Arbeitskräfte nach der Umstellung auf ökologischen Landbau (Saisonarbeitskräfte zählten nur als 0,3 Arbeitskräfte). Auch die Arbeitszufriedenheit war gestiegen. 63,9 % der Befragten äußerten, sie seien seit der Umstellung zufriedener, 28 % würden unter keinen Umständen mehr einen konventionellen Betrieb bewirtschaften wollen.

Warum steht also nicht ein ganzer Berufsstand des primären Sektors auf und sagt „So wollen wir leben und arbeiten"? Es gibt eine ganze Reihe von Hemmnissen, die dem im Wege stehen: Einkommensdepression in der Umstellungszeit, Vermarktungsrisiko, Notwendigkeit zum Umdenken und Umlernen usw. Diesen Hemmnissen ist aber gemein, dass sie größtenteils von einer Gesellschaft beseitigt werden könnten, die sich bewusst politisch, wirtschaftlich und in ihrer sozialen Wertschätzung für eine ökologisch gesunde, wirtschaftlich stabile und bei der Berufswahl attraktive Landwirtschaft entscheidet. Nicht nur Bauern und Landwirte haben zu lernen, dass das ökologisch gesunde Maß nicht zu Spitzenerträgen führt, sondern zu langfristiger Ertragsstabilität, und dass Arbeiten im Einklang mit der Natur sich besser anfühlen kann als ein aus dem Subventionstopf bezahlter High-Tech-Schlepper.

Genauso hat es für den Rest der Gesellschaft, die meist städtisch orientierten Konsumenten, etwas mit Umdenken und dem Hinterfragen des aktuellen Wohlstandsverständnisses zu tun, ob man dafür zu zahlen bereit ist, dass Lebensmittel wieder naturnah produziert und weiterverarbeitet werden und gesund sind. Ist es normal, dass wir unser Gemüse nur aus dem Supermarkt kennen, dass wir nicht mehr wissen, wann eigentlich welches Gemüse wächst, dass es auf „Dreck" wächst und bei der Ernte auch dreckig ist? Ist es denn eigentlich wünschenswert, dass Würstchen aus der Dose, Sauerkraut, Brot und Kekse etc. immer gleich schmecken und sich manchmal nur noch in den Aromastoffen unterscheiden, die verschiedene Hersteller benutzen? Und wer braucht zwingend Erdbeeren als Nachspeise zu Silvester, um glücklich zu sein? Nein, nein – ich möchte keinem seine Bananen streitig machen – mir würden sie auch fehlen, aber wo ist das gesunde Maß überschritten? Und was ist an unseren pestizidbelasteten, mit Mineraldünger und Pflanzenbehandlungsmitteln aufgeputschten Lebensmitteln überhaupt noch gesund? Lebensmittel aus regionalem ökologischem Landbau sind nicht pestizid- oder nitratbelastet, belasten in der Produktion die Umwelt nicht und haben – so konnte nachgewiesen werden – einen höheren Nährwert als konventionelle. So wurden die ernährungsphysiologisch wertvollen Inhaltstoffe Eiweiß, Ascorbinsäure, Zucker, Methionine, und verschiedene Mineralien (z.B. K, Ca, P, FE und Mg) in Lebensmitteln, die mit organischer Düngung gezogen wurden, in bis zu 28 % höheren Anteilen gefunden, als in Lebensmitteln, die mineralisch gedüngt gezogen wurden. Ökonomisch ehrliche Preise für ökologisch erzeugte Lebensmittel stehen daher für mehr Lebensqualität beim Essen, für eine intakte Umwelt, für erlebnis- und verantwortungsorientierte Arbeitsplätze und eine überlebensfähige Landwirtschaft. Man muss das nur wollen – als Konsument und als Politiker. Standortgerechte Produktion und authentische Qualität möglichst naturbelassener Lebensmittel können durchaus eine Aufwertung der Lebensqualität darstellen (und sind bei entsprechender steuerlicher Entlastung auch bezahlbar). Man darf das nur nicht ideologisch sehen: Sich gesund zu ernähren muss nicht am Geschmackskick vorbei gehen. Natürlicher Geschmack kann beispielsweise viel interessanter sein als „naturidentische Aromastoffe".

Trotzdem möchte ich hier entgegen der vorherrschenden Einstellung in der Naturkostszene zur Höherbewertung des Lustprinzips gegenüber dem Gesund-und-ökologisch-Korrekt-Prinzip und zu mehr Toleranz aufrufen: Spaß muss sein! Pommes und Konfekt, Chips und scharfe Soßen ab in den Naturkosthandel! Und aus Gesundheitsgründen wenig Fleisch zu essen, sollte man schon in der Schule lernen, aber Vegetarier oder Frischkornmüsliliebhaber zu sein, ist eine rein persönliche Entscheidung. Und überhaupt: Singles mit Zeitmangel sind auch Menschen, und deshalb gehören Fertigpizza und Fertiggerichte auch ins Regal, solange es schonende Methoden gibt, sie herzustellen. Nicht die Naturkostszene hat darüber zu entscheiden, was ich esse, sondern ich. Und es wäre wünschenswert, wenn Ökolebensmittel für alle erreichbar wären, mit einer gesunden Mischung von Supermärkten und kleinen Läden, von Strickpulli- und Schickimicki-Läden und mit einem Angebot, das Spaß macht, schmeckt *und* gesund ist!

Wer leistet sich wie viel Boden für seinen Menüteller?

Auf die oft gestellte Frage, ob eine wachsende Menschheit zur Deckung ihres Nahrungsmittelbedarfs aber nicht doch zukünftig höhere Erträge braucht als sie der ökologische Landbau hervorbringt – wenn nötig mit Hilfe der Gentechnik – steht zu Recht die Antwort, dass das weltweite Nahrungsmittelproblem ein Verteilungsproblem ist und kein Mengenproblem. Es ist ja hinlänglich bekannt, dass in Mitteleuropa Butter- und Getreideberge aus Höchsterträgen vernichtet und gleichzeitig Flächen still gelegt werden, während in bestimmten Regionen in Afrika, Asien oder Lateinamerika der Nahrungsmittelbedarf der Bevölkerung nicht gedeckt werden kann. Die Faktoren aber, die dazu führen, dass Nahrungsmittelbedarf und Nahrungsmittelangebot in diesen Regionen und bei uns so weit auseinander klaffen, sind nicht in erster Linie geographisch oder biologisch-technisch.

Die Erfahrung zeigt, dass angepasste, ökologisch nachhaltige Landnutzungssysteme in den Tropen den Leistungsvergleich (Protein- und Kohlehydraterzeugung im Verhältnis zur Fläche) mit der konventionellen Landwirtschaft nicht zu scheuen brauchen; zum Teil sind bei diversifizierter Nutzung (Feld-Wald-Mischkulturen statt Monokulturfelder) im Vergleich zu konventioneller Nutzung bis zu 100 % mehr Output an Protein beziehungsweise Kohlehydraten pro Fläche möglich, und dies ohne Bodendegradation. Das starke Bevölkerungswachstum in Entwicklungsländern ist dennoch ein nicht zu unterschätzendes Problem. Aber das simple Zahlenspiel, dass es in den naturräumlich leistungsfähigeren Gebieten der Erde weniger und in den für die Produktion von Höchsterträgen weniger geeigneten Gebieten zu viele Menschen gäbe, reicht für die Erklärung des Verteilungsproblems nicht aus. In Entwicklungsländern wird nicht einfach zu wenig für die Bevölkerung produziert. Es wird auf zu vielen Flächen gar nicht für die einheimische Bevölkerung produziert, sondern für Konsumenten in den Industrieländern.

Eine Tatsache, die bei der Nord-Süd-Diskussion bisher meist nur zur Sprache kommt, wenn es um das Ozonloch, die Luftverschmutzung oder den Energieverbrauch geht, fällt in der konventionellen Nahrungsmittel- und Tragfähigkeitsdebatte so gut wie immer unter den Tisch. Gemeint ist, dass ein kleiner Prozentsatz der Menschheit den Großteil an Rohstoffen und Energie verbraucht, während eine solche Lebensweise von der Mehrheit der Erdbewohner nicht praktiziert werden kann. Spätestens seit der Veröffentlichung der Studie „Zukunftsfähiges Deutschland“ setzt sich die Einsicht durch, dass der Lebensstil in den Industrieländern nicht *nachhaltig und weltweit nicht tragfähig* ist. Die Bodennutzung wird dabei meist nicht unter dem Aspekt der ungleichen Verteilung betrachtet. Doch auch mit dem Rohstoff Boden verhält es sich, was die Verteilungsgerechtigkeit der Nutzung angeht, wie mit anderen Rohstoffen: Zur Ernährung nutzen ihn vor allem wir Menschen in den Industrienationen, und wir nutzen auch hier mehr als uns zusteht. Wenn auf acht Millionen Hektar in Entwicklungsländern bei gleichzeitiger Unterversorgung der Bevölkerung Soja als Futter für 40 Millionen Schweine in Europa produziert wird, ebenso gut aber mit Schwarzbohnen oder Mais Protein oder Eiweiß für 35–45 Millionen Menschen vor Ort produziert werden könnte (Zahlen der FAO 1996), dann ist das Problem der Ernährung eine Frage des Lebensstils beziehungsweise der Essgewohnheiten, die wir uns hier leisten, und nicht eine Frage zu geringer Bodenfruchtbarkeit oder Erträge in den Entwicklungsländern. Ich möchte hier keinem Volksvegetarismus das Wort predigen. Wir werden aber nicht umhin kommen, uns zu fragen, wie viel Produktionsfläche in der sogenannten dritten Welt verschiedene Menüteller in der sogenannten ersten Welt für sich beanspruchen. Einige uns lieb gewordene Essgewohnheiten werden dann wohl in die Kategorie „sozial und ökologisch nicht nachhaltig" fallen. Dass ein zu hoher Fleischkonsum nicht gesund ist, ist längst bekannt. Im Zusammenhang mit der Massentierhaltung und deren ökologischen und sozialen Problemen (Gülle- und Nitrat-Problematik, Futtermittelimporte) ist die Diskussion zu diesem Thema in der „Eine-Welt-Bewegung" und im ökologischen Landbau auch nicht neu und die Forderung nach Futtermittelproduktion vor Ort (auf hofeigenen Flächen) bei Herabsetzung der Großvieheinheiten pro Fläche die logische und im ökologischen Landbau schon lange praktizierte Konsequenz.

Das Problem aber, dass nach wie vor wir Menschen in den Wohlstandsgesellschaften es uns leisten können, an beliebigen Orten produzieren zu lassen, das heißt Boden in anderen Regionen der Welt für unsere Wohlstandswünsche zu nutzen, ist damit leider noch nicht vom Tisch. Die Kaufkraft und Nachfrage für Nahrungsmittel im Norden ist so mächtig, und der europäische oder nordamerikanische Markt so attraktiv, dass inzwischen zum Teil auch dem ökologischen Landbau die Gefahr droht, dem Wohlstandskolonialismus zu verfallen. Ein Festhalten an der (kolonial verwurzelten) Exportorientierung von Entwicklungsländern schreibt aber eine Bodennutzung fest, die dem Nahrungsmittelbedarf der Bevölkerung vor Ort nicht zu gute kommt. Zu starke Exportorientierung übergeht die Versorgung vor Ort und eine dringend notwendige Regionalentwicklung in ländlichen Gebieten, die durch Weiterverarbeitung und Etablierung regionaler Märkte gefördert würde. Wenn also für die Förderung von Ökoprojekten und für die Etablierung der Vermarktung von Ökolebensmitteln in Entwicklungsländern zunächst zahlungskräftige Konsumenten gebraucht werden, so kann in den städtischen Regionen der Entwicklungsländer durchaus mit ähnlichen Mitteln wie bei uns die Nachfrage gefördert werden, da hier ein ähnlich großer Käuferkreis mit wachsendem ökologischen Bewusstsein entsteht. Die Vermarktungsschiene über den qualitäts- und gesundheitsbewussten Besserverdiener kann in Entwicklungsländern daher auch über den Binnenhandel statt über den Export laufen und dadurch Arbeitsplätze schaffen. Sie darf aber nicht die einzige Vermarktungsstrategie sein. Wenn es um die gerechte Verteilung von Lebensmitteln geht, muss auch bei einer ökologischen

Agrarwirtschaft die Frage beachtet werden: *Wer produziert auf welcher Fläche für wen?* Während Exportwirtschaft eher rationalisierte Großflächenproduktion fördert, so werden durch die Produktion für nationale und regionale Märkte in der Regel eher Kleinbauern mit kombinierter Subsistenzwirtschaft und weiterverarbeitende mittlere Betriebe gefördert. Für eine ökologisch nachhaltige Produktion von Nahrungsmitteln und ihre gleichmäßige Verfügbarkeit kommen wir daher auf die Dauer nicht um die *Änderung von Besitzverhältnissen* und den *Verzicht auf übermäßige Fremdflächennutzung im Nord-Süd-Verhältnis* herum. Das heißt, wir hier im Norden müssen uns fragen, auf welchem fernen Stück Boden eventuell unser Mittagessen gewachsen ist. Eine Palette argentinischer Öko-Spargel hat beispielsweise (von der Transportfrage einmal abgesehen) in Europa solange nichts zu suchen, wie sich argentinische Kleinbauern mangels Bodenbesitz nicht selbst mit dem auf ihrem Boden Gewachsenen versorgen können. Dadurch kommt es zur Landflucht und Bildung von Elendsvierteln in den städtischen Regionen, wo die „Menschenmasse" mit billigen Massenlebensmitteln „gefüttert" werden muss.

Es geht zukünftig nicht um ein generelles Einfuhrverbot von Agrarprodukten aus Entwicklungsländern, sondern darum, die Notwendigkeit und Intensität der Fremdflächennutzung sozial und produktbezogen zu hinterfragen. Exportbegrenzung und vermehrte Betonung sozialer Nachhaltigkeit – so schwer das vor Ort zu bewerkstelligen ist – sind daher eine aktuelle Herausforderung – auch im Ökohandel. Wichtig ist, dass ökologische und soziale Fragen auch beim Thema Bodennutzung in Zukunft im Sinne der Agenda 21 in gleichberechtigter Zusammenarbeit lokaler Nichtregierungsorganisationen und öffentlicher Stellen in der Region vernetzt gelöst werden. Gerade wenn die Sicherung der Ernährung der Menschheit vor allem ein wirtschafts- und sozialpolitisches Problem ist, muss mit dem „WIE wird produziert?" auch immer die Frage verknüpft sein: „FÜR WEN?".

Weiterführende Literatur:

- AGÖL/BUND (Hg.) 1997: Wasserschutz durch Ökologischen Landbau. Augsburg
- BUND Landesverband Niedersachsen (Hg.) 1998: Gentechnik im Alltag – Eine zukunftsfähige Entwicklung. *BUND-Berichte* 20, Hannover
- Hoffmann, M. (Hg.), 1997: Vom Lebendigen in Lebensmitteln. *Ökologische Konzepte* 92, Holm
- Thomas, F. u.a. 1995: Kommunen entdecken die Landwirtschaft. *Ökologische Konzepte* 94, Holm
- Zeitschrift Ökologie & Landbau 1996: Schwerpunkt: „Sicherung der Welternährung". Heft 98

Ralf Gallep

Chancen einer Suche – Psychologie des Glücks

Ralf Gallep, Jahrgang 1963, studierte Psychologie in Marburg. Als Psychologischer Psychotherapeut arbeitet er seit mehreren Jahren in Rehabilitationseinrichtungen für Querschnittgelähmte, orthopädisch Erkrankte und körperbehinderte Menschen. In der Erwachsenenbildung und Gesundheitsförderung interessiert er sich als langjähriger Dozent vor allem für Vorstellungen zum Glückskonzept sowie die Förderung der Lebenszufriedenheit unter Berücksichtigung gesellschaftlicher Prozesse.

Glück – es wird wohl wenig andere Begriffe geben, mit denen jeder Mensch sofort etwas Positives verbindet. Jeder Mensch will glücklich sein, jeder Mensch strebt nach Glück. Doch diese globale Zustimmung geht auf Kosten der Definierbarkeit des Begriffes – man wird kaum in der Lage sein, sich auf eine allgemeine, alle zufriedenstellende Definition von Glück zu einigen. Natürlich ist Glück „irgendwie" mit Lebensqualität, mit Wohlstand, Wohlbefinden und Zufriedenheit verbunden, doch scheinen diese Begriffe nur mehr Verwirrung einzuführen als die Suche nach dem Glück zu erleichtern. Die empirische psychologische Forschung verwendet daher statt des Begriffs „Glück" lieber Konzepte wie „Lebensqualität", „Lebenszufriedenheit" oder „Wohlbefinden", die einfach als Summe bestimmter Bestandteile definiert werden. Im folgenden allerdings werden all diese Begriffe mehr oder weniger synonym verwendet werden.

Auch wenn der Begriff inhaltlich so schwer zu fassen ist: Kann man, ganz allgemein, etwas darüber sagen, wie man glücklich werden kann? Gibt es Probleme auf dem Weg zum Glück, denen jeder Mensch begegnen kann, ganz unabhängig von seiner individuellen inhaltlichen Vorstellung vom Glück? Und auf das Thema und den Titel dieses Buches bezogen: Wie gut ist die Generation der ca. 30-Jährigen für ihre Suche nach dem Glück gerüstet? Gibt es für diese Gruppe von Menschen spezifische Bedingungen, Möglichkeiten und Hindernisse des Glücks, die mit ihrer Erziehung, ihrer Sozialisation, ihren Lebensumständen und ihren bisherigen Lebenserfahrungen zusammenhängen? Diese Fragen sollen im folgenden aus einem psychologischen Blickwinkel beantwortet werden.

1. Was ist Glück?

Glück ist mehr als nur ein gutes Gefühl – obwohl letzteres vermutlich häufig die Folge eines glücklichen Leben ist, genügt es kaum den meisten individuellen Definitionen von Glück. Glück ist auch ein allzu komplexes Gebilde aus verschiedensten Emotionen, Einstellungen und Erfahrungen, als dass hier der Versuch einer harten, empirisch untermauerten Definition versucht werden soll. Verschiedene wissenschaftliche Disziplinen haben ihre eigenen Arbeitsdefinitionen für „das Glück". So beschreiben einige persönlichkeitspsychologische Ansätze Glück als ein harmonisches Zusammenwirken aller Gefühle einer „runden" Persönlichkeit, wobei mit dem schwer zu definierenden „rund" etwas wie „im Gleichgewicht befindlich", „gesund" oder dergleichen gemeint ist und damit Persönlichkeitszüge wie soziale oder gesellige Neigung oder ein positives Selbstbild angesprochen werden.

Im Gegensatz dazu betonen manche emotions- und gesundheitspsychologische Ansätze eine weitere Glückskomponente, die als aktuelles Glückserleben bezeichnet werden kann und die zum Beispiel Freude, sinnliche Erfahrungen und schöpferische Momente umfasst.

Nach allgemeiner Einschätzung ist auch Gesundheit eng mit der Möglichkeit eines Glücksempfindens verbunden. So hebt die Weltgesundheitsorganisation WHO hervor: „Gesundheit ist der Zustand vollkommenen körperlichen, seelischen und sozialen Wohlbefindens und nicht bloß die Abwesenheit von Krankheit und Gebrechen."

Je nach psychologischer Forschungsrichtung werden also verschiedene Bausteine des Glücksbegriffs im Vordergrund stehen. Bisher konnten auf empirische Weise die folgenden Korrelationen zwischen andauerndem subjektivem Glücksempfinden und einzelnen Lebensumständen oder Anlagen gefunden werden (oder aber auf einer abstrakteren und empirischeren Ebene: folgende Details werden zum Konzept „Lebensqualität" gezählt):

- Ein aktives Sozialleben, soziale Unterstützung und erfüllende persönliche Beziehungen führen eher zu positiv erlebten Aktivitäten, Erlebnissen wie Liebe, Vertrauen, Selbstwert und schließlich zu Glücksgefühlen.
- Das Erleben der eigenen Sinnhaftigkeit, wie es sich in persönlichen Zielen und Interessen ausdrückt, ist eine wichtige Voraussetzung für Glücksempfinden.
- Gesundheit ist ebenfalls eine wichtige Vorbedingung für Lebensqualität.
- Auch eine ausreichende materielle Lebensgrundlage ist für das Glücksempfinden von Bedeutung.
- Bestimmte Kompetenzen im Umgang mit der Außenwelt oder mit anderen Menschen (Problemlösestrategien, Gesunderhaltung der eigenen Person, soziale Fertigkeiten) und eine positive innere Bewertung der eigenen Lebensbedingungen im Vergleich mit anderen Menschen weisen ebenfalls Beziehungen zum Glücks-

empfinden auf, wie auch das Vorhandensein oder die Abwesenheit krankmachender Gedankenschemata.

Erwähnt werden muss, dass „Glück", wie es hier verwendet wird, nichts mit dem „Lotto-Glück" zu tun hat, also mit dem Eintretens eines unwahrscheinlichen, positiven Ereignisses. Glück ist auch nicht „Kick" – ein reproduzierbarer emotionaler Überschwang aufgrund sehr starker positiver äußerer Reize.

2. Wo, bitte, geht's zum Glück?

Wie bereits gesagt, ist Glück ein komplexes Gebilde: Eine Glückskonzeption ist nur multifaktoriell sinnvoll. Daher erscheint es sehr schwierig, Wege zum Glück zu weisen – einfache Rezepte zum Glücklichwerden greifen kaum. Diese Schwierigkeit wird dadurch verschärft, dass es bis jetzt in der psychologischen Forschung wenig Langzeitstudien dazu gibt, die das subjektiv erlebte Glück in Relation zu den jeweils herrschenden Lebensbedingungen setzen. Alle oben angeführten empirisch belegten „Bestandteile" des Glücks wurden aufgrund ihrer Korrelation mit dem Glücksempfinden von Versuchspersonen gefunden. Es gibt also eine erhöhte Wahrscheinlichkeit, dass eine Person, die sich selber als glücklich einschätzt, auch die oben genannten Bedingungen (gutes soziales Umfeld etc.) erfüllen wird, und umgekehrt. Damit ist aber noch nichts über die Kausalität zwischen den verschiedenen Phänomenen gesagt – man weiß nicht genau, ob ein Mensch glücklich ist, weil er viele und befriedigende Sozialkontakte hat, oder ob er viele Sozialkontakte hat, weil er glücklich ist. Diese akademisch anmutende Unterscheidung ist aber von einiger Bedeutung, wenn man Rezepte anführen möchte, wie Menschen glücklich(er) sein können.

Aus dem Interesse am Zusammenhang zwischen objektiven Lebensumständen und subjektiv erlebtem Glücksempfinden bildeten sich in der psychologischen Forschung zwei Interessenschwerpunkte heraus: Die eine Richtung untersucht eher den Einfluss der objektiven, beobachtbaren und messbaren Lebensbedingungen. Wohlstand, Bildungsstand oder Gesundheit sind einige der Größen, die hier in ihrem Einfluss auf das Glück eines Menschen untersucht werden. Die andere Richtung interessiert sich dagegen mehr für den Einfluss persönlicher Faktoren wie kognitiver Bewertungsmuster von subjektiv Erlebtem, sozialer Fähigkeiten oder Werthaltungen auf das Glücksempfinden.

Bei dieser Forschung stieß man auf zwei interessante Phänomene: Zum einen kommt es vor, dass Menschen in objektiv schlechteren Lebensumständen zufriedener oder zumindest ebenso zufrieden oder glücklich sein können wie Menschen, denen es gemessen an äußeren Faktoren, deutlich besser geht („Zufriedenheitsparadoxon"); zum anderen wurde beobachtet, dass verschiedene Menschen in objektiv gleichen, oder zumindest ähnlichen Lebensbedingungen unterschiedlich glücklich sein können („Unzufriedenheitsdilemma“).

Beide Phänomene, das Zufriedenheitsparadoxon wie auch das Unzufriedenheitsdilemma, sind für die in diesem Buch diskutierten Fragen von großer Bedeutung. Wenn man davon ausgeht, dass der materielle Wohlstand zurückgehen wird, dass also die äußeren Lebensbedingungen objektiv weniger angenehm werden, wie kann man dann Lebensqualität erreichen, wie können Menschen noch glücklich werden oder bleiben? In diesem Zusammenhang wird die Frage wichtig, wie der Zusammenhang zwischen (objektiven) Lebensumständen und (subjektiver) Wahrnehmung beschaffen ist.

Dazu ein Beispiel: Eine Studie, der *World Values Survey*, brachte vor einiger Zeit ans Licht, dass es keinen strengen Zusammenhang zwischen dem Bruttoinlandsprodukt eines Landes einerseits und der Lebenszufriedenheit seiner Bewohner auf der anderen Seite gibt. Vielmehr waren in vielen Ländern, die deutlich geringere Wertschöpfungsindizes als die Bundesrepublik aufwiesen, die Menschen im Durchschnitt kaum weniger zufrieden mit ihrer Lebenssituation als die Deutschen.

Nichtsdestotrotz haben objektive äußere Lebensbedingungen, seien sie materieller oder immaterieller Art, eine Vorhersagekraft für eine glückliche Befindlichkeit: Wer objektiv arm ist, wer krank, hungrig oder verfolgt ist, von dem würde man nicht erwarten, dass er sich als glücklich bezeichnet. Doch neben den oft nur schwer zu beeinflussenden objektiven Lebensbedingungen: Welche Einflussmöglichkeiten gibt es noch, wenn man eine glückliche Befindlichkeit anstrebt? Der einzige Anhaltspunkt scheinen die anderen oben genannten Korrelationen zwischen Glück oder Lebenszufriedenheit einerseits und bestimmten Umständen andererseits zu sein. Daher würde die Antwort auf obige Frage (nach der sich z. B. die verhaltenstheoretisch orientierte Depressionstherapie richtet) lauten, dass man

- genügend und befriedigende Sozialkontakte anstreben sollte,
- die dafür nötigen Kompetenzen erwerben sollte,
- sich Ziele in seinem Leben setzt, die realistischerweise erreicht werden können,
- auf seine Gesundheit achten soll,
- ungesunde Gedankenschemata korrigieren sollte, die als ungeeignet erscheinen, wenn man sich glücklich fühlen möchte und
- erfüllende und befriedigende Aktivitäten in seinen Tagesablauf einplant.

Natürlich steckt hinter jedem dieser Punkte eine nicht leicht zu bewältigende Aufgabe. Dennoch scheint in diesen simpel wirkenden, wie alte Hausrezepte erscheinenden Anregungen unser gesamtes Wissen darüber zu liegen, wie man glücklich werden kann.

3. Glücksbarrieren

Genauso wie es glücksfördernde Umstände gibt, existieren Gegebenheiten, die dem Glück im Wege stehen bzw. einen wenig glücklichen Lebenszustand signalisieren. Diese können ihren Ursprung entweder in den objektiven Lebensumständen haben oder aber auf eine innere Disposition oder eine bestimmte subjektive Wahrnehmung der Außenwelt gründen. Im folgenden soll kurz und exemplarisch auf einige von ihnen eingegangen werden.

Haben oder Sein – Abhängigkeiten

Erich Fromm beschrieb in seinem Buch „Haben oder Sein" diese beiden – das „Haben" und das „Sein" – als zwei grundsätzlich verschiedene Formen menschlichen Erlebens:

> *Haben und Sein sind zwei grundlegend verschiedene Formen menschlichen Erlebens oder auch zwei verschiedene Arten der Orientierung sich selbst und der Welt gegenüber. In der Existenzweise des Habens liegt die Beziehung zur Welt im Besitzen und Besitzergreifen. Das Sein bedeutet soviel wie Echtheit und authentisches Erleben und Verhalten.*

Neben der Forderung nach einem neuen „Weltbewusstsein" aufgrund der offensichtlichen globalen ökonomischen und ökologischen Probleme fordert Fromm eine neue Ethik im Gebrauch materieller Schätze, eine neue Einstellung zur Natur, die auf der Suche nach Harmonie statt auf Unterwerfung und Ausbeutung beruht, sowie ein Solidaritätsgefühl mit zukünftigen Generationen. „Es müssten Bedingungen geschaffen werden, die es dem Menschen ermöglichen, Wohl-Sein und Freude zu empfinden und die ihn von der Sucht nach Maximierung des Vergnügens befreien." Damit war Fromm einer der ersten deutlichen Kritiker des auf materiellem Wachstum und materiellem Konsum beruhenden Lebensstils der Nachkriegszeit.

Fromm spielte an auf eine Situation, in der Glück nahezu als etwas kaufbares behandelt bzw. mit Wohlstand und Besitz gleichgesetzt wird. Und obwohl der Psychologe Philipp Mayring belegen konnte, dass günstige objektive Lebensbedingungen dem Glück förderlich sind, war Fromm klar, dass auch die besten objektiven Umstände das Glück nicht herbeizwingen können – das „Haben" zieht das Glück nicht nach sich, wenn das „Sein" nicht stimmt.

Damit ist ein Konflikt angesprochen, in dem sich jeder für seinen Lebensunterhalt arbeitende Mensch befindet. Natürlich ist „Haben" notwendig: Man muss essen, schlafen, man braucht Kleidung, man hat Bedarf an durch Konsumgüter zu deckenden Genuss. Doch nicht zuletzt der Einsatz von Massenmedien (Fernsehen) hat zu einem Uniformitätsdruck in Bezug auf die materielle Ausstattung geführt, der den Menschen in der Abhängigkeit von seinen materiellen Konsummöglichkeiten gefangen hält und ihn zwingt, auf dem Arbeitsmarkt ein möglichst hohes Einkommen zu erzielen. Die Gefahr ist, dass dieser Zwang in einem Verlust an persönlicher Freiheit resultiert, der sich negativ auf Lebensqualität, Wohlbefinden und Glücksempfinden auswirkt – obwohl ursprünglich genau das Gegenteil geplant war. Das „Sein" – die Fähigkeit, auf der Grundlage eigener Kreativität und Wahrnehmung zu leben, zu erleben und mündig und verantwortungsbewusst zu handeln – droht dabei unter die Räder zu kommen.

Die Geschichte mit dem Hammer – dysfunktionale Gedankenschemata

> *Ein Mann will ein Bild aufhängen. Den Nagel hat er, nicht aber den Hammer. Der Nachbar hat einen. Also beschließt unser Mann, hinüberzugehen und ihn auszuborgen. Doch da kommt ihm ein Zweifel: Was, wenn der Nachbar mir den Hammer nicht leihen will? Gestern schon grüßte er mich nur so flüchtig. Vielleicht war er in Eile. Aber vielleicht war die Eile nur vorgeschützt, und er hat etwas gegen mich. Und was? Ich habe ihm nichts getan; der bildet sich da etwas ein. Wenn jemand von mir ein Werkzeug borgen wollte, ich gäbe es ihm sofort. Und warum er nicht? Wie kann man einem Mitmenschen einen so einfachen Gefallen abschlagen? Leute wie dieser Kerl vergiften einem das ganze Leben. Und dann bildet er sich noch ein, ich sei auf ihn angewiesen. Bloß weil er einen Hammer hat. Jetzt reicht es mir aber wirklich. – Und so stürmt er hinüber, läutet, der Nachbar öffnet, doch noch bevor er „Guten Tag" sagen kann, schreit ihn unser Mann an: „Behalten Sie ihren Hammer, Sie Rüpel!"*

Diese kleine Geschichte, entnommen dem Buch „Anleitung zum Unglücklichsein" des populären Psychologen und Publizisten Paul Watzlawick, verdeutlicht ein für viele Menschen alltägliches Problem: Jede Beobachtung, jeder Eindruck und jede Wahrnehmung wird vom Menschen im Lichte bisheriger negativer Lebenserfahrungen interpretiert. Meinungen, Einstellungen, Hoffnung und Ängste machen die nackten Fakten der Wahrnehmung erst zur Wirklichkeit. Was aber, wenn die eigenen Einstellungen (vor allem zur eigenen Person) so negativ und die eigenen Ängste vor Verletzung, Missachtung oder Verachtung so stark sind, dass jeder Eindruck nur noch als Bestätigung des Vorurteils oder der Angst gelten kann? Jede Äußerung der Umwelt wird dann umgedeutet in einen Angriff auf die eigene Person, jede Befürchtung einer Gefahr wird sich dann bestätigen.

Natürlich ist das ein als schon pathologisch einzustufender Extremzustand. Doch jeder Mensch kennt die Kraft merkwürdiger Gedankenmuster, die, oft wider besseres eigenes Wissen, Macht über ihn haben und ihn ängstigen, verunsichern und an einer freieren Entfaltung der eigenen Persönlichkeit hindern. Solche dysfunktionalen Gedankenschemata – Angst vor Ablehnung, Versagensangst, die Befürchtung, andere zu enttäuschen oder ein negatives Selbstbild – sind Persönlichkeitszüge, die den Menschen an einem ungezwungenen und erfüllenden Umgang mit anderen Menschen oder mit Herausforderungen oder Problemen hindern können und die damit Barrieren auf dem Weg zu einer umfassenden Lebensqualität darstellen.

Modern Times – destruktive Kraft der Arbeit

Erst mit zunehmendem Alter stellen sich als Ergebnis des in vielen Berufen üblichen Überschreitens körperlicher und psychischer Belastbarkeitsgrenzen Deformationen und Störungen ein, die so weitreichend sein können, dass ein vollständiger Ausstieg aus dem Erwerbsleben nötig wird. Folgen von Stress wie Sucht, Tinnitus, Burn-out-Syndrom oder erhöhter Blutdruck sind häufige Ursachen für Fehlzeiten am Arbeitsplatz, und neben der von ihnen ausgehenden Belastung der sozialen Sicherungssysteme stellen sie wesentliche Hindernisse eines befriedigenden, mit Glücksmomenten erfüllten Lebens dar.

Diese Effekte hoher Arbeitsbelastung drohen sich mit den Veränderungen der Arbeitswelt im Zuge von Globalisierung und Entwicklung der Wissensgesellschaft noch zu verstärken: Zunehmende Spezialisierung und Technisierung, immer schneller sich ändernde Arbeitsbedingungen und Arbeitsmittel, häufiger Arbeitsplatzwechsel, eine Tendenz zur Individualisierung bis hin zur Vereinsamung und ein zur Monotonie neigendes Freizeitverhalten (Fernsehen) sind heute Realität. Diese neue Unübersichtlichkeit und Schnelligkeit fordern dem Einzelnen Anpassungsleistungen ab, denen man sich nur schwer entziehen kann und die viele Menschen überfordern. Dieser moderne Lebensstil führt natürlich auch in anderen Lebensbereichen zu Überforderung: So kann zum Beispiel das immer häufigere Fehlen von unterstützenden Familienbindungen zu Vereinsamung, Verlust an sozialen Kontakten und Verlust an Lebensqualität führen.

Macht der Gewohnheit – wann überwiegt der Leidensdruck?

Alle bisher angeführten „Glücksbarrieren" – Abhängigkeiten, dysfunktionale Gedankenschemata und belastende Lebensumstände wie zum Beispiel Überforderung am Arbeitsplatz oder in anderen Lebensbereichen – sind im Gegensatz zu objektiven, die Lebensqualität beeinträchtigenden Lebensumständen wie Krankheit oder Armut zumindest in Grenzen beeinflussbar. Doch muss oft der Leidensdruck sehr groß werden, bevor man sich zu Veränderungen bewegen lässt, sei es zu Inanspruchnahme ärztlicher oder psychologischer Hilfe, zu einer schlichten familiären Aussprache oder etwa zu einem Arbeitsplatzwechsel. Die Macht der Gewohnheit – der Wunsch, lieber in vertrauten, wenn auch eventuell belastenden Umständen als in einer gänzlichen ungewohnten neuen und herausfordernden Situation zu leben – ist groß. Dafür mögen frühere schlechte Erfahrungen mit der Bewältigung von Neuem verantwortlich sein oder gesellschaftliche Erwartungen bezüglich der Stabilität der eigenen Lebensführung oder auch die Angst vor dem Eingeständnis der eigenen Unfähigkeit, mit einer bestimmten Situation fertig zu werden. Auch hier sind also in einem gewissen Sinne dysfunktionale Gedankenmuster am Werke (bei gleichzeitigem Mangel an Problemlösestrategien), die einer Verbesserung der augenblicklichen Situation und damit der Erlangung von mehr Glück und Lebensqualität im Wege stehen.

4. Die Kinder des Wohlstands auf dem Weg zum Glück

Wie sehen nun die Chancen der Kinder des Wohlstands aus, glücklich zu werden? Wie ist ihre Ressourcenausstattung – im Hinblick auf glücksfördernde Fähigkeiten und Eigenschaften oder auf Persönlichkeitsmuster, die einem glücklichen Leben im Wege stehen? Wie ist es um ihre sozialen Fähigkeiten bestellt, um die Sinnhaftigkeit ihres Lebens, um gesunde oder schädliche Gedankenschemata, um körperliche und psychische Gesundheit, um die Fähigkeit, bewusst und mit Bedacht an der Verwirklichung des eigenen Glücks zu arbeiten? Haben sie eine Entscheidung zwischen „Haben" und „Sein" getroffen? Und lässt ihnen die Gesellschaft, in der sie leben, überhaupt die Wahl zwischen den beiden Polen, lässt sie ihnen die Chance, glücklich zu sein oder zu werden? Eine erste Betrachtung stimmt optimistisch.

Zunächst leben wir in einem Land, dass aufgrund seines Wohlstands tatsächlich den meisten Menschen die Chance bietet, objektiv günstige Lebensbedingungen zu erlangen. Die sozialen Sicherungssysteme arbeiten in den meisten Fällen in befriedigender Art und Weise, die politischen Verhältnisse sind recht ruhig und berechenbar, mit einiger Wahrscheinlichkeit bleiben wir von Krieg und Zwangsherrschaft verschont. Zudem setzt sich in der Gesellschaft mehr und mehr die Einsicht durch, dass es auch einen *wirtschaftlichen* Vorteil verspricht, auf die körperliche und psychische Gesundheit der Arbeitnehmer zu achten, so dass die objektiven Arbeitsbedingungen für viele Menschen sich im Laufe der Zeit wohl verbessern und die harten Hindernisse einer glücklichen Lebenssituation aus dieser Sicht weniger werden dürften – was natürlich nicht für die hohe Zahl der arbeitslosen Menschen in dieser Gesellschaft gilt.

Gedämpft wird diese optimistische Haltung durch die Erfahrung, dass die beschriebenen Veränderungen von einer Verschärfung des Wettbewerbes auf dem Arbeitsmarkt konterkariert werden. Folgerichtig beschreiben gemäss der neuesten Shell-Jugendstudie immer mehr Jugendliche ihre berufliche Zukunft als Herausforderung – mit allen damit verbundenen Chancen und Gefahren.

Die in diesem Buch mehrfach erwähnte sich zunehmend abzeichnende postmaterialistische Einstellung junger Menschen ist ebenfalls ein Indiz für günstige Glücksaussichten dieser Generation. Dazu gehören ein hoher Bildungsgrad, die lebenslange Erfahrung von Wohlstand, der zunehmende Wille zur Partizipation an den Belangen der Gesellschaft und die aufgrund der Veränderungen am Arbeitsmarkt wachsende Notwendigkeit zu einer flexiblen Lebens- und Karriereplanung.

Auch die einseitige und oft ungesunde Ausrichtung des Lebens (vor allem der Männer) auf die Erwerbsarbeit unter Vernachlässigung familiärer oder sozialer Aspekte wird geringer. Andere Ziele wie ein befriedigendes soziales Umfeld oder mehr Beteiligung an der Kindererziehung erhalten stärkeres Gewicht und bieten die Möglichkeit, Bestätigung und Anerkennung zu erfahren, Erfolgserlebnisse zu haben und dabei konkret die Sinnhaftigkeit des eigenen Lebens zu erfahren.

Es scheint als ob die Verteilung der Prioritäten zwischen „Haben" und „Sein" zugunsten des „Sein" neu geregelt wird, mit allen daraus resultierenden neuen Möglichkeiten zu sinnstiftenden Erfahrungen, sinnlichen Erlebnissen und Glücksempfindungen. Diese Veränderung resultiert wohl zum einen aus der Einsicht, dass eine Fixierung auf das „Haben" auf zukünftig immer unsicherere Erfolgsaussichten blicken muss; zum anderen aber wächst bei manchen Menschen auch die Unzufriedenheit über die Isolation und fehlende inhaltliche Befriedigung, die eine Fixierung auf das „Haben" oft mit sich bringt. Die Hoffnung, ein „Gutes Leben" führen zu können, wird damit allerdings nicht gänzlich unabhängig von materiellen Voraussetzungen: Der materielle Wohlstand ist immer noch erwünscht, aber er ist nicht mehr alleinige Grundlage einer hohen Lebenszufriedenheit.

Nicht zuletzt der hohe Bildungsstandard weiter Kreise der jungen Generation gibt ihnen die Möglichkeit, in flexiblerer Art und Weise mit Veränderungen, Herausforderungen und Bedrohungen umzugehen als dies in einer weniger gebildeten und unflexibleren Gesellschaft der Fall wäre. Auch die Fähigkeit zur Reflexion über eigene Fähigkeiten, Erwartungen, Ansprüche und Ängste ist gewachsen und ermöglicht eine genauere Abwägung verschiedener Alternativen, Werte und Lebensentwürfe.

Insgesamt erscheint die Gefahr gering, dass das zu erwartende Stagnieren des materiellen Wohlstands zu einer drastischen Verminderung der Glücksmöglichkeiten in diesem Land führen wird. Die „Kinder des Wohlstands" beginnen, aus äußeren Zwängen heraus und unter vollständig anderen Prämissen als ihre Eltern, die Suche nach dem eigenen Glück von neuem. Sie haben gute Voraussetzungen in Form von Wissen, sie sind flexibel und interessiert an ihrer eigenen Entwicklung und an der der Gesellschaft. Damit ist die Politik natürlich nicht aus der Verantwortung entlassen: Sie muss dafür sorgen, dass auch weiterhin die objektiven Lebensbedingungen die individuelle Suche nach dem Glück möglich machen. Damit ist eine Forderung vor allem an die Sozialpolitik, aber auch an die weitere Ausgestaltung der Demokratie und die Regelung des Arbeitsmarktes verbunden. Doch alles in allem sind die „Kinder des Wohlstands" auf ihrem Weg zum persönlichen Glück gut gerüstet.

Markus Gumpinger

Männer als Qualitätsbeauftragte ihres Lebens

Markus Gumpinger, Jahrgang 1967, studierte Diplom-Pädagogik in Augsburg und Eichstätt. In seinem Studium widmete er sich vor allem der Erwachsenenbildung und Kommunikationswissenschaft. Markus Gumpinger arbeitet zur Zeit als Projektleiter bei einem freien Bildungsträger. Mit dem Thema des Beitrages beschäftigt er sich seit seiner Diplomarbeit zum Thema: „Der Wandel der Geschlechterrollen als Ausgangspunkt reflexiver Männerbildung. Theoretische und praktische Aspekte eines neuen Bildungsansatzes“.

Von den Kindern des Wohlstands sollen in diesem Kapitel die zu Männern herangewachsenen Jungen und Söhne des Wohlstands im Vordergrund stehen. Wie verändert sich die Männer-Rolle und wie wirkt sich dies auf unsere Männergeneration aus? Was bedeutet es für Einzelne? Welche Kriterien unterscheidet neue männliche Lebensqualität von weiblicher? Diese Fragestellungen werden in zwei Teilen betrachtet. Im ersten Teil werde ich einen persönlichen Rückblick über drei Jahrzehnte meines Mannseins geben. Wie haben mich die Fragen dieser Zeit bewegt und was passierte in meinem Leben?

Der zweite Teil beschäftigt sich allgemeiner mit Qualitätssicherung für männliches Wohlfühlen in verschiedenen Bereichen. Dabei werden neben der Vielfalt von männlichen Lebensentwürfen, die heute möglich sind, folgende Themen behandelt: Männer-Wirtschaft: wie sind Männer und was folgt daraus für ihr Wirtschaften; Haupt-Sache Arbeit: über die Verknüpfung männlicher Identität mit Erwerbsarbeit und Kompetenzveränderungen in der Arbeitswelt; Kinder haben – Vater sein: was ist mit geteilter Elternschaft; Neue Umgangskultur unter Männern: inwiefern sind Männerfreundschaften möglich.

In erster Linie ist es die Lebendigkeit, die Männer für ihre Lebensqualität finden müssen. Lebendigkeit als Gegenpol zu einem starren Benutzen des Lebens für Status, Karriere und Macht. Das Prinzip des Mannes als Krieger und Soldat ist die Zerstörung von Leben. Die Lebendigkeit, die das Prinzip der reinen Rationalität (über alles nachdenken und darüber wegreden) ergänzt durch das Spüren, Hinsehen, Hinhören und ernstnehmen der Gefühle. Lebensqualität bedeutet für Männer auch bewusstes Körpererleben und ein Gespür dafür, wie es einem geht und die Fähigkeit, Signale rechtzeitig zu erkennen und nicht erst, wenn der Körper einem die gelbe Karte in Form eines Herzinfarktes zeigt. Gesundheit, die eben etwas anderes ist, als seinen Körper zu quälen, zu benutzen, um aus ihm das Maximale an Leistung rauszuquetschen. Lebendigkeit für Männer, die nicht aus dauernder Aktivität resultiert, sondern eben auch aus Nichtstun, Ruhe, Entspannung und Erholung. Lebensqualität für Männer, die sich mit sich selbst beschäftigen und damit, wie sie mit anderen – Frauen, Männern, Kindern – umgehen. Für viele sind dies immer noch komische Gedanken, sie beschäftigen sich doch lieber mit Dingen (Motoren, Autos, Sport, Eisenbahnen). Diese Lebendigkeit meint auch nicht, dies zu ersetzen, sondern um neue Ideen und Lebensbereiche zu ergänzen. Ich weiß nicht, ob Männer vor allem von Frauen was über das Leben lernen. Aber schön ist es schon, wie im Film der junge Harold von der alten Maude die Lektion über das „L-E-B-E" annimmt.

Meine Männergeneration: ein persönlicher Rückblick

„Bin ich normal?" erscheint mir die große Frage, wenn ich mir meine gut 30 Jahre Männerleben anschaue. Im Bewusstsein unserer Generation war die Frage „Wann ist Mann ein Mann?" (Grönemeyer) wirklich mehr als nur ein Liedtext, es war und ist die Frage, deren fehlende Antwort unsere soziale Existenz mitbestimmt hat. Wie glücklich können wir uns schätzen, dass diese Frage gestellt wurde und unbeantwortet bleiben muss, weil uns heute so viele Antworten erlaubt sind.

Die 70er: Kindsein

Als Junge lebte ich in einer Gesellschaft, deren öffentlicher Raum von den Kämpfen und Idealen der 68er-Bewegung geprägt wurde. Als ich geboren wurde, wurde vieles bis dahin diskussionslos Akzeptierte in Frage gestellt: die Marktwirtschaft, das Militär, gesellschaftliche Spielregeln, die Männerdominanz des öffentlichen Lebens, *diese* Form der Demokratie. Nur in meinem privaten Raum der Familie waren diese In-Frage-stellungen nicht angekommen. Unsere Eltern waren eben zu alt für die 68er! Und unsere Lehrerinnen in der Grundschule auch. Sie lehrten und erzogen uns nach den „alten" Mustern und Werten. Klar, es waren nicht martialische, kriegerische Tugenden, die man von mir als kleinem Jungen erwartete. Sie waren eher sanft-christlich. In den kirchlichen Jugendgruppen waren „Der kleine Prinz" und „Die Möwe Jonathan" unsere Begleiter. Dass ich ein Junge war und dass das etwas zu bedeuten hatte und dass Mädchen anders waren, war mir in der Grundschule schon klar, wenn ich auch noch nicht wusste, was diesen Unterschied eigentlich genau ausmacht. In unserem kleinen Kinderleben war alles in Ordnung, während „draußen" ein kleiner Krieg gegen den Staat stattfand. Für die „Rote Armee Fraktion" waren wir zu klein, sie begleitete uns als Nachrichtenmeldungen, deren Sinn wir nicht verstanden und deren Zusammenhänge für uns nicht begreifbar waren. Aber irgendwie war mir als Junge schon vage klar, dass es um so was wie Krieg und Frieden ging. Und dass Dinge passierten, gegen die bestimmte Leute protestierten. Ich komme aus der Generation, die das „HAIR"-Gefühl in seiner vermarkteten Form als Kinofilm und Musical kennenlernten, also verspätet und nicht wirklich echt. Erst als ich ins Gymnasium kam, begegnete ich dem öffentlichen Raum und seinen politischen Fragen. Horizonte erweiterten sich langsam, ich lernte Unterrichtsstoff, ich lernte über andere, über die Gesellschaft und über mich. Im Sportverein trainierten uns Männer und – ohne es genau fassen zu können – wusste ich, dass der Ball nicht nur ein Ball, sondern ein Instrument für etwas Bedeutenderes, Größeres war. Gewinnen oder Verlieren am Sonntagvormittag gegen den Gegner, das waren eine Stunde Aufregung, Hektik, Schmerz, Leid, Glück: Emotion pur. Ein Tor schießen, das Publikum, der Schweiß, die Atemnot, die Mannschaft. Mir fehlte in der Familie der Vater, weil er tot war, und ich kann rückblickend sagen, ich wusste nicht, wie erwachsene Männer eigentlich sind. Mein Kinderzimmer war voller James Dean: ein sensibler Mann, ein anderer Mann, ein Mann, der weinen durfte, ein Mann, der weich war und zugleich männlich blieb, ein Mann, der wirklich und einfühlsam Frauen liebte. Er gab mir Orientierung und war für mich wirklicher als die realen Männer. Langsam traten Müslis, Ökos, Pazifisten und andere Weichlinge auf den Plan. So sehr sie meine Jugend prägen werden, das „We will rock you" von Queen war eine meiner ersten eigenen Schallplatten und sollte einen kräftigen Impuls gegen zuviel Sanftmut setzen.

Die 80er: Jungsein

Wenn man mich fragt, sage ich gerne, dass ich ein Kind der 80er Jahre bin. Zu Beginn der 80er musste erst mal eine grundlegende Richtungsentscheidung für das weitere Leben getroffen werden: Popper oder Punker? Eine Lebenshaltung fand damals seine Basis. Die Entscheidung – wenn auch nicht äußerlich – so doch mit dem Herzen und dem Kopf auf der Seite der Punks zu stehen, dagegen zu sein, zu rebellieren und nicht alles einfach so hinzunehmen, hatte Folgen. Ich wollte erst mal einfach nur „anders" sein. Spießig-bürgerliches Arbeitsleben und viele andere Normen (Pflicht, Leistung, Gehorsam, Militär) lehnten Punks ab. Die „geistige Wende" des Herrn Kohl war für mich ein Rückwärts in eine Zeit, mit der ich nichts zu tun hatte. Mit den alten Männern wollte ich nichts zu tun haben. „Neue Männer braucht das Land" war im Radio zu hören: Und ich war ziemlich sicher, dass ich damit gemeint war und wollte mein Bestes geben.

Es war die Zeit der Hochrüstung, der Angst vor dem Atomkrieg. Wir Jungen in der Friedensbewegung ahnten doch wohl schon stärker als die 70er-Jahre-Geprägten, dass das allein mit Blümchen und „We shall overcome" nicht abgeht. Es war zu den Idealen eine Härte des Weges, eine Härte der Protestmittel hinzugekommen. Mitte der 80er war die am meisten politisierte Zeit in meinem Leben. Da musste ein Gewissensprotokoll geschrieben werden, warum Mann lieber nicht schießen und töten lernen will. Uniformen waren das Symbol einer gleichgeschalteten Männlichkeit, die wir verlassen hatten. Ich verweigerte den Kriegsdienst und war doch ganz still und heimlich stolz, ein Topergebnis in der Körper-Musterung erzielt zu haben. Mit langen Haaren stellte Mann sich immer noch oder wieder gegen die Spielregeln der Gesellschaft und wurde so erkannt, „anders" zu sein. Dabei hatte ich den Auftrag zu missionieren, ich wusste, was richtig ist („So müsst ihr leben: Alle!") und nur meine Ideale, meine Werte, mein Weg wies aus der Sackgasse dieser Gesellschaft: Keine Tiere essen, gerecht und selbstverwaltet produzieren, den Armen geben, für gerechten Welthandel sorgen, damit die Ausbeutung der „dritten" Welt ein Ende hat, nicht Auto fahren, keinen Strom verbrauchen, keinen Müll produzieren, die Kleinfamilie durch größere basisdemokratische Wohn-, Lebens- und Arbeitsgemeinschaften ersetzen usw. Religiös erzogen hatte ich zu einer neuen Religion gefunden, die gepredigt werden musste.

In den Hüttendörfern und an den Bauzäunen von Wackersdorf trafen ökologische Weiblichkeit („Mutter Erde") und männlicher Kampf- und Kriegsgeist aufeinander (dieser wohlgemerkt auf *beiden* Seiten des Zaunes). Im Namen der Umwelt, im Namen der Enkel, von denen wir unsere Erde geliehen haben sollen, im Namen einer besseren Welt der Zukunft stand Mann im Schwall der CS-Gas- und Wasserwerfer und fand sich selbst unglaublich mutig, stark und geschichteschreibend. Heute denke ich oft, das werden die Kriegsgeschichten unserer (zumindest der links-alternativ-grünen) Männergeneration sein, mit denen wir unsere Söhne und Töchter langweilen werden. Der Super-GAU von Tschernobyl war für mich und viele andere der Beginn des Einstellens der Kampfhandlungen. Dachte man im ersten Moment noch: Jetzt ist es soweit, jetzt sind alle aufgewacht, jetzt ist das Ende der Atomkraft gekommen, wurde man schon bald von der schnöden Langeweile und Lüge, mit der die Politik reagierte, konfrontiert. Ein Rückzug in Zynismus, Resignation und ein Besinnen auf das eigene Leben nahm für mich seinen Anfang. Dummerweise fiel diese hochpolitisierte Zeit mit einer Lebensphase zusammen, in der sich die Gedanken eines jungen Mannes eigentlich nur um eine Sache drehen. Wann passiert ES zum ersten Mal und wie mache ich DAS? Die Grundlagen waren gelegt: der erste Samenerguss; ein Stolz überfiel einen, den man leider mit niemandem teilen konnte, weil die gleichaltrigen Jungen das *natürlich* schon lange hinter sich hatten. Die Sache mit dem Sex, da fühlte ich mich getrieben, lustvoll und wild und traute mich gleichzeitig nicht und hatte furchtbar Angst davor. Im Hintergrund lauerte immer die Frage: Wie sensibel und zart-zärtlich müssen Männer zu Frauen sein? Was darf ich an ihr tun, um sie als Frau nicht zum Objekt zu machen? An die Stelle der Lust trat nicht selten: reden-reden-reden. Reden über Beziehungen, Reden über Gefühle, Reden über Verletzungen, Reden über Sex, Reden über den „Tod des Märchenprinzen". Meine Welt war voller Feministinnen und um mit ihnen ins Bett zu kommen, übernahm ich ihre Gedanken, las ihre Frauenbücher und meinte es ernst damit, dass Männer etwas Schlechtes sind, für das sie sich entschuldigen müssen und dass sie Wesen sind, die froh sein müssen, wenn sie geduldet werden. Und es war auch klar, dass wir Männer zur Liebe und zu wahrhaftiger Beziehung gar nicht fähig sind, weil wir emotionale, abhängige Krüppel sind: „Männer lassen lieben – die Sucht nach der Frau" (Wieck). Konsens herrschte überall, wo ich hinsah und hinhörte: Die Zukunft war weiblich und Frauen bestimmen, wie Männer anders werden sollen.

Die 90er: Erwachsenwerden

Zur Zeit der größten politischen Umbrüche im eigenen Land (Wende/Deutsche Einheit) hatte ich mich vom politischen dem eigenen Leben zugewandt. Das unmittelbar von mir selbst Beeinflussbare, die kleine Welt des Uni-Campus, meine Seminare und Hausarbeiten, meine Referate und Prüfungen waren wichtig geworden. Und die Frage: „Was wird bloß mal aus mir?" Währenddessen zeigten sich Rechtsextreme, die jungen Männer mit den Stiefeln; diese Gewalt war hauptsächlich männlich und keiner kümmerte sich um diesen Zusammenhang. Ich verfolgte es distanziert und angewidert tatenlos.

Die Befreiung von Dogmen und Denkschablonen erleichterte, bedeutete aber gleichzeitig einen Rückzug von Idealen. Die Welt, die „dritte" zumal, war ganz weit weg, der „grüne Punkt" hatte das Müllproblem gelöst, Konsum war o.k. Und das ganze Studium begleitete mich die Sorge, ob ich denn mal Geld verdienen würde mit dem, was sie mir da beibringen. Das Ende jugendlicher Naivität rückte immer näher, auch wenn ich das Privileg hatte, mich sehr lange im Stadium des Jugendlichen aufhalten zu dürfen. Vom Glauben der „Nutzlosigkeit erwachsen zu werden" (Heinzen/Koch) gab es erste Schritte, Verantwortung zu übernehmen. Ich fing an zu arbeiten und die Fragen nach Werten und Lebensqualität wurden plötzlich ganz persönliche Fragen: Karriere? Lebensgenuss? Erfolg? Geld verdienen? Selbstverwirklichung? Anderen helfen? Die finanzielle Unabhängigkeit wurde mit Zeitverlust erkauft und mit der Sicherheit, dass meine Arbeit erst mal durch einen Auftraggeber, der bezahlt, bestimmt wird. Freiheit und ein gewisser Stolz entstand mit dem Bewusstsein, es also doch geschafft zu haben und meinen Platz in der Gesellschaft mit meinem Arbeitsplatz gefunden zu haben. Es war ein erleichterndes „Ich bin also mit dabei", das gelegentlich von zweifelnden „Ich bin doch anders?! (gewesen)" durchkreuzt wurde. Viele meiner männlichen Freunde werden einfach so mal eben Väter. Neid und Mitleid treiben mich um. Die ersten grauen Haare: Auch bei mir wird es so kommen wie bei den alten Männern. Und irgendwie das Ohnmachtsgefühl, gegen den Lauf der Natur und des Lebens so wenig entgegenzusetzen zu haben. In Discos fühlt man sich fremd, weil die Musik so schnell geworden ist, dass sie mehr Kopfweh als Spaß macht. Politisch korrekt sein kommt aus der Mode und wird mehr und mehr Hindernis. Tabubrüche sind Ausdruck von Liberalität und Toleranz. Vieles ist erlaubt, nichts ist unmöglich und es entwickelt sich ernstgemeinte Freude an der Vielfalt der Meinungen, der Menschen, der Männer. Die Spannung zwischen den Geschlechtern wird zur Bereicherung des Lebens-Spiels. Männer und Frauen dürfen unterschiedlich sein und aussehen, dürfen anders denken und anders kommunizieren. Das ist gut so. Männer werden endlich auch öffentlich ausgezogen und müssen sich um ihren Körper, ihre Pflege, ihre Fitness kümmern und fangen an, sich liften zu lassen. Männer kümmern sich selber darum, wie sie bleiben wollen oder wo sie sich verändern. Das Jahr 2000 stand vor der Tür: Die großen Erwartungen, Befürchtungen und Hoffnungen, die ich als Kind damit verknüpfte, sind nicht eingetreten. Dafür bin ich irgendwie dann doch ein erwachsener Mann geworden und nur die Frage, ob ich normal bin, muss dankenswerterweise unbeantwortet bleiben, für mich und viele andere aus meiner Männergeneration.

Qualitätssicherung in verschiedenen Bereichen

Im zweiten Teil meines Beitrages sollen Risiken aus traditionellen männlichen Mustern und Chancen der Öffnung für vielfältiges männliches Rollen- und Selbstverständnis unter verschiedenen Aspekten beleuchtet werden. Vorweggeschickt seien zweifelnde Fragen nach allgemeingültigen Qualitätskriterien für „gutes Leben".

Gibt es das gute Leben? Ist es nicht für jeden etwas anderes? Als Jugendlicher hätte ich mich noch leicht getan, da wusste ich sehr genau, wie alle zu leben hätten, damit es eine bessere Welt gäbe. Aber heute? Soll man nicht jeden nach seiner Fasson glücklich werden lassen? Für mein gutes Leben trage ich die Verantwortung und natürlich ist dies auch in größere Rahmen (gesellschaftlich, politisch) eingebettet, die beeinflussbar sind. Für mich ist es in einem schlechten Sinne männlich und anmaßend, für alle die Heilslehre zu predigen. Es tut eben auch gut, Grenzen des eigenen Einflusses zu erkennen und sich bescheiden zu können.

Vielfalt von Männerleben

Der Mensch als Naturwesen ist von der Zweigeschlechtlichkeit geprägt. Anderer Körper, andere Hormone, andere biophysiologische Prozesse. Diese biologische Geschlechtszugehörigkeit (Sex) bildet den Ausgangspunkt dafür, was Menschen als kulturelle und soziale Wesen aus diesem körperlichen Unterschied historisch gemacht haben und in Zukunft weiter machen werden. Das soziale Geschlecht (Gender) ist eine Rolle, die von zentraler Bedeutung für unser Leben und unsere Gesellschaft ist, mit der bestimmte Erwartungen verknüpft wurden und immer noch werden. Während Frauen diese Rolle bewusst gemacht und politisiert haben, weil sie Einschränkungen und Begrenzungen ihrer Entfaltung darstellten, ist diese Rolle für Männer immer noch sehr selbstverständlich und kaum bewusst, obwohl die traditionelle Männerrolle Männerleben einengt und begrenzt. Die gesellschaftlichen Geschlechtsrollenveränderungen wurden weitgehend vor unserer Zeit vollzogen. Wir Kinder einer grundgesetzlichen Gleichstellungs- und Gleichberechtigungsgesellschaft, die sich der Staat auf seine Fahnen geschrieben hat, ernteten die Früchte der sozialen Auseinandersetzungen (Frauenbewegung) die vorangegangen waren. Trotzdem ist auch für uns die „Frauenfrage" selten als „Männerfrage" ins Blickfeld gekommen, was schon aus einer systemischen Sichtweise seltsam erscheint. Männer bilden nach wie vor die Norm und machen sich nicht zum Gegenstand gesellschaftlicher Betrachtung. Die „Freisetzung aus den Geschlechterrollen" wie sie in der „Risikogesellschaft" (Beck) gang und gäbe sind, haben Männer neben der Befreiung auch als Krise und Verunsicherung erlebt. Widersprüchliche Erwartungen werden an die Männer gestellt: cool und romantisch, stark und sanft, partnerschaftlich und willensstark, Beschützer und Unterstützer, starke Schulter und Gefühle-zeigen-können, Held und Hausmann. Die „male-machine" (Fasteau), die Männerfassade, die funktioniert, die arbeitet, die ihre Pflichten erledigt, die sich am Arbeitsmarkt durchkämpft, die am Herzen krank wird (!), ist im Hause ergänzt worden durch eine Vielfalt emotional-kommunikativer und sozialer Erwartungen an den Mann: Frauen wollen bei der „Beziehungsarbeit" nicht allein bleiben.

Männer basteln sich ihren individuellen Geschlechtsrollen- und Persönlichkeitsmix aus den vielen erlaubten männlichen Lebensstilen, aus alten und neuen Rollenerwartungen. Nur: Vielen fehlt die Orientierung und der Austausch mit anderen Männern, wie es ihnen mit diesem individuellen Mix geht. Da entwickelte sich viel Neues, aus dem Geschlechterkrieg ist einiges an Verkrampftheit gewichen und kann mit mehr Humor und Leichtigkeit genommen werden. Schichtspezifisch unterschiedlich, milieuabhängig, das Neue gibt es neben dem Alten, das eben auch weiterexistiert: Männerbünde, Männer-Gewalt, Macht- und Herrschaftssicherung, Frauenabwertung.

Männer-Wirtschaft

Ein großer Teil der Probleme, die in diesem Buch angesprochen werden, hängen mit der Art unseres Wirtschaftens, mit der Art und Weise unseres Arbeitsverständnisses und mit der Art, über uns und die Welt zu denken zusammen. Mann kann ja über den Begriff des Patriarchats lange streiten, doch unstrittig ist wohl, dass wir nach wie vor in weiten Teilen der Welt und im Ton angebenden Westen in männerdominierten Gesellschaften leben. Und es liegt auf der Hand, dass unser Wirtschaften und Arbeiten viel mit dem zu tun hat, wie Männer denken, wie sie sozialisiert werden und nach welchen Mustern sie Lebensbewältigung versuchen. Lange war die Außenwelt – „Prinzip der Externalisierung" – (Böhnisch/Winter) die Welt des Mannes, in der er produziert, baut, zeugt, gestaltet und vor allem alles unter dem funktionalen Aspekt des möglichst schnellen und umfassenden Benutzens betrachtet. Energie, Landschaft, Umwelt,

Frauen, andere Männer – brauchen und verbrauchen, nutzen und benutzen. Mehr produzieren ist besser als wenig, Fortschritt für viele nach wie vor nur in der Kategorie Wachstum denkbar. Wachstum als etwas prinzipiell Wertvolles, ohne nach dem Wert im Sinne von Lebensqualität überhaupt zu fragen. Mit reiner Logik und Vernunftrationalität, dominantem Ursache-Wirkungsdenken erscheint die Technik immer wieder als der Heilsbringer. Kein Problem, das nicht mit naturwissenschaftlich-technischen Anstrengungen wieder lösbar wäre. Konsumieren ist der Weg zum Haben und das Haben bestimmt meinen Männerwert. Besitzen, um etwas zu besitzen und um dann den Besitz wieder zu wechseln und Neues zu haben. Um nicht falsch verstanden zu werden: Haben und Besitzen ist erlaubt, nur eben nicht alles. Viele Männerkrisen resultieren aus dem Zwang, Abschied nehmen zu müssen und die Kontrolle über etwas zu verlieren. Außen sind die Dinge, um die es geht, und der Blick nach innen könnte gefährlich sein. Vielleicht sind da Ängste, Unsicherheiten, Zweifel am Machbarkeitsrausch der Technikmänner. Männer reklamieren für sich die Vernunft, die Sachlichkeit, das „Prinzip der Rationalität“ (Böhmisch/Winter): „Lassen Sie uns doch sachlich bleiben“ ist der Ausweg aus Situationen, in denen es ernst wird mit den Gefühlen, die einen innerlich bewegen, rühren, nicht kalt lassen. Gerade in der Ökologie braucht Rationalität weitsichtiges, vernetztes Denken, das wertgebunden ist im Sinne einer Erhaltung von Lebensgrundlagen, und das der Komplexität der Zusammenhänge gerecht wird. Da wird viel geredet über Gott und die Welt, und Männer bleiben häufig doch so stumm, wenn es um Bindungen, um Erleben, um sie selbst geht.

Haupt-Sache Arbeit

Für viele Männer sind die Krisen und Veränderungen der Arbeitsgesellschaft am bedeutendsten für ihre eigene Lebensbestimmung, haben sie damit doch nicht nur Existenzsicherung im Sinne von Geldverdienen verknüpft, sondern nicht mehr und nicht weniger als einen wichtigen Teil ihrer Identität. Wer Mann ist, ist ein Resultat dessen, was Mann macht. Die Reduktion von Arbeitszeit bedeutet nicht automatisch eine Erhöhung der Lebensqualität. Mehr Freizeit heißt für viele mehr Stress, mehr Belastung, weil der Anspruch an das Ausnutzen der eigenen Freizeit gewachsen ist. Wenn wir in Zukunft weniger arbeiten werden, um so auf dem Arbeitsmarkt zu einer besseren Verteilung zu kommen, muss die Quote der Teilzeitarbeit steigen. Und dies geht nur über die Bereitschaft von Männern, weniger zu arbeiten, da Teilzeitarbeit bislang weitgehend Frauendomäne ist. Doch weder strukturelle, betriebliche Ansätze anderer Arbeitszeitmodelle sind weit verbreitet, noch besteht ein großes Interesse von Männern, die Zeiten des Arbeitens anders zu gestalten. Ob Erwerbsarbeit die Grundlage sozialer Sicherung bleibt, ist fraglich. Spannend wird zu sehen sein, welche neue soziale Identität Männer finden, wenn bislang theoretische Konzepte von Bürgerarbeit Wirklichkeit werden sollten. Phasen der Arbeitslosigkeit werden zunehmend normaler und die psychosozialen Schwierigkeiten von arbeitslosen Männern wenig diskutiert. Sie reden halt nicht darüber. Arbeit, Beruf, Leistung und Geld sind die Meßlatten gesellschaftlicher Anerkennung. Männer, die keine Karriere machen, haben versagt. „Konkurrenz, Karriere, Kollaps" (Bründel/Hurrelmann) nach wie vor *der* unaufhaltbare Männerweg? Der und die vollmobile Einzelne ist das Arbeitsmarktwunschsubjekt, also eines, das sich weitgehend aus sozialen Bindungen gelöst hat. Gleichzeitig stehen Partnerschaft und Familie auf den regelmäßigen Werteumfragen standfest auf Platz 1. Da wenig institutionelle Lösungen für die Vereinbarkeit von Familie und Beruf da sind, müssen die einzelnen – Männer und Frauen – nach individuell-privaten Lösungen suchen und verstricken sich nicht selten in Geschlechterfragen. Wie kurzsichtig eine derartige Ausrichtung an nur beruflichem Erfolg für Männer ist, scheinen die USA bereits zu erkennen, wo eine Diskussion um „work-life-balance" in Gang gekommen ist.

Glaubt man den Entwicklungsveränderungen in der Arbeitswelt, werden neue Werte und neue Kompetenzen vom Markt nachgefragt. Ganzheitliche Arbeitstypen sollen gefragt sein: Das „Gute" aus den traditionellen Männerrollen, gepaart mit dem „Guten" der traditionellen Frauenrolle. Andere Führungsqualitäten sind wichtig: Soziale Kompetenz, von der alle sprechen und die keiner so genau fassen kann. „Emotionale Intelligenz" (Goleman) ist der Renner: Endlich dürfen auch Männer in sich reinschauen und das sogar noch gesellschaftlich akzeptiert, weil es letztlich dem Erfolg dienlich ist. Gefühle können also geschult und kommunizierbar gemacht werden. Das „Innere Team" (Schulz von Thun) ergänzt die äußere Teamfähigkeit. Eine Fähigkeit, die dem Sozialisationsprinzip des „Alleinseins" (Böhnisch/Winter) des Mannes, der für die Lösung seiner Probleme niemanden braucht und auch sonst alles am liebsten mit sich alleine regelt, entgegensteht. „Miteinander reden" (Schulz von Thun) wird professionalisiert auf der Grundlage kommunikations-psychologischer Erkenntnisse. Projektarbeit braucht vernetztes, multidisziplinäres Denken und Zusammenarbeiten. Kreativität – Offenheit – Empathie – Geduld – Spontaneität – Verständnis – Konfliktfähigkeit: „Weibliche" Fähigkeiten werden kapitalisiert und es bleibt nur die Frage, ob dies alles trainier- und schulbar ist. Bleibt zu hoffen, dass in der betrieblichen Weiterbildung der Begriff der Bildung nicht untergeht und auch Werte dabei mitreflektiert werden. Dann können diese Entwicklungen vielleicht tatsächlich zu einer Verbreiterung männlicher Erfahrungen dienen und das Leben besser machen, weil Mann besser mit sich und anderen umgehen gelernt hat und neben dem Kopf auch sein „Feuer im Bauch" (Keen) entdeckt.

Kinder haben – Vater sein

Die Risikoseite der Geschlechterdemokratie wird leider vorrangig problematisiert: mehr Konkurrenz am Arbeitsmarkt, mehr Hausarbeit, mehr Kindererziehung, Verzicht auf Karriere, Machtverzicht. Männliche Chancen des partnerschaftlichen Teilens werden meist noch unter den Küchentisch gekehrt: Befreiung von der alleinigen Familienernährerlast, persönliche Entfaltung außerhalb des Berufs, Unabhängigkeit durch haushaltliche Kompetenzerweiterungen, mehr Zeit und andere Lernfelder mit den eigenen Kindern, zufriedene, selbstbewusste, schulgebildete, im Beruf gut ausgebildete Frauen, Abgabe öffentlicher Verantwortung, Entlastung. „Das halbierte Leben" (Beck-Gernsheim) und seine Einseitigkeit der Fixierung der Männer auf die Berufswelt aufgeben zugunsten eines breiteren, ganzen Lebens. Das Aushandeln der Vereinbarkeit von Familie und Beruf ist zum „Privatvergnügen" geworden, an dem nicht wenige Partnerschaften und Ehen scheitern. Abstimmungsprobleme, was geschlechtsbezogene Rollen und Verpflichtungen daraus angeht, führten zu einer großen Pluralität familiärer Lebensformen, die gesellschaftlich erlaubt und anerkannt sind. Geteilte Elternschaften und gemeinsame Verantwortung für Haushalt, Erwerb und Kinder werden zunehmend mehr angestrebt, kollidieren aber häufig an den gegebenen Rahmenbedingungen. Durch die Frauenorientierung hin zur Erwerbsarbeit ist die Hausarbeit in eine doppelte Abwertung geraten. Männer beteiligen sich tatsächlich stärker an der Kinderbetreuung als an der Haushaltsführung. Die Ansprüche an das Vatersein haben sich erhöht. Das zeitliche Familiendefizit von Vätern prägt häufig noch das Leben der Kinder. Der Vater als Spielkamerad am Feierabend und am Wochenende. Vor allem für die Erziehung der Söhne könnte das zum entscheidenden Knackpunkt werden. Jungen, die auf der Suche nach Männlichkeit sind, orientieren sich nur dann weniger an übersteigerten Männlichkeitsklischees (starke, kriegerische Helden), wenn sie Gelegenheit haben, Männer im Alltag erleben zu können und von deren Normalität etwas mitbekommen.

Neue Umgangskultur unter Männern

Männer nutzen meist Frauen als Empfänger ihres Gefühlslebens. Wenn sie keine Frauen dafür haben, verzweifeln sie. Männer begegnen sich gegenseitig zuwenig in Freundschaften, die über Kameradschaften hinausgehen. Leistungs- und Konkurrenzorientierung („Mein Haus, mein Auto, meine Frau") belasten den Umgang miteinander. Können Männer endlich Freunde werden? Oder sind sie dies nicht längst? Es geht auch nicht so sehr darum, Männern die Kontakte des Sportelns, des Saufens, des Spielens miteinander wegzunehmen, sondern vielmehr darum, sie zu erweitern, zu ergänzen um die Gespräche, die sie mit Frauen eben nicht führen können. Angstfreie Begegnungen unter Männern, die neben positiven Gefühlen der Freude auch Momente von Unsicherheiten, Besorgnissen zulassen können. Gespräche miteinander über Vaterfreuden und -leiden, über Sexualität und Aggression, über Phantasien und Zukunftspläne. Sich unter Männern wohl fühlen, dafür gibt es wahrscheinlich viele Wege und doch vernachlässigen viele diesen wichtigen Lebensbereich beim Erwachsenwerden. Die Angst gerade für kleine Jungs, als schwul betrachtet zu werden, ist noch immer eine zentrale

Sozialisationsinstanz männlichen Großwerdens. Die Beziehung zu der Frau ist auch dadurch belastet, weil sie einem soviel bieten muss. Sie wäre leichter, wenn sie nicht alles Emotionale leisten müsste und eben auch Ausweichfelder existieren, wo es Männern gut geht. Da werden sicher auch neue und andere Rituale gefunden werden müssen. Körperkontakt unter Männern ist denn auch in unserer Kultur ein schwieriges Thema. Zu einem guten Leben zählt für mich, gute Begegnungen mit anderen Männern zu haben und schöne Erlebnisse miteinander teilen zu können. Männerfreundschaften sind breiter und vielfältiger möglich, wir müssen sie uns nur erlauben und die Hemmschwellen, die noch existieren, überwinden. Es wird uns gut tun.

Männer denken über sich nach und über das gute Leben, Männer machen sich zum Thema, kommen miteinander ins Gespräch. Männer werden zum Gegenstand von Büchern und gewinnen so Reflexionsmöglichkeiten über Männergesellschaft, ihr Mannsein, über Männlichkeiten und was sie ihren Söhnen und Töchtern als soziales Geschlecht weitergeben wollen. Der Wohl-STAND, das Wohl-HABEND-sein wird vielleicht weniger werden in der Zukunft. Männer, die sich in ihrer Haut wohl-FÜHLEN, die ihr Wohl-SEIN spüren, die sich selbst und das, was in Ihnen passiert, näher kennenlernen, die sich nicht dauernd zu etwas zwingen müssen, um als Mann zu gelten, die Freunde haben, die sich ihres persönlichen Weges und ihrer Geschichte des Mannwerdens bewusster sind, die ihre Beziehung zu Frauen und zu anderen Männern offen und veränderbar erkennen, werden das verkraften, weil es ihnen persönlich gut geht und sie die Kraft haben, aus ihrem persönlichen Wachstum auch ein politisches Wachstum im Sinne von mehr Lebensqualität für beide Geschlechter werden zu lassen.

Weiterführende Literatur:

- Beck-Gernsheim, E. 1980: Das halbierte Leben. Männerwelt Beruf, Frauenwelt Familie. Frankfurt a.M.
- Böhnisch, L. / Winter, R. 1994: Männliche Sozialisation. Bewältigungsprobleme männlicher Geschlechtsidentität im Lebenslauf. Weinheim / München
- Fasteau, M.F. 1975: The Male Machine. New York
- Keen, S. 1992: Feuer im Bauch. Hamburg
- Nuissl, E. 1993: Männerbildung. Vom Netzwerk bildungsferner Männlichkeit. Frankfurt am Main

Markus Hack

Das Modell der Bürgerarbeit und das neue Ehrenamt

Markus Hack, geboren1971 in Nürnberg, studierte Politische Wissenschaft und Geschichte an der Friedrich-Alexander-Universität, Erlangen-Nürnberg, und der Duke-University, Durham, North Carolina. Hack arbeitet als Wirtschaftsredakteur bei den Nürnberger Nachrichten. Zur Zukunft der Erwerbsarbeit und des Ehrenamts hat er zahlreiche Artikel veröffentlicht.

Nach dem Ende der klassischen Vollbeschäftigung verwirklichen sich die Menschen nicht mehr nur durch Erwerbstätigkeit, sondern auch durch freiwilliges Engagement

Die klassische Vollbeschäftigung wie zu Zeiten des Wirtschaftswunders wird es künftig nicht mehr geben. Die soziale Sicherheit durch eine meist lebenslange Anstellung wird verdrängt von der neuen Unübersichtlichkeit der Arbeits- und Lebensformen. Das wird zur Folge haben, dass in zehn Jahren nur noch jeder zweite Beschäftigte dauerhaft einen vollen Arbeitsplatz besitzt.

Der Münchner Soziologe Ulrich Beck nennt diese Entwicklung den „Einbruch des Prekären, Diskontinuierlichen in die westlichen Bastionen der Vollbeschäftigungsgesellschaft". Die entscheidende Frage der nun anbrechenden „Zweiten Moderne", geprägt von Ökokrisen, Globalisierung und Individualisierung, sieht Beck in der Überlegung, wie Demokratie jenseits der Vollbeschäftigung möglich ist. Da es bisher die Arbeit war, über die sich die Bürger als vollwertige Mitglieder der Gesellschaft definierten, bleibt zu klären, wie im anbrechenden Risikoregime verhindert werden kann, dass immer mehr Menschen am gesellschaftlichen Leben nicht mehr teilnehmen können.

Für Ulrich Beck heißt die Antwort „Bürgerarbeit". Sie schafft Ansehen und Identität für alle Bürger, unabhängig vom Arbeitsmarkt. Denn Bürgerarbeiter kann jeder werden. Einzige Voraussetzung: der Wille zum Einsatz für eine bestimmte Sache. Anders als das herkömmliche, unentgeltliche Engagement kann Bürgerarbeit auch finanziell belohnt werden: durch das Bürgergeld.

Projekt in Bayern

Im April 2000 hat das bayerische Sozialministerium ein Modell zur Bürgerarbeit gestartet. Der Test läuft in dreizehn Orten, verteilt über den ganzen Freistaat. Bayern stellt für die Projekte, die eine Palette von Umwelt über Schulkinderbetreuung bis hin zur Suchtprävention umfassen, 1,68 Millionen Mark jährlich zur Verfügung. Anstoß gab eine Empfehlung der sächsisch-bayerischen Zukunftskommission, an der auch Ulrich Beck beteiligt war. Das Expertengremium hatte gefordert, dass nicht-marktgängige, gemeinwohlorientierte Tätigkeitsfelder erschlossen und zu einem neuen attraktiven Zentrum gesellschaftlicher Aktivität gebündelt werden.

Bayern bezweckt mit dem Versuch zweierlei: Einerseits soll getestet werden, ob Arbeitslosen und Sozialhilfeempfängern durch Bürgerarbeit wieder in die Erwerbsarbeit integriert werden können. Andererseits soll die innere Stabilität der Gesellschaft gefestigt werden. Als zentrales Element der Bürgerarbeit betrachtet die bayerische Sozialministerin Barbara Stamm die Freiwilligkeit. Jeder, der sich in einem Projekt beteiligt, bekommt daher keinen Lohn, sondern eine „Belohnung". Den Nutzen ziehen die Beteiligten eher durch ideelle Werte. Auf Grund ihres Engagements können sie Erfahrungen und Kenntnisse sammeln. Sie leisten Sinnvolles für die Gesellschaft und sind dadurch in diese eingebunden. Und sie stärken durch ihre Aktivität ihr Selbstwertgefühl. Der Hintergedanke: Eine einseitige Betonung des Materiellen macht auf Dauer nicht glücklich. Das meint nicht nur Ministerin Stamm: In Deutschland sind es mindestens zwölf Millionen Menschen, die sich freiwillig und ohne Bezahlung engagieren.

Das neue Ehrenamt

Immer weniger dieser zwölf Millionen Ehrenamtlichen arbeiten jedoch in traditionellen Vereinen oder Wohlfahrtsverbänden. Das „neue Ehrenamt" ist neben der Bürgerarbeit das Schlagwort für die innovative Form des (unbezahlten) Einsatzes.

Im folgenden werden beispielhaft Nürnberger Projekte beschrieben, die in die Kategorie des neuen Ehrenamtes fallen. In einem, dem Zentrum aktiver Bürger (ZAB), treffen Bürgerarbeit und neues Ehrenamt direkt aufeinander. Hier arbeitet eine Angestellte als Bürgerarbeiterin, finanziert durch das Modell des bayerischen Sozialministeriums. Doch alle Projekte haben gemeinsam, dass sich in ihnen Menschen treffen, die sich außerhalb oder zumindest nicht ausschließlich durch Erwerbsarbeit verwirklichen wollen. Die Projekte unterscheiden sich in ihrer Gesamtheit dagegen von den klassischen Feldern des freiwilligen Engagements. Vor allem Menschen, die sich vom klassischen Ehrenamt nicht angesprochen fühlen, oder Leute, denen ihre bisherige ehrenamtliche Tätigkeit nicht mehr gefällt, gehören zur Klientel der modernen Projekte. Andererseits weisen die Aktionsfelder auch untereinander Unterschiede auf. Die erreichten Altersgruppen differieren ebenso wie Organisation und Zielrichtung.

Im Tauschring „Gib und Nimm" bietet jeder Interessierte eine Dienstleistung an und bekommt dafür eine andere. Das System funktioniert ohne Bargeld. Statt dessen wird nach Punkten abgerechnet, die jeder für seine Tätigkeit erhält oder für eine Dienstleistung hergeben muss. Die Initiative „Freiwilliges Engagement in Nürnberg (FeiN)" setzt auf einer früheren Ebene ein. Sie hilft allen Menschen, die sich engagieren wollen, aber nicht wissen, wo ihre Mitarbeit gefragt ist. Spezialisiert auf Unternehmensberatung sind die Aktivsenioren, die sich aus ehemaligen Wirtschaftsfachkräften rekrutieren und gegen eine Unkostenerstattung jungen Kollegen mit Tipps zur Seite stehen.

Der Beitrag greift sich zwei dieser Projekte heraus. Zum einen das Zentrum aktiver Bürger und zum anderen die FEiN-Initiative. An ihnen soll exemplarisch die Eigenart des neuen Ehrenamts verdeutlicht werden. Über die Motive eines modernen Freiwilligen gibt das Porträt eines ZAB-Aktivisten Auskunft.

Selbstfindung im Ruhestand: Das Zentrum aktiver Bürger (ZAB)

Eine zeitgemäße Weiterentwicklung

Als Modellprojekt des bayerischen Sozialministeriums – zunächst unabhängig vom aktuellen Modell Bürgerarbeit – erhielt das ZAB drei Jahre lang, von Juli 1997 bis Juni 2000, staatliche Zuschüsse. Von Anfang an auch von der Stadt Nürnberg gefördert, hat die Kommune seit Sommer 2000 zusätzlich zu ihrem bisherigen Zuschuss den wegfallenden Anteil des Ministeriums übernommen. Als ein Zeichen der Anerkennung seiner Arbeit wertet das ZAB denn auch, dass der Stadtrat die Förderung einstimmig beschlossen hat – und das in Zeiten knapper Finanzen. „Das zeigt, dass das Ehrenamt und seine zeitgemäße Weiterentwicklung unabhängig von der politischen Zugehörigkeit als ein wesentliches Zukunftsthema angesehen wird", sagt Thomas Röbke, einer der beiden hauptamtlichen Mitarbeiter und Initiator des Zentrums. Als Soziologe begleitet Röbke das Projekt, das vom „Institut für soziale und kulturelle Arbeit (ISKA)" getragen wird, wissenschaftlich. Nach rund zweieinhalb Jahren kann Röbke eine positive Bilanz ziehen. Rund 70 Mitarbeiter arbeiten derzeit in zehn verschiedenen Projektgruppen.

Eine davon ist die Gruppe „Stadtteilgeschichte(n)“, die sich einmal wöchentlich in den umgebauten Fabrikräumen des ZAB trifft: Kaffeetassen stehen zwischen den mehrseitigen Manuskripten, neben der selbst gebackenen Sahnetorte in der Mitte des ovalen Konferenztisches liegt ein Entwurf der Broschüre über Ziegelstein, ein Viertel Nürnbergs, das nach den beiden Weltkriegen seine großen Bauphasen erlebt hat. Bei der Gruppe herrscht Hochbetrieb. Denn in nur sechs Wochen wird die erste von fünf Stadtviertelausstellungen eröffnet, die die Gruppe zum 950-jährigen Jubiläum der Stadt geplant hat. Die Freude an der Arbeit jedoch lassen sich die sieben Teilnehmer, die an diesem Dienstag zur Sitzung gekommen sind, trotz des Termindrucks nicht nehmen.

Ohne Spaß kein Engagement

Der Spaß an der Tätigkeit und die Flexibilität in der Zeiteinteilung sind die zentralen Eigenschaften, die das neue vom herkömmlichen Ehrenamt unterscheiden sollen. „Die Leute kommen zu uns mit eigenen Ideen“, berichtet die Hauptamtliche Andrea Konopka. Nicht das selbstlose Aufopfern für andere steht beim ZAB im Mittelpunkt. Vielmehr soll jeder ZAB-Aktivist durch seine Aufgabe Gewinn für sich ziehen, wenn auch keinen materiellen. Dementsprechend lautet das Motto der Einrichtung: „Etwas für andere tun, indem man etwas für sich tut. Und umgekehrt etwas für sich tun, indem man für andere aktiv wird.“

Ein Beispiel für den selbstbewussten Typus des Ehrenamtlichen ist Haidi Costard. „Ich wollte nichts Soziales machen“, gesteht die ehemalige Grund- und Hauptschullehrerin, die im Ruhestand in der Geschichtsgruppe eine neue Aufgabe gefunden hat. Auch ihre Teamkollegin Irene Gold weiß, warum sie sich im ZAB engagiert. „Die große Gestaltungsfreiheit“ war für die 60-jährige Frührentnerin das Motiv, ins Zentrum zu kommen. Gemeinsam ist den beiden Damen das große Interesse an der Geschichte: „36 Jahre lang war ich leidenschaftliche Kauffrau, jetzt bin ich leidenschaftliche Hobby-Historikerin“, schwärmt Irene Gold. Dreizehn Tafeln mit detaillierten Informationen präsentieren die Laien-Geschichtswissenschaftler den Besuchern der Stadtteilausstellung Ziegelstein. Unterstützt werden die Ehrenamtlichen bei ihrer Forschung von professionellen Historikern des Vereins „Geschichte für alle – Institut für Regionalgeschichte“.

Diese Kooperation mit professionellen Partnern macht die Arbeit des ZAB aus. Damit soll die Fortbildung im Ehrenamt gefördert werden. Als Dank für das Engagement lernen die Mitarbeiter dazu.

Die Interessen beachten

Auch andere Aspekte gehören zum Selbstverständnis des ZAB. In erster Linie möchte das ZAB das Engagement von älteren Menschen fördern. Besonders die so genannten jungen Alten sind angesprochen. Außerdem entwickelt das Zentrum gemeinsam mit seinen Mitarbeitern Einsatzfelder. Es versteht sich – anders als beispielsweise das FeiN-Projekt – nicht als reiner Vermittler oder als Agentur. Vielmehr will das ZAB das bürgerschaftliche Engagement selbst gestalten. Dabei sollen die Wünsche, Interessen und Kompetenzen der Ehrenamtlichen berücksichtigt werden. Darüber hinaus ist das ZAB Anlaufstelle für Menschen, die nach dem Beruf oder nach einer Pause für die Familie sinnvolle Tätigkeiten suchen. Gerade in Regionen wie Nürnberg und Umgebung, in denen viele Stellen gestrichen wurden und werden, ist diese Aufgabe besonders wichtig, betonen die Verantwortlichen.

Ewald Kind beispielsweise ist seit 1992 arbeitslos. Eine Chance auf einen beruflichen Neubeginn hat der 57-jährige einstige Schauwerbegestalter kaum. Zu alt sei er, um noch einmal genommen zu werden, meint Kind nüchtern. Doch die Hände in den Schoß will er nicht legen. Daher arbeitet er seit 1997 beim ZAB mit, in der Gruppe „Praktikus". Hier treffen sich handwerklich Interessierte, um gemeinsam kleine Aufträge zu erledigen. Voraussetzung für die Auftragsannahme: Die Aufgabe muss Spaß machen. So haben die Praktiker schon eine Pergola für den Hinterhof gebaut, auf den die Fenster des ZAB hinausschauen. Für das naturhistorische Museum errichteten die Freiwilligen ein „Sibirienhaus" und für einen benachbarten Kindergarten zimmerten sie ein Hochbett.

So manch einer erfüllt sich mit dem Engagement im ZAB einen Jugendtraum. Klaus Wirth, Mitglied der Geschichtsgruppe, hätte eigentlich gerne Geschichte studiert. Da ihn seine Eltern jedoch nicht aufs Gymnasium geschickt haben, wurde er Fernmeldetechniker. Diesen Beruf musste der 43-Jährige aufgeben, als er vor sechs Jahren wegen einer Krankheit nicht mehr arbeiten konnte. Das ZAB bietet ihm nun die Chance, sich für ein Projekt einzusetzen und obendrein das zu tun, was er eigentlich schon immer wollte. Für Rolf Pohle, einen Ingenieur im Ruhestand, war Geschichte schon immer ein Hobby. Jetzt kann sich der 73-Jährige intensiv damit beschäftigen. Auch Britta Bartmuß will sich in ihrem Ruhestand weiter engagieren. Für die Stadtteilausstellungen schießt die einstige medizinisch-technische Assistentin Fotos. Obendrein ist sie bei der Hausaufgabenbetreuung aktiv. Auch dieses doppelte Engagement ist keine Seltenheit im ZAB (siehe auch Porträt Adolf Engler).

Kein Vereinsmeier: ZAB-Aktivist Adolf Engler

Ein Vereinsmeier ist er nicht. Einem Kartlerstammtisch gehört er nicht an. Und zu Hause herumsitzen wollte er auch nicht. Damit erfüllt Adolf Engler ganz die Voraussetzungen, die ihn zu einem Mitglied der neuen Generation der Ehrenamtlichen machen. Als der 66-Jährige im Juni 1998 in den Ruhestand getreten ist, war für ihn völlig klar, dass er sich eine Betätigung außerhalb der eigenen vier Wänden suchen würde. Vor seiner Pensionierung hatte Engler für freiwilliges Engagement keine Zeit. „Mein Leben war von Familie und Beruf voll ausgefüllt", erzählt der einstige Referent für

Personal an der Nürnberger Bundesfinanzverwaltung. Zielstrebig hat der Mann mit den hellwachen Funkelaugen in seiner Jugend die dreijährige Ausbildung für den gehobenen Dienst in der Verwaltung gemacht. Von 1960 an stand er fast vierzig Jahre lang im Dienst des Staates. Nach dem Umzug nach Nürnberg kaufte der Aschaffenburger ein Reihenhaus mit ausreichend Platz für die fünfköpfige Familie. Dort hat er schon immer gerne gewerkelt.

Dieses Hobby wollte Engler nun, im Ruhestand, intensiver pflegen. Denn eines stand für ihn fest: Einer Bürotätigkeit wollte er nicht mehr nachgehen. Als er in den Nürnberger Nachrichten einen Artikel über das Zentrum aktiver Bürger las, stand sein Entschluss fest. Hier wollte er sich engagieren. Fast nahtlos wechselte er vom Personalchef zum Handwerker. In der „Praktikus"-Gruppe fand er nicht nur die Tätigkeit, die er schon immer geliebt hatte, sondern auch nette Gleichgesinnte, mit denen er gerne Zeit verbringt.

Jeden Dienstag kommt der Ex-Beamte nun in die Werkstatt des ZAB, um mit seinen Kollegen an den aktuellen Projekten zu basteln oder bei einer Tasse Kaffee über Aufträge zu sprechen. Denn die Maxime der Praktiker lautet: „Wir machen nur, was uns Spaß macht." Schließlich soll das freiwillige Engagement nicht in Druck und Stress ausarten.

Den Annahmetest bestand zum Beispiel ein Auftrag des Naturhistorischen Museums. Dort können Besucher nun ein Sibirienhaus im Maßstab 1:2 bewundern, das die Hobby-Bastler gezimmert haben. Außerdem fertigten die Handwerker für die Kindertagesstätte Momo ein Hochbett und ein Verkaufshäuschen für Imker im Tiergarten.

Was Adolf Engler bei der Stange hält, ist auch das Gefühl, viel dazuzulernen. Unter den knapp zehn Mitarbeitern sind nämlich zwei ehemalige Schreinermeister. „Die beiden können uns viele Kniffe vermitteln", freut sich Engler. Bei der Holzbearbeitung oder dem Umgang mit Maschinen haben die beiden Profis in Rente ihren Laien-Kollegen natürlich viel voraus.

Einen weiteren Vorteil des ZAB-Ehrenamtes sieht Engler darin, sich die Zeit frei einteilen zu können. Dadurch bleibt genug Raum für die anderen Aktivitäten. So kommen auch die „herkömmlichen Familienpflichten" nicht zu kurz. Besonders mit seiner dreijährigen Enkelin ist der Ruheständler gerne unterwegs. Ein anderes Enkelchen sieht er seltener: Es wohnt in Australien. Seinem 95-jährigen Vater in Aschaffenburg stattet er aber regelmäßig Besuche ab.

An der Volkshochschule belegt Engler zudem gerne Kurse über Malerei oder Archäologie. Aber auch innerhalb des ZAB hat Engler noch eine andere Aufgabe. Bei der ZAB-Zeitung „Tuwas" gehört er zum Redaktionsteam. Die große Freiheit bei all seiner freiwilligen Tätigkeit macht ihn übrigens in einem Punkt ziemlich sicher: Das Engagement in der Praktikus-Gruppe wird er so schnell nicht aufgeben.

Eine breite Angebotspalette

Die Palette der Angebote ist weit gespannt. Wer sich beispielsweise zu den Naturfreunden zählt, ist in der Gartengruppe gut aufgehoben. Gemeinsam mit den Kindern der benachbarten Netz-für-Kinder-Einrichtung kümmern sich die Hobby-Gärtner um die Pflanzen im gemeinsamen Hinterhof. Partner der Gruppe sind zum einen das Sozialreferat der Stadt und zum anderen das lokale Agenda 21 Büro. Geplant ist auch die Zusammenarbeit mit einem Seniorenheim.

Ebenfalls um die Natur geht es in der Gruppe „Ökologische Bildung". Die Ehrenamtlichen möchten gemeinsam mit der Einrichtung „Museum im Koffer" Führungen zur Umwelterziehung gestalten. In einem entstehenden Kinderkulturzentrum ist außerdem eine Abteilung zum „Alltagsleben – wie es früher war" geplant. Dazu möchte die Gruppe ältere Menschen als Zeitzeugen gewinnen. Auch diese Aktivität soll in Kooperation mit einem Agenda-21-Projekt laufen.

Die journalistisch Interessierten finden in der Redaktion der ZAB-Zeitung „Tuwas" ein Betätigungsfeld. Viermal im Jahr berichtet Tuwas über die Aktivitäten des ZAB, gibt Tipps zur rechtlichen Absicherung der Ehrenamtlichen und lässt Gastautoren wie den Fraktionsvorsitzenden der CSU im Landtag, Alois Glück, oder die stellvertretende SPD-Vorsitzende Renate Schmidt zu Wort kommen. Nicht zuletzt soll die Zeitung helfen, das Ehrenamt mehr als bisher zu einem wichtigen Thema zu machen.

Die eher künstlerisch Veranlagten wiederum sind in der Unterhaltungsgruppe gut aufgehoben, die in Altenheimen Gedichte sowie Musik- oder Kunststücke zum Besten gibt.

Auch für neue Anregungen hat das ZAB stets ein offenes Ohr. So hat sich erst kürzlich ein Kreis gebildet, der mit Gehbehinderten Ausflüge unternimmt.

Versicherungsschutz und Aufwandsentschädigung

Wichtig ist den Verantwortlichen, dass die Mitarbeiter bei ihrem ehrenamtlichen Engagement versichert sind. Alle sind daher haftpflichtversichert. Außerdem werden den Auftraggebern, die Dienstleistungen des ZAB in Anspruch nehmen, Aufwandsentschädigungen in Rechnung gestellt. Mit dem Geld bezahlen die Ehrenamtlichen Fahrt- und Materialkosten.

Um die Selbstregulation des bürgerlichen Engagements zu forcieren, hat das ZAB bewusst nur zwei hauptamtliche Mitarbeiter, die sich eine Stelle teilen. Wichtig sind die Hauptamtlichen dennoch, um das reibungslose Arbeiten der Gruppen zu ermöglichen. Die Ehrenamtlichen sollen sich ganz auf ihre Aufgaben konzentrieren können. Bürokratische Probleme sollen daher von den Hauptamtlichen bewältigt werden. Außerdem stellen die bezahlten Kräfte Kontakte zu möglichen Partnern her, begleiten neue Projekte oder geben den Anstoß dazu, springen als Krisenmanager ein, wenn eine Gruppe zu zerfallen droht und organisieren die Fortbildung. Auch die Anerkennung des ehrenamtlichen Einsatzes durch Lob sollte von den Hauptamtlichen kommen.

Mit seinem Konzept steht das ZAB nicht alleine (siehe bayernweite Modellprojekte). Es weist Eigenschaften auf, die auch den anderen Einrichtungen zu eigen sind. Freiwilligenarbeit kann in der Gesellschaft zu einer zentralen Ressource werden, ist die Meinung vieler Politiker und Wissenschaftler. Damit werden einerseits die Angebote in einer Kommune verbessert. Andererseits nehmen Menschen aktiv und verantwortungsbewusst am öffentlichen Leben teil. Nicht zuletzt erfährt dadurch auch die Demokratie ein belebendes Element. Die ZAB-Verantwortlichen sehen im Ehrenamt eine Partnerschaft zwischen Staat, Verwaltung, Bürgern und Wirtschaft. Die staatlichen Leistungen können durch sie optimiert und bürgernäher organisiert werden.

Die besseren Rahmenbedingungen für das neue Ehrenamt können aber nicht umsonst geschaffen werden. Das ZAB kostet jährlich rund 165 000 Mark. 100 000 Mark davon fließen in die Personalkosten. Knapp 29 000 Mark betragen Miete und Nebenkosten, die restlichen 36 000 Mark kommen direkt den Projekten zu Gute. Mit einem Verhältnis zwischen Personal- und Projektmitteln von etwa 2:1 erfüllt das ZAB ebenfalls eine Vorreiterrolle. Denn viele andere soziale oder kulturelle Einrichtungen verbrauchen einen weitaus größeren Teil ihres Budgets für Personalkosten.

Freiwilliges Engagement in Nürnberg (FEiN)

Entstanden aus Diplomarbeiten

Die Initiative FEiN ist das praktische Produkt dreier Diplomarbeiten. Bereits als Studentin an der evangelischen Stiftungsfachhochschule in Nürnberg war Daniela Fischer eine Verfechterin des Ehrenamtes. Um das unbezahlte Engagement in der Gesellschaft zu fördern, wollte die Sozialpädagogin eine Agentur ins Leben rufen, die Ehrenamtliche an Vereine und Verbände weitervermitteln sollte. In ihrer Abschlussarbeit entwarf sie daher das Konzept der späteren FEiN-Initiative. Zwei Kommilitonen konnte Fischer damals dafür gewinnen, in ihren Diplomarbeiten jeweils einen speziellen Aspekt des Projektes zu untersuchen. Ein Papier beschrieb die rechtlichen Hintergründe und suchte nach Finanzierungsmöglichkeiten. Ein anderes beleuchtete ausführlich die Facetten des Beratungsgespräches, das die FEiN-Mitarbeiter mit potenziellen Freiwilligen führen.

Mit einigen Mitstreitern gründete Daniela Fischer 1996 den Verein FEiN. In enger Zusammenarbeit mit den städtischen Kulturläden setzte die Sozialpädagogin langsam das theoretische Konzept in die Praxis um. Die Kulturläden halfen in erster Linie mit Büroräumen aus, zahlten aber auch schon mal Honorare für die Bemühungen um das Ehrenamt. Es dauerte allerdings nochmals zwei Jahre, bevor die Arbeit der Ehrenamtlichenagentur als die fünfte ihresgleichen in Deutschland so richtig losgehen konnte. Am 1. Juni 1998 begann Claudia Kotitschke als erste Hauptamtliche des Vereins mit ihrer neuen Aufgabe. Zwei Jahre lang wurde ihre Stelle als ABM vom Arbeitsamt fast vollständig finanziert.

Ratlose Freiwillige

Nach kurzer Anlaufzeit hat der Verein im Jahre 1999 bereits 350 Menschen beraten, die sich in ihrer Freizeit engagieren wollten. „Viele möchten sich engagieren, wissen aber nicht wo“, hat Fischer beobachtet. Hier setzt die Ehrenamtlichenagentur an. Im persönlichen Gespräch, per Telefon oder bei eineinhalbstündigen Schnupperkursen informieren die Mitarbeiter über die möglichen Einsatzfelder. Um für jeden die richtige Aufgabe zu finden, steht FEiN mit 130 Vereinen, Verbänden und Einrichtungen in Kontakt.

Voll im Trend liegen immer noch soziale Einrichtungen: Hierher werden die meisten Ehrenamtlichen vermittelt. Auf Platz zwei der Hitliste folgen Stellen im Kultur- und Umweltbereich. So können Freiwillige durchaus auch in Kinos mitarbeiten. Voraussetzung ist allerdings, das Kino ist gemeinnützig organisiert. Denn nur an gemeinnützige Einrichtungen vermittelt die Agentur. Auch Museen arbeiten immer häufiger mit Ehrenamtlichen.

Anders als das Zentrum aktiver Bürger spricht die Agentur vor allem eine mittelalterliche Klientel an. Die meisten Ratsuchende sind Berufstätige im Alter von 35 bis 45 Jahren. Viele haben sich im Beruf etabliert und suchen sich eine zusätzliche Aufgabe. Zwei Drittel sind Frauen. Alle gehören sie der neuen Generation der Ehrenamtlichen an. Sie sehen ihr Engagement nicht als Lebensaufgabe. Vier bis fünf Stunden in der Woche ist für sie das richtige Maß. Am attraktivsten sind Projekte, die zeitlich befristet sind. So vermittelte die Agentur einen Journalisten an einen Wohlfahrtsverband, der sich im Kosovo engagierte. Der Mann hatte ein präzises Bild von seiner Mitarbeit. Einmal im Jahr wollte er sich für einen Monat ohne Bezahlung einbringen.

Licht unter dem Scheffel

Oft kommen die Menschen mit einer weniger klaren Vorstellung. Im Beratungsgespräch schildern die potenziellen Mitarbeiter – ähnlich wie im ZAB – zunächst ihre Interessen und ihre Vorstellungen über ihr Engagement. Als Motivationsberatung versteht Daniela Fischer das Gespräch. Denn viele neigten dazu, ihr Licht unter den Scheffel zu stellen, meint Fischer. Umgekehrt bestünden oftmals überzogene Vorstellungen davon, was man als Ehrenamtlicher können muss und welche Voraussetzungen von einem erwartet werden.

Auch die Aufklärung über Rechte steht auf dem Programm. Was in einer seriösen Einrichtung den freiwilligen Mitarbeitern unbedingt geboten werden sollte, beschreibt Fischer: Eine Haftpflicht- und Unfallversicherung muss den Mitarbeiter vor Schaden bewahren. Die Auslagen für die Arbeit müssen erstattet werden. Auch das Fahrgeld sollte ersetzt werden.

Manch einer hat nach dem Gespräch einen völlig neuen Weg eingeschlagen So zum Beispiel ein 40-jähriger ehemaliger Altenpfleger, der wegen einer Krankheit auf einen anderen Beruf umgeschult hat. Er kam zu FEiN mit der Vorstellung, zumindest ehrenamtlich in seinem alten Beruf weiterzuarbeiten. Im Gespräch entdeckte er sein Interesse für die Kultur. Heute arbeitet er ehrenamtlich in diesem Bereich.

Die Motive für den freiwilligen Einsatz sind weit gefächert. Für viele spielt es eine Rolle, Menschen kennenzulernen. Andere suchen einen Ausgleich zum Alltag. Wieder andere möchten etwas für sich lernen. All diese Bedürfnisse sollten von Organisationen angesprochen werden, die mit Ehrenamtlichen arbeiten, findet Fischer.

Ansehen der Ehrenamtlichen stärken

Ein wichtiges Anliegen ist der Sozialpädagogin auch, das Ansehen der Ehrenamtlichen zu fördern. Selbst kann sie mittlerweile auf verschiedene freiwillige Tätigkeiten zurückblicken. Von der Schülermitverwaltung wechselte sie nahtlos in die Studentenvertretung Asta und den ambulanten Pflegedienst. Bei all dem hat sie stets eines geärgert: als Freiwillige nicht ernst genommen zu werden. Ebenso vermisste sie die Begleitung durch Hauptamtliche. Das soll sich ihren Wünschen nach ändern. Und zwar nicht ohne Grund. „Denn Leute, die sich für die Gesellschaft engagieren, müssen unterstützt werden." Die Freiwilligen brauchen Rückhalt von eben dieser Gesellschaft, für die sie sich einsetzen. Und sie brauchen den Rückhalt der Politik. Um diese Ideen zu vermitteln, hält Daniela Fischer zahlreiche Vorträge. Auch ein Buch ist in Planung. Es soll Anregungen für Hauptamtliche enthalten, wie sie am besten mit ihren Freiwilligen arbeiten.

Bislang allerdings bleibt die gesellschaftliche Anerkennung und vor allem die tatkräftige Unterstützung erst mal Wunschdenken. So ist das Weiterbestehen der FEiN-Initiative gefährdet. Im Mai lief die Förderung der ABM-Kraft aus. Künftig bekommt die Freiwilligenagentur nur noch eine so genannte SAM-Kraft. Bei einer solchen Strukturanpassungsmaßnahme bezuschusst der Staat aber lediglich 45 Prozent des Gehaltes. Der Rest muss anderweitig gedeckt werden.

Die bisher vorhandenen Gelder setzen sich aus rund 12 000 Mark Eigenmitteln des Vereins und dem gleich hohen Beitrag des Trägerkuratoriums der Initiative zusammen. Dort sitzen acht verschiedene Organisationen, von der Stadtmission über den Bund Naturschutz bis zum Landessportverband, die bei ihrer Arbeit stark auf Ehrenamtliche angewiesen sind. Um den Verein zu retten, hofft Fischer nun auf die Unterstützung des städtischen Sozialreferates. Längerfristig wünscht sie sich eine „Bürgerstiftung", die FEiN dauerhaft finanziert.

Vision mit ungeklärten Details – ein Resümee

Das Feld des freiwilligen Engagements in der Bundesrepublik spaltet sich zusehends in mehrere Teilgebiete. Selbstverständlich werden die einzelnen Bereiche niemals völlig isoliert nebeneinander stehen. Neue Freiwilligenagenturen vermitteln so an klassische Verbände. „Belohnte" Bürgerarbeiter kümmern sich um neue Ehrenamtliche, die ihre Zeit unentgeltlich sinnvoll nutzen möchten. Die Suche nach dem Sinn des Lebens unabhängig von der Erwerbsarbeit hält diese Gruppen zusammen.

Im Gegensatz zum klassischen Ehrenamt und auch zu den neuen Formen des freiwilligen Engagements, gehört bei der Bürgerarbeit auch eine finanzielle Anerkennung der Tätigkeit dazu. Selbst eine geringe Belohnung für Bürgerarbeit ist zweifelsohne mehr als die bloße Aufwandsentschädigung im klassischen und vor allem im neuen Ehrenamt.

Doch gerade bei der Belohnung wittern die Gewerkschaften Gefahr. Denn belohnte Bürgerarbeit könne kein Ersatz für bezahlte Erwerbsarbeit sein, sagte DGB-Chef Fritz Schösser zum Auftakt des Bürgerarbeit-Versuches. Schösser befürchtet, mit dem Modell sollten Arbeitslose in einem dritten Arbeitsmarkt mit Almosen abgespeist werden.

Inwieweit diese Kritik berechtigt ist, wird wohl entscheidend davon abhängen, wer sich von der Bürgerarbeit angesprochen fühlt. Sind es Menschen, die die Bürgerarbeit als letzte Chance sehen, bevor sie gar keine Arbeit hätten? Oder sind es auch Leute, die finanziell unabhängig eine Weile ihrem Alltag entkommen möchten?

Was auch immer die ersten Erfahrungen mit der Bürgerarbeit ergeben werden: Für die Gesellschaft bringt der Einsatz mit Sicherheit Nutzen. Und auch der Einzelne wird von seinem Engagement profitieren. Fraglich bleibt dagegen tatsächlich, wie lange es sich ein normaler Bürger leisten kann, auf geldbringende Erwerbsarbeit zu verzichten. Die Details in der Beck-Stammschen Zukunftsvision sind noch nicht geklärt. Aber es ist nötig, die Fragen, die die Entwicklung auf dem Arbeitsmarkt aufwirft, anzugehen und Konzepte auszutesten.

Heidrun Ludwig

Umweltschutz mit angezogener Handbremse? Strategien zur Überwindung der Blockade

Heidrun Ludwig, Jahrgang 1967, studierte Diplom-Pädagogik in Augsburg. In ihrem Studium widmete sie sich den Schwerpunkten Didaktik und Methodik in der Erwachsenenbildung und außerschulischen Jugendbildung, Altenbildung, Lernpsychologie sowie empirische Datenerhebung und Analyseverfahren. Zur Zeit unterrichtet sie an einer Fachakademie für Sozialpädagogik sowie an Berufsfachschulen für Kinderpflege. Freiberuflich gibt sie Dozentenfortbildungen sowie Selbstverteidigungskurse für Frauen. Sie engagierte sich in mehreren Umweltschutzorganisationen. In ihrer Diplomarbeit führte sie eine quasi-experimentelle Studie zum Thema „Umweltschutz als Erziehungsziel" durch, welche in ihrer Arbeit am Projekt „Begleitforschung zum freiwilligen ökologischen Jahr" der Universität Leipzig fortgesetzt wurde.

Pädagogik ist eine Wissenschaft mit Praxisbezug, die wie kaum eine andere auf Veränderungen des Zeitgeists reagiert – in guter wie in problematischer Hinsicht. Die Aufgaben von Erziehung und Bildung unterliegen starken Wandlungen, sie wurden seit jeher den politischen, wirtschaftlichen oder gesellschaftlichen Vorgaben angepasst.

Erst seit relativ kurzer Zeit – evolutionsgeschichtlich betrachtet – verfügen die (westlichen) Gesellschaften über genügend Muße und Wohlstand, um Bildungsideale zu entwickeln, die nicht nur für eine Bildungselite gelten, sondern für eine breite Bevölkerungsschicht verbindlich sind. Die „Kinder des Wohlstands" kamen als erste Generation in den Genuss pädagogischer Leitbilder, die die körperliche, geistige und seelische Persönlichkeitsentwicklung genauso wichtig nehmen, wie den Erwerb von Wissen.

Noch vor 100 Jahren war in der Pädagogik ein biegsames Stöckchen mitunter das „schlagkräftigste" Erziehungsmittel. Lernen beschränkte sich auf die Kindheit. Die gegenwärtig junge und auch die ältere Generation werden dagegen mit ausgetüftelten pädagogischen Konzepten verwöhnt.

Auf professioneller Seite werden inhaltliche und fachliche Kompetenz selbstredend vorausgesetzt. Darüber hinaus sind Fachwissen über sozialpsychologische Zusammenhänge und die Entwicklung des Menschen für Pädagog/innen ebenso wichtig wie Intuition beim Aufspüren der verschiedenen Entfaltungskapazitäten des Zu-Erziehenden – sowohl in Hinsicht auf die Entwicklung seiner Persönlichkeit als auch im Intellekt der Lernenden. Pädagogische Kreativität ist in verschiedener Hinsicht gefragt: Zum einen für den Entwurf von Lernkonzepten für unterschiedliche Lerntypen und Altersstufen, zum anderen im Entwurf und der Bereitstellung passender Lernmaterialien.

Detektivischer Spürsinn kombiniert mit Einfühlungsvermögen sind vor allem dann gefragt, wenn man auf Lernbarrieren des Zu-Erziehenden trifft, wenn also zu erkennen ist, dass kein Lernerfolg erzielt wird. Das Aufspüren dieser Barrieren erfordert ein großes Maß an Geduld, Aufmerksamkeit, Beobachtungs- und Kombinationsgabe. Wenn die Ursache eines solchen Lernhindernisses erst erkannt ist, hat man den wichtigsten Schritt für die Verbesserung der Lernsituation bereits getan. Dieser letzte Aspekt wird im Bildungs- und Erziehungsalltag leider häufig vernachlässigt: Immer wieder werden neue Vermittlungsversuche und Lehrangebote nach dem Scheitern eines Lehrvorgangs unternommen, ohne zuvor den Blick auf die Ursache dieses Misserfolgs zu richten.

Exemplarisch hierfür ist die derzeitige Diskussion in der Umweltbildung, die sich mit einem der brennendsten Probleme beschäftigt, die die Wohlstandsgesellschaft hervorgebracht hat: Es gibt unzählige Ansätze und Theorien, die sich mit der Frage beschäftigen, *wie Menschen dazu gebracht werden könnten, sich umweltbewusst zu verhalten.*

Aufklärung über Umweltprobleme und über umweltschädliche Verhaltensweisen gibt es in ausreichendem Umfang. Die Bevölkerung weiß zum Teil recht gut Bescheid. In verschiedenen empirischen Untersuchungen wurde festgestellt, dass sich viele Menschen vornehmen, in Zukunft umweltbewusster zu handeln. Trotzdem müssen wir feststellen, dass sich die wenigsten tatsächlich und durchgängig umweltgerecht verhalten. Wie ist das zu erklären?

Viele Ansätze der ökologischen Bildung legen ihren Fokus auf diejenigen Faktoren, die besagen, wie man Menschen zum ökologischen Handeln bewegen kann. Ich möchte eine andere Herangehensweise vorschlagen: Meines Erachtens ist es entscheidend, die *Ursachen* dafür zu untersuchen, warum Menschen gegen ihr besseres Wissen und häufig gegen ihre Überzeugung handeln. Denn ein Erkennen dieser Ursachen kann der erste Schritt zu pädagogischen oder auch technischen Maßnahmen sein, ihnen gegenzuwirken. Die Beseitigung dieser Hinderungsgründe macht den Weg frei für die Umsetzung des weit verbreiteten Umweltwissens in verantwortliches, planvolles und umweltbewusstes Handeln.

1. Wie schmeckt das Ozonloch? Kann man Schwermetalle riechen?

Zahlreiche ökologische Sachverhalte sind für die menschlichen Sinnesorgane nicht direkt wahrnehmbar. Verglichen mit den Sinnen der Tiere ist die menschliche Sensorik nur sehr mangelhaft ausgebildet. Jeder Hund kann besser riechen, jeder Adler besser sehen. Diese Erkenntnis ist nicht neu. Dennoch ergeben sich erstmals für eine Generation globale Probleme aus der Tatsache, dass den Menschen der Zugang zu einem wichtigen Teil ihrer Realität „fehlt". So ist der Mensch beispielsweise nicht in der Lage, radioaktive Strahlung, das Ozonloch oder Schwermetallanreicherungen direkt und unmittelbar wahrzunehmen.

Der Mensch kann diese Gefahren nur durch Hilfsmittel erfassen, etwa durch den Einsatz technischer Mittel. Deshalb wäre das Sichtbar-Machen der Schadstoffbelastung, z.B. durch ein Netzwerk öffentlich sichtbarer, ständig aktualisierender Anzeigegeräte für die Qualität von Luft und Wasser notwendig, um deren Güte für alle Bewohner einer Region sichtbar zu machen. Sowohl Veränderungen über die Zeit hinweg, als auch regionale Verschiedenheiten würden so offenkundig.

Von der Kraftfahrzeugindustrie gibt es bereits einen recht brauchbaren Ansatz zur Veranschaulichung: Die analoge Anzeige des Kraftstoffverbrauchs und damit der aktuellen Umweltbelastung macht unmittelbar deutlich, dass bei einem Kavaliersstart ein Vielfaches an Benzin verbraucht wird, als bei sanfter Beschleunigung, oder dass bei einer gleichmäßigen Geschwindigkeit mit Tempo 100 deutlich weniger verbraucht wird als bei „stop and go" im Berufsverkehr.

2. Vergleichbar machen

Bei einer Umsetzung dieser Vorschläge muss darauf geachtet werden, die Messwerte so darzustellen, dass sie mit vertrauten Maßeinheiten vergleichbar werden. Wer kann sich schon vorstellen, wie viel eine Kilowattstunde Strom ist? Es müssen Vergleichsgrößen gefunden werden, unter denen man sich etwas vorstellen kann, z.B. „Um die Energie zu erarbeiten, die zur Herstellung dieses Produktes notwendig ist, müssen Sie xy Stunden lang Fahrrad fahren!" Entsprechende Anzeigegeräte könnten das alltägliche Verbraucherverhalten erheblich verändern. In mehreren Schulversuchen konnte gezeigt werden: Stromverbrauch an exponierten Stellen für alle sichtbar angebracht, bewirkt zusammen mit entsprechender Aufklärung, dass Schülerinnen auf ihren Stromverbrauch achten und ihn bedeutend mindern, ohne dabei Bequemlichkeit einzubüssen (z.B. ausreichend Wärme und Licht).

Dies könnte für private Haushalte umgesetzt bedeuten, dass an Wasserhähnen und Steckdosen, oder sogar an elektrischen Geräten selbst, Zähler angebracht werden, die die Höhe des Verbrauchs im Moment der Konsumption anzeigen. So könnte nicht nur der Verbrauch als solcher transparent gemacht werden, auch der selbstständige Vergleich zwischen verschiedenen Handlungsweisen würde möglich. Beispielsweise könnte man sich selbst davon überzeugen, dass beim Duschen deutlich weniger Wasser benötigt wird als für ein Vollbad.

3. Alles hängt mit allem zusammen

Ökologische Zusammenhänge lassen sich nicht auf einfache Ursache-Wirkungs-Zusammenhänge reduzieren. Sie sind vielmehr hoch komplex. Es besteht beispielsweise eine komplizierte Wechselwirkung zwischen dem Bestand des Regenwaldes, Klima, CO_2-Gehalt der Luft und der Höhe des Meeresspiegels.

Für das Erkennen und Begreifen ökologischer Zusammenhänge stellt diese Komplexität eine Erschwernis dar. Die wechselseitigen ökologischen Verbindungen sind so vielschichtig, dass sie sich nur begrenzt und in vereinfachenden Modellen nachvollziehen lassen. Selbst Experten sind nicht in der Lage, sie annähernd zu entwirren oder auch nur die Auswirkungen der unzähligen einzelnen menschlichen Eingriffe und ihre Folgen auf die Umwelt abzuschätzen.

Diese Kompliziertheit bedingt, dass die Konsequenzen der kleinen und größeren Umweltsünden in der Regel nicht sofort feststellbar sind, da die Folgen häufig erst zeitlich verzögert oder räumlich distanziert eintreten. Es kann beispielsweise viel Zeit vergehen, bis ein See ökologisch umkippt, nachdem über Jahre hinweg Abwässer eingeleitet worden sind. Der enorme Papierverbrauch der letzten Jahrzehnte wirkt sich auf die Abholzung der Regenwälder aus, die viele 1000 km weit entfernt sind. Die große Distanz, die zwischen dem Ort der Verursachung und dem Ort des resultierenden Umweltproblems liegt, kann nicht durch direkte Wahrnehmung überbrückt und damit nicht unmittelbar erkannt werden. So ist den meisten Menschen nicht klar, dass mit jedem Blatt Papier auch ein Stück Baum vor ihnen liegt, der aus seinem Ökosystem verschwunden ist. Auch hier könnten Wahrnehmungshilfen im Sinne der in Punkt 1 erwähnten Visualisierungen den Verbrauch bewusst machen und damit zu verantwortungsvollem Handeln bewegen.

Neben den „Überbrückungshilfen" wird in Zukunft eine Erweiterung der Denkmuster notwendig werden. Die üblicherweise praktizierte Art des Denkens in einfachen Kausal-Schemata wird in Zukunft den Anforderungen, die die Umweltprobleme stellen, nicht mehr gerecht, da diese multikausal sind. Die Ursachen wiederum sind nicht voneinander unabhängig, sondern stehen in Wechselwirkung. Um diese Verhältnisse erkennen und berücksichtigen zu können, muss mehr als bisher die Fähigkeit entwickelt werden, viele unterschiedliche Gesichtspunkte gleichzeitig zu berücksichtigen und miteinander in Verbindung zu bringen, sie zu vernetzen. Hier steht die Pädagogik, vor allem was die schulische Ausbildung betrifft, vor einer großen Herausforderung. Den „Enkeln des Wohlstands" muss der Sprung vom linearen zum systemischen Denken gelingen, um zukunftsfähig zu bleiben.

4. Ein Baum stirbt langsam

Der Verlauf der Entstehung vom Umweltproblemen ist mit dem typischen Verlauf einer exponentiellen Funktion vergleichbar: Zunächst tut sich fast gar nichts. Die Natur zeigt sich lange Zeit als nachsichtig und kompensierend. Geringfügige Veränderungen bleiben unbemerkt, bis es dann relativ plötzlich zu einem großen, fast schlagartigen Wandel kommt – häufig in Form einer Katastrophe. Die Gefahr hierbei ist der Gewöhnungseffekt: Durch die schleichenden Veränderungen wird die Wahrnehmbarkeitsschwelle langsam aber stetig verschoben. Das späte Bemerken des Waldsterbens ist hierfür typisch: Auch für die Beobachter vor Ort war es schwer, die Problematik zu erkennen, denn sie gewöhnten sich fortwährend an die schleichenden Veränderungen der Wälder und passten ihr Bild des Waldes ständig der Wirklichkeit an. Erst ein Vergleich mit der Ausgangssituation, z.B. gestützt durch Fotos und Filmaufnahmen, ließ das Ausmaß der eingetretenen Schädigung deutlich werden.

5. Immer nur ein kleines bisschen ...

Eine weitere Erschwernis für die Bewertbarkeit ökologisch relevanter Inhalte ist die *Bagatellenausrede.* Der Einfluss des einzelnen Individuums auf die Natur ist sehr gering. Die Umwelt wird nicht durch eine einzige Umweltsünde eines einzelnen Menschen zerstört, sondern durch die Summe vieler kleiner Einzelvergehen. Wo immer ein Einzelner einen persönlichen Beitrag zur Umweltzerstörung oder zur Umwelterhaltung leistet, wird er immer nur minimale Mengen oder kleine Auswirkungen seines Tuns hervorrufen. Diese winzigen Beiträge sind geradezu prädestiniert, um als Entschuldigung sowohl für ein Vergehen („Nur dieses eine Mal", „Es war nur ganz wenig ..."), als auch für ein Nicht-Handeln zu dienen („Was nutzt es schon, wenn nur ich ..., wo doch alle anderen ...?").

6. Was ich nicht weiß ...

Das Umweltwissen hat sich in den letzten Jahren erweitert, bei Einzelpersonen ebenso wie in Wissenschaft und Forschung. Dieses Wissen besitzt für viele nur einen abstrakten Charakter und wird daher nicht in konkretes ökologisches Handeln umgesetzt. Dies verwundert nicht, bedenkt man, wie ökologische Inhalte häufig vermittelt werden: trockenes Faktenwissen ohne die gleichzeitige Bereitstellung sinnvoller Alternativen zu den bedenklichen Handlungen. Bei der Vermittlung von Umweltwissen muss der Bezug zu Aktionsmöglichkeiten stärker hergestellt werden. Ein derartiger Handlungsbezug könnte erreicht werden, indem Umweltwissen an alltägliche Erfahrungen und Vorgänge geknüpft wird: Umweltinformationen gehören dann auf jede Waschmittelpackung und Konservendose.

In der Medien- und Konsumgesellschaft sind die Menschen gewohnt, auf interessante „Produkte" via Werbung aufmerksam gemacht zu werden. Die Wirkung der Medien, gerade auf junge Menschen, ist unbestritten. Daher muss sich auch die Umweltbildung die Erkenntnisse der Werbepsychologie zunutze machen und für den Umweltschutz regelrecht werben: Keine langatmigen und ausführlichen Berichte sind gefragt, sondern kurze und eingängige, häufig gesendete Spots, in denen attraktive Identifikationspersonen vorbildlich handeln. Faktenvermittelnde Sendungen würden dadurch natürlich nicht überflüssig, sondern vielmehr in ihrer Wirksamkeit ergänzt.

Man mag darin Manipulation erkennen. Es ist richtig, dass durch solche Maßnahmen suggestiver Einfluss auf die Verbraucher genommen werden würde. Aber einem derartigen Einfluss sind wir ohnehin täglich durch Werbung ausgesetzt. Es gibt kaum eine Autoreklame, die nicht mit dem Bild einer intakten Natur wirbt, womit dem Kunden suggeriert wird, dass Autofahren umweltverträglich sei. Hier ist es nicht nur statthaft, sondern geradezu notwendig, mit gleichen Mitteln die Kehrseite der Medaille zu beleuchten, auf die Schattenseiten des Kraftfahrzeugverkehrs aufmerksam zu machen und auf Alternativen hinzuweisen.

Es stellt sich hier nicht die Frage, ob überhaupt Einfluss genommen werden soll oder nicht; die Frage lautet, in welche Richtung der Einfluss geht.

7. Angst lähmt ...

Betrachtet man den Zustand der Natur aufmerksam und der Situation angemessen, so zeigt sich folgendes Szenario: Umweltprobleme sind allgegenwärtig. Der angerichtete Schaden ist teilweise irreversibel. Die Menschheit besitzt nur begrenzte Möglichkeiten, den Gefahren zu begegnen. Die Gefahrenquellen können nicht vollständig beseitigt werden. Es gibt keine Möglichkeit, vor ihnen zu fliehen.

Wer diesen Eindruck der Sachlage erlebt, für den ist mit schwerwiegenden Gefahren für die Psyche zu rechnen. Verschiedene negative Gefühle wie Angst, Unsicherheit, Unterlegenheit, Ohnmacht, Hilflosigkeit, Empörung, Zorn, Wut oder Panik nehmen überhand. Die Wurzel dieser Gefühle liegt in der Gewissheit einer tatsächlichen Bedrohung der menschlichen Existenz. Die notwendigen Lebensbedingungen verschlechtern sich stetig: Die Atemluft wird schlechter, Nahrungsmittel sind zunehmend schadstoffbelastet, und die gestörten Naturvorgänge produzieren gewaltige Katastrophen wie Hochwasser, Schneelawinen oder Tornados.

Diese Gefahren kann der Einzelne nicht kontrollieren, da er nicht über ausreichende Handlungsmöglichkeiten verfügt, um sie abzuwenden. Daraus resultiert ein Gefühl der Hilflosigkeit, welches hochgradig bedrohlich wirken kann. Aus Gründen des Selbstschutzes greift man zu Abwehrmechanismen, um sich zu beruhigen und seinen Gefühlszustand kurzfristig zu entlasten. Langfristig gesehen ist Abwehr jedoch kontraproduktiv, da sie ökologisches Handeln verhindert.

Es müssen Mittel und Wege gefunden werden, wie Angst zugelassen werden kann ohne lähmend zu wirken. Aus den Erfahrungen der Hilflosigkeit nach der Reaktorkatastrophe von Tschernobyl heraus versuchen Selbsthilfegruppen dies durch die Devise „Die Angst prüfen – die Angst teilen – die Angst in Handlung bewältigen" zu bewerkstelligen.

Zwei Ansätze beschäftigen sich mit der Bewältigung von Umweltängsten: Das *psychologisch begründete Modell* geht davon aus, dass es nur dann möglich ist, emotionale Betroffenheit und insbesondere Angst zuzulassen, wenn gleichzeitig Handlungsperspektiven sichtbar sind. Denn wenn der Mensch Wege aus der Gefahr erkennen kann, muss er die Bedrohung nicht verdrängen.

Vertreter des *handlungsorientierten Modells* halten es hingegen für nötig, den Menschen Angst und Bedrohung zu vermitteln, um sie von der Notwendigkeit des Handelns zu überzeugen. Dahinter steckt die evolutionsgeschichtliche Erfahrung, dass die Bereitschaft und die Fähigkeit zu drastischen Veränderungen nur durch Leidenserlebnisse freigesetzt werden kann.

8. Handlungsmöglichkeiten vermindern Angst …

Die Begründungen beider Ansätze sind plausibel. Meines Erachtens gibt es eine dritte Möglichkeit mit Umweltängsten umzugehen, nämlich die beiden Positionen zu einer integrierten Sichtweise mit wechselseitiger Vertiefung und Verfestigung zu vereinen: Bewältigungsfähigkeit und Bedrohungskonfrontation greifen ineinander und treiben sich gegenseitig in ihrer Fortentwicklung weiter. Allerdings muss hier das richtige Mischungsverhältnis zwischen beiden Komponenten gefunden werden, denn die Entwicklung kann eine negative, angstverstärkende Auswirkung haben und in einer Art Angstspirale zu Verzweiflung und Resignation oder Abwehr und Leugnung führen. Es kann aber auch entsprechend eines *sich-selbst-optimierenden Systems* zu einer positiven Konsequenz führen, indem sich beide Komponenten gegenseitig aufbauen und verstärken. Man befindet sich gleichsam auf einer Gradwanderung zwischen zuviel Angst und zu großer Zuversichtlichkeit. Wird die Bedrohung übermächtig im Gegensatz zu den Handlungsmöglichkeiten, so reagieren die Menschen mit Abwehr. Schätzt man die Bedrohung dagegen als eher gering ein oder werden die Handlungsmöglichkeiten für sehr effektiv gehalten, so entsteht keine Motivation zu verändertem Handeln. Eine optimale Lösung muss gleichsam die Balance zwischen Abwehr und übergroßem Leidensdruck halten.

Der angemessene Umgang mit Umweltangst wird in naher Zukunft ein Gebiet sein, dem sich die Pädagogik vermehrt zuwenden muss. Wir brauchen Kurse, welche die Angst bearbeiten helfen. Bewährte Mittel, die in anderen existentiellen Belastungssituationen bereits erfolgreich erprobt wurden, sind Kurse, Seminare oder Gesprächskreise. Die Pädagogik muss Angebote zu unterschiedlichen Themen und in verschiedenen Arbeitsformen entwickeln, um einem möglichst breiten Publikum die Auseinandersetzung mit dem Thema Umweltschutz zu ermöglichen. Die Teilnahme an solchen Veranstaltungen könnte auf freiwilliger Basis erfolgen oder an den Kauf von Produkten oder den Erwerb von Zertifikaten gekoppelt werden, die umweltschädigend wirken können, wie z.B. den Erwerb des Führerscheins.

Sollte eine Umsetzung der eingangs erläuterten Verbesserungsvorschläge zur Visualisierung und Interpretation von Umweltqualität tatsächlich erfolgen, so könnte die Nachfrage nach Umweltveranstaltungen sprunghaft steigen. Daher müssen derartige technische Maßnahmen unbedingt einhergehen mit entsprechenden pädagogischen Begleitprogrammen, deren Aufgabe es ist, die hervorgerufenen Denkanstöße einzuordnen, zu vertiefen und sinnvolles Handeln vorzubereiten.

9. Was also tun?

Zweierlei Ansatzpunkte gilt es in Zukunft zu verfolgen: Einerseits müssen durch politische Vorgaben unmissverständliche Signale gesetzt werden. Dies darf sich nicht auf Lippenbekenntnisse beschränken, sondern muss durch eindeutige und drastische Maßnahmen unterstrichen werden.

Andererseits müssen sich die einzelnen Menschen ihrer persönlichen Verantwortung gegenüber der Natur bewusst werden. Durch Vorgaben und zufällige Automatismen erreicht man zwar erwünschtes Verhalten, dieses ist jedoch in seiner Beständigkeit gefährdet, da es ohne entsprechenden Grund erfolgt. Das ökologisch sinnvolle Verhalten kann dann bereits durch eine kleine Änderung wieder in unökologisches Handeln zurück fallen. Daher ist es wichtig, das Richtige aus den richtigen Gründen zu tun.

Zur Veranschaulichung ein Beispiel: Wenn die Kundin einen Korb zum Einkaufen mitbringt, so kann dies aus Gründen der Ressourcenschonung geschehen, also umweltbewusst sein. Nimmt dieselbe Kundin den Korb aus Kostengründen mit, weil sie nicht für eine Plastiktüte bezahlen möchte, so schont sie die Umwelt zwar zunächst genauso, aber nicht bewusst. Die Einführung von kostenlosen Plastiktüten kann das schonende Verhalten sehr schnell wieder verschwinden lassen.

10. Voraussetzungen schaffen

Selbst bei größtmöglicher Bereitschaft und ausgeprägtem Umweltbewusstsein ist umweltgerechtes Handeln kaum möglich, wenn strukturelle Voraussetzungen und Angebote dafür fehlen. Alltagshandeln ist in vielen Bereichen von äußeren Gegebenheiten abhängig, z. B. ist der Erwerb von Produkten, die in Herstellung und Abfallbeseitigung als umweltfreundlich gelten können, nur möglich, wenn diese Güter auch im Warenangebot verfügbar sind (z. B. Getränke in Pfandflaschen, lösungsmittelfreie Lacke oder schadstoffarme Reinigungsmittel). Häufig haben Verbraucher/innen nicht die freie Wahl zwischen umweltverträglichen und umweltschädigenden Erzeugnissen, sondern nur zwischen umweltschädigenden Produkten und Konsumverweigerung. Dies käme Asketentum gleich, zu dem sich nur wenige Menschen berufen fühlen. Vergleichsweise ungünstig ist die Situation auch im Straßenverkehr: Konsument/innen können ihre Bereitschaft zum Verzicht auf ein Kraftfahrzeug nur dann in die Tat umsetzen, wenn die zu überbrückenden Entfernungen mit dem Fahrrad gefahrlos auf Radwegen zu bewältigen sind oder wenn ein gut ausgebautes Nahverkehrsnetz existiert.

11. Öko-Knigge oder „Umweltschutz – leicht gemacht"

Die Unterlassung ökologischen Handelns geschieht meist nicht aus böswilliger Absicht, sondern beruht häufig auf jahrelang eingeschliffener Gewohnheit und Bequemlichkeit.

Es bereitet offensichtlich Schwierigkeiten, das so oft beteuerte Umweltbewusstsein in konkrete Handlungsschritte umzusetzen. Die Beschäftigung mit ökologischen Problemen ist ebenso neu wie die Auseinandersetzung mit ökologischen Handlungsweisen. Und wie alle neuen Gewohnheiten haben sie sich noch nicht in unserem Verhalten etabliert, sind noch nicht selbstverständlich geworden. Da sie nicht automatisch ablaufen, bereiten sie uns Mühe und fordern unsere Aufmerksamkeit. Daher neigen wir, wie bei allen neuen Handlungsansätzen, zu Rückfällen in gewohnte, herkömmliche und damit bequeme Gewohnheiten.

Um diese unreflektierten Verhaltensgewohnheiten zu durchbrechen, müssen Indikatoren geschaffen werden, die uns ständig daran erinnern, wie das positive Verhalten aussieht. Diese Indikatoren laden zu einem schnellen „Sich-Erinnern“ ein und sollen damit den gewohnten Verhaltensablauf unterbrechen. Solche „mentalen Stolperschwellen“ sind sinnvoll, da das ständige Sich-Vergegenwärtigen von umweltgerechtem oder umweltschädigendem Verhalten häufig als Belastung erlebt wird. Die mentalen Stolperschwellen sollen entlastend wirken und in der momentanen Situation das umweltgerechte, angemessene Verhalten aufzeigen, damit man sofort reagieren kann, ohne die Notwendigkeit einer weiteren Vertiefung. Im Bereich der Verkehrsberuhigung kennen wir schon entsprechende Maßnahmen: Straßenschwellen, die notfalls nachdrücklich daran erinnern, dass ein Tempolimit vorliegt und dieses nicht überschritten werden darf. Ähnliche mentale „Stolperschwellen“ in anderen Bereichen könnten helfen, Raum für unbeschwerliche Verhaltensänderung zu schaffen. So können „Umweltampeln“ errichtet werden, die den Autofahrern mitteilen, wie weit die Rotphase fortgeschritten ist und gleichzeitig anzeigen, ob es sich lohnt, den Motor abzustellen. Hier kann man schnell reagieren, ohne nachdenken und die Situation bewerten zu müssen. Auch der private Haushalt bietet zahlreiche Möglichkeiten für den Einsatz solcher Hilfen: Sinnvoll sind Anzeigegeräte, die den aktuellen Strom- und Wasserverbrauch zum Zeitpunkt des Verbrauchs anzeigen, womöglich mit Meldung bei der Überschreitung eines bestimmten Wertes. Zweckmäßig wären vor allem Hinweise, die die Vergeudung von Ressourcen aufzeigen, wie z.B. Warntöne, die darauf hinweisen, dass die Topfgröße nicht zur Herdplatte passt, dass das Backrohr zu lange offen steht oder die Kühlschranktür länger als eine Minute geöffnet ist.

12. Umweltschutz muss billiger werden

Als wesentliche Voraussetzung, ökologisch zu handeln, sollten auch Anreize dazu geschaffen werden. Nicht zuletzt geht es dabei auch um materiellen Ansporn. Das Resultat eines umweltschädigenden Verhaltens müsste spürbare finanzielle Konsequenzen haben. Der Grundgedanke der Ökosteuer lautet – wer viel Umwelt „verbraucht“, soll auch viel bezahlen. Umweltfreundliches Verhalten muss sowohl im subjektiven Erleben als auch objektiv unmittelbar und eindeutig preiswerter sein als umweltschädigendes Verhalten. Die Beibehaltung einer Ökosteuer, die sich an der Menge des „Verbrauchs“ natürlicher Ressourcen orientiert, ist deshalb unumgänglich.

Auch muss in Erwägung gezogen werden, ob man nicht schonend produzierende (Öko-) Bauern steuerlich entlastet, damit ihre Ware einem Preisvergleich mit herkömmlich produzierten Produkten eher Stand halten kann. Schließlich ist bei den natürlich hergestellten Produkten mehr Arbeitskraft nötig. Die hierfür geschaffenen Arbeitsplätze würden deshalb auch die Sozialkassen entlasten.

Es geht dabei weniger darum, etwas billiger zu machen, sondern mehr darum, dass der Verbrauch der natürlichen Ressourcen *nirgends* subventioniert wird. Weder beim Flugverkehr, noch bei einer Hochgeschwindigkeitsbahn. Die Kosten für die Nutzung des entsprechenden Verkehrsmittels müssen zukünftig im direkten Zusammenhang mit deren Umweltnutzung und -verschmutzung stehen!

13. „Öko" wird gesellschaftsfähig

Die Bereitschaft zu umweltverträglichem Verhalten ist bei den „Kindern des Wohlstands" höher ausgeprägt, als allgemein angenommen wird. In empirischen Untersuchungen wurde deutlich, dass die Mehrzahl der Bürger sich für umweltbewusst hält, zugleich aber meint, mit diesem Wissen und mit dieser Einstellung relativ isoliert zu sein und einer Minderheit anzugehören. Solche wissenschaftlichen Ergebnisse müssen verstärkt öffentlich zugänglich gemacht werden, damit die Diskrepanz in der Wahrnehmung behoben werden kann. Denn diese falschen Annahmen sind mit großer Wahrscheinlichkeit auch unter Politiker/innen und ihren Image-Beratern verbreitet. Daher ist es außerordentlich wichtig, deutlich werden zu lassen, wie hoch die öffentliche Zustimmung zu einem verstärkten Umweltengagement ist und in welchem Ausmaß bereits ökologische Handlungen praktiziert werden. Derlei Information ist besonders für politische und wirtschaftliche Entscheidungsträger wichtig, die offensichtlich an der Bereitschaft zu ökologischem Handeln breiter Bevölkerungsteile zweifeln und aus diesem Grunde zögern, sich stärker für Umweltschutzbelange einzusetzen, bzw. Produkte auf den Markt zu bringen, die sich an „umweltbewusste Käufer/innen" richten.

Den Teufelskreis, selbst nichts zu tun, weil man meint, andere würden ja auch nichts tun, bzw. andere würden das eigene umweltbewusste Verhalten nicht akzeptieren, muss durchbrochen werden. Eine Öffentlichkeitsarbeit mit dem Ziel der Veränderung des Umweltbewusstseins muss deutlich machen, dass sehr viele Bürger/innen bereits zumindest in Ansätzen ökologisch handeln.

14. Neue Lebensstile entwickeln

Neben ökologischen Werten und Verhaltensmustern müssen auch neue Formen von Lebensstilen und Freizeit-, sowie „Konsummöglichkeiten" entwickelt werden. Die Wirksamkeit von Bildungsprogrammen hängt unter anderem davon ab, ob Möglichkeiten zu alternativer Lebensführung, Freizeit- und Konsumverhalten aufgezeigt werden. Es müssen Modelle entwickelt werden, die helfen, jene Lücken zu schließen, die der Konsumverzicht schlägt und gleichzeitig Vorschläge gemacht werden, wie die freie Zeit ökologisch sinnvoll und trotzdem prestigegerecht verbracht werden kann.

Die Hoffnung, dass „Konsumkinder" eines Tages eine natürliche Sättigungsgrenze des Konsums erreicht haben werden, ist utopisch: Die symbolische Macht von Waren ist nicht zu unterschätzen. Denn die Dinge, die wir unser Eigentum nennen, haben nicht nur praktischen Nutzen, sie sind auch Symbole für soziale Zugehörigkeit und Status. Für die meisten Menschen bedeutet zusätzlicher Wohlstand einen Gewinn an Zufriedenheit. Sie sehen in Besitz materiellen wie ideellen Wert.

Besitzen wir jedoch immer mehr und mehr, kann hieraus ein Problem entstehen: Besitzen macht dann keinen Spaß mehr, denn es gibt Grenzen der Ausstattung, jenseits derer die Zufriedenheit nicht mehr mitwächst. Und hier liegt die Chance für die Pädagogik: Es sollte ein neues Leitbild entwickelt werden, dass unter dem Schlagwort „Gut leben statt viel haben" bereits vielen bekannt sein dürfte. Der Hauptgedanke, der hier vertreten wird, ist ein Leitbild zu schaffen, dass sich nicht auf die Menge der Besitzgüter konzentriert, sondern die erfahrene Lebensqualität in den Mittelpunkt rückt. Die Lebensqualität zeigt sich hier nicht in der Menge der Dinge, die wir besitzen, sondern in deren Qualität. Prüfstein dafür soll dann die umweltverträgliche Herstellungs- oder Bearbeitungsweise sein.

Als besonders effektiv kann sich dieses Konzept der Lebensqualität in Situationen investiver Entscheidungen zeigen, wie z.B. der Auswahl von Baumaterialien, dem Einbau einer effektiven Heizanlage, der sparsamen Wasserinstallation, der ökologischen Wohnraumgestaltung, dem schadstofffreien Fußbodenbelag, dem ökologischen Transportmittel.

15. Zusammenfassung

Das Unvermögen der Menschen, ökologisch bewusst zu handeln, entsteht letztlich aus den ethischen Überzeugungen und den Erfahrungen der letzten Jahrhunderte. Im aktuellen Zeitgeschehen kommen die Schwierigkeiten in der Wahrnehmung und der Bewertung der Umweltprobleme hinzu, die zu einer emotionalen Überforderung führen können.

Selbst wenn alle diese Schwierigkeiten aus dem Weg geräumt werden könnten, so wären da immer noch die personellen Einschränkungen in der Verhaltensbereitschaft und dem zur Verfügung stehenden Handlungsrepertoire.

Eine Förderung der ökologischen Handlungsfähigkeit muss an der Veränderung dieser Faktoren ansetzen. Ökologisches Handeln beinhaltet so alltägliche Handlungsweisen wie das Ausschalten des Lichtes bei Verlassen eines Raumes oder das Festdrehen eines Wasserhahns. Es umfasst jedoch auch weitreichende und komplexe Handlungsabfolgen wie Ernährung, Hygiene oder Nahverkehrskonzepte. Insgesamt stehen eine große Anzahl von Möglichkeiten für eine Änderung des Verhaltens zur Verfügung.

Weiterführende Literatur:

- Preuss, S. 1991:Umweltkatastrophe Mensch: Über unsere Grenzen und Möglichkeiten, ökologisch bewusst zu handeln. Heidelberg
- Beer, W. 1984: Der Ökopädagoge. In: Betrifft: Erziehung, 10, S. 30–33
- Kahlert, J. 1990: Alltagstheorien in der Umweltpädagogik. Eine sozialwissenschaftliche Analyse. Weinheim
- Mertens, G. 1991: Ökopädagogik versus Umwelterziehung. Versuch einer konstruktiven Vermittlung. In: Pädagogische Welt, 3/1991, S. 113–118

Ines Omann/Axel Nordmann

Gutes Leben statt Wachstum des Bruttosozialprodukts

Ines Omann, Jahrgang 1972, studierte Umweltsystemwissenschaften (USW) und Volkswirtschaftslehre in Graz (Österreich). In ihrem Studium widmete sie sich vor allem dem Aufbau des Studiums USW an der Karl-Franzens-Universität Graz und der Umweltökonomie bzw. dem scheinbaren Gegensatz zwischen Ökonomie und Ökologie. Ines Omann arbeitet zur Zeit als Universitätsassistentin am Institut für VWL an der Karl-Franzens-Universität in Graz. Mit dem Thema des Beitrages beschäftigt sie sich, weil bestehende Strukturen für die immer größer werdenden Probleme keine sinnvollen Lösungen zulassen und daher nach neuen Wirtschafts- bzw. Gesellschaftsmodellen geforscht werden muss.

Axel Nordmann, Jahrgang 1975, studiert Volkswirtschaftslehre im 8. Semester an der Otto-Friedrich-Universität in Bamberg. Seine Studienschwerpunkte sind Finanzwissenschaft, Sozialpolitik und Politische Theorie. Mit den Grenzen des Wirtschaftswachstums beschäftigt er sich seit ca. drei Jahren, da die gängige ökonomische Theorie diese Grenzen trotz jahrzehntelanger Diskussion ignoriert. Als angehender Ökonom möchte er dazu beitragen, dass in diese Diskussion wieder Bewegung kommt und die Politik daraus endlich neue Leitbilder entwickelt.

1. Wie lässt sich Wohlstand messen?

„Wir können nationale Leistung nicht anhand des Bruttosozialprodukts messen. Das Bruttosozialprodukt enthält Luftverschmutzung, Werbung für Zigaretten und Rettungen, die die Autobahnen von Blutbädern reinigen müssen ... Es schwillt mit der Ausstattung für die Polizei, die notwendig ist, um Aufständen in unseren Städten Einhalt zu gebieten; und obwohl es durch den Schaden, die diese Aufstände anrichten, nicht verringert wird, steigt es noch immer, wenn Slums auf ihrer Asche wieder aufgebaut werden ... Und obwohl das Bruttosozialprodukt all dies enthält, gibt es vieles, das nicht erfasst wird. Es berücksichtigt nicht die Gesundheit unserer Familien, die Qualität ihrer Erziehung oder die Freude ihres Spiels... Es berücksichtigt weder Gerechtigkeit in unseren Gerichten, noch wie gerecht wir miteinander umgehen ... Es misst alles, außer diejenigen Dinge, die das Leben lebenswert machen" (Robert Kennedy, 1967).

Treffender als Robert Kennedy es tat, konnte man die Kritik am alles beherrschenden Wohlstandsindikator Bruttoinlandsprodukt (BIP) in einer Zeit, als der Begriff

„Umweltschutz" (und die Kinder des Wohlstands) noch kaum geboren waren, nicht zusammenfassen. Aus heutiger Sicht bleiben in Kennedys Zitat einzig die Reparaturleistungen an der Natur außer Acht, die zwar das BIP steigern, aber im Endeffekt höchstens zu einer gleichbleibenden Lebensqualität für die Menschen führen. Man macht also zuerst etwas kaputt, repariert es danach und behauptet dann, dass man etwas gewonnen hat. Wir nennen das organisierten Selbstbetrug.

Es bleibt die Frage, warum das Wachstum der Wirtschaft in den vergangenen 30 Jahren von der Politik dennoch immer mehr als ein Allheilmittel für die unterschiedlichsten Probleme angesehen wurde. Wachstum löst nach der gängigen Doktrin Verteilungsprobleme (intra- wie intergesellschaftlich), verschafft uns die Möglichkeit unsere natürlichen Lebensgrundlagen zu bewahren und führt die Menschheit damit in eine Zukunft, wie sie ebenfalls in den sechziger Jahren einmal entworfen wurde: In der Fernsehserie „Raumschiff Enterprise" arbeiten Menschen aller Nationen zusammen, Probleme wie Hunger oder Kriege existieren nicht mehr. Sogar das Wetter wird von den Menschen kontrolliert.

Wie sieht aber die Bilanz einer weltweit verfolgten Wachstumspolitik tatsächlich aus? Die Wohlstandsgewinne durch Wachstum in den Industriegesellschaften sind unbestreitbar. Selbst die ärmsten Bürger der westlichen Welt werden zumindest theoretisch vor absoluter Armut bewahrt. Manche Probleme konnte das Wachstum dennoch nicht lösen, so z. B. Verteilungsprobleme. Die absoluten Unterschiede zwischen armen und reichen Bürgern innerhalb westlicher Gesellschaften werden immer größer, genauso wie die Ungleichheit zwischen reichen und armen Ländern. Außerdem entstehen durch starkes Wachstum immer neue ökologische Probleme, wie Klimawandel und Abfallberge.

Das Bruttoinlandsprodukt (BIP) misst die innerhalb einer Periode in einer Volkswirtschaft entstandene Wertschöpfung (Produktion an Gütern und Dienstleistungen) in Geldeinheiten.[1]

Mittlerweile haben auch Ökonomen und Politiker erkannt, dass das BIP zwar ein Wirtschaftswachstumsindikator ist, jedoch kaum geeignet, den Wohlstand eines Landes anzuzeigen. Daher wurden und werden verschiedenste Alternativen entwickelt, die als Wohlstandsindikatoren dienen. Dazu zählen u.a. *ISEW, MEW, HDI, HPI, GDI, green GDP*, die von Wissenschaftlern und internationalen Organisationen wie der UNO entworfen wurden. Sie alle zu beschreiben und zu erklären würde an dieser Stelle zu weit führen, dennoch soll anhand des *HDI*, des *GDI* und des *HPI* gezeigt werden, dass Länder, deren BIP pro Kopf sie zu den führenden Staaten werden lässt, bei Anwendung anderer Indikatoren, die versuchen, nicht nur Wohlstand materieller Art zu messen, in der Rangliste weit nach hinten rücken.

---

1 Im Unterschied zum Bruttoinlandsprodukt misst das Bruttosozialprodukt die innerhalb einer Periode von Staatsbürgern eines Landes (einer Ökonomie) geschaffenen Güter und Dienstleistungen

- Die UNO veröffentlicht jährlich seit 1990 im „Report of Human Development" den *Human Development Index (HDI)*[2] als Maßstab für die menschliche Entwicklung. Dieser Index spiegelt die Gesamtleistung eines Landes in drei grundlegenden Dimensionen menschlicher Entwicklung wider: Lebensdauer, Bildung und angemessener Lebensstandard. Dafür werden die Lebenserwartung bei der Geburt, der Bildungsstand (Alphabetisierung Erwachsener und Gesamteinschulung auf der Primar-, Sekundar- und der tertiären Bildungsstufe) sowie das bereinigte Einkommen gemessen.
- Der *Gender-related Development Index (GDI)*[3] ist ein Index, der im Grunde dem *HDI* entspricht, jedoch um eine Dimension, nämlich die Ungleichheit zwischen Männern und Frauen, erweitert ist. Diese wird gemessen durch den männlichen und weiblichen Erwerbseinkommensanteil.
- Der *Human Poverty Index (HPI)*[4] wird seit 1997 jährlich gemessen und spiegelt die Verteilung des Wachstums und Fortschritts wider, misst Defizite und Entbehrungen in den verschiedenen Ländern. Er ist definiert als *HPI-1* für die Entwicklungsländer und misst die Armut dort. Als Variablen dienen der Prozentsatz der Menschen, die wahrscheinlich nicht älter als 40 Jahre alt werden, der Prozentsatz an erwachsenen Analphabeten und Mängel bei der ökonomischen Versorgung insgesamt. Der HPI ist allerdings auch für die Industrieländer definiert; hier wird er als *HPI-2* bezeichnet und misst die menschliche Armut in Industriegesellschaften. Im Prinzip konzentriert er sich auf die gleichen Dimensionen wie der *HPI-1*, nimmt jedoch als vierte Dimension die soziale Ausgrenzung dazu. Als Variablen verwendet er den Prozentsatz der Menschen, die wahrscheinlich nicht älter als 60 Jahre werden, den Prozentsatz der Menschen, deren Lese- und Schreibfähigkeit unzureichend ist, den Anteil der Menschen, deren verfügbares Einkommen weniger als 50% des Durchschnittseinkommens beträgt[5], und den Anteil der Langzeitarbeitslosen (zwölf Monate oder länger arbeitslos). Der *HPI* liefert zwar ein gutes und umfassendes Maß für die Verbreitung der Armut in einem Land, allerdings ist der Begriff der menschlichen Armut sehr viel umfangreicher als das angewandte Maß. Es ist schwierig, ja beinahe unmöglich, Wohlstand in einem einzigen, quantifizierbaren Indikator zu erfassen. Genauso unmöglich ist dies für Armut.

Der *HDI* und der *HPI* unterscheiden sich darin, dass der *HDI* den Gesamtfortschritt eines Landes misst und der *HPI* das Ausmaß der Entbehrungen, also den Anteil der Menschen eines Landes, an denen der Fortschritt, die Früchte des Wirtschaftswachs-

---

2 Index menschlicher Entwicklung

3 Geschlechtsbezogener Entwicklungsindex

4 Index der menschlichen Armut

5 Wird die Armutsgrenze so gesetzt, sind in den OECD-Ländern mehr als 100 Millionen Menschen arm. Rund 8 % der Kinder in den OECD-Ländern leben unter der Armutsgrenze. Fast 200 Millionen Menschen müssen damit rechnen, nicht älter als 60 Jahre zu werden, mehr als 100 Millionen sind obdachlos (UNDP 1999, 32).

tums, vorbeigehen. Er weist auch auf Mangelerscheinungen hin, die nicht zu erkennen wären, wenn sich die Messung nur auf das Einkommen beziehen würde.

In den Tabellen 1 und 2 kann man sehr gut erkennen, dass ein hohes BIP pro Kopf bei weitem keine Garantie für gute menschliche Entwicklung, Geschlechtergerechtigkeit und wenig Armut, also eine gerechte Einkommensverteilung, darstellt. Diese alternativen Indikatoren spiegeln teilweise Wohlstand oder auch den Stand einer nachhaltigen Entwicklung (intra- und intergenerationelle Gerechtigkeit) wider. Die großen Unterschiede zwischen ihnen innerhalb eines Landes (z.B. in Kanada, Singapur oder Kuwait) zeigen deutlich, dass das BIP als alleiniger Indikator ungeeignet ist, mehr als das Gesamtwirtschaftswachstum eines Landes abzubilden. Was Robert Kennedy und vielen anderen intuitiv logisch erscheint, zeigen hier die Zahlen schwarz auf weiß.

Tabelle 1: Industrieländer: HDI, BIP, HPI-2, GDI (Werte von 1995)

Land	HDI[a]	Rang HDI[b]	BIP pro Kopf in US $[c]	Rang BIP pro Kopf[b]	HPI-2[d]	Rang HPI-2[e]	Rang GDI[b]
Kanada	0.960	1	21.916	11	12%	10	1
USA	0.943	4	26.977	3	16.5%	17	6
Schweden	0.936	10	19.297	22	6.8%	1	3
Spanien	0.935	11	14.789	30	13.1%	14	19
Österreich	0.933	13	21.322	13	—	—	15
Schweiz	0.930	16	24.881	4	—	—	18
Deutschland	0.925	19	20.370	16	10.5%	3	17
Luxemburg	0.900	26	34.004	1	—	—	32
Slowenien	0.887	37	10.594	38	—	—	24
Polen	0.851	52	5.442	69	—	—	35

a: Der HDI liegt zwischen 0 und 1; von 0.0 bis 0.49 spricht man von einer niedrigen menschlichen Entwicklung, von 0.50 bis 0.79 von einer mittleren und ab 0.80 von einer hohen menschlichen Entwicklung.

b: Rang unter allen Ländern weltweit.

c: real gemessen. d: Prozentanteil der laut HPI-2 Armen.

e: Rang unter allen Industrieländern

Tabelle 2: Entwicklungsländer: HDI, BIP, HPI-1, GDI

Land	HDI[a]	Rang HDI[b]	BIP pro Kopf in US $[c]	Rang BIP pro Kopf[b]	HPI-1[d]	Rang HPI-1[e]	GDI[b]
Singapur	0.896	28	22.604	7	6.5 %	4	29
Vereinigte Arabische Emirate	0.855	48	18.008	24	14.5 %	14	66
Kuwait	0.848	54	23.848	5	—	—	50
China	0.650	106	2.935	84	17.1 %	16	93
Ägypten	0.612	112	3.829	92	34.0 %	46	111
Nicaragua	0.547	126	1.837	129	26.2 %	32	115
Kenya	0.463	137	1.438	139	27.1 %	35	122
Pakistan	0.453	138	2.209	122	46.0 %	63	131
Sierra Leone	0.185	174	625	171	58.2 %	75	163

a: Der HDI liegt zwischen 0 und 1; von 0.0 bis 0.49 spricht man von einer niedrigen menschlichen Entwicklung, von 0.50 bis 0.79 von einer mittleren und ab 0.80 von einer hohen menschlichen Entwicklung.
b: Rang unter allen Ländern weltweit.
c: real gemessen.
d: Prozentanteil der laut HPI-1 armen.
e: Rang unter allen Entwicklungsländern

Es zeigt sich also, dass ein steigendes BIP, entgegen der weitverbreiteten Meinung, nicht unbedingt zu mehr Wohlstand führt. Die Notwendigkeit eines stetig wachsenden BIP lässt sich nicht dadurch begründen, dass Wirtschaftswachstum letztlich zu mehr Wohlstand für alle führen würde.

Auch eine andere moralische Rechtfertigung ungebremsten Wachstums ist zweifelhaft, nämlich die Annahme, dass mit wachsendem materiellen Wohlstand die Bereitschaft tendenziell steige, zusätzliche Ausgaben zum Wohle der Umwelt zu leisten. Diese Annahme geht auf die sogenannte Kuznetskurve zurück. Diese wurde vom Ökonomen Simon Kuznets 1957 das erste Mal erwähnt. In ihrer ursprünglichen Form zeigt sie den Zusammenhang zwischen dem BIP pro Kopf und dem Einkommensanteil der Einkommensbezieher mit den niedrigsten Einkommen. Sie hat die Form eines umgekehrten U und besagt, dass die Ungleichheit der Einkommensverteilung mit steigendem BIP pro Kopf zuerst zunimmt, ab einem Höchstwert jedoch wieder abnimmt (Gabler 1997). In der Umweltökonomie setzt man anstelle des Einkommensanteils verschiedene umweltbezogene Größen, z. B. Emissionen, Anteil der Personen, die keinen Zugang zu sauberem Wasser haben u.a. Die These der Kuznetskurve unterstützt Wirtschaftswachstum, da mit steigendem BIP die Umweltprobleme ab einem gewissen Wendepunkt sinken. Sie ist empirisch bis jetzt für gewisse Stoffe und Regionen zwar nachgewiesen, gilt jedoch nicht für Umweltprobleme allgemein und global. Da sie eine einfache Erklärung pro Wachstum beinhaltet, wird sie von Wachstumsbefürwortern oft als wissenschaftliche Begründung für Wachstumsförderung verwendet.

Und noch eine Legende gilt es zu entzaubern: Zwar entstehen im Zuge des Wachstumsprozesses technische Innovationen, die eine gewisse Entkopplung von Wachstum und Umweltverbrauch bewirken. Dennoch muss man feststellen, dass diese Entkopplung nur in gewissen Grenzen erfolgen kann, und die Technik nicht ewig die Ausbeutung der Natur durch die Schaffung von Substituten ermöglichen wird. Dies ist auch ein zentrales Problem bei der Fragestellung im nächsten Abschnitt.

2. Zwei Ungleichungen zur ökologischen und sozialen Nachhaltigkeit

Das langfristige Entwicklungspotenzial der Industrieländer ist durch wachsende Umweltprobleme zunehmend gefährdet. Der „industrielle Metabolismus“ (Ayres, Simonis 1994), also der Stoffwechsel, scheint zuviel „Durchfluss“[6] zu erzeugen im Verhältnis zur Tragfähigkeit des globalen Umweltraums (Daly 1996). Übertriebene Materialflüsse, zu hoher Energiekonsum und intensive Landnutzung sind die primären Triebkräfte hinter den meisten Umweltproblemen, wie Klimawandel, Ozonverlust, Reduktion der Biodiversität, Abfallaufkommen, Versauerung der Böden u.v.m. Daher erscheint es als logische Schlussfolgerung, dass bei einer Reduktion des gesamten Ressourcenkonsums die meisten dieser Umweltprobleme auch reduziert werden können. Industrieländer sollten also den gesamten „Durchfluss“ ihrer Ökonomien reduzieren.

Eine absolute Reduktion kann man aber nur dann erreichen, wenn innerhalb einer gegebenen Periode die Ressourcenproduktivität[7] schneller wächst als das BIP. Diese Ungleichung kann man auch als ein notwendiges Kriterium für eine ökologisch nachhaltige Entwicklung betrachten. Analytisch gesehen, sieht diese Ungleichung folgendermaßen aus:

6 Mit Durchfluss oder auf englisch throughput ist der Fluss an Stoffen (Energie eingeschlossen) gemeint, der innerhalb einer Periode eine Volkswirtschaft, normalerweise also ein Land, durchfließt. Jeder Stoff, der einen Input in eine Ökonomie darstellt, verlässt diese auch wieder, wenn auch in einer anderen Form.

7 Ressourcenproduktivität = Verhältnis zwischen BIP und eingesetzten Ressourcen

Ungleichung 1: $dY < d(Y/R)$
Y= BIP, R = gesamter Ressourceneinsatz

Man kann daher folgern, dass in der kurzen Frist, Wirtschaftswachstum nachhaltig sein kann, wenn es von einem Ressourcenproduktivitätsanstieg, der das Wirtschaftswachstum übersteigt, begleitet ist. Langfristig jedoch ist dem Wirtschaftswachstum eine Grenze gesetzt, weil die Ressourcenproduktivität aufgrund der thermodynamischen Gesetze[8] nicht endlos steigen kann. Da also davon auszugehen ist, dass einer Steigerung der Ressourcenproduktivität Grenzen gesetzt sind (ein Faktor zehn mag möglich sein, aber auch ein Faktor 100?), muss das Wachstum des BIP über kurz oder lang gezügelt werden, um die Ungleichung zu erfüllen.

Neben dieser Ungleichung, die eine Bedingung für zukunftsfähige Entwicklung auf ökologischer Ebene darstellt, kann man eine zweite für die soziale Ebene der nachhaltigen Entwicklung aufstellen. Beide beinhalten implizit die ökonomische Ebene, da jeweils geprüft wird, ob Wirtschaftswachstum im Allgemeinen und wenn ja, in welcher Höhe es zukunftsfähig sein kann.

Das BIP kann auch definiert werden als das gesamte Arbeitsvolumen einer Volkswirtschaft multipliziert mit der Arbeitsproduktivität, gemessen als Durchschnittsproduktion pro Kopf. Um die Anzahl der Beschäftigten zu erhöhen, muss die Arbeitsproduktivität pro Kopf langsamer wachsen als das BIP. Analytisch ausgedrückt:

Ungleichung 2: $dY > d(Y/L)$
Y= BIP, L = gesamtes Arbeitsvolumen, Y/L = Arbeitsproduktivität

Stellt die Arbeitslosigkeit für eine Gesellschaft ein Problem sozialer Nachhaltigkeit dar, dann müssen (hält man an der Erwerbsarbeit für große Teile der Erwerbsbevölkerung fest) Arbeitsplätze geschaffen werden. Das wiederum geht nur über die Erfüllung der *Ungleichung 2.* Das Wachstum der Arbeitsproduktivität wird dabei durch technische Innovationen unterstützt. Diese haben zwar (wie die Verbesserung der Ressourcenproduktivität) eine unbekannte Obergrenze, ist diese erreicht, dürften aber nur noch wenige Menschen

8 Die thermodynamischen Gesetze besagen, erstens, dass in einem abgeschlossenem System die Summe der Energie konstant bleibt und zweitens, dass die energetische Unordnung, also die Entropie (auf der Erde, im Universum), immer mehr zunimmt und es nicht möglich ist, diesen Vorgang umzukehren. Dadurch wird die durch den Menschen verwertbare niedrig-entropische Energie immer knapper. Ein Beispiel: In Erdöl ist Energie stark gebündelt, also niedrig-entropisch vorhanden. Verbrennt man das Öl, so geht diese Energie nicht verloren, nur das Entropieniveau der Energie steigt: Als diffuse Wärmeenergie oder gebundene Lageenergie (die Energie eines Autos, das einen Berg hochgefahren ist) ist sie nicht mehr für den Menschen nutzbar. Eine Rückverwandlung in Öl ist nicht möglich.

in klassischen Arbeitsverhältnissen untergebracht werden können. Daher kann die *Ungleichung 2* nur durch ein besonders großes Wachstum des BIP erfüllt werden.

Das Schaffen von Arbeitsplätzen und damit die Reduktion der Arbeitslosigkeit wird oft als nicht zur Disposition stehende Voraussetzung für soziale Zukunftsfähigkeit angesehen. Lässt man dies gelten, stellt *Ungleichung 2* eine weitere notwendige Bedingung für zukunftsfähige Entwicklung dar.

Verbindet man die beiden Ungleichungen, kann man auf einen Blick erkennen, dass Wirtschaftswachstum nur dann ökologisch und sozial nachhaltig ist, wenn es folgender Bedingung genügt:

Ungleichung 3: $d(Y/L) < dY < d(Y/R)$

Y= BIP, L = gesamtes Arbeitsvolumen, R = gesamter Ressourceneinsatz

Das Wirtschaftswachstum muss also kleiner sein als das Wachstum der Ressourcenproduktivität, jedoch größer als das Wachstum der Arbeitsproduktivität pro Kopf. Dies kann als Minimumbedingung für zukunftsfähige Entwicklung auf sozialer und ökologischer Ebene bezeichnet werden.

Damit gibt es einen Ausverkauf (Trade-off) zwischen den beiden Ungleichungen und entsprechend zwischen zwei zentralen Zielen des Nachhaltigkeitsparadigmas:

- *Ungleichung 1* fordert, das BIP solle langsam wachsen, denn dann sei die Chance eher gegeben, dass eine ökologisch nachhaltige Entwicklung möglich werde.
- *Ungleichung 2* betont dagegen, das BIP solle schneller wachsen als die Arbeitsproduktivität, damit Arbeitslosigkeit bekämpft werden könne; ein verlangsamtes Wachstum sei deshalb problematisch.

Damit wird ein Dilemma deutlich: Da das Wachstum der Ressourcenproduktivität begrenzt ist, ist auch das Wirtschaftswachstum begrenzt und damit wiederum das (sozialverträgliche) Wachstum der Arbeitsproduktivität. Betrachtet man allerdings die Entwicklung der Arbeitsproduktivität, so sieht man, dass letztere in den Industrieländern seit der industriellen Revolution unaufhaltsam steigt. Dieser Anstieg wird auch nicht so leicht beendet werden können; eine geringere Gesamt-Arbeitsproduktivität könnte allerdings durch eine Reduktion der Arbeitszeit erreicht werden. Ist diese groß genug, kann das Wachstum der Arbeitsproduktivität eventuell unter dem Wirtschaftswachstum gehalten werden.

Dennoch, das Dilemma bleibt: Ökologische Nachhaltigkeit fordert ein niedriges BIP, soziale Nachhaltigkeit dagegen ein hohes BIP.

Sind diese Ziele tatsächlich gegenläufig und wenn ja, welchem soll dann Priorität gegeben werden? Angesichts der zunehmenden Belastung der Ökosphäre erscheint es wahrscheinlicher, dass die soziale Komponente der Nachhaltigkeit die nötige Flexibilität besitzt, den Widerspruch aufzulösen. Die Vollbeschäftigung als Indikator für soziale Nachhaltigkeit müsste neuen Ansätzen weichen, wie z. B. dem Zeitwohlstand (siehe auch Punkt 4).

3. Neue Modelle für unser Wirtschaftssystem

Herman E. Daly's Steady State Ökonomie

Wie wir in den vorangegangenen Abschnitten gezeigt haben, führt uns ein strenges Festhalten an der Wachstumswirtschaft und der ihr entsprechenden Paradigmen nicht zur Lösung unserer Probleme, sondern schafft neue oder verhindert nötige Reformen. Diese Erkenntnis ist nicht neu. Seit ca. 30 Jahren wird daher eine intensive Diskussion über das Für und Wider von Wachstum geführt. Dabei muss der Begriff Diskussion jedoch relativiert werden, denn die Wachstumsbefürworter haben längst aufgehört, auf die Hinweise und Vorwürfe der Wachstumsgegner einzugehen. Die Lehrbuchökonomik ignoriert meist die theoretische Existenz anderer Wirtschaftsformen, als die der Wachstumswirtschaft.

Dabei gibt es nicht wenige Wissenschaftler, die ihr Leben der Entwicklung zukunftsfähiger Alternativen gewidmet haben. Einer der wichtigsten unter ihnen ist wohl Herman E. Daly. Daly kritisiert seit vielen Jahren die Wachstumsgläubigkeit heutiger Politik. Er sieht gar eine Kultur, die Wachstum als Norm an sich akzeptiert hat. Eine Erklärung für diese Entwicklung sieht er in der großen Verlockung, die für die Politik von ewigem Wachstum ausgeht: Es verspricht die Armut zu bekämpfen, ohne dass jemand dafür mit einem anderen teilen muss. Alle können mehr haben, ohne dass irgendjemand etwas opfern muss. So etwas lässt sich gut verkaufen, weil es die Menschen gerne hören.

Die ökologischen Grenzen der Erde zeigen für Daly die Unmöglichkeit von unendlichem Wachstum auf. Er argumentiert über die Gesetze der Thermodynamik (siehe oben). Bei Gültigkeit der Entropiegesetze ist es unmöglich, durch technischen Fortschritt die wirtschaftliche Aktivität von der Umweltbelastung dauerhaft abzukoppeln. Ein völliges Recycling wird niemals möglich sein, immer geht etwas von der wertvollen niedrigentropischen Energie verloren. Natürlich wissen wir nicht, ob die Entropiegesetze tatsächlich stimmen (schließlich musste auch das Weltbild Newtons revidiert werden), aber immerhin war auch Albert Einstein völlig davon überzeugt, dass sie niemals verworfen werden müssen. Akzeptiert man ein „Vorsichtsprinzip"[9] ist es sogar geboten, dass man nicht seine gesamten Hoffnungen auf weiteren technischen Fortschritt setzt.

9 Das *Vorsichtsprinzip* meint die Ablehnung unkalkulierbarer Risiken, also auch von Risiken, bei denen der Eintritt negativer Entwicklungen nicht als zwangsläufig bewiesen werden kann.

Zu der Unmöglichkeit ewigen Wachstums gesellt sich bei Daly noch die Unwünschbarkeit ewigen Wachstums. Er sieht „letzte Ziele“ des Menschen, wähnt also seine Bedürfnisse nicht als unbegrenzt. Wenn diese in der heutigen Wachstumswirtschaft so erscheinen, dann liege das nur daran, dass Gier auf der Angebots- und Nachfrageseite um sich gegriffen habe. Das Streben nach Gewinnen in gesättigten Märkten (der Begriff stammt übrigens aus der Betriebswirtschaftslehre) führt auf der Angebotsseite zu immer neuen Erfindungen, die immer weniger mit der Befriedigung von menschlichen Bedürfnissen zu tun haben. Die Nachfrager in der Wachstumswirtschaft sind schon lange nicht mehr dazu in der Lage, ihre wahren, absoluten Bedürfnisse von relativen Bedürfnissen zu unterscheiden und wollen daher vorsichtshalber alles; zumindest alles, was der Nachbar besitzt.

Eng orientiert an Dalys Gedanken zur Steady-State Ökonomie (SSÖ) soll dieses Konzept nun kurz umrissen werden. In einer Steady-State Ökonomie gibt es

1. kein Wachstum des Durchsatzes an Naturgütern,
2. ein beschränktes Wirtschaftswachstum und
3. ein völlig offenes und wünschenswertes Wachstum der menschlichen Wohlfahrt.

Der Durchsatz an Naturgütern durch den Metabolismus des menschlichen Systems ist auf einem gewissen, politisch festgelegten Maximalwert, der unterhalb der Tragfähigkeit des Ökosystems Erde liegt, fixiert. Wie viele physische Güter die Menschen mit der vorgegebenen Menge an Ressourcen herstellen und welche Qualität diese erreichen, ist dagegen nicht determiniert. In dieser Tatsache liegt die Möglichkeit eines gewissen Wirtschaftswachstums im herkömmlichen Sinne. Wenn beispielsweise durch technische Innovationen der gesamte Material- und Energiebedarf eines Autos um fünfzig Prozent fällt, dann ist es ohne Verletzung der ersten Bedingung möglich, doppelt so viele Autos zu produzieren und damit ein Wirtschaftswachstum zu erreichen. Erst wenn weitere technische Innovationen ausgeschlossen sind, dann wird auch ein Wirtschaftswachstum innerhalb der vorgegebenen Grenzen unmöglich. Die Menschen müssen dann durch Umverteilung eines materiellen Kuchens fester Größe zu ihrem Glück bzw. ihrer Wohlfahrt finden.

Glücklicherweise ist das Wachstum menschlicher Wohlfahrt zu einem großen Teil unabhängig von den Punkten 1 und 2, also dem materiellen Kuchen, denn die komplette Palette immaterieller Werte und Nutzenspender kommt gänzlich ohne Naturverbrauch aus. Um diese immateriellen Werte genießen zu können, bedarf es natürlich einer gewissen (bzw. eher ungewissen) Grundausstattung an materiellen Gütern, schließlich kommt „zuerst das Fressen und dann die Moral“, wie Berthold Brecht uns lehrte. Man kann aber davon ausgehen, dass diese Untergrenze in breiten Schichten der Bevölkerung der Industrieländer längst überschritten ist, anders ist die Existenz von Tamagotchis wohl nicht zu erklären.. Die menschliche Wohlfahrt insgesamt (und nicht nur ihre materielle Komponente) sollte – was in der heutigen Diskussion um Wirtschaftswachstum leider oft vergessen wird – immer Ziel jeden Wirtschaftens sein. Daher gilt dieser Form des Wachstums das zentrale Augenmerk einer Steady-State-Ökonomie (SSÖ).

Neu ist in der SSÖ im Vergleich zur gängigen ökonomischen Theorie der Begriff des Scale, also der absoluten Größe des menschlichen Metabolismus. Den Zusammenhang bzw. das Verhältnis zwischen Scale und Allokation (der effizienten Verteilung der Ressourcen) macht Dalys Schiffs-Metapher deutlich. Danach kann ein Schiff bis zu einer bestimmten Wasserlinie (also einem bestimmten Tiefgang) beladen werden. Diese Wasserlinie ist der Scale, die absolute Belastbarkeit des Schiffs. Belädt man dieses Schiff nun schlecht, also beispielsweise zu einseitig, dann ist die Wasserlinie recht bald erreicht, das Schiff sinkt bei weiterer Beladung. Wird das Schiff jedoch geschickt beladen, also findet eine effiziente Allokation statt, dann wird die Wasserlinie viel später erreicht. Dennoch wird das Schiff sinken, wenn man mehr einlädt, als die Wasserlinie zulässt. Fazit: Auch ein optimal überladenes Schiff sinkt, wenn auch später, als ein suboptimal überladenes. Das Schiff ist dabei eine Metapher für das Ökosystem der Erde, das auch eine effizient arbeitende Anthroposphäre nur bis zu einer bestimmten Größenordnung aushält.

Die Ziele der SSÖ (Maximierung menschlicher Wohlfahrt bei Einhaltung der Grenzen der Belastbarkeit ökologischer Systeme) sollen durch zwei Stützpfeiler gewährleistet werden. Zum einen sollen ökonomische Instrumente die richtigen Anreize und Rahmenbedingungen zu SSÖ gemäßem Verhalten liefern, andererseits setzt Daly auf ein „moralisches Wachstum" der Gesellschaft, also einen umfangreichen Wertewandel. Ohne diese beiden Aspekte kann eine SSÖ nicht funktionieren.

Die ökonomischen Instrumente zur Durchsetzung einer SSÖ sind Zertifikate. Zertifikate konkurrieren als Mengenlösungen mit Steuern, die Preislösungen darstellen. Zertifikate haben den Vorteil, dass man mit ihnen zielgenau bestimme Mengenziele erreichen kann, was im Hinblick auf das Scaleproblem wichtig ist. Das „moralische Wachstum" der Gesellschaft erachtet Daly als wichtiger für den Erfolg einer SSÖ, als die Schaffung oder Veränderung von Institutionen. Besonders der Entdeckung der Suffizienz, also der Genügsamkeit, durch die Menschen, schreibt er eine zentrale Bedeutung zu. Das Ziel der Menschen darf in einer SSÖ nicht länger das Streben nach dem „Meisten" sein, sondern vielmehr das Streben nach dem „Genug".

Binswangers Zweifel an der Erreichbarkeit eines Steady-State

Die Steady-State Ökonomie von Daly mag uns als Paradies auf Erden erscheinen: Dank kontrollierter Bevölkerungsentwicklung und einer auf Suffizienz und Effizienz ausgerichteten Menschheit, ist es möglich auf quantitatives Wirtschaftswachstum für alle Zeiten zu verzichten. An seine Stelle tritt eine qualitative Entwicklung des sozio-ökonomischen Systems. Über einen Punkt schweigt sich Daly jedoch mehr oder weniger aus: Wie soll die Wachstumswirtschaft in die Steady-State-Ökonomie überführt werden? Er erklärt zwar, wie die neu zu schaffenden Institutionen aussehen sollen, jedoch nicht, wie die Wachstumswirtschaft darauf reagiert.

Die Frage ist nicht zuletzt deshalb von Bedeutung, weil der ökologische Ökonom Hans Christian Binswanger zu dem Schluss kommt, dass diese Überführung nicht möglich ist. Er ist keiner der „growthmaniacs", die Daly immer wieder zitiert, nicht zuletzt deshalb sollte man seine Analyse ernst nehmen. Binswanger versucht in verschiedenen Publikationen zu zeigen, dass unser „modernes" Wirtschaftssystem nicht ohne ein Wachstum der physischen Produktion auskommen kann. Sein Fazit ist, dass wir ohne eine grundlegende Umgestaltung unseres Wirtschaftssystems zwei gleichsam unangenehmen Alternativen gegenüberstehen: „Ständiges Wachstum der Wirtschaft unter Inkaufnahme einer Umweltkrise oder eine lang andauernde Wirtschaftskrise", die uns schließlich wieder auf das Produktionsniveau einer Wirtschaft ohne Geld zurückführen würde. Den Grund für diese düstere Analyse sieht er in der Eigendynamik des Geldes und des Kreditsystems unserer Wirtschaft.

Wir glauben, dass seine Einwände durchaus ernst genommen werden müssen, d.h. wir müssen Mittel und Wege finden, die prophezeite Wirtschaftskrise durch einen Umbau des Geldsystems zu verhindern. Dies ist indes kein Grund, den Gedanken an eine Steady-State Ökonomie zu verwerfen.

4. Entwurf eines zukunftsfähigen Wirtschaftsystems

Die vorangehenden Ausführungen machen das Dilemma der Kinder des Wohlstands deutlich: Wir glauben zwar an die Möglichkeit des Menschen, sich wieder mehr auf die „wichtigen" Aspekte des Lebens zu konzentrieren und damit dem ökologisch nicht nachhaltigen Konsumwahn zu entkommen. Eine Steady-State-Wirtschaft, wie Daly sie vorschlägt wäre also eine wünschenswerte Alternative. Andererseits müssen wir jedoch befürchten, dass es uns nicht ohne weiteres möglich ist, den Teufelskreis des Wachstums zu durchbrechen, ohne den Zusammenbruch unserer aufgeblähten Wachstumswirtschaft zu riskieren.

Unter diesen Vorzeichen möchten wir nun versuchen, einige Aspekte einer sowohl realisierbaren, als auch in Bezug auf Ziele der Zukunftsfähigkeit wirkungsvollen Reform unseres Wirtschaftssystems zu beleuchten. Die zentrale Frage dabei ist, für welchen Zeitraum die Annahme der Zukunftsfähigkeit Gültigkeit besitzt. Für 50 Jahre, 100 Jahre oder 1000 Jahre? Zwar müssen wir davon ausgehen, dass die Entropiegesetze gelten, doch in welchem Zeitraum wird das zu einem Problem für uns? Steht es uns überhaupt zu, einen allzu weiten Blick in die Zukunft zu werfen und auf der Basis unseres heutigen Wissens Prognosen für alle Ewigkeit aufzustellen? Wir denken, dass wir nicht die selben Fehler mit umgekehrtem Vorzeichen machen sollten, wie die technologischen Heilsapostel, die ein „Weiter so" und „Die technische Entwicklung wird es schon richten" propagieren, ohne auch nur die leiseste Ahnung zu haben, welche technischen Potenziale zu welcher Zeit vorhanden sind. Wir plädieren daher für ein entschlossenes Vorgehen nach dem Vorsichtsprinzip, wie wir es weiter oben definiert hatten.

Effizienz ist für sich betrachtet sicher nicht der Königsweg zur Zukunftsfähigkeit, dennoch gilt: Je effizienter wir mit den knappen Ressourcen umgehen, desto mehr Zeit bleibt uns, um die noch wichtigere Suffizienzrevolution zu realisieren.

Es gibt also Arbeit für alle Wissenschaftsdisziplinen: Die Naturwissenschaft verdeutlicht den Menschen einerseits die Gefahren bzw. Unmöglichkeit unendlichen Wachstums, andererseits sorgt sie durch technische Innovationen dafür, dass wir etwas Zeit gewinnen, um diese Botschaft auch rechtzeitig zu verstehen. Verstärkt wird dies durch die Anstrengungen der Sozial- und Geisteswissenschaften, die sich bemühen, dem Menschen den Suffizienzgedanken näher zu bringen. Schließlich haben wir noch die Ökonomik zur Verfügung, die durch die Bereitstellung entsprechender Instrumente dafür sorgt, dass die Ziele der Zukunftsfähigkeit erreicht werden.

Zertifikate auf Umweltverbrauch

Längere Zeit werden wir noch Wachstum brauchen, um globale Verteilungsprobleme zu lösen, schließlich ist es völlig unrealistisch zu glauben, dass die reichen Nationen von heute auf morgen bereit sein werden, etwas von ihrem Reichtum abzugeben. Dieses Wachstum muss jedoch hauptsächlich dort stattfinden, wo es tatsächlich zur Befriedigung menschlicher Bedürfnisse gebraucht wird und sollte soweit wie möglich in ein qualitatives Wachstum überführt werden. Das bedeutet, dass jegliche Ressourcenverwendung nicht nur zu ihren Förderkosten, sondern mit einem Preis der zumindest annähernd die „wahren" Kosten widerspiegelt, in die Berechung des Wohlstandindikators eingeht. Wie Daly ausführt, ist dies beispielsweise durch die Einführung von Zertifikaten auf Umweltverbrauch (im weiteren Sinne, also sowohl Ausbeutung von Ressourcen, als auch Nutzung beschränkter Schadstoffsenken) zu erreichen, die im Gegensatz zu Steuern eine gewisse Obergrenze dieses Verbrauchs determinieren, was die gefürchteten Rebound-Effekte durch Effizienzgewinne verhindern würde.

Bei der Einführung von Zertifikaten (mit zeitlich begrenzter Gültigkeit) ist es die Aufgabe der Politik, zum einen die absolute Menge an Zertifikaten und damit Rechten zum Umweltverbrauch festzulegen, zum anderen gilt es, die Verteilung der Zertifikate festzulegen. Die einzige gerechte Lösung erscheint eine gleichmäßige Aufteilung auf alle Menschen, unabhängig von deren aktuellem Bedarf. Nach dieser ersten Aufteilung kann dann der Handel auf einem nahezu perfekten Markt beginnen. Die armen Länder, deren Unternehmen und Haushalte nicht so viel emittieren, wie sie gemäß ihrer Zertifikate dürften, bieten Zertifikate an, die Industriestaaten, die einen weit höheren Pro-Kopf-Umweltverbrauch haben, fragen Zertifikate nach. Angebot und Nachfrage bestimmen den Preis. Dieser Mechanismus führt zu einer gewaltigen Umverteilung finanzieller Mittel von reichen zu armen Ländern. Die armen Länder erhalten die Chance, eine eigene funktionierende Wirtschaft aufzubauen, und sind dabei gut beraten, einen möglichst umweltschonenden Weg einzuschlagen, denn die Zahl der Zertifikate wird nach Ablauf der Gültigkeit reduziert, um die Gesamtbelastung der Umwelt zu vermindern. Bei der zweiten Verteilung werden weniger Zertifikate gleichmäßig auf alle Köpfe verteilt und der Handel beginnt erneut. Entwicklungsländer, die sich nicht um die effizienteste Technik bemüht haben, müssen nun auf den Verkauf ihrer Zertifikate verzichten und kommen daher nicht zu neuen Geldmitteln. Ähnlich ergeht es den Industriestaaten, die auf Investitionen in effiziente Technologie verzichten: Sie müssen in der nächsten Runde wegen deren größerer Knappheit auch mit höheren Preisen für Zertifikate und damit schlechterer Wettbewerbsfähigkeit rechnen.

Natürlich gibt es bei einem solchen System viel zu beachten und ganz ohne Ausnahmeregelungen wird man sicher nicht auskommen. Wie soll man z. B. mit der ehemaligen Sowjetunion verfahren. Dort ist der Umweltverbrauch hoch, dennoch sind die Länder zum Teil extrem arm. Zertifikate können sich Länder und Unternehmen dort kaum leisten. Wer gewährleistet, dass die Verkaufserlöse der Zertifikate tatsächlich direkt oder indirekt breiten Bevölkerungsschichten in Entwicklungsländern zu Gute kommen und nicht von einer schmalen Oberschicht konsumiert werden? Trotz dieser offenen Fragen erscheit die Einführung einer begrenzten Anzahl von Zertifikatstypen mit gemäßigten Reduktionszielen und einem langen Zeithorizont als ideales Werkzeug zur Lösung globaler Umwelt- und Verteilungsprobleme (Neben den Zertifikaten gibt es natürlich auch noch andere Instrumente, die eine nachhaltige Entwicklung fördern können, z. B. Ökosteuern, verstärkte Konsumenteninformation, Investitionsoffensiven etc.).

Wie sieht nun das Leben in einer Wohlstandsgesellschaft aus, die sich ständig knapper werdenden Rechten zur Umweltbelastung gegenübersieht? Der Staat ist gezwungen, seine Unkosten für Zertifikate über Steuern auf Umweltverbrauch von seinen Bürgern zurück zu holen. Die Unternehmen müssen ihre Zertifikatskosten auf den Konsumenten umwälzen. Alles, was viel Natur verbraucht, ist deutlich teurer als Dinge, die effizient und ökologisch hergestellt werden. Die Unternehmen in Entwicklungsländern haben durch die von den reichen Ländern finanzierten neuen Maschinen zwar aus dem Stand Effizienzvorteile gegenüber so manchem Unternehmen in Industrieländern, an einen Export ist aber kaum zu denken, da die Kosten des Transports den Vorteil meist wieder wettmachen. Durch (wegen der Steuern) teuren oder (wegen neuer Transportmodi, die effizient, aber langsam sind) langsameren Transport, wird die Welt wieder etwas größer und der globale Wettbewerb ist zumindest für die Gütermärkte nicht mehr in der Form gegeben, wie das heute der Fall ist. Das oberste Ziel der Unternehmen ist es, gute Qualität zu niedrigen Preisen herzustellen. Niedrige Preise sind allerdings nur durch den Einsatz modernster Technik möglich, die möglichst wenig Zertifikate pro Produktionseinheit benötigt. Eine andere Strategie kann der Verzicht auf Produktion und die Investition in Dienstleistungen sein. Auch Dienstleistungen benötigen ein Mindestmaß an physischer Basis, dennoch kann durch verstärkten Einsatz des Faktors Arbeit in der Produktion von Dienstleistungen mehr Gewinn pro benötigtem Zertifikat erbracht werden. Da die Kostenvorteile solcher ökoeffizienter Dienstleistungen gegenüber dem Besitz einer Maschine zur Dienstleistungserbringung deutlich niedriger sind, findet sich auch schneller ein Absatzmarkt dafür. Die Menschen werden nicht mehr zögern, auf den Kauf einer Bohrmaschine zu verzichten und stattdessen entweder einen Handwerker bestellen oder sich eine Bohrmaschine leihweise ins Haus liefern lassen. Auch Dienstleistungen der beschriebenen Art lassen sich übrigens nicht importieren, was die vielzitierten Sachzwänge im Zusammenhang mit der Globalisierung nochmals schrumpfen lassen würde. Ein großes Potenzial für Arbeitsplätze besteht sicherlich auch in der Informationssuche, -verbreitung und –verarbeitung sowie der Kommunikation. Ein großer Teil der Wertschöpfung wird in einer hochgradig dematerialisierten Wirtschaft von diesem Dienstleistungsfeld ausgehen.

Kapital statt Arbeit

Dennoch steht die Frage im Raum, ob in einer Wirtschaft mit hohen Preisen für Naturnutzung, einem dank gewandeltem Konsumverhalten der Menschen extrem hohen Dienstleistungsanteil und einer stetigen Rationalisierung der Abläufe, noch genügend Arbeitsplätze für alle Menschen übrig bleiben. Man könnte aber auch fragen: Warum sollen denn für alle Menschen Arbeitsplätze übrig bleiben? Die Tatsache, dass viele Menschen in unserer Zeit ihr Selbstwertgefühl über ihren Arbeitsplatz definieren, bedeutet nicht gleichzeitig, dass ein Arbeitsplatz in alle Zukunft ein Wert an sich ist. Jeder wegrationalisierte Arbeitsplatz bringt uns doch genau betrachtet einen Schritt näher ans Paradies: Das Paradies, in dem Maschinen den Menschen die Arbeit abnehmen und dieser den ganzen Tag lang machen kann, was er will. Die heutigen Arbeitslosen sehen das freilich zu Recht anders. Aus ihrer Sicht gewinnen Sie nicht Zeit, sondern verlieren Geld. Und dieses ermöglicht nun mal die Partizipation am gesellschaftlichen Leben. Was wäre nun aber, wenn dem Arbeiter die Maschine gehören würde, die ihn an seinem Arbeitsplatz überflüssig gemacht hat? Im Idealfall könnte er dann tatsächlich von den Einkünften der Maschine leben. Das Problem an der Rationalisierung ist in vielen Bereichen also nicht der Verlust von Arbeitsplätzen, sondern die ungleiche Verteilung des Kapitals, das die Rationalisierung ermöglichte. Wären alle Arbeiter Aktionäre ihres eigenen Betriebes, dann könnten sie sich entscheiden: Entweder shareholder value oder stakeholder value.

Das Ergebnis wäre dann für sie das Gleiche. Daly sieht für seine SSÖ die Notwendigkeit der staatlichen Beschränkung von Ungleichheit der Einkommen. Warum sollte man diese Überlegung nicht auch auf Kapital übertragen können?

Weniger und andere Arbeit für alle

Im Vergleich zum vorhergehenden Gedanken weniger revolutionär ist die Forderung nach einer Reduktion der Arbeitszeit oder dem Abweichen von der die Wirtschaftpolitik beherrschenden Forderung nach Vollbeschäftigung. Damit könnte eine Eindämmung des Wirtschaftswachstums ohne Nebenwirkungen vollzogen werden. Eine Verkürzung der Arbeitszeit würde eine Umverteilung der verbleibenden Arbeit auf die Arbeitsnachfrager ermöglichen. Warum soll sich in einem reichen Industrieland ein Teil der Bevölkerung jeden Tag zu seinem Vollzeitjob quälen und relativ viel Geld verdienen, während ein anderer Teil der Menschen keine Arbeit hat und entsprechend wenig Geld zur Verfügung hat? Wäre es nicht eine Steigerung der Lebensqualität, wenn alle Vollzeitjobs in Halbtagsjobs umgewandelt würden und es damit wieder jeder Familie möglich wäre, ein Kind zu haben, das dann jeweils einen halben Tag vom Vater und einen halben Tag von der Mutter erzogen wird? Und den eventuell fehlenden und eventuell nötigen Mehrverdienst leistet dann die Dividende auf das eingezahlte Kapital. Von einem „eventuell nötigen Mehrverdienst" sprechen wir deshalb, weil die „wahren, richtigen" Bedürfnisse der Menschen, wie Daly sie definiert, eigentlich leicht vom Verdienst aus der Halbtagsstelle befriedigt werden können.

Unter Vollbeschäftigung wird oft verstanden, dass alle erwerbsfähigen Personen eines Landes einer Erwerbsarbeit nachgehen. Wir denken, dass diese Form der Vollbeschäftigung nicht mehr erreicht werden kann. Definiert man Vollbeschäftigung jedoch so, dass jeder, der arbeiten möchte, einer Form von Arbeit, sei es Erwerbs- oder Nichterwerbsarbeit, nachgehen kann, dann gibt es Chancen diese zu erreichen und obige Ungleichung zu erfüllen. Dafür ist es jedoch notwendig unser Bild von Arbeit zu revidieren, Formen der Nichterwerbsarbeit (z.B. ehrenamtliche Arbeit, Pflege, Hausarbeit, Kindererziehung, Bildung u.a.) der Erwerbsarbeit gleichzusetzen, diese anzuerkennen und als Qualifikation für einen möglichen (Wieder-)Einstieg in die herkömmliche Erwerbsarbeit anzusehen.

Damit einher geht auch, dass wir nicht weiterhin mehr Einkommen anstreben, sondern mehr Lebensqualität, die sich nicht nur materiell ausdrückt. Durch die Reduktion der Arbeitszeit und dem Nachgehen von verschiedenen Formen der Nichterwerbsarbeit wird das monetäre Einkommen des Einzelnen möglicherweise sinken. Dadurch muss vermutlich der Konsum von Gütern und Dienstleistungen, die auf dem Markt gekauft werden, eingeschränkt werden. Dies fördert zwar die Reduktion des Ressourcenverbrauchs, führt allerdings für manche zu Wohlfahrtseinbußen. Dem kann allerdings auf zweierlei Art entgangen werden, einerseits durch suffizienten Lebensstil (sprich

Konsum ist nicht mehr so wichtig) und andererseits durch wirtschaftspolitische Maßnahmen, die die Preise korrigieren.

Die Preise müssen dem Verbraucher „die Wahrheit sagen“, also alle Kosten widerspiegeln, die ein Produkt in ökologischer und sozialer Hinsicht verursacht. Dies kann durch gesetzliche Maßnahmen, Steuern o.ä., realisiert werden, die sozialen Kosten eines Produktes werden dadurch „internalisiert“. Viele nachhaltig produzierte Produkte würden dadurch billiger: Zum einen absolut, da ihre Preise sinken würden (weil sich Bio-Bauern zusammenschließen und dadurch Distributionskosten sparen können) und zum anderen im Verhältnis zu den ökologisch bedenklichen Produkten (weil auf Orangensaft im Gegensatz zu Apfelsaft eine hohe Energiesteuer wegen des weiten Transports erhoben würde). Das bedeutet, dass kein Konsumverzicht notwendig ist, wenn das Einkommen aufgrund verkürzter Arbeitszeit bzw. anderer Arbeitsformen geringer wird. Neben den wirtschaftspolitischen Anreizen bedarf es dazu allerdings einer Bereitschaft von uns allen, unseren Konsum- und auch Lebensstil zu ändern.

Fazit

Aus den vorangegangenen Ausführungen sollte klar geworden sein, dass Wachstum in der westlichen Welt meist nur noch als Morphium agiert, das die Symptome krankender Systeme erträglicher macht, ohne jedoch die Wurzeln der Probleme zu lösen. Nötig erscheint daher ein Paradigmenwechsel.

Die postmaterialistisch motivierten Kinder des Wohlstands orientieren sich an dem Leitbild der Zukunftsfähigkeit auf allen Ebenen, sie möchten Vorsorge treffen für ihre eigene Zukunft und die Zukunft ihrer Nachkommen. Ungezügeltes Wachstum kann es offensichtlich nicht leisten ökologische, ökonomische und soziale Nachhaltigkeit zu gewährleisten. Die Wachstumswirtschaft tendiert dazu, ihre Existenz zum Selbstzweck zu machen. Daher müssen entweder neue Wohlstandsindikatoren geschaffen werden, die die Qualität des Lebens gegenüber der Quantität materiellen Reichtums mehr in den Vordergrund stellen oder es müssen im Vergleich zum BIP bereits vorhandene alternative Indikatoren mehr Bedeutung finden.

Eine Steady-State Ökonomie ohne quantitatives Wachstum, dafür aber mit qualitativer Entwicklung, die von Effizienz und Suffizienz getragen wird, ist das vielversprechendste Mittel gegen den drohenden ökologischen wie sozialen Kollaps der Wachstumswirtschaft. Der Weg dorthin kann jedoch steinig und langwierig sein, weil sie einen generellen Wandel der Lebensziele und Konsummuster unserer Wohlstandsgesellschaft bedingt. Daher sollten wir keine Zeit verlieren und die nötigen Prozesse mit aller Kraft einleiten.

Wir Kinder des Wohlstands wollen nicht nur kritisieren, sondern konstruktiv an der Lösung unserer Probleme mitarbeiten. Damit unterscheiden wir uns von den „Ökos", die Helmut Schmidt einst als „verzogene Kinder der Wohlstandsgesellschaft" bezeichnet hat. Wir sind keine Schwarzseher, Technikfeinde oder Verzichtsapostel, sondern bemühen uns um eine rationale Betrachtung der Dinge. Unsere Vorschläge sind für den von Natur aus konservativen Menschen, der immer vor dem Neuen, Unbekannten zurückschreckt, nicht angenehm. Wir denken aber, dass nur ein beherzter Neuanfang den Wohlstand, in den wir hineingewachsen sind, sichern kann – egal wie der Einzelne ihn definiert.

Weiterführende Literatur:

- Ayres, R.; Simonis, U.E. (Eds.) 1994: Industrial Metabolism – Restructuring for Sustainable Development. Tokyo, New York, Paris
- Binswanger, Hans Christoph; von Flotow, Paschen (Hg.) 1994: Geld und Wachstum: Zur Philosophie und Praxis des Geldes. Stuttgart, Wien
- Daly, H. 1996: Beyond Growth. The Economics of Sustainable Developoment. Boston
- Hinterberger, Friedrich; Luks, Fred; Stewen, Marcus. 1996. Ökologische Wirtschaftspolitik: Zwischen Ökodiktatur und Umweltkatastrophe. Berlin
- UNDP 1998: Bericht über die menschliche Entwicklung. Deutsche Gesellschaft für die Vereinten Nationen e.V. Bonn

Stefan Pfahl

Von den Kosten des Verkehrs

Stefan Pfahl, Jahrgang 1967, ist Diplom Physiker und freier Mitarbeiter des Wuppertal-Instituts für Klima, Umwelt und Energie. Seine Arbeitsschwerpunkte sind nachhaltige Energieversorgung sowie Energie- und Verkehrsszenarien.

Ach kein Steg will dahin führen,
Ach, der Himmel über mir
Will die Erde nie berühren,
Und das Dort ist niemals Hier.

Friedrich Schiller, Der Pilgrim

So viel Verkehr war nie

Was für viele Generationen und Kulturen im besten Fall ein Traum war, ist für uns Alltäglichkeit geworden. Fast jeder Ort der Erde lässt sich heute in kurzer Zeit und ohne Anstrengungen erreichen. Ein Einwohner Deutschlands legt durchschnittlich etwa 14 000 Kilometer im Jahr zurück. Das entspricht etwa einem Marathonlauf täglich, wobei wir nur einen Bruchteil (genau genommen ein Fünfundzwanzigstel) dieser Strecke aus eigener Kraft, zu Fuß oder mit dem Fahrrad, bewältigen. Für den überwiegenden Teil nutzen wir motorisierte Verkehrsmittel, allen voran das Auto, mit dem wir uns über zwei Drittel der Strecken transportieren lassen, und das Flugzeug, das mittlerweile immerhin fast ein Fünftel unseres Verkehrsaufwandes abdeckt.

Man sollte meinen, dass ein so stark entwickeltes Verkehrswesen seinen Preis hat, doch tatsächlich sind die unmittelbaren Kosten relativ gering. Nur etwa 10 DM gibt jeder Bundesbürger durchschnittlich pro Tag für den Verkehr aus – das sind etwa 14 % des durchschnittlichen Nettoeinkommens, Kinder und Menschen jenseits des Erwerbsalters mit eingerechnet.

Diese Errungenschaften sind nicht vom Himmel gefallen. Mehrere Generationen waren daran beteiligt, durch die Entwicklung von Forschung und Technik, den Aufbau von Unternehmen und Infrastruktur und durch politische Förderung das heutige Verkehrssystem zu schaffen. In den 50er Jahren legte jeder Einwohner nur etwa 3000 km im Jahr auf motorisierte Weise zurück. Etwa die Hälfte dieser Verkehrsleistung übernahm damals die Eisenbahn und der Öffentliche Personennahverkehr. Doch beide stagnieren seither in ihrer Entwicklung. Das Wachstum des Verkehrs ist seit Mitte der 50er Jahre ausschließlich ein Wachstum des Autoverkehrs und – seit den 80er Jahren immer deutlicher spürbar – des Flugverkehrs.

Der Verkehr scheint das Leben zu erleichtern. Lasten, die früher von Tieren oder Menschen getragen werden mussten, sind nun Maschinen übertragen. Da diese Maschinen ein Vielfaches dessen bewältigen, was einzelne Menschen zu leisten vermögen, hat Hans-Peter Dürr für die Maschinen die Metapher von den Energiesklaven geprägt. Erst ihr Dienst ermögliche die Entwicklung moderner Verkehrssysteme.

Neben dem Wissenschaftler Hans-Peter Dürr zieht mit Erhart (nicht Erich!) Kästner auch ein Literat den Vergleich zwischen modernen Maschinen und (hier antiken) Sklaven. Als Soldat im zweiten Weltkrieg in Griechenland stationiert, kehrte er nach dem Krieg in ausgedehnten Reisen dorthin zurück. Er kann als ein Experte Griechenlands, aber auch als einer auf dem Gebiet des Verkehrs gelten, da er diesen in allen Facetten kennenlernte. Während ihm die Möglichkeiten moderner Verkehrsmittel bereits zur Verfügung standen, reiste er dennoch häufig wie ein Bildungsreisender des 18. und 19. Jahrhunderts, und hielt seine Eindrücke in Reisetagebüchern fest. In einem dieser Reisetagebücher – „Aufstand der Dinge“ – bemerkt er zum neuzeitlichen Umgang mit Maschinen: „Man hat die Fron abgewälzt auf die Dinge. Apparaturen als Sklaven, Automaten, die nicht klagen, Roboter, die, wenn es vom Herren gewünscht wird, noch lächeln. Das wird niemand bedauern. Wer wollte Sklaven-Zeiten zurückwünschen. Nur fragt sich: Wird es sich nicht als schrecklicher Irrtum erweisen, wenn man meint, die Dinge, die nunmehr an Stelle der Sklaven versklavt sind, ertrügen den Terror, ohne je eine Rechnung zu stellen? … keine Gegenwehr zu befürchten? kein Spartakus? kein Aufstand der neuen Sklaven?“ (Kästner 1993)

Was sind die wirklichen Kosten unseres Verkehrssystems? Dieser Frage soll anhand der Metapher Hans-Peter Dürrs und Erhart Kästners nachgegangen werden. Dabei ist zu erwarten, dass in einer gerechten Einschätzung der Situation von Sklaven neben den bereits monetär abgegoltenen zusätzliche Kosten sichtbar werden. Die Frage nach den Kosten unseres Verkehrssystems heißt damit, welche Rechnung von den Energiesklaven für ihre Dienste zu erwarten ist und ob sich darüber hinaus ein „Aufstand der neuen Sklaven“ ankündigt, ob ein solcher Aufstand möglicherweise bereits im Gange ist.

Die Kosten des Verkehrs I – Externalitäten

Als zusätzliche Kosten des Verkehrs benennt die Wissenschaft zunächst dessen sogenannte externen Kosten. So bezeichnet man unerwünschte Folgen des Verkehrs, die mit der Nutzung von Auto und Flugzeug, Bus und Bahn nicht unmittelbar angestrebt werden, sich aber mehr oder weniger unweigerlich einstellen. Neben externen Kosten gibt es allerdings auch einen externen Nutzen, beide wiederum werden (negative oder positive) Externalitäten genannt.

Als externer Nutzen des Verkehrs wird zum Beispiel dessen Bedeutung als Wirtschaftsfaktor gesehen. Im Verkehrsbereich, also in Verkehrsdienstleistungen wie Eisenbahnen und Luftverkehr, im Fahrzeugbau, dem Tankstellen- und Garagengewerbe u.a. ist etwa jeder achte Arbeitnehmer in Deutschland beschäftigt – zählt man die unten beschriebenen negativen Kosten, die sich aus dem Betrieb von Krankenhäusern, der Inanspruchnahme von Rechtsbeiständen etc. ergeben, hinzu, sind es noch deutlich mehr. Das umsatzstärkste amerikanische und auch das umsatzstärkste europäische Unternehmen ist jeweils ein Automobilkonzern. Unter den zehn umsatzstärksten Unternehmen weltweit befinden sich vorwiegend Automobilkonzerne und Mineralölunternehmen – die den für das Automobil nötigen Treibstoff bereitstellen.

Darüber hinaus ist der relativ kostengünstige Verkehr eine Voraussetzung der arbeitsteiligen Industriegesellschaften und deren Wertschöpfung. Auch hier entsteht ein externer Nutzen: Die Spezialisierung auf wenige Produkte, die unter Ausnutzung von Skaleneffekten in großer Zahl preisgünstig an einem Ort hergestellt werden, ist nach Adam Smith die wesentliche Voraussetzung für den „Wohlstand der Nationen". Erst der Verkehr erlaubt es, diese zentral zu produzieren, um sie dann dezentral zu den Märkten zu transportieren. Der externe Nutzen moderner Verkehrsmittel wurde schon früh erkannt, so dass diese von Anbeginn ihrer Entwicklung politisch gefördert wurden.

Anders die externen Kosten. Zu ihnen findet eine breite öffentliche Auseinandersetzung erst seit den siebziger Jahren statt. Unter den externen Kosten moderner Verkehrsmittel vielleicht am augenscheinlichsten ist deren Inanspruchnahme von Fläche. Etwa fünf Prozent der Fläche Deutschlands werden für Straßen, Flughäfen oder Gleise genutzt, fast genauso viel wie für Gebäude. Und damit ist über die tatsächliche Höhe dieser Externalität noch wenig gesagt, denn die spürbare Einschränkungen in der Flächennutzung ist noch um einiges höher. Wegen Schadstoff- und Lärmemissionen und auf Grund der Unfallgefahr wird die unmittelbare Nachbarschaft von Straßen wenn möglich gemieden. Darüber hinaus ist der Anteil der Verkehrsfläche an der Gesamtfläche dort überdurchschnittlich hoch, wo Menschen leben – etwa in Ballungsräumen. So ist es nicht erstaunlich, dass nach einer Befragung des Bundesumweltministeriums unter allen Belästigungen im eigenen Wohnumfeld Straßenverkehrslärm und Autoabgase am stärksten empfunden werden (Preisendörfer 1998).

Allerdings sinkt diese Unzufriedenheit seit Anfang der neunziger Jahre kontinuierlich – auf mittlerweile nur noch fünfzehn bzw. zwölf Prozent. Darin spiegelt sich wider, dass in jüngerer Zeit tatsächlich ein Teil der verkehrsbedingten externen Kosten reduziert werden konnte. So gibt das deutsche Umweltbundesamt mittlerweile in Bezug auf die Schadstoffemissionen von Pkw Entwarnung: Mit der Einführung der

Euro 3- und Euro 4-Abgasnormen für Pkw können die gesundheitsschädlichen Schadstoffemissionen des Straßenverkehrs (mindestens für Ottomotoren) schon in wenigen Jahren als unbedenklich angesehen werden. Moderne Motoren sind teilweise so sauber, dass man mit ihnen in ein Smog-Gebiet fahren könnte, und dabei die Luft reinigte. Auch die Geräuschemissionen konnten in der Vergangenheit durch bessere Kappselung der Motoren und durch veränderte, „weichere" Verbrennungsvorgänge reduziert werden, wobei hier nach Ansicht des Umweltbundesamtes weiterhin Verbesserungsbedarf besteht. Eine weitere negative Externalität, Unfälle und Unfallopfer, wurde ebenfalls in den letzten zwanzig Jahren stark reduziert. Von 1980 bis 1990 sank die Zahl der bei Unfällen getöteten um 40%, von 1991 bis 1997, im wiedervereinigten Deutschland noch einmal um ein Viertel.

Ein weiterer externer Kostenfaktor des Verkehrs wird erst in den nächsten Jahrzehnten sichtbar werden. Durch die Verbrennung von Benzin und anderen Kohlenwasserstoffen emittiert jedes Verkehrsmittel direkt oder indirekt Kohlendioxid. Ein Gas, das nicht giftig ist und auch nicht stinkt, das aber zu einer Erwärmung der Erde beiträgt. Uns erwarten Klimaveränderungen, die der Lyriker Jakob van Hoddis bereits 1911 in expressionistischer Genialität vorausgesehen hat. In seinem Gedicht „Weltende" schreibt er:

Dem Bürger fliegt vom spitzen Kopf der Hut,
In allen Lüften hallt es wie Geschrei,
Dachdecker stürzen ab und gehn entzwei
Und an den Küsten – liest man – steigt die Flut.
Der Sturm ist da, die wilden Meere hupfen
An Land, um dicke Dämme zu zerdrücken.
Die meisten Menschen haben einen Schnupfen.
Die Eisenbahnen fallen von den Brücken.

Der Verkehr trägt heute knapp ein Viertel zum sogenannten anthropogenen, also durch Menschen verursachten, Treibhauseffekt bei. Insbesondere die Konzentration von Kohlendioxid ist seit Beginn der Industrialisierung um fast ein Drittel gestiegen. Dieses Gas hat die Eigenschaft, dass es das auf die Erde scheinende kurzwellige Sonnenlicht bis zu dieser hindurchlässt, die abgestrahlte, langwelligere Strahlung jedoch absorbiert und dessen Energie als Wärme speichert. Die Folge sind weltweit steigende Temperaturen. Auf allen Kontinenten wurde es seit den 70er Jahren wärmer. Wächst die Verbrauch von Öl und anderen fossilen Energieträgern unverändert weiter, so wird dieser Anstieg bis zum Ende des 21. Jahrhunderts noch einmal die Hälfte dessen betragen, was die Erde seit der letzten Eiszeit an Erwärmung erlebt hat. Die Folgen sind Wetteranomalien, die wir bereits heute in Europa als Stürme wie Wiebke und Lothar, Hochwasser in Südwestdeutschland und Trockenheiten im Nordosten Deutschlands erleben. In noch stärkerem Maße nehmen weltweit Orkane, Überschwemmungen und Dürren zu, nicht zuletzt auf Grund des immer häufiger auftretenden El-Nino-Effekts. „Und an den Küsten – liest man – steigt die Flut“: Ein Anstieg des Meeresspiegels um einen halben Meter wird für das Ende des 21. Jahrhunderts erwartet.

Die Liste weiterer externer Kosten des Verkehrs könnte fortgesetzt werden. Allerdings ist es ein langer und auch müßiger Streit, als wie hoch die negativen Externalitäten des Verkehrs in Zahlen zu bewerten sind. Gerade Versuche, positive und negative Externalitäten monetär gegeneinander aufzurechnen, erscheinen meist als willkürlich und hilflos. Selbst der Großteil verkehrskritischer Experten zieht jedoch nicht in Zweifel, dass die externen Kosten geringer ausfallen als der externe Nutzen (vgl. z. B. Schipper 1997). Moderne Verkehrsmittel werden also durch die externen Kosten nicht grundsätzlich in Frage gestellt, dies gilt um so mehr, als man heute recht gut weiß, inwieweit sich die externen Kosten des Verkehrs auch zukünftig weiter eindämmen lassen.

Eindämmung der negativen Externalitäten des Verkehrs I – Technik

Lösungsansätze zur Eindämmung der negativen Effekte des Verkehrs gibt es in großer Zahl. Wir werden es erleben, dass in den nächsten Jahrzehnten einige der heute drängenden Probleme gelöst sein werden. Beispielsweise besteht die Schadstoffproblematik, wie oben erwähnt, schon heute kaum mehr. Auch für Dieselmotoren sind Lösungen – etwa in bezug auf Partikelemissionen – abzusehen.

Selbst die Reduktion der Klimagas-Emissionen erscheint möglich. Da Autos in den Industrieländern den größten Anteil am Energieverbrauch des Verkehrs haben, sollte vor allem hier mittelfristig eine Verringerung geschaffen werden – und das ist möglich[10]. Während Autos heute noch durchschnittlich etwa 8,5 l/100 km verbrauchen, spricht die Forschung bereits von Fahrzeugen mit einem Verbrauch unter einem Liter. Diese würden sich vor allem durch Leichtbau, einen geringen Rollwiderstand, einen niedrigen CW-Wert und extrem sparsame Antriebe auszeichnen. Nachdem VW und Mercedes die magische Grenze von 3 Litern bereits erreicht haben, zeigt sich, dass bei der weiteren Entwicklung der Technik zumindest ein Verbrauch zwischen zwei und drei Litern als Standard denkbar ist. (vgl. Petersen und Diaz-Bone 1998)

Dies wird sicherlich nicht morgen der Fall sein. Gerade beim Klimaschutz spricht man von Zeiträumen, die eher Jahrzehnte als Jahre umfassen. Wichtig ist es, heute die Weichen zu stellen, damit im Laufe des 21. Jahrhunderts die Klimagasemissionen zunächst halbiert und möglicherweise bis zu dessen Ende des Jahrhunderts auf ein Drittel des heutigen Niveaus gebracht werden können. Tatsächlich gehen Politik und Industrie hier in die richtige Richtung. In den USA gibt es das sogenannte PNGV-Pro-

10 Am Beispiel Automobil soll hier die prinzipielle Möglichkeit einer Eindämmung externer Effekte plausibel gemacht werden. Vergleichbare Ansätze sind auch für den zweiten großen Wachstumsbereich des Verkehrs – dem Flugverkehr – denkbar. Eine Auseinandersetzung damit muss hier aus Gründen des Umfangs entfallen.

gramm[11], das Industrie und Forschungsinstitute zur Entwicklung eines 3-Liter-Mittelklasseautos führen soll, in Europa hat sich der Automobilverband der Europäischen Automobilunternehmen auf Drängen der Europäischen Union dazu verpflichtet, den Durchschnittsverbrauch von Neuwagen bis zum Jahr 2008 auf immerhin 5,9 l/100 km bei Benzinern und 5,3 l/100 km bei Dieselfahrzeugen zu vermindern. Eine weitere Absenkung dieses Standards für die folgenden Jahre ist vorgesehen.

Es ist nicht das Ziel, mit der Darstellung dieser Entwicklungen und Potenziale, einer naiven Technikeuphorie das Wort zu reden. Es soll vielmehr die Eigenart externer Kosten veranschaulicht werden, in den allermeisten Fällen auf ein Maß reduziert werden zu können, das den externen Nutzen als überwiegend erscheinen lässt. Dass dies nicht für alle Menschen in gleicher Weise überzeugend gelingt, versteht sich – gerade beim Flächenverbrauch und in bezug auf das Gefahrenpotenzial des Verkehrs wird zwischen Wunsch und Wirklichkeit eine Kluft bestehen bleiben. Wie oben gezeigt wurde, lassen Bevölkerungsumfragen aber immerhin den Schluss zu, dass bereits heute die Belästigungen durch den Verkehr auf ein demokratisch verträgliches Maß reduziert sind.

Eindämmung der negativen Externalitäten des Verkehrs II – Lebensstile

Es soll hier auch die Rede von Visionen sein, die über den Handlungsbereich von Technikern hinausgehen. Eine solche Vision der Verkehrsforschung ist das autoarme, wenn nicht autofreie Leben. Sehr verkürzt dargestellt beinhaltet diese Vision ein flächendeckend attraktives öffentliches Verkehrssystem und eine Stadt der kurzen Wege, in der Geschäfte, Arbeitsplatz, soziale Kontakte und Freizeitangebote in möglichst fußläufiger Entfernung erreicht werden können. Nicht zuletzt die Möglichkeiten der Informations- und Telekommunikationstechnik haben die Hoffnung genährt, dass zukünftig Lebensbereiche wie Arbeit und Versorgung sogar völlig verkehrsfrei gestaltet werden könnten, indem sie auf die eigenen vier Wände beschränkt würden. Der Gewinn einer solchen „entschleunigten" Lebensweise läge in der geringeren Hast des Lebens und in der Wiederentdeckung des eigenen Wohnortes als Lebensraum. Ideen dieser Art werden innerhalb der Wissenschaft unter dem Stichwort „Suffizienz" diskutiert. Mit dem Begriff Genügsamkeit ist dieses nur unzureichend übersetzt, da dieser in zu starkem Maße Aspekte von Passivität beinhaltet. Vielmehr geht es gerade um eine aktive Auseinandersetzung mit den Fragen „Wie viel ist genug?" und „Was ist das rechte Maß?" Diese Auseinandersetzung kann durch Visionen der Verkehrswissenschaftler unterstützt, keinesfalls aber ersetzt werden.

11 PNGV steht für „Partnership for a New Generation of Vehicles"

Indes gibt es derzeit keinerlei Anzeichen dafür, dass die beschriebene Vision der Verkehrsforschung mit den Lebensentwürfen einer auch nur kleinen Bevölkerungsgruppe übereinstimmt. Dies liegt zum einen an den (möglicherweise überwindbaren) Zwängen, die das Verkehrssystem selbst schafft. Gerade der Berufs- und Ausbildungsverkehr, aber auch der Einkaufs- und der Freizeitverkehr wird sich in näherer Zeit kaum reduzieren lassen, weil er mit Siedlungs- und Arbeitsstrukturen verknüpft ist, die sich nicht innerhalb weniger Jahre verändern lassen. Sie sind mit dem Auto entstanden und lassen das Auto mehr und mehr als unabdingbar erscheinen. Pendelten in der BRD 1961 nur etwa fünfzehn Prozent aller Berufstätigen über die Grenze ihrer Wohnsitzgemeinde, waren es 1988 bereits knapp vierzig Prozent. Auch der Berufsweg derer, die am Arbeitsort wohnen, erhöhte sich im selben Zeitraum von durchschnittlich drei auf fast elf Kilometer. Bei den außerhalb Wohnenden stieg er von knapp 28 auf fast 36 Kilometer. ((EK) 1994) Nach der Wiedervereinigung Deutschlands hält dieser Trend an. Von 1991 bis 1998 stieg die Zahl derer, die allein mit dem Auto zur Arbeit fahren von fünfzig auf über sechzig Prozent an. Eine ähnliche Entwicklung lässt sich auch für den Einkaufs- und den Freizeitverkehr beobachten: Die höherer Effizienz des Verkehrssektors[12] ermöglicht die Wahrnehmung von Optionen auch außerhalb des direkten Wohnumfeldes, Angebote im Nahraum, wie etwa Tante-Emma-Läden oder regionale Sportstätten, sterben daraufhin aus, womit längere Verkehrswege etwa zum Supermarkt auf der grünen Wiese dauerhaft unvermeidlich werden.

Eine spürbare Gegenbewegung dazu gibt es nicht. Gerade ökologisch bewusste Menschen zieht es in aller Regel zum Wohnen ins Grüne, mit allen damit in Kauf genommenen Verkehrswegen, gerade sie zeigen häufig eine besonders hohe Beteiligung am gesellschaftlichen Leben, mit der Konsequenz eines überdurchschnittlich hohen Verkehrsbudget. Auch die Substitution von Verkehr durch Informationstechnik hat sich als wenig praxisnah erwiesen, etwa sowenig wie die Vorstellung vom papierlosen Büro: Im Gegenteil wird befürchtet, dass gerade die informationstechnisch ermöglichten Kooperationsnetzwerke über große Distanzen einen weiteren Verkehrsschub induzieren werden. Wer heute mit Menschen in Indien virtuell chatet wird sie morgen real besuchen.

Moderne Menschen können sich ein Leben ohne die Fülle an Optionen, die motorisierte Verkehrsmittel schaffen, kaum mehr vorstellen. Gerade weil sich Menschen heute nicht mehr über Schichten oder Klassen charakterisieren lassen, suchen sie sich milieugerechte Umfelder auch weit außerhalb ihrer Wohnorte. Stephan Rammler identifiziert sogar eine Wahlverwandtschaft von Moderne und Mobilität: „Es lässt sich hier nicht nur von autoaffinen Zeit-, sondern auch von autoaffinen Raumstrukturen spre-

12 Bekanntermaßen muss davon ausgegangen werden, dass sich das Zeitbudget für den Verkehr in den letzten Jahrzehnten kaum verändert hat. Immer größere Entfernungen werden also vor allem durch den immer schnelleren, d.h. effizienteren Verkehr ermöglicht.

chen. Beides zusammen verdichtet sich zu einem Gehäuse der Hörigkeit des Automobilismus, in dem die Realisierung der Freiheitspotenziale der weiter fortgeschrittenen Moderne eng an die Kraftfahrzeugnutzung gekoppelt ist." (Rammler 1999) Das Auto – und in zunehmender Weise das Flugzeug – wird daher, allen negativen Externalitäten zum Trotz, weiter und verstärkt genutzt.

Die Visionen der Verkehrsforschung haben ohne jeden Zweifel ihre Berechtigung, bisher widersprechen sie der tatsächlichen Entwicklung aber in einer Weise, dass sie sich in Teilen ausnehmen, als solle darin der „antiquierte" Mensch in Biotopen eines maßvollen Lebens unter Naturschutz gestellt werden. Gerade weil Suffizienz immer der jeweiligen bewussten Entscheidung des Einzelnen bedarf, wird es in Zukunft stärker gelingen müssen, überhaupt Ansatzpunkte dieser Vision an das Leben des Einzelnen zu finden.

Ein solcher Ansatzpunkt könnte das Car Sharing sein. Seit den neunziger Jahren des 20. Jahrhunderts gibt es eine Entwicklung, die andeutet, dass sich die Vision der Verkehrsforschung mit den Bedürfnissen moderner Menschen überdecken könnte. Dank Telematik, also dem Einsatz von Informationstechnik im Verkehr, könnte es bald selbstverständlich sein, variabel auf Verkehrsmittel zuzugreifen. Heute ist es noch üblich, dass ein Auto von einer Person gekauft wird, was zur Folge hat, dass eher große Autos eingesetzt werden und dass diese sehr häufig gefahren werden. Mit einem großen Auto, wie einem Kombi, einem Van oder einem Geländewagen ist man schließlich für jede Eventualität mobiler Bedürfnisse, etwa einer Urlaubsfahrt oder einem Besuch beim Baumarkt, gerüstet, und nachdem ein Auto bezahlt ist, erscheinen die darauffolgenden Fahrten gegenüber öffentlichen Verkehrsmitteln als unschlagbar preiswert. Der Einsatz von Telematik erlaubt es dagegen, die Nutzung von Autos so zu organisieren, dass mehrere Menschen sich wenige Autos teilen können. In sogenannten Car Sharing Organisationen nutzen durchschnittlich über zehn Personen ein Auto und haben dabei die Möglichkeit, jeweils auf ein Modell zuzugreifen, dass ihren aktuellen Bedürfnissen entspricht – vom Kleinwagen für die Stadtfahrt bis hin zum Roadster für einen Wochenendausflug. Abgerechnet wird nach Fahrleistung und Nutzungsdauer. Hier besteht also ein Anreiz, je nach Bedürfnis häufig auch ein kleines, preiswertes Auto, oder sogar die noch sparsameren öffentlichen Verkehrsmittel zu nutzen. Tatsächlich hat man festgestellt, dass Menschen, die vormals ein Auto besaßen, nach dem Eintritt in eine Car Sharing Organisation – zumindest in der Freizeit – deutlich weniger autofahren. Die Konfrontationen mit den tatsächlichen Kosten hat offensichtlich den Effekt, dass häufiger über die Notwendigkeit einer Fahrt nachgedacht wird. Wie groß das Potenzial für Car Sharing ist, bleibt dabei allerdings abzuwarten. Schätzung geben an, dass etwa fünf Prozent aller Autofahrer bereit sein könnten, ihr privates Auto für die Mitgliedschaft in einer Car Sharing Organisation aufzugeben.

Zwischenbilanz

Eine erste kritische Würdigung der Kosten des Verkehrs kommt zu dem Ergebnis, dass negative Externalitäten, die sich zusätzlich zu den unmittelbar bezahlten Kosten des Verkehrs ergeben, in der Zukunft vermindert werden können. Der verbleibende Rest negativer Externalitäten wird in Kauf genommen werden, weil die positiven Effekte des Verkehrs, insbesondere die damit gegebenen Wahlmöglichkeiten und die wirtschaftlichen Effekte, diese bei weitem überwiegen und für den modernen Menschen essentiell sind. Nicht zuletzt darauf ist zurückzuführen, dass die Vision der Verkehrsforschung in der alltäglichen Praxis des Verkehrs kaum gefruchtet hat. Der Verkehr ist damit gegenüber der Kritik an Externalitäten abgesichert.

Dabei soll nicht stehen geblieben werden. Gezeigt wurde, dass die eingangs formulierte metaphorische Rede von einem „Aufstand der Energiesklaven“ sich offensichtlich nicht auf die in der verkehrswissenschaftlichen Debatte im Vordergrund stehenden externen Kosten beziehen kann. Bedeutet dies, dass ein solcher Aufstand nicht befürchtet werden muss?

Die Kosten des Verkehrs II – Internalitäten

Die Debatte um die externen Kosten des Verkehrs weist einen blinden Fleck auf. Sie beinhaltet die äußere Wirkung des Verkehrs, fragt aber nicht nach dessen innerer Wirkung. An dieser Stelle soll daher ein neuer Begriff in die verkehrswissenschaftliche Debatte eingeführt werden: die internen Kosten. Mit internen Kosten, oder Internalitäten, sollen hier Kostenfaktoren bezeichnet werden, die sich – anders als die externen Kosten – zwangsläufig aus dessen innerer Logik heraus ergeben und sich unmittelbar auf diesen beziehen, ohne deshalb in den bisherigen Buchhaltungen aufgenommen zu sein?[13] Dass Verkehrsmittel eine innere Logik haben und hier noch eine Rechnung gegenüber den Menschen offen sein könnte, scheint immerhin auch die populäre Kultur zu ahnen.

Im Kino und im Fernsehen werden Autos manches Mal als treuer Freund dargestellt. Beispiele sind Walt Disneys „Herbie“ oder die Fernsehserie „Knight Rider“, in denen Autos zum Wohle ihrer Fahrer selbständig agieren oder sogar sprechen können. Immer wieder aber spielen Filme auch das Schreckensszenario durch, in dem Fahrzeuge sich aus eigenem Antrieb gezielt gegen Menschen wenden. So zum Beispiel ein schwerer Truck in Steven Spielberg Debütfilm „Duell“, der einen unbescholtenen Bürger zu

13 Damit sind also nicht die monetären Kosten des Verkehrs gemeint, die sich, je nach Produktivität der eingesetzten Faktoren, unabhängig von der Verkehrsleistung in weiten Bereichen reduzieren lassen.

zermalmen droht, oder ein 58er Plymouth Fury in Carpenters „Christine", der selbständig Jagd auf Menschen macht. Hier wird eine Art Sklavenaufstand von Verkehrsmitteln dargestellt, allerdings in so abwegig konkreter Weise, dass man die Idee nicht besonders ernst nehmen möchte[14]. Da diese Filme ein großes Publikum angesprochen haben, verweisen sie dennoch auf eine unterschwellige Sorge vieler, dass die Autonomie des Menschen gegenüber der Technik auf dem Spiel stehen könnte.

Immerhin, dass der moderne Verkehr eine Art Eigenleben führt, ist allgemein anerkannt. Kein Mensch hat sein jähes Wachstum vorausgesehen, geschweige denn es in aktiver Weise geplant. Fehlprognosen sind der Normalfall in der Verkehrsforschung – immer lag die Erwartung an ein zukünftiges Verkehrswachstum unter der tatsächlichen Entwicklung -, so dass sowohl die Verkehrsplaner, als auch die betroffenen Industrieunternehmen der rasanten Entwicklung des Verkehrs über Jahrzehnte hinterher gelaufen sind. Der Verkehr hat sich als eine Art sich selbst verstärkendes System erwiesen. Bereits oben wurde beschrieben, dass er Siedlungsstrukturen und die Lebensweise der Menschen in einer Weise verändert, die den Menschen selbst „versklavt". In der hier gemeinten Bedeutung stammt der Begriff der Versklavung aus der Systemforschung und beschreibt ganz wertfrei die Notwendigkeit von Individuen, sich übergeordneten Systemen anzupassen. Dies muss nicht abschreckend sein: Beispielsweise „versklavt" auch die Sprache, wenn sie den Einzelnen zwingt, sich an ihre Regeln zu halten, will er verstanden werden. Bezogen auf den Verkehr, kann dieser Versklavungseffekt aber natürlich unerwünschte Konsequenzen mit sich bringen. Ist beispielsweise der Tante-Emma-Laden um die Ecke erst Mal dem Supermarkt auf der grünen Wiese gewichen, besteht zur Autonutzung keine Alternative.

Es ist sicher kein Zufall, dass viele Forschungsprojekte im Bereich der Systemforschung in der Verkehrsforschung einen ersten Kooperationspartner aus der Praxis gefunden haben. Einerlei, ob es sich um Verkehrsbeeinflussung durch dichteabhängige Geschwindigkeitsregelung oder die Entwicklung von Verkehrswegen und Siedlungsstrukturen handelt – der Verkehr entwickelt sich nach eigenen Mustern, in denen sich der einzelne Mensch häufig in sehr berechenbarer Weise verhält. Scheinbar gedankenlos bremst und beschleunigt er in Abhängigkeit von der Entfernung vorausfahrender Fahrzeuge oder trampelt einmal eingetretene Pfade weiter aus. Im Sinne der Systemforschung handelt es sich auch hier um Phänomene der Versklavung.

Hier scheint sich zumindest ein Aufbegehren der Energiesklaven anzubahnen, indem sie diejenigen, die sie gedankenlos nutzen, ihrerseits versklaven. Der Preis des Verkehrs wäre demnach ein Verlust von Autonomie gegenüber der Technik und eine

14 Wie konkret die Projektion menschlicher Eigenschaften auf Autos sein kann, geht aus einer Notiz der Zeitschrift AutoBild vom 11. Februar 2000 hervor. Darin wird gemeldet, dass Stephen King, der Drehbuchautor des oben genannten Films „Christine", einen alten Van gekauft hat, der ihn bei einem Unfall schwer verletzt hatte. King wolle sich daran mit einem Presslufthammer rächen.

Anpassung unserer Lebensführung an eine technische Umwelt. Das Verhältnis von Herrschaft und Knechtschaft zwischen Mensch und Verkehrstechnik scheint sich hier anzugleichen. Indes stellt auch diese Antwort nicht zufrieden. Um im Bild zu bleiben: Dass ein Herr sich zum Erhalt seiner Herrschaft auf Abhängigkeiten einlässt, ist nicht neu und ändert nicht grundsätzlich etwas am Joch des Sklaven. Der Preis der Energiesklaven im Verkehrssektor ist also auch damit noch immer nicht in vollständiger Weise beschrieben.

Zur Beantwortung der Frage soll daher in einem letzten Untersuchungsschritt noch einmal stärker auf den Menschen gesehen werden.

Warum reisen wir? Die Wissenschaft scheint bei der Beantwortung dieser Frage an eine Grenze zu stoßen. Die wenigen Arbeiten zum Thema kommen immerhin zu dem Ergebnis, dass das Gelingen einer Urlaubsreise nicht notwendigerweise mit der Wahl des Urlaubsortes verbunden ist, geschweige denn, dass es mit der Entfernung desselben zunähme (z.B. Edinger 1995). Im folgenden sollen erneut nicht-wissenschaftliche Quellen hinzugezogen werden. Der bereits oben zitierte Erhart Kästner beschreibt in „Aufstand der Dinge“ das Reisen als den Versuch, die im Zuge der Industrialisierung verlorengegangene Fähigkeit des geglückten Wohnens wiederzuentdecken. Diese Fähigkeit suche der Reisende bei fremden, ursprünglicheren Kulturen: „Was also sucht man? Man sucht, dahinter zu kommen, wie es denn möglich war, die Welt bewohnbar zu finden; dies verdiente den Namen des Wohlstands. Man reist, man sucht Wohnung.“

Indes ist es gerade eine Erfahrung von Menschen mit großem Verkehrsbudget dass das Reisen im Zeitalter der scheinbar preiswerten Verkehrsmittel nicht mehr ohne weiteres gelingen will. Der von Erhart Kästner beschriebene Wohlstand scheint für Wohlstandskinder unerreichbar, das Reisen, so preiswert es sein mag, wird zu einem vergeblichen Unterfangen. Gottfried Benn sah diese Vergeblichkeit in seinem Gedicht „Reisen“ voraus:

Meinen Sie Zürich zum Beispiel
sei eine tiefere Stadt,
wo man Wunder und Weihen
immer als Inhalt hat?
Meinen Sie, aus Habana,
weiß und hibiskusrot,
bräche ein ewiges Manna
für Ihre Wüstennot?
Bahnhofsstraßen und Rueen,
Boulevards, Lidos, Laan –
selbst auf den Fifth Avenueen
fällt Sie die Leere an –
ach, vergeblich das Fahren!

Spät erst erfahren Sie sich:
bleiben und stille bewahren
das sich umgrenzende Ich.

Im folgenden werden drei Gründe vorgeschlagen, die erklären sollen, warum das Reisen heute nicht mehr gelingen will. Diese Gründe weisen die Vergeblichkeit des modernen Reisens als eine unvermeidbare Internalitäten des Verkehrs aus.

Zum einen: Die Welt wird zusehends geprägt durch Menschen, die auf preisgünstige Weise die Welt bereisen. An jedem Ort, den man auf preiswerte Weise bereisen kann, wird der Reisende schon als solcher, als Tourist, empfangen. Die Entdeckung eigenständiger Kultur, geglückten Wohnens, kann in der dann inszenierten Umgebung nicht mehr gelingen. Der Fado etwa, gesungen in einer Lissaboner Kneipe, ist zumeist nicht mehr spontaner Ausdruck von Melancholie und Sehnsucht, sondern von Geschäftssinn.

Zum zweiten: Nicht nur Menschen reisen, sondern auch Unternehmen und Waren verbreiten sich dank moderner, preiswerter Verkehrsmittel in entlegene Winkel der Erde. Überall in den Metropolen Europas finden wir die gleichen Kaufhausketten und die gleichen Produkte. Selbst in Asien oder Lateinamerika stoßen wir bei den Straßenhändlern vielfach auf die wohlbekannten Qualitätsprodukte westlicher wenn nicht deutscher Unternehmen.

Diese beiden Punkte lassen sich als Internalitäten des Verkehrs bezeichnen: Die Eigendynamik des Verkehrs verändert die Welt nach einer eigenen – nicht zu verhindernden – Logik. Sie lässt sich nur jeweils kurzzeitig umgehen, etwa durch das Aufstöbern neuer, noch unentdeckter Winkel der Erde, nicht aber auf Dauer. Die Folge ist, dass der Wert der bereisten Orte sinkt.

Es könnte also sein, dass die Energiesklaven auf in dieser Weise den Wert der preiswert bereisten Orte für ihre Dienste in Rechnung stellen. Dieser Verdacht wird durch eine weitere Beobachtung erhärtet: Orte, die ohne Beschwernis erreicht werden, verlieren auf eigentümliche Weise an Glanz. Wo das Reisen ohne Widerstand geschieht, ist diese Beziehung und mit ihr der Wert des Ortes unmerklich verloren gegangen. Um ein letztes Mal Erhart Kästner zu zitieren: „das Reisen ist schwerer geworden als damals, nicht leichter. Wenn alles so unumworben daherkommt: es ist schwerer geworden. Man reist und bricht allem die Treue. Flüchtige Bekanntschaft, Berührung, dann schnell, schnell was anderes. Welt-Untreue. Vergaß man, dass Liebe und Mühe einen Pakt haben, so dass Liebe, die ohne Plagen sein will, eingeht? Lieben ohne Mühe ist schwerer.“

Mit der Aufnahme der Internalitäten des Verkehrs kommt die Frage nach dem Preis oder dem Aufstand der Energiesklaven zu einem Ergebnis. Der Wert der Orte erscheint als ein angemessener Preis für das Privileg des fast reibungslosen weil preisgünstigen Reisens.

Fazit

Ausgehend vom Bild des Energiesklavens hat die Kritik des Verkehrswesens ergeben, dass der moderne Verkehr höhere Kosten verursachst, als die Verkehrsteilnehmer monetär für ihn bezahlen. Neben dem in der verkehrswissenschaftlichen Diskussion bereits seit langem eingeführten Begriff der Externalität wurde hier mit dem Begriff der Internalitäten ein weiterer Faktor identifiziert, der in der wissenschaftlichen Debatte bisher noch kaum erfasst ist. Die Externalitäten stellen das moderne Verkehrssystem nicht grundsätzlich in Frage, da sie prinzipiell unabhängig von der Verkehrsleistung reduziert werden können. Sie verlangen dabei aber nach Lösungsansätzen, wenn nicht sogar nach Visionen, die die Möglichkeiten ihrer dauerhafte Minderung aufzeigen.

Internalitäten, der zweite zusätzliche Kostenfaktor des Verkehrs, lassen sich dagegen nicht unabhängig von der Verkehrsleistung vermindern. Sie ergeben sich unvermeidbar aus der inneren Logik eines scheinbar preisgünstigen Verkehrssystems. Das Bild vom Sklavenaufstand kann dabei helfen, eine fast unmerkliche Entwicklung kenntlich zu machen: Der Wert der Orte wird entzogen, so radikal, dass der Verlust übersehen zu werden droht. Das Gedicht Benns legt nahe, dass die Erfahrung dieses Verlustes ein denkbar intimes Erlebnis ist. Internalitäten lassen sich anders als externe Kosten – Schadstoffe, Lärm, Unfallopfer – nicht physisch messen. Gerade aufgrund dieser Intimität besteht hier stärker als bei den externen Effekten die Gefahr, dass Visionen an der Sache vorbeigehen, solange eine gesellschaftliche Reflexion der internen Effekte noch nicht stattgefunden hat. Vielleicht aber ist die Idee einer solchen gesellschaftlichen Reflexion bereits eine reale Vision.

Weiterführende Literatur

- Enquete-Kommission „Schutz der Erdatmosphäre“ des Deutschen Bundestags 1994: Mobilität und Klima. Wege zu einer klimaverträglichen Verkehrspolitik. Bonn
- Edinger, Raphael 1995: Ökonomie des guten Lebens. Diplomarbeit, Institut für Haushalts- und Konsumökonomik, Universität Hohenheim
- Kästner, Erhart 1993: Aufstand der Dinge. Byzantinische Aufzeichnungen. 7. Aufl., Frankfurt
- Petersen, Rudolf und Harald Diaz-Bone 1998: Das Drei-Liter-Auto. Berlin, Basel, Boston
- Preisendörfer, Peter 1998: Umweltbewusstsein in Deutschland 1998. Ergebnisse einer repräsentativen Bevölkerungsumfrage im Auftrag des Umweltbundesamtes. Berlin
- Rammler, Stephan 1999: Die Wahlverwandtschaft von Moderne und Mobilität. In: Arch+, Zeitschrift für Architektur und Städtebau, 147, S. 105–110

- Schipper, Lee 1997: „People on the Move„: Human Factors and Carbon-Dioxid in Industrialized Countries. In: Sustainable Energy Opportunities for a Greater Europe. The Energy Efficiency Challenge, Spindleruv Mlyn, Tschechien

Stephan Rosing

Am Olymp wird gerüttelt – Medizin im Aufbruch?!

Stephan Rosing, Jahrgang 1973, studiert seit 1996 Zahnmedizin in Mainz. Mit Naturheilverfahren beschäftigt er sich seit ca. sieben Jahren.

Jeder kennt diese Situation: Man sitzt im Behandlungszimmer und wartet auf den Gott in weiß. Auf seine Untersuchung, auf seine Diagnose und auf seine Therapievorschläge. Besonders die Generation unserer Eltern bzw. Großeltern zeigt eine fast indianische Ehrfurcht vor den Medizinmännern des 20. Jahrhunderts.

Gewachsen in einer Zeit, als Studieren das Privileg der Reichen und Adligen war und jedes Wissen um naturwissenschaftliche Zusammenhänge, somit auch um die des menschlichen Körpers, als Zauberwerk galten, dauerte das uneingeschränkte Aufschauen zum „studierten Heiler" bis weit ins Informationszeitalter hinein an. Das fehlende Wissen, die immer mehr am Fachjargon orientierte Sprache und die schnelle Wirkung synthetischer Arzneien ließen zunächst keinen Zweifel am Weg der Schulmedizin zu.

Doch ist so viel Bewunderung und nicht-hinterfragte Gefügigkeit überhaupt noch zeitgemäß ?

Nicht zuletzt die allgegenwärtig multimedial geschaffene Transparenz hat in vielen Bereichen zu einer Enttäuschung und Ernüchterung der Betroffenen geführt. Immer deutlicher wird auch Laien, dass sogar sogenannte Spezialisten letztlich nur am Anfang des Tunnels stehen.

In vielen medizinischen Disziplinen beweist sich täglich die Ohnmacht vor der menschlichen Natur und ihrer Kybernetik.

Eine ebenso naturwissenschaftliche (speziell auch schulmedizinische) wie bedenkliche Verhaltensweise ist das Außerachtlassen nicht durch Technik und Zahlen zu erfassender Phänomene, wie die der lebendigen, individuellen Natur des Menschen. Der Grund hierfür liegt in der Neigung der westlichen Welt, die Wirklichkeit auf den stofflich-materiellen Bereich zu begrenzen. Der Glaube, dass sich Prozesse aus ihrer biologischen Vernetzung herauslösen lassen, führt zwar zunächst zu nachvollziehbaren Modellen der Vorgänge des menschlichen Organismus, in denen die Veränderung einer Modalität zu einem bestimmten, und möglichst reproduzierbaren Ergebnis führt und somit kalkulierbar wird; es zeigt sich aber immer wieder, dass die daraus gewonnenen Schlüsse in den meisten Fällen leider doch nicht uneingeschränkt übertragbar sind. Es gibt eben nicht immer nur *einen* Grund für eine scheinbar eindeutige Dysfunktion und demzufolge auch nicht nur *eine* Lösung für dieses Problem.

Abgeleitet von Entdeckungen wie der von Pasteur und Koch (Nachweis bestimmter Mikroorganismen, die als spezifische Ursache einen physiologischen Prozess auslösen, der zu einer spezifischen Störung und damit zu einer bestimmten Krankheit führt) und durch eine Schwerpunktverlagerung auf die biochemischen Mechanismen des Körpers hat sich das sogenannte *biomedizinische Krankheitsmodell* etabliert, das bis heute die Grundlage unseres Gesundheitssystems bildet.

Das *biomedizinische Krankheitsmodell* betrachtet Krankheit als durch Abweichungen messbarer biologischer Variablen von der Norm vollständig erklärt. Der Gesundheitspsychologe Toni Faltermaier dazu: „Krankheit wird auf ein innerkörperliches Geschehen reduziert und als Störung der normalen Funktionen der Organe oder Organsysteme im Körper verstanden. Der kranke Mensch [...] ist der (passive) Träger einer Krankheit und wird in der Folge zum Objekt einer Behandlung. Seine Psyche wird vom körperlichen Geschehen abgetrennt, da es für das eigentliche Krankheitsgeschehen ohne Bedeutung sei, womit der kranke Mensch auch als Subjekt ausgegrenzt wird."

Dieses pathogenetische Paradigma, die Frage also: „Was macht einen Menschen krank?" wurde zum Motor der modernen Medizin. Doch was ist die Folge eines solchen Modells? Die Behandlung des einmal erkannten Störfaktors wird zwangsläufig ein Versuch seiner Eliminierung und somit automatisch eine Symptombekämpfung sein. Meilensteine auf diesem Weg, wie die zweifelsfrei segensreiche Entdeckung des Penizillin durch Alexander Fleming (1928), haben dazu beigetragen, dass ein beinahe grenzenloser Enthusiasmus und Glaube an die Medizin und Forschung entstanden sind.

Allerdings haben ein gewissenloser Umgang und letztlich fehlendes Wissen der Natur den Gegenzug erleichtert. Die zunehmende Immunisierung von Bakterienstämmen gegen immer mehr Arten dieser Bakteriostatika (chemische Substanzen, die das Keimwachstum und die Keimvermehrung ohne Abtötung verhindern) ist nur ein Beispiel für den unvorhersehbaren Einfallsreichtum der Natur.

Penizillin, Vorstöße in der Medizintechnik und nicht zuletzt die Verbesserung der hygienischen Bedingungen haben die Lebenserwartung eines Neugeborenen von 40 Jahren um die Jahrhundertwende auf heute 70 Jahre gesteigert. Krankheiten wie Lungenentzündung, Gehirnhautentzündung oder auch Diabetes, die früher mehr oder weniger rasch unweigerlich zum Tod geführt haben, haben heute einen Großteil ihres Schreckens verloren.

Doch das Manko und somit auch der zentrale Kritikpunkt am *biomedizinischen Modell* war und ist die Ausklammerung der sozialen, psychologischen und verhaltensmäßigen Dimensionen des Menschen. Einer der bekanntesten Kritiker des Modells, der amerikanische Sozialmediziner Engel, entwarf unter Einbeziehung der oben genannten Aspekte deshalb ein *„biopsychosoziales Modell"* auf der Basis des biomedizinischen Modells.

Nach Meinung Engels spielt zunächst das subjektive Erleben einer Krankheit eine Rolle dafür, was für eine Bedeutung sie für den Betroffenen erlangt. Hier bestimmen die Lebensumstände wesentlich den Ausbruch und Verlauf. Psychologische und soziale Faktoren sind hauptsächlich dafür verantwortlich, ob oder wann sich Patienten als krank betrachten oder betrachtet werden. Die Beseitigung biochemischer Störungen reicht in der Regel nicht aus, um eine Krankheit zu beseitigen. Psychologische und soziale Variablen, und dazu zählen auch das Verhalten des Arztes und seine Beziehung zum Patienten, können sowohl auf das Erleben als auch auf die Heilung einer Krankheit wirken. All diese Einflüsse sind jedoch im biomedizinischen Modell nicht vorgesehen.

Obwohl durch sozialwissenschaftliche und epidemiologische Forschungen empirisch in vieler Hinsicht bestätigt, verhallte Engels Kritik jedoch ziemlich wirkungslos und brachte dem biomedizinischen Modell den Vorwurf, inzwischen den Status eines Dogmas zu haben.

Doch der Unmut in Patientenkreisen wird immer größer, was sicher nicht zuletzt auch mit der spürbaren Technokratie in der modernen Medizin zusammenhängt. Dr. Brian Kaplan schreibt 1994 hierzu: „Die Vergrößerung von erkranktem Gewebe [mit einem Mikroskop] ermöglicht großartige Entdeckungen, doch laufen wir Gefahr, bei der Untersuchung von Gewebezellen den Patienten zu vernachlässigen, von dem diese Zellen stammen."

So kommt es denn auch zu der immer noch verbreiteten „Schrot-Schuss-Diagnostik", wie der unkontrollierte und unnötige Einsatz von Gerätemedizin landläufig genannt wird, der häufig auch ökonomische Beweggründe hat – schließlich wollen teure Geräte auch finanziert werden.

Und hier tut sich eine interessante Frage auf: Wer hat außer mir selbst, dem Patienten, eigentlich wirklich Interesse an meiner Gesundheit?

Ohne irgendeinem Arzt Desinteresse an seinem Beruf und seinen Patienten zu unterstellen, so spielten doch lange Zeit und spielen auch heute noch ökonomische und gesellschaftliche Gründe eine große Rolle bei der Berufswahl des Mediziners. Dies kann man zunächst mal niemandem verübeln, doch bietet es in Kombination mit einer einseitigen Denkweise, ohne Raum für alternative Ansätze, eine gefährliche Basis für den verunsicherten und uninformierten Patienten. Die immer noch auf Symptombekämpfung ausgerichtete Schulmedizin – im Rücken die Pharmaindustrie und Medizintechnik – hat natürlich auch ein wirtschaftliches Interesse an den Patienten. Ein durch langwierige Krankheit an den Behandler „gebundener" Patient stellt ein nicht zu unterschätzendes wirtschaftliches Potenzial dar.

Nun hat jedoch das Gesundheitswesen parallel enorme Beschneidungen hinnehmen müssen. Gerade die Entwicklungen der Nachkriegszeit, als noch viel mehr Leistungen von den Krankenkassen übernommen wurden, haben bei der Bevölkerung zu dem Eindruck geführt, Leistungen des Gesundheitswesens seien umsonst. Dass die Güte der

Versorgung und Behandlung von Gesundheitsreform zu Gesundheitsreform immer mehr vom eigenen Geldbeutel abhängen soll, ist für eine große Zahl von Patienten nur schwer einzusehen.

Die lange und immer lauter werdende Diskussion um die Übernahme oder Nicht-Übernahme bestimmter Kosten, steigende Versicherungsbeiträge und eine manchmal schizophren anmutende Gesundheitspolitik verärgern zunehmend die Versicherten. So ist zum Beispiel im zahnmedizinischen Sektor ein Schwerpunkt in die Prophylaxe gelegt worden, gleichzeitig musste aber der prothetische Sektor Beschneidungen hinnehmen, ohne die Früchte der verbesserten Prophylaxesituation abzuwarten. Alte Menschen, die zu ihrer Zeit also noch nicht in den Genuss einer entsprechenden Zahnpflege und Vorsorge gekommen sind und heute mit entsprechendem Zahnersatz versorgt werden wollen, müssen deshalb die entsprechenden Mehrkosten aus eigener Tasche zahlen.

Ansätze wie etwa die von der Krankenkasse getragenen Mitgliedschaften in Fitnessclubs sind zwar gutgemeinte und tendenziell zu befürwortende Möglichkeiten der Gesundheitsförderung, jedoch ist sowohl die Erfolgskontrolle als auch die Entscheidung über die individuelle Notwendigkeit schwer zu leisten. Die Gefahr, dass der ohnehin schon trainierte Versicherte diese Möglichkeit für kostenlose Squashstunden nutzt, während der durch Bewegungsmangel Übergewichtige aus Bequemlichkeit diese Möglichkeit verstreichen lässt, ist zu unkalkulierbar. Diese aus einer gewissen, den eigenen Körper betreffenden, Kurzsichtigkeit entstandene Bequemlichkeit ist ohnehin ein weitreichendes Problem in der durch Bewegungsmangel geprägten heutigen Generation. Geht es uns schlecht, so tun wir was dagegen. Geht es uns morgen besser, oder sogar wieder gut, so kehren wir zur gewohnten Lebensweise zurück, ohne darüber nachgedacht zu haben, weshalb es uns überhaupt schlecht ging. Die Prioritäten der westlichen Welt, entscheidend mitbeeinflusst durch den wirtschaftlichen Wohlstand der Nachkriegszeit, liegen heute eher im materiellen Bereich. So bezahlen die meisten Leute ohne Nachzudenken 40 000 DM oder mehr für ein neues Auto, sind aber nicht bereit, 4000 DM für einen hochwertigen Zahnersatz selbst zu tragen. Werbekampagnen wie die der Zahntechniker-Innungen („Zähne – ihr schönster Schmuck") sind deshalb nötige Schritte, um den Weg für ein Umdenken zu ebnen.

Eine lange Zeit der „ärztlichen Diktatur" hat außerdem bei vielen Patienten zu einer Art Entmündigung geführt, die eine selbständige und eigenverantwortliche Suche nach Hilfe außerhalb der gewohnten Bahnen fast unmöglich macht. Viele Patienten werden durch unsere naturwissenschaftlich geprägte Schulmedizin, die sich über wissenschaftlich-statistisch fundierte Therapien und rein logisch nachvollziehbare Prozesse definiert, eher gelähmt und blockiert als unterstützt.

Und doch liegt gerade hier die große Chance für den Einzelnen. Denn ein großes Manko der modernen Medizin ist das Außerachtlassen des Wohlbefindens der Patienten.

Sicherlich mitinitiiert durch die Medien zeigt sich deutlich ein Trend des Umdenkens in Patienten-, aber auch Medizinerkreisen. Betroffene organisieren sich: Sie wollen nicht mehr alles über sich ergehen lassen und wollen nicht mehr hinnehmen, nicht über das aufgeklärt zu sein, was mit ihnen passiert. Sie wollen nicht immer mehr Medikamente für sich verschlimmernde und immer neue Symptome schlucken, sondern wollen Alternativen geboten bekommen.

Nun ist der Patient von heute in der glücklichen Lage, auf mannigfaltige Quellen zuzugreifen, die eine Fülle von Informationen und Kontaktmöglichkeiten bereithalten. Selbsthilfegruppen mit verschiedensten Hintergründen und aus den verschiedensten Bereichen sprießen aus dem Boden. Insbesondere chronisch Erkrankten, wie z. B. Rheumakranken mit einer breiten Fächerung von Symptomen, bietet sich hier ein Forum zum Informationsaustausch, eine Kontakt- und Ideenbörse. So gefächert wie die Symptome sind auch die Bedürfnisse des Einzelnen und die Lösungsansätze. Nach dem Motto : „Was dem einen nicht hilft, hilft vielleicht einem anderen – und umgekehrt."

Nun liegt jedoch häufig schon ein langer Leidensweg hinter den Patienten: Arztbesuche über Arztbesuche. Vom Hausarzt über den Facharzt zum Spezialisten. Eine ganze Patientenkarriere mit einer Fülle von Diagnosen, Therapieversuchen, Teilerfolgen und Rückschlägen, die den Patienten entmutigt, entkräftet und verängstigt haben. Und gerade diese Angst nimmt ihm das letzte Stückchen Wohlbefinden, das ihm noch geblieben ist.

Entscheidender Motor in solchen Momenten ist der individuelle Leidensdruck. Wenn viele Patienten auch aufgeben und sich in ihr Schicksal fügen, hier liegt die Chance, das Umdenken zu beginnen und zu spüren, dass es nun an der Zeit ist, sich mit sich selbst auseinander zu setzen.

Der 1994 verstorbene Medizinsoziologe Aaron Antonovsky entwickelte hierzu einen interessanten Ansatz, in dem er das pathogenetische Paradigma in Frage stellte und ein *salutogenetisches Paradigma* formulierte, also die Frage nach dem, was einen Menschen gesund hält. Entsprechend studierte er systematisch die Rolle der *Schadensbewältigung*. Antonovsky hält es mit Blick auf das pathogenetische Paradigma für eine Illusion, auch bei noch so langer und aufwendiger Suche alle Ursachen von Krankheiten erkennen und beseitigen zu können. Trotz des heute vergleichsweise hohen Lebensstandards und eines hohen Niveaus der Medizintechnologie seien in den USA Krankheiten nicht etwa die Ausnahme, so Antonovsky. Zu jedem Zeitpunkt befinde sich mindestens ein Drittel, wahrscheinlich sogar die Mehrheit, der Bevölkerung im Zustand irgendeiner Krankheit.

Eine der wenigen Studien, die versucht haben, den Anteil der gesunden Bevölkerung zu ermitteln, die „Alameda Country Study" in Kalifornien, kam Ende der 60er Jahre zum Ergebnis, dass nur 29 Prozent von fast 7000 untersuchten Personen keine

Beschwerden aufwiesen und weitere 28 Prozent mindestens ein Symptom zeigten; die übrigen 43 Prozent hatten mindestens eine chronische Erkrankung oder Behinderung.

Das eigentliche Geheimnis ist, warum so viele Menschen in einer Welt zumindest einigermaßen gesund bleiben, in der die heute bekannten Pathogene in Form exogener und endogener Erreger (Viren und Umweltgifte) sowie in Form psychosozialer Stressoren so verbreitet sind.

Diese Stressoren definiert Antonovsky „als eine Anforderung der internen oder externen Umwelt eines Organismus, die sein Gleichgewicht stört und dessen Wiederherstellung eine nicht-automatische und nicht unmittelbar verfügbare, energieverbrauchende Handlung erfordert". Er unterscheidet drei Arten von Stressoren: chronische Stressoren, größere Lebensereignisse und „alltägliche Ärgernisse". Diese Stressoren erzeugen im Körper einen Spannungszustand, der von positiven oder negativen Affekten und physiologischer Erregung begleitet ist und bewältigt werden muss; er kann sich auf den Gesundheitszustand eines Menschen positiv oder negativ auswirken.

In diesem Zusammenhang formuliert Antonovsky die Vorstellung eines multidimensionalen Kontinuums von Gesundheit und Krankheit, das eine komplexere Einschätzung des gesundheitlichen Zustands einer Person möglich macht. Die Bewegung in diesem Kontinuum hängt nun direkt mit der Bewältigung der Stressoren zusammen. Können die Stressoren erfolgreich bewältigt werden, so bewegt sich ein Individuum in dem Gesundheitskontinuum eher in die positive Richtung; gelingt das nicht, dann reagiert der Organismus mit einem Stresszustand, der – in Interaktion mit anderen Pathogenen und möglichen Schwachstellen des Organismus – eine Bewegung in Richtung des „kranken" Pols des Kontinuums bewirkt.

Die Funktion dieses sogenannten coping-Konzepts (coping = Bewältigung) wird wesentlich davon bestimmt, auf welche Ressourcen eine Person zurückgreifen kann. Die zentrale Widerstandsressource definiert Antonovsky als „Kohärenzgefühl" (sense of coherence). Dies sei ein grundlegendes, tief verankertes Vertrauen darauf, dass die Ereignisse des Lebens vorhersehbar und erklärbar sind, dass die Schwierigkeiten des Lebens sich – jedenfalls im Prinzip – handhaben lassen und dass die Welt es wert ist, sich zu engagieren.

Doch wie kann ein solches Kohärenzgefühl die Gesundheit fördern? Antonovsky nimmt drei Einflussmechanismen über die Wahrnehmung von Stressoren bei Menschen mit starkem Kohärenzgefühl an :

1. Tendenz, fordernde Situationen nicht als Belastung einzuschätzen;
2. Wahrnehmung von Stresssituationen als günstig oder irrelevant;
3. Einschätzung belastender Situationen als verständlich und sinnvoll, wodurch eine bessere motivationale Grundlage für das Bewältigungshandeln gegeben ist.

In einer Studie des britischen Soziologen David Weeks über „Exzentriker" kam dieser zum Ergebnis, dass diese „Sonderlinge" sich einer besseren Gesundheit als die Normalbevölkerung erfreuen. „Exzentriker sind gegenüber dem physiologischen Tribut, den der Stress fordert, ziemlich unempfindlich, weil sie kein Bedürfnis nach Anpassung empfinden und sich typischerweise nicht darum kümmern, was andere von ihnen denken. Weil Exzentriker ganz einfach Situationen meiden, die erfolgreich zu meistern ihnen vielleicht misslingt, oder indem sie einen Fehlschlag einfach nicht zur Kenntnis nehmen, arbeiten ihre endokrinen Systeme ohne Überproduktion von Kortisol und anderen Stresshormonen. So verbleiben ihre neuro-endokrinen und Immunsysteme in einem Zustand wunderbar ungestörter Balance."

Entscheidend ist demnach die aktive, individuelle Strategie, sich in „das Leben einzuordnen". Diese Strategie scheint maßgeblich beeinflusst einerseits durch das Zusammenwirken von Gefühl und Verstand, andererseits durch die innere Balance der Gefühle, das Verhältnis von destabilisierenden, lähmenden Gefühlen (wie Angst oder Scham) zu den stabilisierenden Gegenspielern (wie Selbstvertrauen oder Lebensfreude). Diese Gefühle sind Bewertungsvorgänge, die – von der Evolution hervorgebracht – heute unverzichtbar für unser Wohlbefinden sind.

Am Problem „Enttäuschungen" demonstriert Hans Seyle, Begründer der Stressforschung, die problematische Balance zwischen Verstandesleistung und Gefühlsleben. Enttäuschung spielt bei der Verwandlung von neutralem Stress in schädlichen Distress eine entscheidende Rolle. Ein und dieselbe Arbeit kann sowohl Stress als auch Distress verursachen. Es kommt auf die Bewertung und vor allem darauf an, wie das Ergebnis der Auseinandersetzung mit dem Stressreiz interpretiert wird. Negative Bewertungen führen zu Enttäuschungen, und diese wirken, wenn sie chronisch werden, nicht mehr als Stimulus, sondern werden zu Frustration. Unser Identitätsgefühl wird beeinträchtigt, und eine Reihe negativer Emotionen, wie Angst, Scham und Trauer werden freigesetzt. Anhaltend mündet dies wiederum in das Dauersyndrom Demoralisierung.

Der Münchner Sozialpsychologe Heiner Keupp schreibt: „Für die USA liegen folgende Ergebnisse vor: Als demoralisiert in dem beschriebenen Sinne wurde etwa ein Drittel der Bevölkerung eingeschätzt. Etwa die Hälfte dieser „Demoralisierten" wies klinisch auffällige Symptome auf. Bei dieser Gruppe hatten die verfügbaren Ressourcen scheinbar nicht ausgereicht, um mit Lebensproblemen und Krisen produktiv umgehen zu können. [...] Bei unserer Untersuchung zeigte sich die umgekehrte Relation zwischen Kohärenzgefühl und Demoralisierung: Je ausgeprägter das Demoralisierungsgefühl vorhanden ist, desto geringer ist das Kohärenzgefühl entwickelt." Chronische Enttäuschung und Demoralisierung hindern uns also daran, gesund zu werden.

Müssen wir also jetzt zu Exzentrikern werden, um gesund zu bleiben oder zu werden? Sicherlich nicht, aber das Prinzip, das es zu erlernen gilt, lautet: „Hilf dir selbst, sonst hilft dir keiner". Josef Kirschner gab 1978 mit seinem gleichnamigen Buch einen Leitfaden zur Selbsthilfe, um einen Schritt in Richtung selbstverantwortlicher und „mündiger" Mensch zu tun. Seine These: „Wir werden von unseren Erziehern zur Abhängigkeit erzogen, statt zu mündigen Menschen. Wer sich damit nicht zufrieden gibt, muss etwas dagegen tun. Er muss seine Erziehung selbst in die Hand nehmen." Die bevorzugte Methode bei unserer bisherigen Erziehung – so der Autor – war die Erpressung. „Wenn du nicht tust, was ich dir sage, dann wirst du bestraft. Wenn du aber tust was ich dir sage, dann wirst du belohnt." Die Erzieher, vor denen wir uns in acht nehmen sollten, seien allgegenwärtig – die Eltern und die Lehrer, die Bürokraten und die Politiker, kurz: alle Autoritäten. „Sie alle", behauptet Kirschner, „wollen uns ständig zu braven Kindern, gehorsamen Schülern, fleißigen Ehemännern, unkritischen Käufern oder gläubigen Trotteln erziehen, die alles tun, was man ihnen sagt."

Kirschners Buch ist eine provokante Herausforderung, sich bewusst und geplant in das aufregendste Abenteuer zu stürzen: in ein Leben mit dem größtmöglichen Maß an persönlicher Freiheit.

Es gibt auch andere Starthilfen und Stützen, um sich im neuen Terrain „Auf der Suche nach mehr Wohlbefinden" bewegen zu können. Und das Wohlbefinden ist schließlich der erste Schritt in Richtung Gesundheit.

Ein wichtiger Aspekt, der in unserer schnellen Zeit mehr und mehr verloren geht, ist die Geduld. In unserer immer rasanter werdenden Welt, in der nur noch Schnelligkeit zählt, fällt es uns immer schwerer, für uns selbst Raum zu schaffen, für Entspannung und Beschäftigung mit uns selbst. Doch auch Entspannung bedarf der Geduld. Und gerade die gilt es zu trainieren. Denn die meisten alternativen Heilverfahren sind ganz einfach Entspannungstechniken. Yoga oder die asiatische „Bewegungsmeditation" Tai Chi bedienen eben häufig nicht das altbekannte „Spalt-Prinzip".

Eine der wenigen Disziplinen, die die Brücke zwischen medikamentenbezogener Therapie und bio-psycho-sozialer Einordnung des Patienten schlägt, ist die *Homöopathie.* Hier bedarf es sowohl für den Patienten als auch für den Behandler einer enormen Umstellung im Umgang miteinander. Dies beginnt schon beim klassischen homöopathischen Erstgespräch. Diese erste Begegnung zwischen Homöopath und Patient dient der Erfassung der Persönlichkeit und einer gewissen Typeinordnung des Patienten unter Einbeziehung seiner jeweiligen individuellen Symptome. Auch hier betritt vor allem der Patient Neuland, denn er lernt auf ganz andere Art und Weise auf seinen Körper zu achten. So will der Homöopath zum Beispiel bei einem Schnupfen wissen, wann er schlimmer oder besser wird (z. B. im Liegen, draußen, nachts oder zu einer bestimmten Tageszeit). All diese Dinge sind für die Mittelsuche entscheidend.

Die Homöopathie arbeitet nach folgendem Prinzip: „Similia similibus curantur" (Ähnliches wird mit ähnlichem geheilt). Der Begründer der Homöopathie, Samuel Hahnemann, stieß auf dieses Prinzip, als er feststellte, dass er bei der Einnahme von *Chinarinde* Symptome bekam, die denen eines Malariakranken ähnelten (Chinarinde wurde damals erfolgreich zur Behandlung von Malaria eingesetzt). Mit den Worten einer indischen Weisheit gesprochen: „Nimm einen Dorn, um einen Dorn aus dem Finger zu holen, und wirf danach beide weg." Dem Organismus wird also mit Hilfe einer bestimmten Information bewusst gemacht, wo sein Problem liegt, so dass er dann diese Störung beseitigen kann. Bis zu seinem Tod 1843 hat Hahnemann etwa 100 Mittel geprüft, dokumentiert und mit wachsender Begeisterung eingesetzt.

Der große Unterschied zur Allopathie, wie Hahnemann die symptombekämpfende Schulmedizin nannte, besteht in der Tatsache, dass nicht ein isoliertes Symptom behandelt wird, sondern der Zustand des Patienten und die Auswirkungen seiner Erkrankung in all ihren Dimensionen erfasst werden sollen: im seelischen, körperlichen und geistigen Bereich. Dies erfordert sehr viel Erfahrung und Einfühlungsvermögen des Behandlers, aber auch einen bewussteren Umgang des Patienten mit sich selbst.

Doch gerade dieses Neuland birgt auch Gefahren für den Patienten. Denn da sich jeder, der an einem Lehrgang für Homöopathie teilgenommen hat, dieses auch auf sein Türschild schreiben darf, wird natürlich, wie in anderen Bereichen auch, Etikettenschwindel betrieben. So bleibt dem Patienten nur, über kritische Fragen ein Bild davon zu bekommen, wie lange sich der Behandler schon damit beschäftigt und wie intensiv bzw. überzeugend er damit arbeitet.

Eine ganz andere Form der Selbsthilfe, die den Patienten unabhängiger von Hilfsmitteln und Therapeuten macht, ist die *Akupressur.* Diese wohl zu den ältesten natürlichen Heilmethoden gehörende Druckpunktmassage basiert auf der fernöstlichen Auffassung, dass Gesundheit ein ständiges Ringen der Lebenskräfte in uns um Ausgewogenheit ist.

Dafür ist ein freier Fluss der Lebensenergie (Chi) nötig. Diese Energie zirkuliert auf geschlossenen Bahnen im Körper und an der Körperoberfläche, den sogenannten Meridianen. Wird dieser Fluss geschwächt oder blockiert und wird er somit unausgewogen, kommt es zu Krankheit. Die Akupressur dient dazu, über bestimmte Punkte auf den Energiebahnen Störungen des Energieflusses zu beheben. Die Technik ist sehr leicht zu lernen und jederzeit anwendbar. Die auf den gleichen Grundsätzen basierende hohe Kunst der *Akupunktur,* bei der mit Hilfe von Nadeln diese Punkte stimuliert werden, gehört jedoch in die Hände eines erfahrenen Therapeuten.

Doch mal abgesehen von den verschiedenen Heilmethoden ist auch eine Rückbesinnung auf einfache naturgegebene Prinzipien notwendig. Es ist in unserer Zeit des schnellen Arbeitens, des schnellen Essens, der schnellen Kommunikation und der immer steigenden Anforderungen einfach nötiger denn je, zwischendurch einmal innezuhalten und sich zu fragen: Gibt es in diesem Augenblick eine bessere Möglichkeit für mich zu sorgen? Es empfiehlt sich immer mal wieder ein kurzes Abtauchen aus dem Trubel des Alltagsgeschäftes und eine bewusste Abstimmung der persönlichen Bedürfnisse zur Vermeidung von Spannungen – hin zu einem gelasseneren Umgang mit den Erwartungen der Umwelt.

Fernöstliche Praktiken, wie das Tai Chi-Programm ganzer Firmenbelegschaften in der Mittagspause, die bei uns als bezahlte Gymnastik belächelt werden, sind letztlich nichts anderes als eine bewusste Rückbesinnung auf sich selbst (Tai Chi ist eine asiatische Körper-Technik, bei der durch komplexe Bewegungsabläufe der Energiefluss in den Meridianen angeregt werden soll). Und auch bei uns weiß man, dass Sport Spannungen abbaut und uns somit belastbarer macht.

Doch heißt das jetzt, dass morgens um 9.30 Uhr in allen Betrieben Leibesübungen gemacht oder meditiert werden sollte? Sollen wir in Zukunft die Schulmedizin insgesamt verteufeln und im Lotussitz auf Linderung unserer Beschwerden hoffen?

Es geht nicht darum, die Errungenschaften der Schulmedizin zu verkennen, ihr unredliche Ziele zu unterstellen und ihre Anhänger als Sackgassenläufer darzustellen. Die Anregung, auch mal wieder einen Blick nach hinten zu riskieren, zu den „Anfängen", als sich der Blick noch nicht auf den Mikro- oder Nanometerbereich fokussierte, soll also nicht heißen, alles über Bord zu werfen und ganz von vorn anzufangen.

Zentral wäre einfach eine allgemein größere Toleranz gegenüber neuen oder anderen Ansätzen, eine größere Offenheit gegenüber und vielleicht sogar Interesse an Alternativen. Fundamentalismus sowohl in der Schulmedizin als auch in der Naturheilkunde schadet den Patienten und vergeudet die Chance einer Verbindung verschiedener Disziplinen zum Wohle des Patienten. Es gilt, den Sprung zu schaffen, auch andere Wege anzuerkennen oder vielleicht auch selbst darauf zurückzugreifen. Frei nach dem Motto: „Wer heilt, hat Recht!"

Außerdem sollte der Kontakt zum Patienten möglichst schon in Kindergarten oder Grundschule gesucht werden, um – ähnlich dem Ansatz der multikulturellen Früherziehung zur Förderung von Toleranz und Akzeptanz auf menschlicher Ebene – Interesse und Unvoreingenommenheit im Bereich heilkundlicher Alternativen zu erreichen. So kann z. B. in Zusammenarbeit mit den Eltern ein Nährboden geschaffen werden, auf dem für einseitiges Denken kein Platz mehr ist.

Für mich persönlich und meine Zukunft im Bereich der Zahnmedizin wünsche ich mir die Möglichkeit einer Kopplung, ja sogar Vernetzung mit anderen medizinischen und naturheilkundlichen Spezialgebieten. Eine Art ganzheitliche Klinik, in der Vertreter der verschiedenen Disziplinen im Dialog mit dem Patienten die individuell beste Therapie erarbeiten und durchführen können.

Zusammen mit Internisten, Orthopäden, Neurologen, Spezialisten für Akupunktur, Physiotherapeuten, Psychotherapeuten, Homöopathen und Zahnmedizinern soll die Möglichkeit zur Diskussion über unklare Fälle und den unkomplizierten Zugriff auf bereits erhobene Befunde und Diagnosen bestehen.

Des weiteren ist durch diese Kopplung auch eine intensivere Arbeit mit dem Patienten auf unterschiedlichen Ebenen möglich, die es erlaubt, sein Interesse an der eigenen Gesundheit zu wecken und Starthilfe zu geben, in ein selbstverantwortlicheres Leben mit dem Ziel das individuell größtmögliche Maß an Wohlbefinden zu erreichen.

Weiterführende Literatur

- Kirschner, Josef 1987: Hilf dir selbst, sonst hilft dir keiner. Droemer Knaur Verlag Schoeller
- Sonntag, Robert 1998: Blitzschnell entspannt. Stuttgart
- Stumpf, Werner 1999: Homöopathie. München
- Bastian, Till 2000: Lebenskünstler leben länger. München

Birgit Schaufler

Leben und Arbeiten – Sinnsuche in postmodernen Familienformen

Birgit Schaufler, geboren 1964, absolvierte zunächst eine Ausbildung zur Physiotherapeutin und Gymnastiklehrerin und studierte dann Psychologie, Soziologie und Erziehungswissenschaft. Sie forscht und lehrt als Diplom-Pädagogin an der Universität Augsburg und steht kurz vor ihrer Promotion. In ihrer wissenschaftlichen Arbeit befasste sie sich mit Fragen der Geschlechterforschung, insbesondere mit der Vereinbarkeit von Familie und Beruf sowie der Untersuchung weiblicher Berufsbiographien. Ihre Dissertation thematisiert die Konstruktion geschlechtsspezifischer Körperwirklichkeit. Sie ist (Mit)Autorin verschiedener Bücher, u.a. „Frauen in Führung" (2000) und „Erfolgreiche Frauen. Wie sie wurden, was sie sind" (2000). Mit Mann und Kind lebt sie in der Nähe von München.

„... so lange es mit uns gut geht." – Die stumme Erweiterung des Ehegelöbnisses „... bis dass der Tod uns scheide" steht für die Relativierung von Verbindlichkeit, welche das Zusammenleben von Menschen in familialen Gemeinschaften heute kennzeichnet. Die offizielle Statistik enthält Hinweise auf einen möglichen Bedeutungswandel der ehemals als natürlich angenommenen Lebensform Familie. Steigende Scheidungs- bei sinkenden Eheschließungszahlen und ein langfristiger Rückgang der Geburten sind die statistischen Eckpunkte, an denen sich ablesen lässt, dass die Wahrscheinlichkeit, Zeit seines Lebens in einem traditionellen Familienverband zu leben, geringer wird.

Im Alltag wird dieser Bedeutungswandel von vielen als Krise erlebt. Bedürfnisse nach Beständigkeit und Ordnung erscheinen immer schwerer zu befriedigen. Ängste vor Vereinsamung, Befürchtungen, die Familie könne mangels Stabilität ihren Erziehungsauftrag nicht erfüllen und Sorge, die häusliche Pflege der Alten sei nicht mehr gewährleistet, stehen für die Verunsicherung vieler Menschen. Aus dieser Verunsicherung heraus neigen einige Menschen zur Verklärungen vergangener Zeiten, da Zusammenhalt, Unterordnung und Gehorsam noch Tugenden und lebenslange Bindungen noch verbindlich waren. Sie sind überzeugt davon, dass nur der familiäre Verband den aktuellen Tendenzen der Vereinzelung und dem daraus entstehenden persönlichen Leid und den sozialen Problemen entgegenwirken könne und sich diese Einsicht über kurz oder lang durchsetzen werde. Andere sehen die Instabilität von Familie als Zeichen dafür, dass ihr Funktionieren angesichts struktureller Veränderungen der Berufswelt und der Geschlechterverhältnisse, wie auch des finanziellen Drucks, der auf ihr lastet, einen zu hohen Preis von ihren Mitgliedern erfordere; sie sei ein Relikt aus vergangenen Zeiten und heute nicht mehr adäquat. – Die einen prognostizieren eine Renaissance der Familie, die anderen hingegen diagnostizieren ihren endgültigen Tod.

Diese Aussagen implizieren, dass Einigkeit darüber herrsche, was Familie sei. Doch nie waren wir weiter davon entfernt, dies eindeutig festlegen zu können. Familie ist weder hinsichtlich ihrer Struktur noch ihrer internen Verteilung von Rechten und Pflichten und auch nicht ihrer gesellschaftlichen Funktion nach eine ahistorische Universalie, welche in einer bestimmten Form, für alle Menschen der Erde zu allen Zeiten dieselbe Gültigkeit beanspruchen könnte. Die Konstatierung der gegenwärtigen Krise von Familie bezieht sich auf ein Familienbild, das im späten 18. Jahrhundert im Bürgertum entstand und sich im 19. Jahrhundert zu einem für alle sozialen Schichten verbindlichen Ideal entwickelte. Der Entwurf der bürgerlichen Familie gewann seine Attraktivität aus der Klarheit von Rollenzuordnungen und wurde durch ein Mehr an Wohlstand erst möglich. In einer Phase der Verunsicherung, da sich die Agrargesellschaft zu einer Industriegesellschaft wandelte und sich häusliche Verbände reduzierten, entstand ein Vakuum. Bis dahin hatte sich die Hausgemeinschaft als Arbeitsgemeinschaft verstanden, zu deren wirtschaftlicher Sicherung alle Mitglieder ihren Teil beitrugen und dadurch persönlichen Sinn und soziale Akzeptanz erfuhren. Mit der zunehmenden Verstädterung und der Durchsetzung der Lohnarbeit wuchs die Notwendigkeit zur Neuordnung von Zuständigkeiten innerhalb familialer Gemeinschaften. Unterstützt von naturphilosophisch-anthropologischen Bestimmungen der Geschlechtscharaktere, die festlegten, was weibliche und männliche Eigenschaften, Fähigkeiten und Pflichten seien, etablierte sich eine bis in die heutige Zeit gültige Aufgabenteilung zwischen den Geschlechtern: Frauen sind verantwortlich für die Pflege und Erziehung der Kinder und die Organisation des Haushaltes, während Männer für die wirtschaftliche Absicherung der Familie sorgen und diese nach außen repräsentieren. Frauen vertreten das Emotionale, sie achten auf Harmonie und gehen auf in der Sorge für andere; Männer hingegen zeichnen sich durch Rationalität aus und sind dafür geschaffen, sich durchzusetzen und für die ihren zu kämpfen.

Die Trennung von Arbeiten und Wohnen, von Erwerbsarbeit und Familienarbeit veränderte die Beziehungen in der Familie. Was Paare seit dieser Zeit zusammenhielt ist nicht mehr die gemeinsame Arbeit, sondern die Komplementarität ihrer Charaktere, die sich idealerweise in einem familiären Binnenklima von Liebe, Gefühl und Intimität ergänzten. Die emotionale und alltagsorganisatorische Abhängigkeit des Mannes von der Frau und die finanzielle und rechtliche Abhängigkeit der Frau von ihrem Ehepartner bildeten dabei die äußere Klammer und schafften stabile Strukturen für das Aufwachsen von Kindern, deren Erziehung im Übergang zur Moderne vermehrt Beachtung erlangte.

Dennoch hatte die so charakterisierte Familie kein Monopol. Zu allen Zeiten gab es andere Lebensformen, die teils geordnet und stabil, teils unüberschaubar und wechselhaft, einen äußeren Rahmen für das gemeinschaftliche Leben von Erwachsenen mit

Kindern boten. Allerdings basierte die Entscheidung gegen eine kirchlich bzw. staatlich legitimierte Ehe mit Kindern und für ein „wildes Zusammenleben" meist auf äußeren Erfordernissen, seien diese finanzieller oder rechtlicher Natur, und selten auf freien Entscheidungen der Beteiligten. Das Ideal der bürgerlichen Familie konnte aufgrund persönlicher Umstände und sozialstruktureller Bedingungen zwar im Alltag nicht immer verwirklicht werden, in den Köpfen und den Herzen aber überdauerte es alle historischen Umbrüche und schien um so stärker, je weniger ihm die Wirklichkeit entsprach.

Im Nachkriegsdeutschland galt die bürgerliche Familie als allgemein akzeptierte und erstrebenswerte Lebensform. Das dauerhafte Zusammenleben eines verheirateten Paares mit seinen gemeinsamen Kindern wurde sowohl bezüglich seiner Bedeutung für das Wohlergehen der Kinder wie auch für die Stabilisierung politischer Strukturen so hoch eingeschätzt, dass der Schutz der Familie im Grundgesetz der neu sich formierenden Bundesrepublik eine rechtliche Verankerung fand. Die relative Verbindlichkeit und breite Akzeptanz der Eltern-Kind-Familie, in der die häusliche Organisation in der Zuständigkeit der Mutter lag und der Vater die Ernährerrolle übernahm, etablierte sich in den 50er und 60er Jahren des 20. Jahrhunderts. Sie erfuhr erste Infragestellungen mit der Frauen- und Studentenbewegung nach 1968. Feministinnen thematisierten die patriarchalen Verhältnisse in der Familie, die Frauen auf die abhängige Position der Hausfrau und Mutter festlege und ihnen keinen Raum lasse, außerfamilialen Interessen nachzugehen beziehungsweise sich außerhäusliche Aufgabengebiete zu erschließen. Der Protest der jungen Menschen hingegen zielte hauptsächlich auf die autoritären Strukturen traditioneller Familienformen, welche mittels ideologischer Normsetzung und verdeckter Gewalt in der Erziehung Demokratie und Freiheit behindere. Erstmals wurde die Familie als Ideal häuslichen Glücks in Frage gestellt und die Degenerationserscheinungen des bürgerlichen Modells ans Licht der Öffentlichkeit gebracht. Gewalt und Unterdrückung, Anpassungsdruck und Kontrolle sind Mechanismen, die häufig genug die Durchsetzung rigider Verhaltensnormen gewährleisteten und hinter den geschlossenen Türen der Familien viel Leid zur Folge hatten. Die Familie war ins Kreuzfeuer der Kritik geraten – und die Diskussion ist noch längst nicht abgeschlossen.

Was wollen die Menschen heute? Was erwarten sie von Familie? Allen Unkenrufen zum Trotz erfreut sich die traditionelle Familie hoher Beliebtheit. Gerade in Zeiten der wirtschaftlichen und sozialen Verunsicherung erscheint dem größeren Teil der jungen Paare das Vater-Mutter-Kind-Modell als die Lebensform, die am ehesten die Bedürfnisse nach emotionaler Sicherheit erfüllen kann. Bilder idealen Familienlebens kreisen in den Köpfen und wecken Sehnsüchte nach Geborgenheit, Vertrautheit und Rückzug. Das Drinnen der Familie wird auf diese Weise dem Draußen der Arbeitswelt gegenübergestellt. Doch: die traditionelle Familie ist ein Mythos, ein Idealbild, dem wir entgegen aller realer Erfahrung anhängen, um uns vor existentiellen Ängsten zu schützen. Allerdings haben es restaurative Mythen schwer wo Individualisierung der Gesellschaft und Dynamisierung der Arbeitswelt zusammenkommen. Die demographischen Daten belegen, dass Familien noch nie so instabil und gefährdet waren wie heute. Die Kleinfamilie bürgerlichen Zuschnitts befindet sich in der Krise.

Sucht man nach Ursachen für diese Entwicklung, so sind sie einerseits auf der individuellen Ebene zu finden und andererseits auf der gesellschaftlichen Ebene. Hier sind die Auswirkungen des soziokulturellen Wandels der vergangenen dreißig Jahre auf die Arbeits- und Wohnwelt zu thematisieren. Die vielstrapazierte Rede vom Wertewandel wird auch an dieser Stelle fortgeführt werden müssen. Wo Freiheit, Selbstbestimmung und das eigene Recht innerhalb einer Werteordnung über Gemeinschaft, Dienst und Pflicht gestellt werden, erleben Menschen die langfristigen emotionalen und ökonomischen Bindungen, wie sie dem Modell der traditionellen Familie zugrunde liegen, als Verzicht und als Einschränkung ihrer Möglichkeiten. Familie, verstanden als eine auf Dauer angelegte Gemeinschaft aus Vater, Mutter und Kindern, die biologisch, rechtlich und sozial miteinander verbunden sind, wird unwahrscheinlicher wo Individuen ihre Individualität leben wollen – oder müssen. Denn Familien haben es nicht nur deshalb schwer, weil ihre Mitglieder möglicherweise weniger Verpflichtungen eingehen und weniger Einschränkungen hinnehmen wollen, sondern auch, weil ein starker äußerer Druck auf der Familie als Gemeinschaft, wie auf dem einzelnen Familienmitglied lastet. Die moderne Familie soll bei geringer Planbarkeit und unzureichend gewährleisteter wirtschaftlicher Absicherung auf wechselnde äußere Bedingungen flexibel reagieren und, über alle Umbrüche hinweg, emotionale Bedürfnisse erfüllen und enge Beziehungen ermöglichen können.

Die Erfordernisse einer dynamisierten Arbeitswelt, die auf dem Ideal eines unabhängigen, mobilen, allseits einsatzbereiten Mitarbeiters beruht, stehen als existentielle Notwendigkeit häufig noch vor jedem Gedanken an individuelle Selbstverwirklichung. Wer alle fünf Jahre den Arbeitsplatz und dazu meist auch noch den Wohnort wechseln muss, die finanzielle Zukunft nicht über den momentanen Zeitvertrag hinaus planen und die berufliche Entwicklung des ebenfalls erwerbstätigen Partners nicht absehen kann, steht vor einem Berg von Problemen, wenn er Familie haben möchte. Die Schwierigkeiten, unter diesen Voraussetzungen eine stabile Familiengemeinschaft zu gründen, sind kaum überschaubar. Während die gutbezahlte und gefragte Fachkraft mit den postmodernen Mobilitätsforderungen kämpft, stehen viele jungen Leute vor anderen Problemen. Die Gefahr der Erwerbslosigkeit schwebt über ihnen und schürt Ängste, die um Verzicht, sozialen Abstieg und Sinnverlust kreisen und die Kontinuität des Familienlebens gefährden.

Sowohl der Mobilitätsdruck als auch die unsicheren Erwerbschancen drängen die Kleinfamilie in die soziale Isolierung. Sie kann zunehmend weniger auf die Hilfe traditioneller Verwandtschafts- oder Nachbarschaftsverbände hoffen. Wohnortwechsel machen es schwer, am neuen Arbeitsort einen Bekanntenkreis aufzubauen. Dieser kann immer nur vorläufigen Charakter haben und allenfalls vorübergehend sozialen Austausch und Unterstützung gewähren. Die Wohnsituation in den finanziell erschwinglichen Randbereichen wirtschaftlich attraktiver Städte ist ebenfalls wenig geeignet, Gemeinschaft aufkommen zu lassen und die Familien zu entlasten: Kinder haben wenig Freifläche und immer weniger gleichaltrige Spielkameraden, sie müssen beaufsichtigt werden, Schulwege sind weit, Fahrdienste unabdingbar. Mütter und Väter müssen „Kindheit inszenieren", wodurch die Erziehungsarbeit in den Familien nicht leichter wird.

Aufgrund ihrer traditionellen Rolle sind es in erster Linie die Mütter, die den erschwerten Familienalltag bewältigen müssen. Allerdings wollen und können viele Frauen diese Arbeit nicht mehr in derselben Weise leisten wie die Mütter vergangener Generationen. Zum einen ist es die wirtschaftliche Notwendigkeit, die dazu führt, dass immer mehr Mütter erwerbstätig sind; zum anderen das Bedürfnis nach einem „Stück eigenem Leben", welches der eigenen Qualifikation entspricht und den Wunsch nach finanzieller Unabhängigkeit erfüllen kann. Wenn aber Frauen mit Kindern und Partner berufstätig sind und dies auch bleiben wollen, so liegt darin eine weitere Quelle für die potenzielle Instabilität (post)moderner Familien. Dann nämlich bestimmt nicht mehr nur der Berufsweg des alleinigen Familienernährers – meist des Vaters – die Umzüge, Abschiede und Neuorientierungen der Familie, sondern es müssen zwei Karrieren miteinander und mit dem Familienleben koordiniert werden.

In dieser doppelten Berufsorientierung liegt allerdings auch eine Chance, denn das Risiko, als Familie ohne Verdienst dazustehen, halbiert sich, wenn Frauen genauso viel verdienen können wie Männer.

Diese Einsicht kollidiert mit den übernommenen Vorstellungen von Weiblichkeit und Männlichkeit, die häufig als Wunsch- und Leitbilder in den Herzen und Köpfen der Menschen weiterbestehen, während der gelebte Alltag eben dieser Menschen kaum mehr etwas damit zu tun hat. Der Impuls für eine neu gestaltete Aufteilung von Familien- und Erwerbsarbeit ging sicherlich von den Frauen aus: Häufig blieb Frauen keine andere Wahl, als selbst arbeiten zu gehen, um sich und die Familie ernähren zu können. In vielen Fällen wollten sie aber einer Erwerbstätigkeit nachgehen, weil ihnen etwa die Anerkennung ihrer häuslichen Leistung zu gering erschien und sie Sinn und Bestätigung durch außerhäusliche Tätigkeit in einem qualifizierten Beruf wollten. Viele Frauen erkannten die Notwendigkeit einer unabhängigen finanziellen Alterssicherung und strebten die gleichberechtigte Teilhabe an den verantwortlichen Entscheidungen bezüglich der Familie an. Wenn überhaupt, so erst in einem zweiten verzögerten Schritt konnten die Männer dieser Frauen deren Entwicklung einen positiven Aspekt abringen.

Männer definieren sich herkömmlicherweise über ihren Beruf. Für ihr Selbstbild wie für ihren sozialen Status scheint es wichtig, welche berufliche Position sie einnehmen und in welcher Höhe ihre Tätigkeit entlohnt wird. Ein Engagement in häuslichen und familiären Belangen ist in diesem Image nicht vorgesehen, sondern wird vielmehr mit Schwäche, Unmännlichkeit und mangelnder Durchsetzungsfähigkeit assoziiert. Frauen hingegen haften tendenziell am Bild der guten Mutter. Die Vorstellung einer sorgenden mütterlichen Frau hat sich seit ihrer Kindheit in ihnen eingegraben und führt dazu, dass sie häufig genug stillschweigend die Doppelbelastung von Familie und Beruf auf ihren Schultern tragen. Stehen sie einerseits im Beruf „ihren Mann" so wollen sie dennoch – oder gerade deswegen – in der Familie die Rolle einer „richtigen Mutter" ausfüllen. Langfristig muss die ungleiche Lastenverteilung zwischen Müttern und Vätern zur Eskalation führen – sei es in die Krankheit, in den depressiven Rückzug oder in die aggressive Ablösung vom Partner.

Drohende oder bestehende Erwerbslosigkeit, Kollision der Geschlechterrollen und unvorhersehbare berufliche Wechsel können die Bereitschaft, Verantwortung für Kinder zu übernehmen herabsetzen. Sie sind aber Begleiterscheinungen eines soziokulturellen Wandels, der nicht rückgängig gemacht werden kann. Statt sich an traditionelle Muster zu klammern, wird es notwendig sein, aus den gegenwärtigen Spannungen, die das Zusammenleben von Eltern und Kindern begleiten, Impulse für neue zukunftsweisende Modelle zu ziehen. Es heißt, jede Krise sei ein Neubeginn. Die Frage nach dem *Warum* der Krise müsste also grundsätzlich ergänzt werden durch die Frage: *Wozu die Krise ?* Diese Formulierung führt weg von larmoyantem Bedauern und den Bemühungen, soziale Erscheinungen zu erklären, und lenkt den Blick auf die Zukunft, indem der Fragende versucht, den Sinn der Entwicklung zu verstehen. Sie stoppt das unproduktive Problemverschieben, weitet das Blickfeld und weist auf bisher verborgene Sinnzusammenhänge hin.

Während ein Kreis von Soziologen, Demographen, Politikern, Staatsrechtlern und Pädagogen über den Zustand der traditionellen Familie und deren Leistungen, Gefährdungen und Bedeutungen debattiert, hat sich scheinbar unbemerkt parallel dazu die gelebte Wirklichkeit von Vätern, Müttern und Kindern verändert. Die Unübersichtlichkeit, welche nach Befunden des Soziologen Ulrich Beck die „Risikogesellschaft" auszeichnet, hat auch vor den Familien nicht halt gemacht. Nichteheliche Lebensgemeinschaften, sukzessive Ehen, egalitäre Ehen, Commuter-Ehen, Hausmänner-Ehen, Ein-Eltern-Familien, binukleare Familien, Adoptivfamilien, heterologe Inseminationsfamilien, Zwei-Karriere-Familien, Wohngemeinschaften – die derzeitigen Erscheinungsformen von „Familie" oder besser von familienähnlichen Gemeinschaften sind vielfältig, die Bezeichnungen bunt. In der Konsequenz bedeutet dies, dass Familie heute nicht mehr oder weniger, sondern allenfalls anders gelebt wird. Die Rede von der Krise ist eine Banalität, doch wird sie in der Öffentlichkeit bis ins kleinste Detail ausgeleuchtet. Sie wird mit einem Idealbild von Familie kontrastiert, welches möglicherweise zu keiner Zeit durchgängige soziale Realität war.

Wenn die Rede auf die Familie kommt, scheint nur die Idealfamilie oder die Krisenfamilie zu existieren; die vielen Zwischentöne und gelebten Übergänge bleiben in diesem Szenario unsichtbar. Dabei eröffnen die Lebensformen jenseits einer konstanten Kleinfamilie neue Perspektiven und können Erfahrungen und Modelle für ein zukünftiges Miteinander von Eltern und Kindern bieten. Jene Familienformen, die aus der Not geboren werden, stehen dabei neben solchen, die aus den bewussten Entscheidungen von Frauen und Männern entstehen, welche sich von den Traditionen ihrer Eltern lösen wollen und neue Traditionen bilden. Ein Teil der jungen Menschen versucht das herkömmliche Muster von Familie zu leben, ein anderer Teil aber betritt unsicheres und aufregendes Terrain, indem er neue Formen des Zusammenlebens erprobt und familienähnliche Gemeinschaftsformen sucht, die ihm und seiner Wirklichkeit heute mehr entsprechen. Damit weisen diese Menschen neue Wege.

Ein Bereich, in dem sich alle neuen Modelle vom bürgerlichen Ideal unterscheiden, ist der Bereich der Arbeit. Die Familienarbeit den Frauen – die Erwerbsarbeit den Männern, diese Aufgabenteilung trägt nach der Emanzipation vieler Frauen und der Neuorientierung einiger Männer nicht mehr. Wurde Familie im weitesten Sinne als Wohn- und Erziehungsgemeinschaft verstanden, so soll sie nun auch Arbeitsgemeinschaft sein. Die notwendige finanzielle Absicherung geschieht durch die gemeinsame wechselnde oder geteilte Erwerbsarbeit. Die emotionalen Beziehungen bilden und stabilisieren sich im sorgenden Miteinander und der gemeinschaftlichen Organisation des häuslichen Alltags. Diese Lebensform sieht sich als flexibles Projekt. In ihr können Kinder aufwachsen und die Erwachsenen weiterwachsen, indem sie gemeinsam Verantwortung übernehmen, ohne sich auf den beruflichen oder privaten Bereich festlegen zu müssen.

Viele Männer der jüngeren Generation erkennen den Gewinn geteilter Erwerbs- und Familienarbeit. Sie sind bereit, ihren Teil der häuslichen Verrichtungen zu übernehmen und ihren Partnerinnen deren Teil an der Einkommenssicherung zu überlassen. Die einseitige männliche Berufsorientierung weicht zurück und macht Platz für ungewohnte Erfahrungen. Kinder aufwachsen zu sehen und mit ihnen die Freuden und Kümmernisse des Alltags zu teilen, eröffnet den Männern neue Dimensionen. Den häuslichen Kleinkram zu bewältigen, der Partnerin den Rücken frei zu halten, den Tag selbst zu strukturieren und ungeahnte Fähigkeiten an sich zu entdecken – das sind Erfahrungen, die die Perspektive auf Partnerschaft, auf Karriere und auf die eigene Person verändern. Vater-Sein und Mann-Sein bekommen einen neuen Stellenwert. Familienorientierung ergänzt die Berufsorientierung und hinterfragt bis dahin gültige Wertehierarchien. Gelebte Vaterschaft trägt zur Ausbildung einer abgerundeten Persönlichkeit bei und wird nicht als Verzicht – der Partnerin zuliebe, des Geldes wegen – erlebt und auch nicht als zusätzliche Belastung, welche zum eigenen Job hinzukommt, sondern als wichtige Bereicherung des eigenen Lebens.

Ob äußere Umstände die Neuorientierung der Väter in die Wege geleitet haben oder ihr Engagement im privaten Bereich auf eine bewusste Entscheidung zurückgeht, eine Voraussetzung dafür, dass das neue Arrangement nicht als Notlösung oder kurzfristiges Experiment erlebt wird, sondern längerfristig etabliert werden kann, ist die gesellschaftliche Akzeptanz dieser neuen partnerschaftlichen Lebensformen. Nur wo Arbeit nicht mit Erwerbsarbeit gleichgesetzt wird, Männlichkeit nicht an die Verdiensthöhe gekoppelt ist und berufstätige Mütter nicht zwangsweise als Rabenmütter gelten, können familiäre Gemeinschaften bestehen, die ihre Struktur den eigenen Bedürfnissen anstatt den vorgegebenen Mustern anpassen.

Die eigenen Bedürfnisse in den Vordergrund zu stellen, kann auch bedeuten, mögliche Karriereschritte nicht zu tun und finanzielle Einbußen in Kauf zu nehmen, um sich mehr dem privaten Bereich zu widmen. Für unsere Großeltern- und Elterngeneration, denen noch die „schlechten Zeiten" in den Knochen steckten, war es undenkbar, Geld auszuschlagen, musste es ihnen doch darum gehen, am Aufbau nicht nur mitzuwirken, sondern auch am Wohlstand teilzuhaben. Wir sind die Erbengeneration und haben Not nicht kennengelernt, vielleicht fällt es uns deshalb leichter, unser Lebensglück nicht alleine an Besitz, und Lebenserfolg nicht allein an dessen Erwerb festzumachen. Je fragiler menschliche Beziehungen werden, je mehr unsere Lebenswelt versachlicht wird und je weniger unsere Zukunft planbar erscheint, um so stärker die Orientierung an Gefühlen, die im Moment gelebt werden können. Eine Reduzierung der Erwerbstätigkeit kann dann als Chance betrachtet werden, dem Privaten Zeit und Zuwendung zu schenken und Kindern Erfahrungsinhalte jenseits von Konsum und Prosperität zu vermitteln. Lebenssinn erwächst somit aus dem tätigen Engagement für andere oder eine gemeinsame Sache. Reichtum ist in dieser Perspektive nicht mehr eine Frage des Bankkontos.

Kinder haben für ihre Eltern einen außerordentlich hohen emotionalen Wert, weil sie ihnen den Zugang zur Welt der Gefühle ermöglichen, weil sie die Erfahrung von Sinnhaftigkeit und Verantwortlichkeit vermitteln. In der Öffentlichkeit allerdings werden Kinder eher als zu vernachlässigende Größe gehandelt: es mangelt sowohl an der gesellschaftlichen Anerkennung der Erziehungsarbeit wie auch an der staatlichen Berücksichtigung der Bedürfnisse familialer bzw. familienähnlicher Gemeinschaften, denn in den westlichen Industrienationen tragen die leiblichen Eltern die Hauptverantwortung für die Sicherung kindlicher Lebensräume. Kinder benötigen für eine gesunde Entwicklung relativ zuverlässige Strukturen. Damit ist nicht festgeschrieben, wie die Betreuung gestaltet sein sollte, wohl aber, dass sie für die Kinder berechenbar sein muss. Die veränderten Lebens- und Berufsbedingungen von Frauen und Männern aber stehen dem entgegen und lassen politische Bestimmungen, die den Eltern die gesamte Last der Kindererziehung aufbürden, anachronistisch erscheinen. Wo die Stabilität der Eltern-Kind-Familie nicht mehr gegeben ist und die förderliche Qualität der Eltern-Kind-

Beziehung wie der elterlichen Paarbeziehung nicht gewährleistet ist, müssen neue Wege beschritten werden.

Familienpolitik, die sich dieser Probleme bewusst ist, hat zwei Möglichkeiten, Erwachsene in der Betreuung von Kindern zu unterstützen. Sie kann darauf hinwirken, die Arbeitswelt „kinderfreundlicher" zu gestalten, indem sie variable Arbeitszeitmodelle fördert und Kinderbetreuungsangebote seitens der Unternehmen oder Institutionen einfordert. Familienpolitik sollte darüber hinaus jene gesellschaftlichen Entwicklungen unterstützen, die sich aus sozialstrukturellen Gründen ohnehin bereits abzeichnen. Wohnortnahe Betreuungsstätten, in deren Alltag die unmittelbaren Bezugspersonen des Kindes – seien dies Eltern, Großeltern, Stiefeltern oder Angehörige ihrer Lebensgemeinschaft – integriert sind, bieten eine Alternative zur Familienerziehung, die den Kindern nicht zum Nachteil erwächst.

Der Zusammenschluss von Gruppen und Individuen mit dem Zweck, gemeinsam die Kosten zu minimieren, Aufgaben zu verteilen und Freiheiten bzw. Risiken abzusichern könnte sich im privaten Nahbereich als sinnvoll erweisen und die Eltern-Kind-Formationen der Zukunft entlasten. Die staatliche Förderung von Kinderbetreuungseinrichtungen, wie die öffentliche Bereitstellung von Räumlichkeiten und die Finanzierung geschulten Personals, garantiert eine räumliche und personelle Konstanz. Solche Einrichtungen können berechenbarer Bestandteil eines Betreuungssystems sein, welches jede „Familie" ausgerichtet auf ihre individuellen Bedürfnisse entwickeln muss. Aufgrund ihrer hohen Mobilität müssen Eltern und Kinder fixe Anlaufstellen und Ansprechpartner in den Kommunen vorfinden, auf die sie im Falle eines Falles zurückgreifen können. Die Organisation der Kinderbetreuung kann nicht alleine Aufgabe von Einzelpersonen oder privaten Zusammenschlüssen sein, da neu zuziehende Familien sich an ihrem Wohnort in bereits bestehende Strukturen integrieren lassen müssen. Diese Art der Betreuungssicherung ist in der Lage, flexibel auf Anforderungen zu reagieren und ist offen für neue Impulse.

Neben öffentlichen Einrichtung bleibt es allerdings notwendig, dass Väter und Mütter auch in der Nachbarschaft, in Selbsthilfegruppen oder Elterninitiativen Unterstützung finden und geben. So können sich Familien in der Betreuung ihrer Kinder abwechseln; sie können gemeinsam eine Hilfe bezahlen, die nicht nur auf ein, sondern dann eben auf zwei oder drei Kinder aufpasst; NachbarInnen können Kinder aus dem Kindergarten mit in ihre Wohnung nehmen, wo sie dann versorgt sind bis die eigenen Eltern sie abholen können und auch Großeltern oder Leihomas und -opas können stundenweise in die Beaufsichtigung von Kindern eingebunden werden. Wenn viele Eltern dieselben Ziele und Problem haben, so fällt die Verständigung leicht, denn die Situation der anderen ist bekannt und muss nicht immer von neuem vermittelt werden. Durch den ständigen Kontakt mit anderen Familiengemeinschaften wird es zudem möglich, hinter die Kulissen gelebten Familienalltags zu blicken. Dieser blieb in der

Vergangenheit allzu oft hinter fest verschlossenen Türen verborgen, und „die Sonntagsfamilie“ erschien häufig harmonischer als sie es vermutlich war.

Es muss ein dichtes Netzwerk von Institutionen und Personen sein, auf die sich Eltern und Kinder auch im Notfall verlassen können. Solcherart flexible Systeme gegenseitiger Unterstützung verlangen ein hohes Maß an Flexibilität, Offenheit und Kommunikationsfähigkeit von allen Beteiligten, denn Unterstützung muss eingefordert, angenommen und organisiert werden. Sie beruhen auf Gegenseitigkeit, insofern alle Beteiligten das Gefühl haben müssen, etwas von diesen Arrangements zu haben. Gegenseitige Hilfe wird dann nicht als Notbehelf, sondern als konstitutives Prinzip begriffen und als Chance, den normativen Vorgaben zu entkommen, die noch das private und berufliche Leben unserer Eltern prägten.

Weiterführende Literatur

- Beck-Gernsheim, Elisabeth 1997: Die Kinderfrage. Frauen zwischen Kinderwunsch und Unabhängigkeit. München
- Beck-Gernsheim, Elisabeth 1998: Was kommt nach der Familie? Einblicke in neue Lebensformen. München
- Beck-Gernsheim, Elisabeth; Beck, Ulrich (Hg.) 1994: Riskante Freiheiten. Individualisierung in modernen Gesellschaften. Frankfurt a.M.
- Fthenakis, Wassilios E. (Hg.) 1998: Qualität von Kinderbetreuung. Weinheim
- Kaufmann, Franz-Xaver 1995: Zukunft der Familie im vereinten Deutschland. München
- Reberg, Lotta 1997: Mutters Freund und Vaters Frau. Familienleben nach der Trennung. Reinbek
- Macha, Hildegard; Mauermann, Lutz (Hg.) 1997: Brennpunkte der Familienerziehung. Weinheim

Susanne Stark

Partizipation im 21. Jahrhundert
Überversorgte Bürger-Kunden – darbende Staats-Bürger?

Susanne Stark, Jahrgang 1966, studierte von 1989 bis 1992 an der Fachhochschule in Osnabrück Landschaftspflege und von 1992–1995 an der Technischen Universität Berlin Landschaftsplanung. Von 1996 bis 1999 promovierte sie an der Universität Dortmund, Fakultät Raumplanung, zum Thema Implementation der Lokalen Agenda 21 in Verwaltungshandeln am Beispiel Energie. In ihrem Studium und im Rahmen ihrer Dissertation widmete sie sich der facettenreichen Thematik staatlicher Handlungsoptionen im Bereich der Umweltplanung. Zur Zeit arbeitet Susanne Stark als wissenschaftliche Mitarbeiterin des Moderators der Arbeitsgruppe „Nachhaltigkeit als Leitbild einer modernen Verwaltung" im Rahmen des landesweiten Kongresses „NRW in globaler Verantwortung" im November 2000. Mit dem Thema ihres Beitrags, den Chancen und Restriktionen innovativer Beteiligungsverfahren, beschäftigt sich Susanne Stark seit drei Jahren.

Wir Kinder des Wohlstands haben unsere Lektionen gelernt. Wir leben in einer erfolgreichen repräsentativen Demokratie und in einem gut funktionierenden Sozialstaat. Beides gilt uns als selbstverständlich, und um dies aufrecht zu erhalten, bedarf es weder unserer besonderen finanziellen noch intellektuellen Anstrengungen: „Der Laden läuft." Da können wir uns beruhigt der persönlichen Karriereplanung und den diversen Computer- und Börsenspielen widmen. Doch wer genau hinsieht, wird gewahr, dass der Schein trügt.

Die allzu große Selbstverständlichkeit, dass die Eckpfeiler unseres Gemeinwesens auch ohne unser Zutun ausreichend gesichert sind, gefährdet das ganze System. Der vermeintliche Wohlstand, der sich in der Haltung äußert, dass man sich nicht um die Belange des Staates zu kümmern braucht, verschleiert massive Mangelerscheinungen. Es mangelt an einer aktiven Zivilgesellschaft, die in der Lage ist, gemeinwohlorientiert die ständig wechselnden Herausforderungen einer globalisierten Welt zu meistern.

Bei der Heranbildung von Demokraten läuft einiges schief. Hier wird nach einem veralteten Standard-Rezept vorgegangen. Die Hüter der repräsentativen Demokratie machen es sich zu leicht mit der dürftigen Anleitung „Man nehme": eine Handvoll handelsüblichen Staatskundeunterrichts, eine Prise Geschichtsunterricht mit Schwerpunkt: „Das Dritte Reich – Ende der Demokratiefähigkeit Deutschlands" und das jeweils aktuelle Informationspaket der Bundeszentrale für politische Bildung – und fertig ist der Menüvorschlag für den mündigen Bürger. Das drückt man in seit Jahrzehnten geübter schulischer Praxis unseren Jugendlichen in die Hand, um sie zu Staatsbürgern zu erziehen.

Die nachwachsende Wählergeneration steht mit dem Rezept alleingelassen da. Mit diesen mageren Zutaten lässt sich kein Staat machen! Stattdessen entstehen unterernährte Demokraten, und der hungrige Bauch schlägt Kapriolen. Heißhungrig und wahllos stürzen sich vielerorts Jugendliche auf neumodisch daherkommende Schnellgerichte, die Denkaufwand ersparen und prompte Sättigung versprechen: Politikverdrossenheit und Ignoranz, plumpes Desinteresse, Junk-food der rechtsradikalen Szene, Totalitäres.

Was ist faul?

Das Interesse am Staat nimmt in erheblichem Umfang ab! Ein Anzeichen dafür ist: Die Wahlbeteiligung geht kontinuierlich zurück und das vor allem auf der bürgernächsten Staatsebene der Kommune. Da näherte sich die Wahlbeteiligung in den letzten Jahren der für eine parlamentarische Demokratie kritischen 50 %-Marke, und diese wird oft noch unterschritten. Woran krankt die Demokratie, die beste aller Regierungsformen? Eine erste Diagnose lautet: Der heutige Staatsbürger ist chronisch überversorgt und gleichzeitig unterversorgt. Er ist überversorgt durch ein allumfassendes staatliches System der Vor- und Fürsorge und andererseits unterversorgt an Freiräumen für bürgerschaftliche Gestaltungsmöglichkeiten. Das führt zu Lähmungserscheinungen – die schlimmste Krankheit für eine Staatsform, die auf dem aktiven Austausch der Bürger und deren Argumente basiert.

Diagnose Überversorgung

Der Staat hat sich breit gemacht, zu breit, wie Verfechter neoliberaler Innovationen meinen. Es gäbe zu viele Staatsdiener, zu viele Staatsdienste und staatliche Leistungen, zu viele Gesetze und Verordnungen. Diese Überversorgung und Bevormundung, so die Kritiker des allzuständigen Sozialstaats, führe zur Vollkaskomentalität, bei der die einzelnen Bürger die Verantwortung für ihr Wohlergehen nicht mehr selbst tragen, sondern allumfassende Versorgungsleistungen vom Staat verlangten. Dieser trüge immer schwerer an der ihm aufgebürdeten Last und drohe zusammenzubrechen. Deshalb, so die selbsternannten Staatserneuerer, müssten die öffentlichen Leistungen drastisch gekürzt werden, damit Eigenverantwortlichkeit und Leistungswillen wieder gewinnbringende und staatstragende Tugenden werden.

Ist diese Argumentation stichhaltig? Was ist jenseits von parteistrategischen Vereinfachungen der Kern der Überversorgungs-Diagnose?

Das staatliche System der Daseinsvorsorge ist perfekt geworden. Auch wer kein Anhänger harscher Verschlankungstheorien ist, kommt nicht umhin, die Situation kritisch zu analysieren. Kaum ein Lebensbereich ist ungeregelt und ungesichert. Die Folge ist: Das Staatssystem trägt sich selbst. Die Bedeutung des Bürgers als tragende Säule im staatlichen Gebilde nimmt rapide ab! Das Verwunderliche ist, dass kaum einer den Bürger zu vermissen scheint. Im Gegenteil: Im Rahmen der seit einigen Jahren betriebenen Verwaltungsreform war der politische Bürger mit vielen seiner tradierten Tugenden verschwunden. An seine Stelle war ein Wirtschaftssubjekt getreten, „der Kunde", der vom staatlichen Anbieter Produkte und Leistungen bezieht. Doch schaut man genau hin, muss man feststellen, dass der Bürger in seiner Rolle als entscheidender Mitgestalter seines gesellschaftlichen Umfelds durch die Definition als Kunde weitgehend negiert wird.

Stimmig war die verwaltungslogische Kreation des Kunden nie. Die Erfinder der Verwaltungsreform konnten das Kundenbild oft sehr schlecht mit den hoheitlichen Staatsgeschäften in Einklang bringen. So entstammen Bußgeldbescheide ja keinesfalls einem Kundenwunsch! Die Kunden der Verwaltung müssen auch manche Dienstleistung beziehen, die sie gar nicht bestellt haben. Doch trotz dieser Unzulänglichkeiten bei der Übertragung marktwirtschaftlicher Begriffe auf den Staat und seine Bürger hat sich das Bild der Kunden- und Dienstleistungsorientierung als zentrales Leitbild einer innovativen Verwaltung etabliert.

Diese zum Kunden gewandelten Bürger geben einmal in vier Jahren ihren Wahlauftrag an die Profi-Bürger, die politische Klasse und warten dann auf die Lieferungen des politisch-administrativen Systems. Falls die eigenen Interessen nicht optimal erfüllt werden, wird der Auftrag entzogen und ein anderes Partei-Unternehmen beauftragt. Darüber hinaus gestalten die Bürger ihren politischen Alltag immer weniger, mischen sich immer seltener ein, um sich selbst für ihre Interessen einzusetzen. Stattdessen werden vielfältige Meinungsumfragen durchgeführt, die den Repräsentanten in kürzesten Abständen ihren neuesten Marktwert zurufen. Komplexe Debatten, unpopuläre Entscheidungen, um Missstände zu beseitigen und langfristig Verbesserungen einzuleiten, sind unter solchen Bedingungen nicht zu erwarten. Der Vorteil dieses Bürger-Kunde-Modells liegt auf der Hand: Wenn ein Großteil der Kunden-Wünsche befriedigt ist, verhält dieser sich ruhig und es ist von ihm nichts mehr zu befürchten. Die zu Kunden mutierten Bürger können sich freuen, denn sie kaufen sich auf diese Weise von ihrer anstrengenden Rolle als politische Akteure frei. Was bleibt, ist lediglich die Entscheidung, ob der Staat einen angemessenen Preis für seine Leistung erhebt, oder Anbieter der Wirtschaft die gleiche Leistung preisgünstiger liefern könnten. Der Staat kommt mit einer solchen verschlankten Bürgerrolle bestens zurecht, denn belastende Auseinandersetzungen über Ziele der gesellschaftlichen Entwicklung und über Instrumente der Umsetzung mit einem durch ein breites Meinungsspektrum vertretenen Bürgertum ist nicht notwendig. Politiker und Verwaltungsmitarbeiter bleiben beim Festlegen der Ziele und der Ausgestaltung des Staatsapparats weitgehend unter sich. Alle Beteiligte profitieren von dieser Form der Arbeitsteilung oder etwa nicht?

Diagnose Unterversorgung

Ist das Dienstleistungs-Paradies auf Erden tatsächlich errichtet? Realität ist der Staat, der alle wesentlichen Aufgaben erfüllt. Er macht es nicht bedrohlich oder kontrollierend, wie es in George Orwells legendärem Roman „1984" beschrieben ist. Vielmehr bietet er freundlich und eilfertig seine Dienste an. Nur bezahlen muss der Bürger die Rechnung mit seiner Bürger-Rolle!

In seinem allumfassenden Zuständigkeitsverlangen droht das ganze System jedoch unbezahlbar zu werden. Denn in einem politisch-administrativen System, in dem der mitgestaltende Bürger keine wichtige Rollen mehr spielt, sondern konsumierende Kunden das Angebot bestimmen, fragt sich niemand mehr, welche staatlichen Leistungen entbehrlich wären. An diesem Punkt werden die Mangelerscheinungen des seiner aktiven Bürgerschaft entledigten Staats sichtbar. Es fehlt an kritischen Köpfen, die Entwicklungen langfristig beobachten, die auf Missstände aufmerksam machen und die bei der Suche nach innovativen Lösungen grenzüberschreitend mitwirken. Das Staatsgebilde wirkt blutleer und muss sich anders behelfen, die erkannten Mängel auszugleichen. So werden Heerscharen von „Unternehmensberatern" rekrutiert, die dem Staat helfen, seine Leistungen als Produkte zu definieren und Strategien zu entwickeln, um attraktiv am Kunden zu laborieren.

Auch die Bürger verspüren, dass die Kundenrolle viele Wünsche offen lässt. Sie können die Produkte nicht mitgestalten, können nicht mitentscheiden, wie ihr soziales und ökologisches Umfeld in Zukunft aussehen soll. Die Kommunikation auf dem Dienstleistungs-Markt lässt keinen ausreichend differenzierten und abwägenden Argumentationsaustausch zu. Es mangelt an Foren und Orten der Auseinandersetzung und des kreativen Schlagabtauschs, um in gemeinschaftlicher Phantasterei realitätstaugliche Verbesserungskonzepte hervorzubringen.

„Streiten Sie niemals mit Ihren Kunden!" „Ihr Kunde hat immer recht!" Wenn diese Leitbilder moderner Dienstleistungsunternehmen für den Kundenumgang sich im politisch-administrativen System durchgesetzt haben, werden es die wenigen noch verbleibenden Staatsbürger noch schwerer haben. Sie werden ins Leere laufen mit ihrem Wunsch nach politischem Diskurs. Getauscht werden im „global village" nur Produkte und Dienstleistungen, der Streit der Argumente hat dann keine Konjunktur mehr. Ähnlich schlecht bestellt ist es um bürgerschaftliches Engagement. Es ist noch nicht ausgestorben, vielmehr überlebt es in geschützten Reservaten und wird als beiläufige Ressource des immer teurer werdenden staatlichen Systems liebevoll gehegt und gepflegt.

Das Dilemma ist, dass die Staats-Bürger mit ihren staatspolitischen Bedürfnissen verkümmern und unterversorgt bleiben, während die Bürger-Kunden über die Gebühr mit staatlichen Leistungen versorgt werden. Vier Fragen drängen sich an dieser Stelle auf:

Welche Maßnahmen wurden bislang ergriffen, diesen Missstand zu beseitigen? Welche Erfahrungen wurden dabei gemacht, welche Grundprobleme zeichnen sich ab? Und schließlich: Welche Lösungsvorschläge leiten sich ab, um den Bürgern dauerhaft eine ausgewogene „Beteiligungskost“ anbieten zu können?

Maßnahmen zur Genesung

Das Dilemma der Über- und Unterversorgung als Folgen staatlichen Handelns führt mittlerweile in vielen Kommunen Deutschlands zu verstärkten Bemühungen, vor Ort nach neuen Möglichkeiten zu suchen, die Bürger einzubeziehen. Die Lokale Agenda 21 als breit angelegtes Partizipationsinstrument für die Umsetzung einer nachhaltigen Entwicklung liefert hier einen geeigneten Konzeptrahmen, um in konsensorientierten Arbeitsforen mit unterschiedlichen kommunalen Akteuren neue Lösungswege im Sinne einer bürgerlichen Zivilgesellschaft ausfindig zu machen.

Beteiligung im Rahmen Lokaler Agenda 21-Prozesse

1992 wurde auf der Konferenz für Umwelt und Entwicklung in Rio de Janeiro die Agenda 21 verabschiedet. In 40 Kapiteln wurde das Leitbild der Nachhaltigkeit als zukünftiges Entwicklungsziel formuliert und konkretisiert. Im Kapitel 28 werden als für die Umsetzung besonders wichtige Gruppe die Kommunen benannt, die eine eigene Lokale Agenda 21 aufstellen sollen. Seit 1994 haben sich knapp 10 % der Kommunen in Deutschland auf den Weg gemacht, dieser Vorgabe nachzukommen. Neben der geforderten Integration sozialer, ökonomischer und ökologischer Zielsetzungen unter Berücksichtigung von Aspekten einer globalen Partnerschaft besteht die wesentliche Innovation der Prozesse in dem geforderten Konsultationsprozess aller kommunal relevanten Akteure.

Im Rahmen dieses Konsultationsprozesses werden Bürgertugenden im besten Sinn gefordert. Das heißt, die Kunden-Rolle, lediglich Empfänger oder Auftraggeber öffentlicher Dienstleistungen zu sein, ist hier nicht gefragt. Vielmehr ist die neue Position, dass gesellschaftliche Akteure angehalten werden, gemeinsam nach neuen Lösungen und nach geeigneten Strategien zur Durchsetzung der globalen nachhaltigen Entwicklung zu suchen. Der Austausch der Argumente wird explizit gefordert, und gesucht werden am Gemeinwohl orientierte Lösungen.

Mittlerweile wurden vielfältige Erfahrungen in diesen Prozessen gesammelt. Im Rahmen der Prozesse wurden Beteiligungsverfahren entwickelt, bekannte Konzepte für die Beteiligung breiter Bevölkerungskreise wiederentdeckt und erprobt. Bürgerforen, Zukunftswerkstätten und Planungszellen, um nur einige der Methoden zu nennen, haben vielerorts Einzug in die kommunale Praxis gehalten. Die Ergebnisse sind verblüffend. Der auf solche Art mit seinen Bürgern kooperierende Staat versetzt sich wieder in die Lage, innovative und von einer breiten Mehrheit der Bevölkerung getragene Lösungen zu entwickeln und umzusetzen. Dabei entstehen Netzwerke, die staatliche Aufgaben übernehmen und diese bürgernah, praxistauglich und häufig auch preiswerter erledigen, als es im Rahmen einer öffentlichen Aufgabenerfüllung möglich wäre. Für jahrzehntelang unlösbare Konflikte zeichnen sich Lösungen ab, die zuvor nicht realisierbar erschienen. Bürgerschaftliches Engagement etabliert sich als Kapital, mit dem gewuchert werden kann.

Da wird beispielsweise in Hamm die „Gemeinschaftsinitiative Umweltschutz" vom Rat der Stadt ins Leben gerufen. Engagierte Bürger erhalten von ihrer Kommune bis zu 5000 DM, wenn sie als Gruppe umweltwirksam Initiative ergreifen. So mancher triste Schulhof hat sich auf diese Weise in eine Spiel- und Grünoase verwandelt.

Oder es wird in Dörverden ein lange schwelender Streit um eine ungeliebte Wochenendhaussiedlung konstruktiv und dauerhaft gelöst und „nebenbei" zukunftsweisende Visionen für den Ort entwickelt und umgesetzt.

Oder es kommt etwas in Bewegung in Deutschlands Schulen: Durch das sog. Fifty-fifty-Projekt, bei dem Hochbauämter, Schulverwaltungsämter, Lehrer und Schüler sich zu einem gemeinsamen Energiesparprojekt zusammenfinden, profitieren durch die erwirtschafteten Einsparungen sowohl die Schule als auch der Schulträger. Die vielen kommunalen Variationen des Grundmodells zeigen, welche Kreativität sich entfaltet, wenn der Boden dafür bereitet wird.

Gemeinsam ist allen innovativen Beteiligungsformen, dass die alten Pfade politischer Entscheidungsfindung verlassen werden und dass nach neuen Wegen gesucht wird, die Wünsche der Bürger zu kommunalen Problemen zu erfragen und sie zu ermutigen, Lösungskonzepte zu entwickeln. Die Erfahrungen mit innovativen Beteiligungsverfahren zeigen, dass es wichtig ist, sie professionell durchzuführen und von Beginn an Politik und Verwaltung als Entscheidungsträger einzubinden, ohne dass die Verfahren jedoch von diesen dominiert werden. Es geht nicht darum, das System der repräsentativen Demokratie zu ersetzen. Vielmehr geht es darum, das grundsätzlich stabile

Gerüst zu sanieren. Die tragenden Säulen des Staatsgebildes, die engagierte Zivilgesellschaft, müssen gepflegt und neu verankert werden, damit das ganze System nicht unversehens morsch wird, weil es sukzessive ausgehöhlt wurde.

Trotz zahlreicher überzeugender Beispiele bleiben die Prozesse oft mühevoll. Die guten Beispiele sind noch die Ausnahmen, die wie Schätze gehütet werden müssen. Eine breite Bewegung von Verfechtern und Praktizierenden innovativer Beteiligungsverfahren hat sich daraus bislang nicht entwickelt. Alle Versuche, den Bürger dauerhaft als staatstragende Größe zu installieren, stoßen auf Widerstände bei den Prozess-Beteiligten. Die Untersuchung der drei Akteursgruppen Verwaltung, Politik und Bürger legt offen, dass jede dieser Gruppen von widersprüchlichen Haltungen gegenüber einer Ausweitung von Bürgerbeteiligung geprägt sind. Alle drei Akteursgruppen wünschen sich zwar eine stärkere Beteiligung der Bürger an politischen Entscheidungen scheinen sich aber gleichzeitig vor den Konsequenzen zu fürchten.

Verwaltung

Spricht man Verwaltungsmitarbeiter auf eine verstärkte Integration der Bürger bei der Entscheidungsfindung an, beispielsweise im Rahmen Lokaler Agenda 21-Prozesse, so sind in den Äußerungen widersprüchliche Tendenzen zu erkennen. Zum einen wird von Mitarbeitern der Verwaltung bemängelt, dass sich viel zu wenig Bürger engagieren würden oder häufig die „falschen". Das seien jene, die sich ausschließlich für ihre Partikularinteressen stark machten, die nur die Geschehnisse in ihrer unmittelbaren Umgebung im Blick hielten und für diesen Bereich Verbesserungen forderten. Ein solcher in erster Linie konsumierender Kunden-Bürger, der vor allem sein individuelles Wohl verfolgt, ist demnach nicht im Sinne der Verwaltungsmitarbeiter, die die Interessen aller Bevölkerungsgruppen gegeneinander abwägen müssen.

Aber wie steht es mit den engagierten, sich für ihre Ziele einsetzenden debattierfreudigen Staatsbürger? Sind das die Bürger, deren Meinung die Verwaltungsmitarbeiter gerne in den Abwägungsprozess einfließen lassen? Nein, auch das sind nicht die „richtigen". Diese Gruppe engagiere sich meist thematisch einseitig für bestimmte Belange, beispielsweise den Naturschutz, so die Einschätzung von Mitarbeitern der Planungs- oder Umweltverwaltungen. Obwohl diese Bürger Gemeinwohlinteressen verfolgten, könnte man deren Argumentation als Verwaltung dennoch kaum berücksichtigen. Da sie meist nur eine kleine Gruppe bilden würden, können sie nicht die Meinung der „breiten Bevölkerung" repräsentieren. Aber nur diese Meinung sei wichtig und im täglichen Entscheidungsprozeß abwägungsrelevant. Da sich jedoch höchstens 5% der Bevölkerung für Belange des Gemeinwesens interessieren würden, komme eine repräsentative Menge von Bürgern, deren Wünsche man ernst nehmen müsse, ohnehin selten zusammen, so die Einschätzung der Verwaltungsmitarbeiter.

Untersucht man, angesichts dieser ambivalenten Einschätzung von Verwaltungsmitarbeitern gegenüber einer Ausweitung von Bürgerbeteiligungsverfahren die derzeit vorhandenen Beteiligungs-Möglichkeiten der Bürger, ist folgendes festzustellen: Für einen potenziell interessierten und engagierten Bürger sind die Hürden für die Beteiligung an politischen Entscheidungen durch komplizierte Verfahrensabläufe sehr hoch. Beteiligungsverfahren im Rahmen der Bauleitplanung erfordern beispielsweise ein großes Maß an Sachkenntnis, Zeit und der Fähigkeit, sich auch mit kleinen Erfolgen zufriedenzugeben. Die im Rahmen des Gesetzes vorgeschriebener Beteiligung findet nämlich in der Regel zu einem Zeitpunkt statt, an dem die grundlegenden Entscheidungen schon getroffen wurden und die Planungen weit fortgeschritten sind. Die Bürger, die sich erfolgreich durch den Dschungel der Auslegungsfristen und Einwendungsmodalitäten gekämpft haben, sehen sich am Ende häufig mit einer im Behördendeutsch formulierten Begründung der von Beginn an verfolgten Planungsidee „abgespeist".

Politik

Während die Verwaltungsmitarbeiter sich trotz Vorbehalte dennoch auf innovative Beteiligungsformen einlassen, fehlen die politischen Vertreter in den Lokalen Agenda 21-Prozesse häufig ganz als aktive Beteiligte. Auch bei Politikern ist eine widersprüchliche Haltung zu beobachten.

Auf der einen Seite beklagen die politischen Vertreter zunehmend Mitgliederschwund in den eigenen Parteien. Die Menschen seien passiv und desinteressiert an den Geschehnissen in ihrer Umgebung und schwer motivierbar für politische Arbeit.

Auf der anderen Seite fragen gerade die Politiker bei allen innovativen Beteiligungsprozessen von nicht parteilich gebundenen Bürgern sofort nach der Legitimation der sich dort engagierenden Bürger. Die Gefahr, dass sich hier – durch ein Beteiligungsverfahren geschützt – partikulare Interessen durchsetzten, sei groß, so der Einwand. Der Rat als gewähltes Repräsentationsorgan, drohe durch solche Formen von „Nebenparlamenten" an Einfluss einzubüßen. Die Nutznießer seien keinesfalls die Masse der Bürger, sondern nicht legitimierte Vertreter festgelegter Interessen, so die Einschätzung politischer Vertreter. Sowohl passive Kunden als auch eigenwillige Bürger, beiden derzeitigen Ausprägungen der Bürger-Rolle bringen Politiker Skepsis entgegen.

Von Seiten der Politiker liegt hier eine häufig zu beobachtende Fehleinschätzung vor, dass eine mangelnde Bereitschaft, sich in einer politischen Partei zu engagieren, gleichzusetzen sei mit einem grundlegenden Desinteresse an politischem Engagement. Zahlreiche Untersuchungen haben gezeigt, dass politisches Engagement heute wesentlich facettenreicher ist, als noch zwei Jahrzehnte zuvor. Langfristige Bindungen, beispielsweise an politische Parteien, werden seltener eingegangen, im Gegenzug steigt die Bereitschaft, sich kurzfristig und projektorientiert zu beteiligen. Unter diesen Bedingungen

gen erscheint es notwendig, den Begriff der politischen Aktivität neu zu bestimmen und weiter zu fassen als bisher.

Bürger

Nicht selten treffen Kommunen Agenda-Beschlüsse auf Veranlassung ihrer Bürger. Die Bürger, so möchte man denken, haben lange darauf gewartet, einbezogen zu werden und scheinen durch die Prozesse der Lokalen Agenda 21 ein geeignetes Forum zu erhalten, um ihre Vorstellungen zu artikulieren. Aber auch hier ist eine ambivalente Haltung zu konstatieren.

Kommen im Rahmen Lokaler Agenda 21-Prozesse endlich die bisher unterversorgten Staatsbürger auf ihre Kosten? Werden hier die ökologischen und sozialen Missstände in bester bürgerschaftlicher Tradition angepackt und die Kommune für eine gedeihliche Zukunft fit gemacht? Zu Beginn der Prozesse ist dieses Selbstverständnis von Bürgerforen im Rahmen Lokaler Agenda 21-Prozesse häufig zu beobachten. Doch was passiert dann?

Bürger, die den zähen Kampf um innovative Projekte und Konzepte über längere Zeit aufnehmen, sind rar. Viel häufiger sind engagierte Mitmenschen, die sich auf der Suche nach dem Zeitgeist auch gerne mal auf einem Agenda-Forum sehen lassen. Ein Event, das aber nicht zur Verpflichtung werden soll. Da kommt es vor, dass ein solcher Berufener sich für eine bestimmte Arbeitsstruktur ins Zeug legt. Wenn das Projekt dann jedoch geschaffen ist, hat sich der Aktivist oft bereits anderen Themen zugewandt und arbeitet in der von ihm gegründeten Arbeitsgruppe gar nicht mehr mit.

Also auch hier: Wenn die Bürgerrolle belastend und fordernd wird, ziehen sich Bürger gerne auf die bequeme Kundenrolle zurück – nach dem Motto: Die anderen werden´s schon richten. Verbindliche, am Problem und deren Lösung orientierte Arbeitsstrukturen, sind im Rahmen der offenen Form der Agenda-Arbeit schwer zu etablieren.

Lösungsvorschläge

Für einen erfolgreichen Beteiligungsprozess der Bürger als Staatsbürger ist es wichtig, die ambivalente Haltung, die jede der drei Akteursgruppen kennzeichnet, transparent zu machen. Erst wenn sich alle Gruppen vor Augen führen, wie widersprüchlich ihre Haltung gegenüber einem veränderten Staatsverständnis ist, wie wohl sie sich in dem undefinierten Bereich zwischen engagierten aber sperrigen Bürger und desinteressiertem aber leicht zu befriedigenden Kunden fühlen, kann über Veränderungen nachgedacht werden.

Ein Staatswesen, in dem die Bürger aktuell in die Entscheidungsprozesse involviert sind, macht offensichtlich Angst. Nicht nur den Verwaltungsmitarbeitern, die sich in der Folge mit der Bürgern „herumschlagen" müssen, sondern auch den Politikern, die ihre eigenen Arbeits- und Entscheidungs-Strukturen unter die Lupe nehmen müssten. Aber auch die Bürger selbst sind nicht vorbehaltlos, denn sie müssten Konstanz und Verbindlichkeit aufbringen, um als Gesprächs- und Diskussionspartner ernst genommen zu werden.

Die Analyse von Agenda-Prozessen zeigt, dass drei Prozesse zu identifizieren sind: Verständigungs-, Klärungs- und Entscheidungsprozesse. Im Rahmen des *Verständigungsprozesses* treffen zunächst die verschiedenen Rollenverständnisse ungebrochen aufeinander. Da fordern die Bürger lautstark, in Entscheidungsprozesse einbezogen zu werden, und Politik und Verwaltung klagen, dass es die „richtigen" Bürger nicht gibt. Im weiteren Verlauf werden viele Fragen gestellt: Was wollen die Bürger? Welche Formen der Bürgerbeteiligung gibt es überhaupt, warum werden manche Formen schlecht und andere sehr gut angenommen? Wie funktioniert politische Arbeit, welche Formen der Beteiligung sind möglich? Warum schreckt politische Arbeit ab?

Ziel dieses Prozesses ist es, dass sich die Akteure ihre unterschiedlichen Rollen mit den jeweiligen Gestaltungsmöglichkeiten und Restriktionen deutlich machen. Ziel ist es, die Funktionsweisen der repräsentativen Demokratie zu vermitteln und vor allem neu zu gestalten.

Gelingt der Lokale Agenda 21-Prozeß, dann werden im Rahmen der *Klärungsprozesse* noch mehr Fragen beantwortet und differenziertere Fragestellungen bearbeitet. Welche Themen lassen sich mit welchen Beteiligungsverfahren bearbeiten? Bei welchen Fragen ist eine Ausweitung der Bürgerbeteiligung nicht sinnvoll? Wie kann die Verbindlichkeit im Rahmen offener Beteiligungsverfahren gesteigert werden? Wie kann in der eigenen Kommune ein Beteiligungsprojekt aussehen? Wie ist der Vorbehalt der Politik einzuschätzen, dass ein Nebenparlament gegründet wird, das nicht durch Wahlen legitimiert ist? Oft ist es gar nicht sinnvoll, dass Ergebnisse innovativer Partizipationsverfahren offizielle Ratsbeschlüsse ersetzen. Das würden diese Verfahren unter einen unnötigen Legitimationsdruck setzen. Viel wichtiger wäre es, den allen Beschlüssen vorausgehenden Abwägungsprozess durch die Beteiligung neuer Akteursgruppen anzureichern. Aber Transparenz aller Interessen, die den Prozess der Entscheidungsfindung beeinflussen, als wesentliches Qualitätsmerkmal demokratischer Entscheidungskultur würde von solchen Beteiligungsverfahren profitieren.

Im Rahmen der *Entscheidungsprozesse* werden konkrete Verfahren und Projekte beschlossen. Ein Thema wird ausgewählt, man einigt sich auf ein bestimmtes Beteiligungsverfahren, und die weitere Vorgehensweise wird gemeinsam beschlossen. Werden Verständigungs- und Klärungsprozesse erfolgreich abgeschlossen, zeichnen sich häufig Lösungen ab, die zu Beginn eines solchen Prozesses nicht sichtbar waren und die ohne die Unterstützung breiter Akteurskreise keine Chance auf Umsetzung hätten.

Wie sieht nun die Therapie für den unterversorgten Staatsbürger und das kränkelnden Staatswesen aus?

Die Reduktion auf die Polarität Bürger versus Kunde, die jeden anderen Blickwinkel ausschließt, ist zu dürftig. Keines der Bilder scheint allein tauglich, eine zeitgemäße demokratische Staatsform zu erhalten oder wiederzubeleben. Die Bürger-Rolle muss anders besetzt werden. Im Zeitalter der Information ist das Wissen über Verfahrens- und Entscheidungsabläufe in unserer direkten Umgebung erstaunlich gering. Gefragt ist die Verwaltung, die als Moderatorin alle bürgerschaftlich Interessierten durch eine erst mal ergebnisoffene Debatte lotst, bevor Entscheidungen getroffen werden. Da ist der Dienst der Verwaltung gefordert, alle relevanten Fakten für jeden Staatsbürger erreichbar zu machen, um realitätstaugliche Entscheidungen in Bürgerzirkeln zustande bringen zu können. Die Mitarbeiter der Verwaltung müssen in die Lage versetzt werden, die Zielvorstellungen breiter Akteurskreise zu ermitteln und umzusetzen und nicht lediglich die Verfahren rechtlich einwandfreien abzuwickeln.

Ein solcherart dienender Staat braucht politische Vertreter, die sich „offen in die Debatte werfen", die Entscheidungswege darlegen und Freude am Diskurs mit ungewissem Ausgang haben. Es braucht ein neues Verständnis von Politik, das die Lust am Einmischen, am Gestalten und am Streit um die besten Lösungen vermittelt. Politik sollte als Einladung verstanden werden, an der offenen Zivilgesellschaft mitzuwirken.

Gefragt ist der Bürger, der bereit ist, seine Zeit zu investieren, um die anstehenden Fragen sachkompetent diskutieren zu können. Gefordert sind Konstanz in der Mitarbeit, Interesse an einem Thema über einen längere Zeiträume mitzuarbeiten und erworbenes Wissen auch anderen Interessierten zur Verfügung zu stellen. Nicht der Verweigerer-Bürger ist gefragt, der seine Kenntnisse dafür aufwendet, Planungen zu verhindern. Gesucht ist der Bürger, der Visionen für die Zukunft hat und diese aktiv in die politische Diskussion einbringt.

Das heißt, die Politik ist Kunde und Auftraggeber der Informationen liefernden und verarbeitenden Verwaltung. Sie beliefert ebenso Verwaltung mit Informationen, die diese für die Bürger aufbereitet. Somit ist Politik Dienstleister für den Bürger, der seinen Wählerauftrag nicht nur einmal gibt, sondern immer wieder aktualisiert. Zu guter Letzt ist Politik aber auch Auftraggeber von Bürgern, die gezielt mit der ortsnahen Lösung bestimmter Probleme beauftragt werden. Die Welt der rollentreuen Akteure wird auf den Kopf gestellt. Vielleicht tut ihr das gut.

Obgleich sich mittlerweile fast jede Stadt im Internet präsentiert, sind die dort abrufbaren Informationen kaum von Belang für eine politische Debatte. Kaum eine Stadt nutzt kreativ die vielfältigen Möglichkeiten der neuen Kommunikationsmittel. Wenige Städte nehmen die Gelegenheit wahr, Ratsvorlagen und Abstimmungsergebnisse von Ratsentscheidungen im Internet zu präsentieren. Auch Meinungsumfragen zu wichtigen Themen der Kommune und oder Chat-Rooms über relevante kommunalpolitische Themen bieten sich an, mit den Bürgern der Stadt ins Gespräch zu kommen.

Die nachwachsenden Staatsbürger bleiben außen vor. Obgleich es eine Flut von Computerspielen gibt, bei denen die Kids Städte planen und weise regieren sollen, handelt es sich nie um zeitgenössische Probleme. Mittelalterliche Städte entstehen hektarweise auf den Bildschirmen, aber aktuelle Kölner, Münchner oder Marburger Stadtprobleme werden nicht bespielt. Noch hat kein Bürgermeister die besten Computerkids in ein virtuelles Jugendparlament eingeladen. Die Anliegen der nächsten Staatsbürgergeneration bleiben zunächst im Dunkeln. Ihre Fantasie und intellektuellen Fähigkeiten werden weiterhin für anachronistische Stadtplanungen des Mittelalters absorbiert. Macher sind sie nur in ihren Spielstädten, im alltäglichen Leben wachsen sie als passive Kunden auf.

Ein verändertes Politikverständnis ist erforderlich, und die Entfaltung eines solchen ist möglich. Alle Realisierungsinstrumente sind vorhanden. Was fehlt, sind mutige Zeitgenossen, die die Instrumente engagiert bespielen wollen.

Die Wohlstandshaltung, sich um die Belange des Staates nicht kümmern zu müssen, sondern lediglich die Leistungen des Staates zu konsumieren, erweist sich als problematisch. Der „bürgerlose" aber „dienstleistungsreiche" Staat lässt die politische Kultur langfristig verarmen. Der Wohlstand des finanzstarken Industrielands Deutschland liegt darin, auf ein reiches Potenzial an bürgerschaftlichem Engagement, an Fantasie und an kreativer Fähigkeit seiner Bürger zurückgreifen zu können. Wir können uns einen Staat erlauben, der seine Bürger aktiv einbezieht, der keine Angst vor Meinungs- und Ideenvielfalt hat, sondern der dies alles als Kapital einer zukunftsfähigen Gesellschaft begreifen und managen kann.

Weiterführende Literatur

Beispiele für erfolgreiche Lokale Agenda 21-Projekte lassen sich nachlesen bei:

- CAF/Agenda Transfer o. J.: Lokale Agenda 21, Anregungen zum Handeln, Beispiele aus der Praxis, Bonn
- Teichert, V. u. a. 1998: Lokale Agenda 21 in der Praxis, Kommunale Handlungsspielräume für eine nachhaltige Wirtschaftspolitik, Heidelberg
  Ergebnisse des Wettbewerbs „Nachhaltige Stadtentwicklung" NRW 1998 und 1999

Den Ausführungen zur ambivalenten Haltung von Politik, Verwaltung und Bürgern liegen die Ergebnisse einer umfangreichen Befragung zugrunde, die in vier nordrhein-westfälischen Städten zur Umsetzung der Lokalen Agenda 21 im Rahmen einer Dissertation durchgeführt wurden.

- Stark, S. 1999: Implementation der Lokalen Agenda 21 in Verwaltungshandeln am Beispiel Energie, Wuppertal Spezial 13, Wuppertal

Zum Thema bürgerschaftliche Beteiligung vgl.:

- Fischer, A. (Hg.) 1997: Jugend ′97; Zukunftsperspektiven – Gesellschaftliches Engagement – Politische Orientierung, Jugendwerk der Deutschen Shell (Hg.), Opladen
- Greiffenhagen, M., Greiffenhagen, S. 1993: Ein schwieriges Vaterland. Zur politischen Kultur im vereinigten Deutschland, München
- Gessenharter, W. 1996: Warum neue Beteiligungsmodelle auf kommunaler Ebene? Kommunalpolitik zwischen Globalisierung und Demokratisierung. In: Politik und Zeitgeschichte. Beilage zur Wochenzeitung Das Parlament. B 50/96, 6. Dezember 1996, Bonn.

Barbara Staudigl

Reich durch die Begegnung mit dem Anderen

Barbara Staudigl, geb. 1966, verheiratet, eine Tochter. 1985 Abitur in Donauwörth. Studium der Germanistik, katholischen Theologie und Philosophie in Augsburg und München. Studienaufenthalt in Wien. Studienabschlüsse: Erstes und zweites Staatsexamen für das Lehramt an Realschulen, Diplom in katholischer Theologie. Seit 1992 Schuldienst an kirchlichen und staatlichen Schulen, parallel dazu Promotion (1999) mit dem Thema „Ethik der Verantwortung. Die Philosophie Emmanuel Lévinas' als Herausforderung für die Verantwortungsdiskussion und Impuls für die pädagogische Verantwortung." Derzeit Arbeit an der Habilitation in Schulpädagogik.

Die Philosophie von Emmanuel Lévinas' begegnete mir während meines Theologie- und Philosophiestudiums. Die Andersheit seines Denkens und die Radikalität seiner Ethik provozierten und reizten zum Nachdenken. Die Frage nach der Verantwortung von einer so ungewöhnlichen Seite her zu bedenken, gefiel mir. Jahre später begegnete mir die Frage nach der Verantwortung aus der schulischen Praxis heraus. Täglich stand das Problem der Verantwortungsübernahme oder Unterlassung derselben und das nicht minder schwierige der Erziehung zur Verantwortung im Raum. Mit dem Blickwinkel der Praxis kam ich erneut auf die Philosophie Lévinas' zurück. Dieses Mal vor allem deshalb, um von ihr Impulse und Anregungen für eine Erziehung zur Verantwortung zu erhalten.

Woher kommt das Unwohlsein, das wir empfinden, wenn wir an einem Bettler vorbeigehen, ohne ihm etwas zu geben, obwohl er einen angesehen hat?, so fragt der französische Philosoph Emmanuel Lévinas.

Vielleicht aus einer gewissen Scham der Besitzenden heraus, die ihren Besitz in Anbetracht der Besitzlosigkeit anderer rechtfertigen müssen; vielleicht aus einer anerzogenen moralischen Haltung, die nicht zwingend zum Geben, immerhin aber zu einem Unwohlsein auf Grund des Nichtgebens führt. Es sind Erklärungsversuche, die sich im Bereich des Moralischen bewegen – und dort, so mag man meinen, gehören das Mitleid und die Scham über das Verweigern einer mitleidigen Geste auch hin.

Nicht so in der Ethik von Emmanuel Lévinas. Das Unwohlsein, das durch das Angesehenwerden entsteht, ist nicht moralischer Natur, sondern reicht tiefer in die Existenz des Menschseins hinein. Zwar kann man das Gefühl der Scham negieren, sublimieren oder auch vordergründig befriedigen, indem man dem Anderen einen geringfügigen Betrag zukommen lässt. Und dieser Weg ist uns auch nur allzu vertraut. Wie leicht wehren wir die Ansprüche anderer an uns ab, indem wir unseren Besitz durch unsere Leistung rechtfertigen, indem wir anderen das Recht absprechen, von uns etwas zu wollen oder sie mit mitleidigen Gaben und Gesten abspeisen. Doch hat man damit, so Lévinas, nicht das Wesen der Beziehung zwischen mir und dem Anderen erfasst, hat man nicht begriffen, welcher Art diese Begegnung zwischen mir und ihm ist, wer auch immer er ist – und sei er ein Bettler.

Diese Beziehung ist nämlich derart, dass nicht ich der Aktive bin, der den Anderen ansieht oder auch wegsieht, der ihm aktiv etwas gibt oder verweigert. Die Aktivitätsverhältnisse sind schlicht umgekehrt: der Andere ist derjenige, der mich ansieht, mich in Frage stellt, etwas von mir will. Und wenn ich mein Menschsein ernst nehme, dann muss ich dieses Angesprochen- und In-Frage-gestellt-Werden annehmen. Dann bin ich der Passive, der Angesprochene und der Andere, wer auch immer er sei, ist derjenige, der mich anspricht und in Frage stellt. Dann geht es vor einer konkreten Antwort darum, sich zuallererst verantwortlich zu fühlen.

Die Philosophie Emmanuel Lévinas' – eine Ethik der Verantwortung

Verantwortung ist, so erstaunlich das klingen mag, keine moralische Größe in der Ethik Lévinas', sondern eine existentielle. Dieser Unterschied ist bedeutsam, denn Moral, so sind wir es aus unserer Denkgeschichte gewöhnt, basiert auf Bewusstsein und der Einsicht in das Gute. Doch Bewusstsein und Erkenntnis braucht man in der Ethik Lévinas' gerade nicht für die Verantwortung.

Die Ethik Lévinas' macht ein Umdenken, ein „Anders-Denken" nötig. Zwar kommt der französische Philosoph, der an der Sorbonne lehrte und 1995 im Alter von 90 Jahren in Paris verstarb, durchaus aus der uns bekannten und vertrauten klassischen abendländischen Tradition, doch er kritisiert diese und stellt sie in Frage. Denn wie konnte es geschehen, dass aus dieser Tradition heraus, die auch große ethische Konzepte wie die praktische Philosophie Kants hervorgebracht hat, eine solche Unmenschlichkeit wie jene zur Zeit des nationalsozialistischen Regimes geschehen konnte?

Lévinas ist Jude. Am eigenen Leib und in der eigenen Familie hat er den Holocaust erlebt. Die Frage nach der Möglichkeit des Menschseins und der Gefahr der Unmenschlichkeit brachte ihn als Philosoph dazu, die abendländische Ethik zu reflektieren. Als Jude kannte Lévinas die jüdische Denktradition, die in hohem Maße auch eine ethische Tradition ist, gut und schätzte die Werke der großen dialogischen Denker Buber und Rosenzweig hoch. Und dies ist zweifellos eine Quelle, aus der er seine Ethik speist.

Doch auch diese Tradition geht ihm nicht weit genug. Und so entsteht aus der Kritik an der klassischen abendländischen Tradition und einer radikalen Fortführung der Tradition der dialogischen Denker ein völlig originäres Ethikkonzept. Ein Ethikkonzept, das Lévinas in den letzten Jahrzehnten zum vielleicht größten, zweifellos aber radikalsten Ethiker des 20. Jahrhunderts macht; ein Ethikkonzept, das so anders ist, als es ethische Konzepte unserer Tradition gemeinhin sind, dass ein Umdenken erforderlich ist.

Mit der Andersheit des Denkens und der Radikalität der Ethik Lévinas' hängt es zusammen, dass man an manchen Stellen stutzt, dass den Lesenden manches „ungewohnt" vorkommt. Und gewöhnungsbedürftig ist das Denken Lévinas' in seiner Andersheit gewiss. Aber es ist es allemal wert, sich darauf einzulassen. Denn seine Ethik stellt, davon bin ich überzeugt, eine zutiefst menschliche und zukunftsweisende Möglichkeit vor, gut miteinander zu leben; eine Möglichkeit des ethischen Miteinanders, die nicht an Glaubensinhalte und nicht an Erkenntnisprozesse gebunden ist, sondern schlicht an die sinnliche Existenz des Menschen und insofern alle Menschen betrifft.

Verantwortung, die ich *bin*

Verantwortung ist in der Ethik Lévinas' also keine moralische, sondern eine existentielle Größe. Wäre sie nur eine moralische, so käme sie irgendwann als eine zusätzliche, wenngleich besonders wünschenswerte Variante des Bewusstseins dazu und wäre auf jeden Fall an die Notwendigkeit des Bewusstseins geknüpft. Denn, so kennen wir es aus der abendländischen Tradition, Moral braucht Einsicht.

Nicht so bei Lévinas. Für ihn gehört die Verantwortung zur Sinnlichkeit des Menschen. Das ist ein überraschender und innerhalb der philosophischen Tradition ungewöhnlicher und neuer Weg. Traditionell gilt die Sinnlichkeit als der Erkenntnis untergeordnet. Bei Lévinas nun verhält es sich anders. Er sieht den Menschen im Schnittpunkt zweier Ordnungen: der Ordnung der Ontologie, zu der Vernunft und Bewusstsein gehören und zu der die Erkenntnis führt; und der Ordnung der Ethik, zu der die Sinnlichkeit führt.

Die gesamte Ethik der Neuzeit (z.B. die praktische Philosophie Kants, die Diskursethik Habermas'), ging davon aus, dass Ethik an Erkenntnis geknüpft ist. Damit aber steht man vor dem Problem, wie man vom Sollen zum Wollen gelangt. Denn die Erkenntnis muss keineswegs dazu führen, das zu tun, was moralisch gut wäre. Der Zusammenhang zwischen Erkenntnis und Moral resp. Verantwortung ist nicht zwingend. Warum sollte man das tun, was als richtig gilt? Oft macht es mehr Spaß, es nicht zu tun oder das Gegenteil von dem zu tun, was man tun sollte. Und welche Argumente lassen sich finden, wenn die Macht des subjektiven Willens gegen jede Einsicht gesetzt wird? Ein Ethiklehrer einer Münchner Schule brachte diesen Zusammenhang auf drastische Weise zum Ausdruck: „Böses tun macht Spaß. Das ist die Erfahrung von Schüler/innen. Es bringt keine nennenswerten subjektiven Nachteile. Sie fühlen sich auch nicht schlecht dabei. Warum also zum Teufel sollten sie es nicht tun?“ (zitiert nach einem Bericht der Süddeutschen Zeitung von 1993, Nr. 122).

Jenen oft weiten, vor allem aber keineswegs zwingenden Weg von der Erkenntnis zum eigenen Wollen muss man in der Ethik Lévinas' nicht zurücklegen. Lévinas geht sogar davon aus, dass die Erkenntnis schlicht der falsche Weg zur Verantwortung ist. Verantwortung und Ethik sind eben nicht das reife Ergebnis einer Vernunftsleistung, sondern sind mit der Sinnlichkeit des Menschen gegeben und vorgegeben. Sinnlichkeit meint bei Lévinas dabei das körperliche Eingebundensein des Menschen in die Welt. Und dieses sinnliche In-der-Welt-verhaftet-Sein begegnet vor allem auf zweifache Weise: im Genuss und in der Verwundbarkeit.

Weil der Mensch genießen kann, weil er mit den Sinnen erleben und empfinden kann, erfährt er sich in der Welt als vitales Ich. Das ist ein wesentlicher Faktor, denn der Mensch muss sich als Ich erleben und spüren. Doch geht diese Ich-Findung bei Lévinas nicht primär über die Erkenntnis und den Verstand, sondern über die Sinne und den Genuss. Hier erlebt sich der Mensch als einzig: seine Bedürfnisse und der Genuss, der aus der Bedürfnisbefriedigung entsteht, gehören ihm, machen ihn zum Ich. Allerdings geht es hier um ganz grundsätzliche Bedürfnisse des körperlich existierenden Menschen, nicht um die Befriedigung von Wünschen, die eine Konsumgesellschaft gebiert. Dieser Genuss ist auch nicht egoistisch, weil die Befriedigung der eigenen vitalen Bedürfnisse nicht eo ipso gegen andere gerichtet ist. Und diese Erfahrung des Eingebundenseins in Welt, der körperlichen Existenz durch die Bedürfnisse ist eine wesentliche Grundlage für die Ethik. Das ist erstaunlich und überraschend, gelten doch Bedürfnisse traditionell als nicht-, zumindest vormoralisch oder wenigstens die Moral erschwerend. Lévinas macht sie nun zu einem wichtigen Einfallstor für die Ethik. Warum sollte es schlecht sein, Bedürfnisse zu haben? Schlecht ist nur, wenn man sie nicht befriedigen kann. Doch solange man sie befriedigen kann, versprechen sie Genuss. Und dieser konstituiert, solange er auf die Befriedigung lebensnotwendiger Bedürfnisse gerichtet ist, Identität. Diese Identität ist wichtig für die Begegnung mit dem Anderen. Denn nur wer um sich weiß, wer Ich ist, kann die Begegnung mit Andersheit, mit dem Anderen aushalten.

Ziel- und Ansatzpunkt der Ethik Lévinas' ist immer der Andere. Und auch er kommt über die Sinnlichkeit ins Spiel. Denn die Kehrseite jener Sinnlichkeit, die Genuss verspricht, ist die Verwundbarkeit. Das körperlich existierende Ich erlebt in der Welt nicht nur Genuss, sondern erfährt sich auch als verwundbar: im Leiden, im Schmerz, in der Einsamkeit, letztlich im Tod spürt das sinnliche Subjekt, dass es bedroht und verwundbar ist. Diese Verwundbarkeit, dieses Ausgesetztsein gehört zu den grundlegenden existentiellen Erfahrungen des Menschseins, an denen niemand vorbei kommt – und genau sie führen zum Anderen. Weil das Ich ein körperliches Ich ist, weil es verwundbar und ausgesetzt ist, kann es vom Anderen angegangen, angerufen, in die Verantwortung gerufen werden.

Man denke nur an die Beziehung zwischen Eltern und Kindern. Ohne dass die Ebene des Bewusstseins und der ethischen Reflexion eine Rolle spielen würde, nehmen die Kinder ihre Eltern in die Pflicht. Sie sind die Aktiven, die den Eltern durch ihre schlichte Präsenz klar machen, dass sie verantwortlich sind. Hans Jonas stellt diesen existentiellen Verantwortungszusammenhang in seinem Buch „Das Prinzip Verantwortung“ (1984) vor: Will man Verantwortung begründen, so Jonas, so muss man nur auf das Allervertrauteste hinweisen: auf das Neugeborene, dessen bloßes Atmen unwidersprechlich ein Soll an die Umwelt richtet, nämlich: sich seiner anzunehmen. „Sieh hin und du weißt“ (Jonas).

Da die Verantwortung so grundlegend mit der Tatsache der körperlichen Existenz verbunden ist, kann man sie bei Lévinas nicht *übernehmen,* sondern man *ist* sie. Man ist diese Verantwortung, insofern man Mensch ist, einen Körper hat. Ich bin sie, weil ich als sinnlicher Mensch körperlich und leibhaftig in dieser Welt lebe und deshalb vom Anderen angesprochen und angegangen werden kann. Der Andere braucht mich nicht um Erlaubnis zu fragen oder gar auf mein Mitleid zu warten. Er kann von mir etwas wollen, er spricht mich an, er sieht mich an. Und dieses Ansehen, dieser Augen-Blick ist der Moment, der Verantwortung initiiert. Das heißt, der Andere ruft mich in die Verantwortung. Ob ich diese dann annehme oder zurückweise, ist ein zweiter Schritt. Der erste und mit dem Menschsein existentiell verknüpfte ist der, dass man auf Grund seines Menschseins immer schon Verantwortung ist. Deshalb ist Verantwortung auch keine moralische Größe, sondern eine existentielle. Verantwortung ist immer schon gegeben, da sie mit der Sinnlichkeit verknüpft ist und man als Mensch nur sinnlich existieren kann.

Wir sind Menschen, lang bevor wir Bewusstsein erreichen und wir bleiben es auch, wenn und nachdem wir viel von unserem Verstand wieder eingebüßt haben, schreibt der französische Philosoph. Warum also sollte man die Erkenntnis zur Grundlage für Verantwortung machen? Sie gründet woanders, sie gründet dort, wo sie unabhängig von der Größe oder Schärfe einer Verstandesleistung existiert und fordert: in der schlichten Tatsache der sinnlichen Existenz des Menschen.

Verletzlichkeit und Verwundbarkeit als Chance zur Verantwortung

Verantwortung tut Not in unserer Gesellschaft. Hört und liest man von Umfragen (z.B. Opaschowski, Shell-Studie), wie junge Menschen heute zu bestimmten Haltungen und Werten stehen, stellt man fest, dass subjektzentrierte Werte sehr hoch im Kurs stehen (z.B. Liebe, Freundschaft), gesellschaftsbezogene wie Verantwortung hingegen inhaltlich kaum gefüllt sind.

Doch ohne Verantwortung als zentrale Kategorie kann Zusammenleben nicht gelingen. Wir haben uns in unserer Wohlstandsgesellschaft an eine staatliche Versorgungsmentalität gewöhnt. Wir zahlen ein gewisses Maß an Sozialbeiträgen, dafür entlastet uns der Staat, indem er uns die Betreuung von Alten, Kranken, Behinderten, Sterbenden etc. abnimmt. In einer hochspezialisierten Gesellschaft fällt es auch nicht schwer, für alles und jeden Zuständigkeitsbereiche zu finden, die einen selbst entlasten. Im Zweifelsfall bezahlt man dafür – und wäscht somit sein Gewissen, so man ein schlechtes hat, rein.

Doch diesem System wohnen grundsätzliche Probleme inne: zum einen die Anonymisierung der Menschlichkeit, die zu einer bezahlten Sozialleistung wird. Aus der jahrhundertelangen menschlichen Selbstverständlichkeit der Generationenverpflichtung wird ein anonymes Pflegesystem, das den einzelnen Menschen auf der einen Seite nicht mehr in die Pflicht nimmt und auf der anderen Seite nicht mehr kennt. Anonym sind beide: der gesellschaftlich Aktive, der die Verantwortung für seine alten, kranken oder pflegebedürftigen Angehörigen hätte, und derjenige, der in der passiven Situation des Gepflegten oder Betreuten steht. Begegnung findet hier nicht mehr statt, Verantwortung wird auf die Ebene der bezahlbaren und bezahlten Dienstleistung verlagert. Allerdings geht es nicht nur um Delegation und eine andere Organisationsform von Verantwortung, sondern um das Nicht-Wahrnehmen der eigenen existentiellen Verantwortung, die den konkreten Menschen, die Begegnung und Beziehung fordert – und nicht Bezahlung.

Das zweite Problem ist das langfristige Nicht-Funktionieren dieses Systems, das wir nun im drohenden Zusammenbrechen eines umfassenden Sozialstaates spüren. Dieser soziologische oder auch ökonomische Aspekt kann nicht Thema einer philosophischen Reflexion sein. Ihr Thema müssen jedoch Haltungen und Gesinnungen sein, die zu bestimmten gesellschaftlichen Organisations- und Sozialformen führen. Dass wir heute mit einem Mangel an Einsicht in die existentielle Verantwortung – und damit ist jene grundlegende Verantwortung gemeint, die mit dem Menschsein an sich gegeben ist und nicht mit bestimmten gesellschaftlichen Positionen oder Berufen – konfrontiert sind, ist Fakt. Jedoch kann keine Gesellschaft, wie auch immer sie organisiert ist, ohne Verantwortung funktionieren, so dass die primäre Reflexion m.E. nicht die ökonomische oder politische sein darf, wie ein Sozialstaat finanzierbar ist oder bleibt, sondern ethische und pädagogische Überlegungen vorangehen müssen, wie das Wahrnehmen einer existentiellen Verantwortung erreicht werden kann.

Mit der Ethik Lévinas', so meine ich, kann man einen Vermittlungsansatz wählen, der nicht auf der Ebene des moralischen Forderns angesiedelt ist. Moralische Forderungen bringen in der Regel wenig, wenn keine Betroffenheit vorhanden ist. Sie erzeugen Druck und schlechtes Gewissen, gegen das man sich aus verständlichen Gründen wehrt.

Die Ethik Lévinas' ermöglicht einen völlig anderen Zugang zu Verantwortung, der die sinnliche Betroffenheit nicht nur zum Ziel-, sondern Ausgangspunkt einer ethischen Erziehung macht. Wenn Sinnlichkeit der adäquate Weg zur Verantwortung ist, müssen wir die nachwachsenden Generationen anders erziehen. Dann helfen weder Appelle zur Verantwortungsübernahme noch Traktate über die Notwendigkeit der Verantwortung, dann ist die Erkenntnis nicht der richtige Weg, sondern die Sinnlichkeit muss in eben dieser doppelten ethischen Funktion des Genusses und der Verwundbarkeit, wie sie bei Lévinas vorgestellt wird, in der Erziehung eine Rolle spielen.

Genusserziehung wird dann zu einer unverzichtbaren Grundlage einer ethischen Erziehung. Es gilt dabei, den Unterschied zwischen Genuss und Konsum zu lehren und zu lernen. Die völlig legitime Bedürfnisbefriedigung (so es sich um natürliche und vitale Bedürfnisse handelt und nicht um Konsum!) bietet eine Chance, zwischen Konsumhaltung und wahrer Bedürfnisbefriedigung zu differenzieren. Dass der Genuss sein darf, ist selbstredend und sogar identitätskonstituierend. Doch es gilt, die Grenze zwischen dem vitalen Bedürfnis, dessen Befriedigung Identität stiftet, und einer blinden Konsumhaltung, die das Ich bedroht und gefährdet, aber auch egoistisch gegenüber anderen ist, zu ziehen. Dies ist die eine Seite der Sinnlichkeit.

Die andere und für die Verantwortung wichtigere ist jene der Verwundbarkeit. Auf gesellschaftlicher Ebene erleben sich die Menschen zunehmend als ausgesetzt: sei es, dass die Renten- und Krankenversicherungen zusammenzubrechen drohen; sei es, dass die Ressourcen auf dem Arbeitsmarkt knapper werden, Erdbeben hereinbrechen und Hochwasserkatastrophen bedrohen oder man sich über die NATO unvermutet schnell in einem Krieg befindet. Dieses Gefühl des Ausgesetztseins ist jedoch nicht nur eines der Ohnmacht und der Bedrohung, sondern kann in seiner ethischen Funktion genützt werden. Das heißt, Menschen, die sich als verletzlich und ausgesetzt erleben, können offen sein für die Verwundbarkeit und Verletzlichkeit anderer. An diesem Punkt des Ausgesetztseins gilt es, Verantwortung für den Anderen wahrzunehmen, zu spüren und zuzulassen.

Das bedeutet, dass wir auch die Verwundbarkeit und Verletzlichkeit in ein pädagogisches Konzept aufnehmen müssen. Bereitschaft zur Verantwortung und Verantwortungsübernahme ist nach wie vor ein zentraler Begriff, vor allem in der Wirtschaft.

Doch ich bezweifle, dass damit jene existentielle und basale Verantwortung gemeint ist, um die es Lévinas geht, jene Verantwortung, die vor jedem Engagement wichtig und gegeben sein muss. Nicht der leistungsfähige, starke und selbstbewusste Mensch, zu dem wir heute erziehen sollen, wäre dann der Ansatzpunkt für die Verantwortung. Nach Lévinas verspürt seine existentielle Verantwortlichkeit vielmehr derjenige, der sich in seiner Verwundbarkeit und Verletzlichkeit erfährt. Diese beiden Positionen schließen sich nicht aus und keineswegs soll hier einer Leistungsverweigerung oder gar Verzärtelung das Wort geredet werden. Bei Lévinas muss auf die Trennung der beiden Ebenen geachtet werden. Auf, wie Lévinas es nennt, „ontologischer" Ebene mag es um all jene Prozesse des Bewusstseins und der Vernunft gehen. Doch auf ethischer Ebene – und sie führt zur Verantwortung, nicht jene des Bewusstseins und der Vernunft – muss es um die Sinnlichkeit, muss es um Verletzlichkeit und einen gut verstandenen Genuss gehen. Das bedeutet also nicht, dass wir all jene Erziehungsziele und das Menschenbild in Frage stellen, die eben jenen leistungsfähigen und selbstbewussten Menschen im Visier haben – keineswegs. Dies sind Prozesse, die auf der sog. „ontologischen" Ebene angesiedelt sind. Es gilt jedoch, diese ontologische Ebene um die ethische zu ergänzen: um Prozesse, die an die Sinnlichkeit geknüpft sind.

Eine Erziehung – und ich denke hier durchaus an institutionalisierte Formen der Erziehung wie die schulische –, die die nachwachsende Generation zur Verantwortung erziehen will, kann durch die Lévinassche Ethik fruchtbare Impulse erhalten, um statt einer kopflastigen und erkenntnisorientierten Vermittlung von Moral eine basale sinnliche Erfahrungsebene zu ermöglichen. Die Schulzeit ist lange und voller Momente der Verwundbarkeit und Verletzlichkeit. Wenn diese in ihrer ethischen und verantwortungsbegründenden Funktion ernst genommen werden, wenn das Menschenbild derart ist, dass man nicht nur cool, stark und leistungsfähig sein muss, sondern auch verwundbar und verletzlich sein darf, kann Verantwortung von dieser Seite her fruchtbaren Boden erhalten.

Als Beispiel mag ein grundsätzliches Erleben von Verwundbarkeit genannt werden, dem wir in der Schule keinen Raum gewähren: Auf Entschuldigungsformularen liest man als Lehrender immer wieder, dass Schülerinnen und Schüler wegen Begräbnissen fehlten. Meist sind es die Großeltern, die sterben; ich habe während meiner Tätigkeit als Lehrerin aber auch erlebt, dass in zwei Fällen der Vater, in einem die Mutter, in einem der Bruder starb. Wie gehen wir nun mit dieser Verwundung und diesem Schmerz um? Ich behaupte: meistens gar nicht. In den meisten Fällen werden Todesfälle in der Schule tabuisiert. Die jungen Menschen kommen aus einer mit Tod, Schmerz und Verzweiflung konfrontierten Familie in die Schule und werden dort ohne Schonfrist und Raum für ihre Trauer mit dem Schulalltag und mit den Leistungsanforderungen der Schule konfrontiert. Im Sinne der Lévinasschen Ethik müsste man lernen, mit Verletzlichkeit und Verwundbarkeit umzugehen. Und zuallererst müssten die Pädagogen/innen lernen, die einen wesentlichen Beitrag dazu leiste, die nachwachsende Generationen zur Verantwortung zu erziehen. Hier, so meine ich, läge ein weites Feld, das auf dem Weg zu einer Erziehung zur Verantwortung bestellt werden müsste.

Ein wichtiges und schönes Moment ist in der Lévinasschen Ethik – und hier liegt ein deutlicher Unterschied zu anderen ethischen Konzepten, die das moralisch Geschuldete fordern und damit immer in die Nähe des Moralisierens kommen – ist außerdem die Chance der Bereicherung. In der Begegnung mit dem Anderen liegt nicht primär die Pflicht zur Verantwortung, sondern die Möglichkeit der Bereicherung.

Andersheit als Chance der Bereicherung und Transzendenz

Andersheit ist für Lévinas notwendige Voraussetzung von Ethik. Nur wenn ich den Anderen als völlig Anderen sehe und akzeptiere, nur wenn ich ihn in seiner absoluten Andersheit belasse, kann ich ihm gerecht werden. Er ist anders – und er soll und darf es sein. Der andere Mensch ist nicht nur ein anders Exemplar der Spezies Mensch, er ist ein völlig anderer. Und all meine Vorstellungen von ihm sind entweder bruchstückhaft oder falsch. Ich kann den Anderen nicht verstehen oder begreifen – „in den Griff bekommen" – wollen, denn er ist radikal anders. Und hätte ich ihn verstanden, so wäre er gar nicht mehr wirklich anders.

Wir sind in und mit der abendländischen Tradition groß geworden, die seit den Griechen eine Tradition der Identität war, die das suchte, was von der Vernunft geeinigt, verstanden, auf den Begriff gebracht werden konnte. Wir haben in unserer Tradition immer das Einigende, die allgemeine Idee, das Prinzip hinter den einzelnen Phänomenen gesucht. So haben wir gelernt, unseren Blick auf das Gemeinsame zu richten, anstatt ihn wach zu halten für das Andere und Neue. Auf diese Weise haben wir keinen produktiven Umgang mit dem Anderen und der Andersheit gelernt, so mahnt Lévinas an. Wir haben Probleme damit, dass etwas anders ist, unseren Vorstellungen nicht entspricht, sich uns widersetzt. Fremdes und anderes bedroht uns schnell, macht Angst.

Diese Angst erleben wir immer wieder. Wir erleben sie in der Gesellschaft, wenn Angst vor Fremdem und Anderem zu Ausländerfeindlichkeit führt. Wir erleben es aber auch an uns selbst: Wie wohl tut es, wie verbindend wirkt es, wenn jemand vermeintlich dasselbe erlebt oder erfahren hat! Und wie schwer fällt es uns, fruchtbar mit anderem Denken, anderem Glauben, sogar schon einer anderen Sprachebene umzugehen! Als Beispiel sei nur der viel zitierte Geschlechterunterschied genannt und der Erfolg von Büchern, die diese Andersheit thematisieren (z.B. Deborah Tannen: „Du kannst mich einfach nicht verstehen!").

Dass wir mit dem Glauben an Identität und dem Nicht-Verhältnis zur Andersheit dem Anderen Gewalt angetan haben – man denke nur an die grausamen Beispiele des nicht gelungenen Umgangs mit Andersheit und der gewaltsamen Identifizierung wie Christianisierung des Abendlandes, Missionierungen und Hexenprozesse der frühen Neuzeit, Judenprogrome durch die gesamte Geschichte hindurch – ist das eine. Dass wir uns selbst sehr viel damit genommen haben, ist das andere.

Denn der Andere in seiner Andersheit, in dem, was ihn so grundlegend von mir unterscheidet, ist die Chance der Bereicherung und wahrhaften Transzendenz. Dabei ist Transzendenz in der Philosophie Lévinas' zunächst kein religiöser Begriff. Er ist zwar auch offen für ein religiöses Moment, doch zunächst hat er seine Bedeutung auf der ethischen Ebene. Transzendenz meint ganz einfach jenes, was im wörtlichen Sinne transzendent, „darüber hinausgehend" ist – und zwar über die Grenzen des eigenen Ich. Das, was jenseits des eigenen Vorstellungsvermögens liegt und damit wirklich Neues über die engen Grenzen des eigenen Ich hinaus eröffnen kann, ist der Andere in seiner radikalen Andersheit. Wenn ich zulasse, dass der Andere ganz anders ist als ich, wenn es gelingt, ihn in seiner Andersheit zu belassen, ist eine Bereicherung, ist Transzendenz möglich. Und diese Transzendenz ist sogar unendlich. Denn Andersheit gibt es in der Unendlichkeit. Wenn es also gelingt, ein fruchtbares Verhältnis zum Anderen – und das bedeutet: zum einzelnen Anderen ebenso wie zu anderem Denken, anderem Glauben, einer anderen Kultur etc. – aufzubauen, so liegt darin eine unglaubliche Chance der Bereicherung, weil man Neuem und wirklich Transzendentem begegnen kann.

Andersheit – und damit die Chance der Bereicherung und der Transzendenz – umgibt uns zuhauf: in jedem einzelnen Menschen in der konkreten Umgebung, aber auch in der Vielfalt der Lebensentwürfe, in der Andersheit der Denk- und Glaubensvorstellungen, die eine pluralistische Gesellschaft zu bieten hat. Denn gerade die pluralistische Gesellschaft ist eine Einladung zur Begegnung mit Andersheit und zur Transzendenz, vorausgesetzt, dass man mit Andersheit umgehen kann.

Diesen Umgang kann man und, so meine ich, muss man auch lernen, wenn wir nicht noch mehr Probleme mit Ausländerfeindlichkeit oder Gewaltübergriffen gegenüber Menschen, die „anders" sind, bekommen, sondern stattdessen die Chancen und den Reichtum einer pluralistischen Gesellschaft nützen wollen. Mit der Ethik Lévinas' kann man zwar kein konkretes politisches oder pädagogisches Programm aufstellen – sie ist eine Philosophie. Doch sie enthält Impulse, die man für eine Erziehung und Gesinnungsbildung fruchtbar machen kann.

Andersheit kann ihren Stellenwert in der Erziehung erhalten. Wir arbeiten in der schulischen Erziehung auf das Einheitliche hin, auf vergleichbare und möglichst am Ideal orientierte Ergebnisse. Dies muss auch nicht geändert werden und hat für den Fachunterricht zweifellos seine Berechtigung. Doch sind wir auch hier wieder auf der von Lévinas als „ontologisch“ ausgewiesen Ebene. Daneben muss es aber für die ethische Erziehung noch eine sinnliche Ebene geben. Und sie kommt in unseren Schulen allemal zu kurz. Dabei hat sie ihren Ort bereits, lediglich der Stellenwert müsste gestärkt werden: Ich spreche von einer ästhetischen Erziehung und meine damit jene Fächer, die gemeinhin als „musische Fächer“ gelten: Kunst, Musik, Sport oder Theaterspiel. Gerade die ästhetische Erziehung und vor allem die ästhetische Produktion – man denke nur an Theaterinszenierungen, Konzerte oder ein Kunstprojekt wie die Gestaltung des Klassenzimmers oder Schulhauses – braucht und lebt von der Andersheit. Hier geht es nicht darum, dass alle dasselbe machen und lernen, sondern gerade darum, die Andersheit und Verschiedenartigkeit von Begabungen, Fähigkeiten und Persönlichkeiten so zu fördern und zu nützen, dass ein gemeinsames Ganzes entsteht. Hier spüren alle Beteiligten am eigenen Leib, dass gerade das Andere des Anderen das gemeinsame Projekt bereichert. Weil alle anders sind, wird es vielfältig und reich.

Dass man damit nicht von heute auf morgen Angst vor Fremden und Probleme mit Andersheit abbauen, dass man mit dem Ernstnehmen der Verwundbarkeit nicht von heute auf morgen Verantwortung erreichen kann, versteht sich von selbst. Doch jeder Weg beginnt mit einem ersten Schritt. Und diese beiden Lévinasschen Impulse der Verantwortung, die in der Sinnlichkeit begründet ist, und der Bereicherung durch die Andersheit des Anderen halte ich für Schritte in die richtige Richtung. Ich meine, die Ethik Lévinas′ enthält Impulse für ein „gutes Leben“, wie es auch in einer pluralistischen Gesellschaft und mit sinkendem Wohlstand möglich ist. Denn der Reichtum, den der französische Philosoph vorstellt, liegt im Anderen. Und den wird es immer geben.

Als weiter-, vor allem auch einführende Literatur zu empfehlen:

- Emmanuel Lévinas: Wenn Gott ins Denken einfällt (Aufsätze)
- Ders.: Ethik und Unendliches (überarbeitete Gespräche mit E.L.)

Fazit der Herausgeber

Im zweiten Teil dieses Buches wurden zwölf Beiträge vorgestellt, deren jeweilige Autoren nur in Ansätzen wussten, was ihre Mitautoren schreiben würden. Die Beiträge handeln von völlig verschiedenen Themen, und doch gibt es mehrere Gemeinsamkeiten.

Die hier präsentierten Autoren haben unterschiedliche Ausbildungen, das Spektrum der Beiträge reicht von den Geisteswissenschaften über die Sozial- bis hin zu den Naturwissenschaften. Sie arbeiten in verschiedenen Bereichen, in der Forschung, in der Politik, in der Wirtschaft oder im Journalismus. Jeder einzelne hat eine andere Sozialisation erfahren. Gemeinsam ist allerdings allen: Sie sind in relativem Wohlstand aufgewachsen – und sie haben das Gefühl, oder sie wissen, dass die Art von Wohlstand, die sie bis jetzt erleben durften, in der Zukunft kaum realisierbar sein wird.

So handeln alle Beiträge von Ideen über die Gestaltung der Zukunft – einer Zukunft, welche die im ersten Teil des Buches skizzierten Probleme, Sackgassen und Mythen vermeidet. Ergibt sich aus diesen Beiträgen ein klares Bild? Ein Bild, das uns zeigt, wie wir zu konsumieren, zu leben, zu arbeiten, zu lieben haben? Nein, natürlich nicht. Die Entwicklung *eines* „Bildes" vom „Guten Leben" kann und darf nicht das Ziel einer Diskussion über Wohlstand und Lebensqualität sein. Dafür ist den „Kindern des Wohlstands" die Vielfalt unterschiedlicher Lebensentwürfe und Glücksvorstellungen zu wichtig. Auch ist diese Thematik um einiges zu vielschichtig, als dass sie in relativ wenigen und auch kurzen Beiträgen vollständig beleuchtet werden könnte.

Eine weitere Gemeinsamkeit der Autoren zeigt sich in ihrem Wissenschaftsverständnis.

Mit dem Beginn der Aufklärung verstärkte sich die Aufspaltung von Wissenschaft in getrennte Disziplinen, die jeweils nur streng isolierte Einzelaspekte untersuchten. In diesen Einzeldisziplinen hat sich die Menschheit im Laufe der Jahrhunderte ein ungeheures Wissen angeeignet und enorme Erfolge und Fortschritte erzielt. Wie heute jedoch zunehmend anerkannt wird, ist der Preis für dieses spezialisierte Wissen das Fehlen von ausreichenden Kenntnissen über Wechsel- und Rückwirkungen, über interdisziplinäre Zusammenhänge. Um der Komplexität des Lebens, der Natur oder menschlicher Verhaltensweisen gerecht zu werden, wird daher seit rund 30 Jahren wieder vermehrt versucht, den Wirkungszusammenhängen in vernetzten Systemen näher zu kommen. Nicht so sehr der Einzelaspekt spielt dabei die zentrale Rolle, sondern das Zusammenwirken aller Einzelaspekte gemäß der Annahme, dass „das Ganze" immer mehr ist als die Summe seiner Teile.

Dieser Gedanke findet sich in den einzelnen Beiträgen deutlich wieder: Die Autoren nehmen, auch wenn sie in *einer* bestimmten Disziplin ausgebildet worden sind, das Leben nicht nur aus ihrer Fachperspektive wahr. Die in der Realität existierende Vernetzung aller Einzelaspekte findet immer mehr ihren Niederschlag in den Köpfen junger Menschen, in den Köpfen der „Kinder des Wohlstands“. Dadurch werden komplexe Sachverhalte auch eher in ihrer Komplexität wahrgenommen: Die strikte Trennung von Disziplinen und Themen gehört immer mehr der Vergangenheit an, Abgrenzungen werden weniger stark vollzogen als noch vor zehn oder 20 Jahren, Vertreter einer Disziplin sind zunehmend bereit, von anderen zu lernen, sich von den Erkenntnissen anderer Fächer bereichern zu lassen. Experten verschiedener Bereiche erwerben die Fähigkeit, miteinander zu kommunizieren. Das Vokabular wird ähnlicher und die Bereitschaft größer, sich mit dem anderen auseinander zu setzen. Vielleicht nehmen die „Kinder des Wohlstands“ sich und ihre Fachbereiche auch nur weniger ernst, was der Aufgeschlossenheit anderen Fachbereichen gegenüber sicherlich zugute kommt.

Die Voraussetzung für die gemeinsame Entwicklung neuer Lebensmodelle wäre somit gegeben – und allein dies ist schon eine wichtige Erkenntnis. Aber letztlich ist entscheidend, ob eine solche Entwicklung auch tatsächlich stattfindet. Wurden in den zwölf Beiträgen also die großen, die neuen, eventuell sogar revolutionären Ideen und Visionen vorgestellt? Wurden mit den Beiträgen neue, für die Kinder des Wohlstands spezifische Modelle präsentiert? Wir, die Herausgeber, sagen: Nein!

Genau betrachtet wurden uns vor allem die Visionen älterer Generationen präsentiert, oder besser gesagt: die Visionen einiger weniger, sehr fortschrittlicher „Alter“, die schon zu ihrer Zeit einem rein auf materiellen Werten aufgebauten Wohlstand sehr kritisch gegenüber standen. Weit vor der Zeit einer möglichen Realisierung entwickelten sie daher alternative Gedanken. Diese Visionen sind mittlerweile alt, aber ihre Umsetzung steht meist noch aus.

Genau an diesem Punkt setzen aber die „Kinder des Wohlstands“ an: Sie „erden“ die Visionen, untersuchen sie auf ihre Realisierbarkeit, Praktikabilität und Folgen. Sie nehmen Visionen nicht wörtlich, sondern bedenken, was machbar ist und wissen, dass Visionen selber zu Mythen verhärten können. Insofern handelt es sich bei den in den Beiträgen geschilderten Ideen um lebensnahe, lebenstaugliche Vorschläge zur Überwindung von Problemen. Vorschläge, die umsetzbar erscheinen, die den Menschen nicht das Gefühl eigener Machtlosigkeit und Überforderung einflößen. Vorschläge für gangbare Wege. Wo diese Wege hinführen, muss sich zeigen, doch muss über die ersten Schritte auf diesen neuen Wegen nachgedacht werden. Daher bedarf es einer intensiven gesellschaftlichen Diskussion über die Vorstellungen vom „Guten Leben“ in der Zukunft. Dieses Buch soll einen Beitrag zu dieser Debatte leisten.

Literaturanregungen

Allgemein

Beck, Ulrich (Hg.) 1997: Kinder der Freiheit. Edition Zweite Moderne. Frankfurt a. M.

Ulrich Beck und andere Sozialwissenschaftler untersuchen die Gefahren und Chancen, die ein heute gegenüber früheren Generationen ausgeweiteter Drang nach Selbstverwirklichung und Selbständigkeit für die Demokratie darstellen kann. Sie kommen zu dem Schluss, dass die Menschen „zukunftsfähiger als die gesellschaftlichen Institutionen" seien und dass in ihrem Freiheitsdrang die Voraussetzungen für eine Neuausrichtung der Demokratie angelegt sei – allerdings ohne Erfolgsgarantie.

Becker, Egon; Wehling, Peter 1993: Risiko Wissenschaft – Ökologische Perspektiven in Wissenschaft und Hochschule. Frankfurt a. M.

Becker und Wehling zeichnen ein Bild der Wissenschaft und der Universitäten, in dem nicht Geldmangel und anwachsende Studentenmengen im Mittelpunkt stehen, sondern die zunehmenden ökologischen Gefährdungspotenziale der Wissenschaft. Forschung und Lehre können ihnen zufolge nicht mehr per se als „Garanten einer besseren Zukunft" dienen, sondern bedürfen Perspektiven der Umorientierung, die die Autoren zu skizzieren versuchen.

Deutsche Shell (Hg.) 2000: Jugend 2000 – 13. Shell Jugendstudie. Opladen

Die neueste Shell-Jugendstudie ist einer der umfangreichsten und detailliertesten Indikatoren für die Befindlichkeit junger Menschen in Deutschland. Aus dem umfangreichen empirischen Material lassen sich zahlreiche Rückschlüsse auf Hoffnungen, Ängste, Erfahrungen und Perspektiven der in Deutschland lebenden Menschen zwischen 15 und 24 ziehen.

Jonas, Hans 1984: Das Prinzip Verantwortung – Versuch einer Ethik für die technologische Zivilisation. Frankfurt a. M.

Da, wie Hans Jonas darlegt, die Folgen zivilisatorischer Eingriffe in die Natur oft nicht unmittelbar wahrnehmbar sind, greifen herkömmliche, aus den Regeln direkten mitmenschlichen Umgangs entstandene moralische Normen zu kurz. Jonas unternimmt den Versuch, das Bild einer Ethik zu entwerfen, die den Anforderungen dieses veränderten Charakters menschlichen Handelns gerecht werden kann: Wichtig wird das vorausschauende, sorgende und das Schlimmste erwartende Handeln, die Verantwortung für die Zukunft.

Ulrich, Bernd 1999: Deutsch aber glücklich – Eine neue Politik in Zeiten der Knappheit. Fischer. Frankfurt a.M.

Aus den Einsichten, dass wir in ein Zeitalter der Knappheit eintreten und dass die Deutschen daran gewöhnt sind, aus viel Wohlstand wenig Lebenszufriedenheit zu ziehen, erwächst bei Ulrich die Frage, ob den Deutschen überhaupt eine glückliche Zukunft vergönnt sein kann. Dazu untersucht er verschiedene Gebiete – Wohlstand, Wachstum, Arbeit und Arbeitslosigkeit, Politik und bürgerliche Partizipation – und schildert das „Bürgersein in Zeiten der Knappheit" in einigen Facetten.

Zukunftskommission der Friedrich-Ebert-Stiftung (Hg.) 1998: Wirtschaftliche Leistungsfähigkeit, sozialer Zusammenhalt, ökologische Nachhaltigkeit. Drei Ziele – ein Weg. Bonn

Der Bericht befasst sich mit der Krise des Modells Deutschland, der jahrzehntelang geglückten Verbindung von wirtschaftlicher Entwicklung und sozialer Stabilität. Er behandelt die Ursache dieser Krise und diskutiert alternative Entwicklungsmöglichkeiten. Mit vier exemplarischen Projekten will die Kommission zeigen, wie ökonomische, soziale und ökologische Ziele gleichzeitig erreicht werden können. In diesen Projekten geht es um die Verbesserung der Innovationsfähigkeit und Stärkung der Humanressourcen, um verbesserte Beschäftigungsmöglichkeiten für Niedrigqualifizierte, um den Wandel der Familie und die Beschäftigungskrise als Herausforderungen an eine Politik sozialer Integration sowie um umweltverträgliche Lebens- und Wirtschaftsweisen.

Mythos Technik

BUND/Misereor (Hg.) 1996: Zukunftsfähiges Deutschland: Ein Beitrag zu einer global nachhaltigen Entwicklung. Studie des Wuppertal Instituts für Klima, Umwelt und Energie. Basel u.a.

Die Studie Zukunftsfähiges Deutschland ist die erste Untersuchung, die ein Szenario für eine nachhaltige Entwicklung in Deutschland entwickelt. Die Studie formuliert Leitbilder, die Antworten auf folgende Fragen zu geben versuchen: „Wie kann sich ein demokratisch verfasster Industriestaat so verändern, dass ökologische Grenzen eingehalten werden? Dass die Verhältnisse zwischen Nord und Süd gerechter werden? Welche politischen und wirtschaftlichen Rahmenbedingungen sind nötig?" Dabei wird auch die Frage des "guten Lebens" in einem zukunftsfähigen Deutschland diskutiert.

Krebs, Casten; Reiche, Danyel T.; Rocholl, Martin 1998: Die Ökologische Steuerreform. Was sie ist, wie sie funktioniert, was sie uns bringt. Berlin

Eine kompakte und gut verständliche Einführung in das Konzept der Ökologischen Steuerreform. Von den Autoren Krebs und Reiche liegt auch eine Analyse des politischen und gesellschaftlichen Aushandlungsprozesses in Deutschland zum Einstieg in die Ökologische Steuerreform vor *(Reiche, Danyel T.; Krebs, Carsten 1999: Der Einstieg in die Ökologische Steuerreform. Frankfurt a.M.).*

Umweltbundesamt 1997: Nachhaltiges Deutschland. Wege zu einer dauerhaft-umweltgerechten Entwicklung. Berlin

Die Studie des Umweltbundesamtes versucht, einen Beitrag zur Nachhaltigkeitsdiskussion in Deutschland zu leisten. Ausgehend von der Annahme, dass eine nachhaltige Entwicklung ohne Verhaltensänderungen der bundesdeutschen Bevölkerung nicht möglich sei (Suffizienzrevolution), betrachtet sie fünf Bereiche: Energienutzung, Mobilität, Nahrungsmittelproduktion, Stoffstrommanagement und Konsummuster. Abschließend diskutiert die Studie Instrumente und Indikatoren einer nachhaltigen Entwicklung.

Mythos Abschottung

Altvater, Elmar; Mahnkopf, Birgit 1996: Grenzen der Globalisierung. Ökonomie, Ökologie und Politik in der Weltgesellschaft. Münster

Die Politikprofessoren Altvater und Mahnkopf versuchen, den in aller Munde liegenden Sachverhalt der Globalisierung gesellschaftstheoretisch zu entschlüsseln. So entsteht ein auf 600 Seiten detailliertes und differenziertes Bild der heutigen Situation und der Aussichten von nationalen Gesellschaften und Staaten. Vermeintliche Sachzwänge werden als Momente eines ökologisch-politischen Prozesses begriffen, der gravierende Auswirkungen auf die nationale Souveränität und demokratische Errungenschaften in sich birgt. Zugleich bringen die Autoren provokante Alternativen in die Diskussion ein.

George, Susan 1993: Der Schuldenbumerang. Reinbek

In dieser Studie einer Arbeitsgruppe des *Transnational Institutes* wurde erstmalig – und bisher auch einmalig - umfassend ermittelt, welche Rückwirkungen die bisherige Außenwirtschafts- und Nord-Süd-Politik der reichen Länder auf sie selber besitzt. Aufgrund der teilweise geheim gehaltenen Zahlen konnte das TNI oftmals nur mit Schätzungen agieren, die jedoch immer in der gebotenen Vorsicht vorgenommen worden sind. Es handelt sich um eine wegweisende Untersuchung.

Gray, John 1999: Die falsche Verheißung. Der globale Kapitalismus und seine Folgen. Berlin

Gray, Professor an der London School of Economics, warnt jenseits altvertrauter Links-Rechts-Schemata vor den zerstörerischen Kräften des globalen freien Marktes. Nach ihm ist die heute zu beobachtende Globalisierung kein ehernes Gesetz historischer Entwicklung, sondern ein politisches Projekt mit eindeutigen Interessen. Der ehemalige Cheftheoretiker von Margret Thatcher begründet in seinem Buch, warum er die Konsequenzen eines freien Marktes für niederschmetternd hält – in Drittwelt-Staaten wie im noch reichen Teil der Erde. Dabei geht Gray vor allem auf die Entwicklungen in den USA, in Russland und in Asien ein und stellt einen Ansatz vor, wie ein dritter Weg zwischen ungebremstem Marktliberalismus und reguliertem Kapitalismus aussehen könnte.

Massarrat, Mohssen 1993: Endlichkeit in der Natur und Überfluss in der Marktökonomie. Marburg

In einer theoretisch-historischen Analyse zeigt Massarrat, Professor für Politikwissenschaften in Osnabrück, sehr eindrücklich, wie durch die Verbindung von Markt und politischer Macht im Rahmen des herrschenden dualen Weltsystems ein Überfluss von natürlichen Ressourcen künstlich suggeriert wird. Damit führt Massarrat die gegenwärtige Umweltkrise ursächlich auf Mechanismen zurück, die in der heutigen Form des weltweiten Wirtschaftssystems begründet sind. Neben den theoretischen Überlegungen stützt er seine Aussagen auf umfassende empirische Untersuchungen zu Erdöl und Kaffee.

Mythos Arbeitsgesellschaft

Beck, Ulrich 1999: Schöne neue Arbeitswelt – Vision „Weltbürgergesellschaft". Frankfurt a.M.

Ulrich Beck diskutiert die seiner Ansicht nach zentrale Frage für die Zukunft: Wie wird Demokratie jenseits der Vollbeschäftigungsgesellschaft möglich? Beck sieht den gesellschaftlichen Zusammenhalt gefährdet, da die alte Arbeitsgesellschaft immer schwächer wird. Seine Antwort ist die engagierte Bürgergesellschaft: Die Menschen sollen sich weniger über ihre Erwerbsbiographie, sondern mehr über politische Freiheiten als Bürger definieren. Zentral hierfür sei der Ansatz der „Bürgerarbeit", den Beck ausführlich vorstellt und diskutiert.

Eine weiterführende Diskussion dieser Gedanken findet sich in dem von Ulrich Beck herausgegebenen Band *Die Zukunft von Arbeit und Demokratie (2000, Frankfurt a.M.),* in dem verschiedene Sozialwissenschaftler zu Wort kommen.

Kempe, Martin 1998: Die Jobwende. Wie man Arbeit schafft. Frankfurt a.M.

Der Journalist Martin Kempe diskutiert die Globalisierungsproblematik und die damit verbundene Sackgasse der ungehemmten Standortkonkurrenz. Kempe befasst sich kritisch mit dem Ansatz der Sächsisch-Bayerischen Zukunftskommission, die einfachen personenbezogenen Dienste massiv auszubauen. Statt dessen favorisiert er das Vorgehen von Ländern, die über eine Senkung der individuellen Arbeitszeit Arbeitslosigkeit verringern konnten, und fordert u.a. ein „Bündnis für weniger Arbeit". In einem Szenario entwirft Kempe das Bild einer neuen Arbeitsgesellschaft, in der Erwerbstätigkeit ihren zentralen Stellenwert verliert und zugleich eine Spaltung der Gesellschaft vermieden wird. In einem Anhang fasst Kempe die programmatischen Aussagen der deutschen Parteien zur Bekämpfung der Arbeitslosigkeit zusammen.

Kommission für Zukunftsfragen der Freistaaten Bayern und Sachsen (Hg.) 1998: Erwerbstätigkeit und Arbeitslosigkeit in Deutschland. Entwicklung, Ursache, Maßnahmen. München

Ausgehend von einer Analyse des Arbeitsmarktes werden Reformansätze diskutiert, die eine Verbesserung der Beschäftigungslage und eine Steigerung des materiellen und immateriellen Wohlstands möglichst breiter Bevölkerungssichten ermöglichen sollen. Die Kommission empfiehlt zwei sich ergänzende Strategien. Erstens sollen die unternehmerischen Kräfte in der Gesellschaft gefördert werden. Zweitens sollen „durch die Differenzierung und Senkung von Arbeitseinkommen vorhandene Erwerbsarbeit wettbewerbsfähig gehalten und vernachlässigte Beschäftigungsfelder ausgebaut werden. Ferner sollen das individuelle Angebot von Erwerbsarbeit vermindert und Tätigkeiten außerhalb von Erwerbsarbeit erschlossen werden." Das Buch bietet eine kompakte, mit vielen Schaubildern ergänzte Problemübersicht und eignet sich deshalb gut für den Einstieg in eine intensivere Auseinandersetzung mit dem Thema Zukunft der Arbeit.

Rifkin, Jeremy 1997: Das Ende der Arbeit und ihre Zukunft. Frankfurt a.M.: Fischer

Das Buch des amerikanischen Wirtschaftsjournalisten hat in den letzten Jahren wie keine andere Veröffentlichung zur Zukunft der Arbeitsgesellschaft für Aufsehen gesorgt. Rifkin vertritt, ökonomisch versiert, die These, dass der Prozess der Arbeitsplatzvernichtung nicht aufzuhalten sein wird und dass auch der Dienstleistungssektor keine heilsbringende Wirkung entfalten wird können. Dies müsse allerdings nicht zwangsläufig zu einer gesellschaftlichen Krise führen, sondern könne durchaus eine Chance für eine „Wiedergeburt unserer Menschlichkeit" beinhalten.

Schnack, Dieter; Gesterkamp, Thomas 1998: Hauptsache Arbeit? Männer zwischen Beruf und Familie. Reinbek

Die beiden Autoren diskutieren die Hauptsache, den Lebensmittelpunkt vieler Männer: die (Erwerbs-)Arbeit. Sie beschreiben dabei zum einen die Beschränkungen, denen Männer mit einer einseitigen Arbeitsfixierung unterliegen, und skizzieren zum anderen ein Lebens- und Arbeitskonzept, das für Männer wie Frauen Vorteile mit sich bringen kann. Gleichwohl gestehen sie zu, dass die Entwicklung vom „Arbeitsmann" zum „ganzen Menschen" die Überwindung gesellschaftlicher und persönlicher Barrieren nötig macht und dass dies durchaus Schwierigkeiten mit sich bringt.

REIHE WISSENSCHAFT IN GESELLSCHAFTLICHER VERANTWORTUNG

REIHE WISSENSCHAFT IN GESELLSCHAFTLICHER VERANTWORTUNG

Herausgegeben von Joseph Dehler, Gerd Michelsen und Magda Schirm

In dieser Reihe werden Kurzbeiträge veröffentlicht, die die gesellschaftliche Verantwortung der Wissenschaft verdeutlichen, Demokratisierungsprozesse im Wissenschaftsbereich fördern und Perspektiven zur Gestaltung einer humanen, sozialen, friedlichen und natürliche Ressourcen schonenden sowie die Gleichberechtigung der Geschlechter fördernden Lebenswelt aufzeigen.
Gleichzeitig soll die politische Auseinandersetzung über wissenschaftliche Erkenntnisse und Entwicklungen gefördert werden.

Ulrich Pfister & Guido Block-Künzler
MITARBEITERBETEILIGUNG IM BETRIEBLICHEN UMWELTSCHUTZ
– Erfahrungen – Vorschläge
ISBN 3-88864-139-X • 8 DM
(Band 39)

Beate Seitz-Weinzierl
LUST AUF ZUKUNFT
Vom Wert der Natur und von der Verantwortung des Menschen
ISBN 3-88864-111-X • 8 DM
(Band 11)

Gisela Notz
VERLORENE GEWISSHEITEN
Individualisierung, soziale Prozesse und Familie
ISBN 3-88864-138-1 • 2. überarbeitete Auflage 2000 • 16 DM
(Band 38)

Ulrich Fischer, Manuel Kieper
ÖKOLOGISCHE RATIONALISIERUNG
Herausforderung und Chancen für Arbeitnehmr/innen
ISBN 3-88864-124-1 • 17 DM
(Band 24)

Peter Alheit
LEBENSWELT „BETRIEB“
Zur wissenssoziologischen Bedeutung der Arbeitssphäre
ISBN 3-88864-135-7 • 8 DM
(Band 35)

Dietmar Bolscho
UMWELTBEWUSSTSEIN ZWISCHEN ANSPRUCH UND WIRKLICHKEIT
Anmerkungen zu einem Dilemma;
ISBN 3-88864-136-5 • 8 DM
(Band 36)

Verlag für Akademische Schriften
Kurfürstenstraße 18 • 60486 Frankfurt
Telefon (069) 77 93 66 • Fax (069) 707 39 67
e-mail: info@vas-verlag.de • Internet: www.vas-verlag.de

VAS